HEYNE <

Das Buch
Werden wir tatsächlich wiedergeboren? Ist es möglich, sich früherer Leben zu erinnern? Wie funktioniert die Reinkarnationstherapie? Und: Was bringt sie uns Menschen von heute, die wir mitten im Leben stehen?

Jan Erik Sigdell, international anerkannter Experte und Reinkarnationstherapeut, gibt in diesem Standardwerk Antwort. Er unterzieht die Reinkarnationstherapie einer wissenschaftlichen Überprüfung und setzt sich mit skeptischen Einwänden ebenso auseinander wie mit überzogenen Hoffnungen und unseriösen Praktiken. Verständlich und seriös schildert er, wie erfahrene Reinkarnationstherapeuten arbeiten. Besonderes Augenmerk liegt dabei auf der von Dr. Sigdell selbst entwickelten Methode der Rückführung. Das Besondere daran: Sie funktioniert völlig ohne Hypnose, die behandelte Person tritt bei vollem Bewusstsein die Reise in die Vergangenheit an. So können traumatische Erfahrungen, die heute als Ängste, Schuldgefühle oder psychosomatische Beschwerden unser Leben komplizieren, gefahrlos erneut durchlebt, verarbeitet und schließlich überwunden werden.

Der Autor
Dr. Jan Erik Sigdell ist promovierter Medizintechniker und ein international renommierter Experte für Reinkarnationstherapie. Seit den Siebzigerjahren hat er mehrere tausend Rückführungen durchgeführt und neue Methoden der Rückführungstherapie entwickelt. Seit 1997 lebt er mit seiner Frau in Slowenien.

Jan Erik Sigdell

Reinkarnations-therapie

Emotionale Befreiung durch Rückführung

WILHELM HEYNE VERLAG
MÜNCHEN

Za Nedo

FSC
Mix
Produktgruppe aus vorbildlich bewirtschafteten Wäldern und anderen kontrollierten Herkünften

Zert.-Nr. SGS-COC-1940
www.fsc.org
© 1996 Forest Stewardship Council

Verlagsgruppe Random House
FSC-DEU-0100
Das FSC-zertifizierte Papier *München Super* für Taschenbücher aus dem Heyne Verlag liefert Mochenwangen Papier.

Taschenbucherstausgabe 1/2006
Dritte, gründlich überarbeitete und ergänzte Auflage 2005.
Die erste Auflage des vorliegenden Werks erschien 1994 im Selbstverlag, Basel, unter dem Titel: *Emotionale Befreiung durch Rückführung. Ein Handbuch für Reinkarnationstherapeuten und ihre Klienten.*
Die zweite, überarbeitete Auflage erschien 1998 im Scherz Verlag, Bern, unter dem Titel *Rückführung in frühere Leben. Emotionale Befreiung durch Reinkarnationstherapie.*

Umschlaggestaltung: HildenDesign, München
Umschlagmotiv: © Alamy.com
Cartoon auf S. 8: © Jan Romare, Stockholm
Das Gedicht *Séance* auf S. 7 stammt aus der Gedichtsammlung *Kejsarens Papegoja* (»Der Papagei des Kaisers«) des schwedischen Dichters Nils Ferlin (A. Bonniers, Stockholm, 1952).
Herstellung: Helga Schörnig
Gesetzt aus der Berling 10,1/13,1 pt bei Leingärtner, Nabburg
Druck und Bindung: GGP Media GmbH, Pößneck
Printed in Germany 2006
ISBN-10: 3-453-70032-5
ISBN-13: 978-3-453-70032-1

http://www.heyne.de

Inhalt

Séance

Es steigt aus ertrunkenen Welten,
aus unüberwundenen Tiefen
langsam ein Schiff zu den Wellen
im Sargassomeer deiner Seele.

Was ist das nur? Es scheint dir,
das Schiff hast du schon mal gesehen.
Da starrst du so bleich … nun sank es
zurück – die Séance ist vorbei.

Du lachst dann, ziemlich geniert,
das war doch alles nur Unsinn.
So tragen wir doch in der Seele
balsamierte Wracke herum.

Nils Ferlin

ER WURDE HEUT FRÜH
REINKARNIERT

Vorwort zur 3. Auflage

Dieses Buch erscheint hiermit in der 3. Auflage. Die erste erschien im Selbstverlag 1994, als ich noch in Basel lebte. Die zweite, überarbeitete Auflage erschien 1998 im Scherz Verlag, dessen eigenes Lektorat zusätzlich eine stilistische Aufarbeitung geleistet hat.

In der vorliegenden 3. Auflage wurde der Text gründlich überarbeitet, verbessert, berichtigt und auf den aktuellen Stand gebracht. Dabei wurden neue Erkenntnisse und weitere methodische Entwicklungen hinzugefügt und neue Erfahrungen berücksichtigt.

Im Oktober 2004 erschien im Ansata Verlag, München, ein neues Buch von mir: *Rückführung in frühere Leben – Praxisbuch*. Dieses Buch ergänzt das hier vorliegende durch die Beleuchtung vieler weiterer Aspekte der Reinkarnation, Rückführung und Reinkarnationstherapie.

Dutovlje in März 2005
Jan Erik Sigdell

Einleitung

Dieses Buch unternimmt den Versuch einer Begriffsbestimmung. Es widmet sich der Rehabilitierung eines in der Vergangenheit oft missbrauchten, oft diskreditierten und oft falsch verstandenen Terminus: *Reinkarnationstherapie.* Obwohl der Reinkarnationsgedanke aufgrund der »Esoterikwelle« mittlerweile breiteren Schichten der Bevölkerung – zumindest theoretisch und in Bruchstücken – bekannt ist, sind noch immer Vorurteile im Umlauf. Man nennt Reinkarnation als »indischen Aberglauben« in einem Atemzug mit Kastenwesen und »heiligen Kühen«, mokiert sich über Menschen, die im früheren Leben ein Hund oder gar eine Reblaus gewesen sein wollen, und spottet über die zahlreichen »Kleopatras« und »Napoleons«, die angeblich bei Rückführungen regelmäßig zum Vorschein kommen – Ausdruck projektiver Größenphantasien frustrierter Durchschnittsbürger. Nichts davon prägt in Wahrheit den Alltag eines erfahrenen Rückführungstherapeuten.

Andererseits scheint es, als ob man die Reinkarnationshypothese nicht nur gegen ihre »Feinde«, sondern auch gegen den anbiedernden Zugriff ebenso bereitwilliger wie inkompetenter »Freunde« verteidigen müsste. Gerade die neu gewonnene oberflächliche Popularität der fernöstlichen Philosophie, die Allgegenwart unverdauter Begriffe wie »Prana«, »Karma« oder »Wiedergeburt« in Massenmedien und schnell gestrickten Esoterik-Ratgebern verstellt oft den Blick auf die tatsächliche Anwendungspraxis einer in ihrer heutigen Form größtenteils westlich geprägten Rückführungstherapie.

Was genau verstehen wir aber unter einer »Rückführung«, was unter dem Namen »Reinkarnationstherapie«? Eine Rückführung muss nicht notwendigerweise in ein früheres Leben führen, obwohl dies häufig der Fall ist. Sie kann sich ebenso gut auf Kindheitserlebnisse im heutigen Leben oder die Zeit im Mutterleib vor der Geburt erstrecken. Die Bezeichnung »Regressionstherapie« oder »Rückführungstherapie« wäre insofern sinnvoller als »Reinkarnationstherapie«; letztere Bezeichnung hat sich allerdings schon seit langem eingebürgert. Ziel des therapeutischen Vorgehens ist es, den Klienten ein traumatisches Erlebnis aus der Vergangenheit, das als ursächlich für heutige psychische (eventuell sogar psychosomatische) Probleme hervortritt, wiedererleben zu lassen, um ihn von einer früher erlittenen Seelenverletzung und deren heutigen Nachwirkungen zu befreien.

Diese Verletzung besteht vor allem aus damals erlebten schmerzlichen Gefühlen, die wir als unbewusste Erinnerung heute noch mit uns tragen und uns nun zu Bewusstsein bringen wollen, um sie endlich loslassen zu können. Daraus leitet sich auch der Untertitel des Buches ab: *Emotionale Befreiung durch Rückführung.*

Solch schmerzliche Gefühle aus vergangenen Erlebnissen überschatten häufig unser gegenwärtiges Leben, indem sie zum Beispiel Ängste, Blockaden oder sogar Phobien hervorrufen. Solche Symptome treten meist in Situationen auf, die Ähnlichkeit mit jenem früheren Ereignis haben, bei dem es zu jener Seelenverletzung kam. Auf der Grundlage solcher früheren Traumata können auch negative Handlungs- und Reaktionsmuster entstehen, die uns zum großen Teil unbewusst sind. In selteneren Fällen sind wir uns der zerstörerischen und hemmenden Wirkung dieser Blockaden zwar durchaus bewusst, können sie aber nicht ohne weiteres loslassen.

Ein Beispiel dafür sind tief sitzende Schuldgefühle, die oft aus einer Zeit stammen, für die wir uns längst nicht mehr verantwortlich fühlen müssten. Solche Schuldgefühle können sogar ein unbewusstes Selbstbestrafungsmuster erzeugen. Wir richten uns unser Leben also so ein, dass es sich wie eine Strafe, eine Sühne für vergangene ungute Taten gestaltet. Durch die Einsicht, dass man die Lektion aus seiner früheren Verfehlung gelernt und die entsprechende Sühne längst erbracht hat, kann man aus dem langen Schatten der Vergangenheit treten und befreit an einer erfüllten, unbelasteten Zukunft arbeiten.

Was in unserem unbewussten Ich verborgen liegt, besitzt offensichtlich eine rätselhafte Macht über unsere gegenwärtigen Gefühle, unser Verhalten und unsere Reaktionen. Dazu gehören verdrängte Kindheitserinnerungen und Erlebnisse vor der Geburt ebenso wie Ereignisse, die sich vor dem Entstehen unseres heutigen Bewusstseins abgespielt haben. Gelingt es, die im Unbewussten schlummernden Erinnerungen bewusst zu machen und die dazugehörigen verborgenen Gefühle aufzulösen, verlieren sie diese Macht, und der Spuk hört auf.

In der konventionellen Psychologie wird heute viel mit inneren Bildern gearbeitet. Beispiele dafür sind das Katathyme Bilderleben nach Hanscarl Leuner und die Aktive Imagination nach C. G. Jung. Das Ziel besteht in beiden Fällen darin, in ein Symboldrama einzusteigen, das in einer bildhaften Sprache auf die aktuelle Problematik des Klienten verweist.

Rückführung und symbolerstrebendes Bilderleben

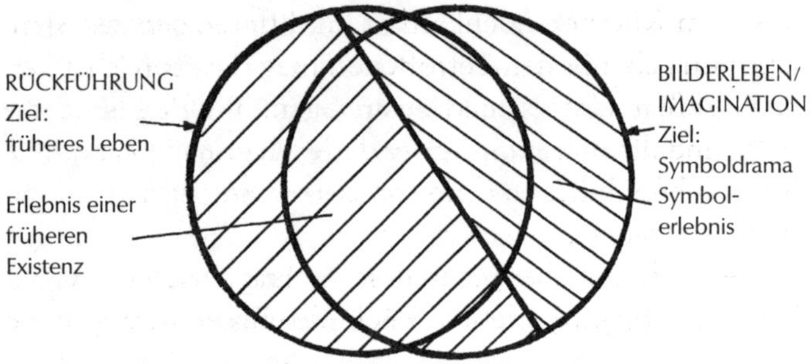

Hypothetische Überlappung von Rückführung und Bilderleben (mit dem Ziel eines Symboldramas). Zwar wirkt beim Vorhaben, ein symbolorientiertes Bilderleben des Klienten zu erreichen, das methodische Vorgehen eher suggestiv in Richtung auf das Ziel eines Symboldramas, und der Umgang mit dem Erlebnis erschwert dann, dass es, wenn es sich in Wirklichkeit um einen Erlebnisinhalt aus der Vergangenheit handeln sollte, zu einem zusammenhängenden Ablauf von Situationen aus einem Vorleben kommt. Außerdem dürfte die Vorgabe von Ausgangssituationen für jeweilige Erlebnisabschnitte, die dem Symbolziel entsprechen – im Falle von wachgerufenen Erinnerungen aus der Vergangenheit –, diese vielleicht unzusammenhängend und manchmal abwechselnd aus verschiedenen Vorleben, sowie evtl. in modifizierter Gestalt, kommen lassen.

Eine Rückführung mit dem Ziel, zu einem früheren Leben zurückzugehen, kann ebenfalls in ein Symboldrama hineinführen. Der Unterschied zu einem echten Rückführungserlebnis ist für den Therapeuten dabei meistens leicht erkennbar. Umgekehrt bin ich persönlich davon überzeugt, dass bei der Arbeit mit inneren Bildern im Rahmen konventioneller psychologischer Verfahren ab und zu Erlebnisse auftauchen, die in Wirklichkeit mit früheren Inkarnationen zu tun haben. Da die Schulpsychologie diese für sie heikle Interpretation normalerweise zurückweist, stempelt sie mit Vorliebe alles, was in dieser Weise in einem Klienten hochkommt, undifferenziert als Symboldrama ab. Für den Betroffenen mag dies zunächst keinen großen Unterschied ausmachen. Wichtig sind die Hilfe und die Befreiung, die er dadurch erleben kann. Wie das Erlebnis hinterher interpretiert wird, ist an und für sich zweitrangig.

Dies bedeutet aber nicht, dass die Frage nach der Wirklichkeit subjektiv erlebter Rückführungserfahrung ohne Bedeutung wäre. Sie ist wissenschaftlich und für die Weltanschauung aller Beteiligten höchst wichtig und folgenreich. Außerdem ist zu bedenken, dass das Vorgehen des Therapeuten stark von dessen Interpretation des Geschehens abhängt, indirekt wird dadurch auch der Erfolg der Therapie beeinflusst. Die Wirklichkeitsfrage bei Rückführungserlebnissen wird in diesem Buch noch ausführlicher angesprochen werden.

Man trifft oft auf vorgefasste Meinungen, wenn es um Reinkarnation und Rückführung geht. Hierzu soll als Illustration eine Geschichte von Joel S. Goldsmith in seinem Buch über geistiges Heilen [1] wiedergegeben werden (gekürzte Nacherzählung).

Goldsmith wurde einmal zu einer todkranken Frau geholt, deren Familie weder etwas von Metaphysik verstand noch daran glaubte. Nach der Heilbehandlung wollte man eine Diskussion mit ihm anfangen: »Natürlich wissen wir, dass wir keinerlei Hilfe von Ihnen erwarten können. Es ist ja eine bekannte Tatsache, dass Leiden dieser Art unheilbar sind.«

Goldsmith war enttäuscht über diese der Kranken gegenüber eher lieblose Haltung, zumal er sich gerade aufrichtig um ihre Heilung bemüht hatte. Daraufhin gab er folgende überraschende Antwort: »Lassen Sie uns zuerst wenigstens fünf Minuten lang über die kopernikanische Theorie diskutieren!«

»Was ist denn das?«

»Haben Sie davon nie gehört?«

»Nein, wie soll ich darüber diskutieren, wenn ich nicht die leiseste Ahnung davon habe?«

»Das hindert Sie doch sonst nicht daran, sich über ein Thema zu äußern. Sie wissen doch ebenso wenig über das geistige Heilen, und doch fühlen Sie sich aufgerufen, darüber zu urteilen.«

Bei Reinkarnation und Rückführung ist es manchmal genauso …

Die Schulpsychologie hält es für unglaubwürdig, dass Klienten von Rückführungstherapien teilweise nach nur einer einzigen Sitzung von ihren Problemen frei werden. Man hat sich ja daran gewöhnt, dass Psychoanalysen oft viele Jahre dauern. Die praktische Erfahrung mit Rückführungen spricht hier allerdings eine andere Sprache als die graue Theorie. Die erstaunlichen Erfolge unserer Therapierichtung sind für jedermann nachprüfbar, der bereit ist, sich der Wahrheit zu stellen. Der Reinkarnationstherapeut Bryan Jameison hat es einmal in einer persönlichen Mitteilung an mich so ausgedrückt:

- Die konventionelle Schulpsychologie versucht, ihren Klienten zu helfen, mit ihren Problemen zu leben,
- die Psychiatrie versucht, die Symptome möglichst mit Pillen zu unterdrücken, ohne sich viel um die Ursachen zu kümmern,
- und wir bemühen uns darum, dass die Klienten von ihren Problemen frei werden.

Diese mit Absicht provokativ übertriebene Formulierung berücksichtigt natürlich nicht die vielen neuen Wege, die in den letzten Jahrzehnten entstanden sind und in der Regel unter dem Begriff »alternative Psychologie« zusammengefasst werden (jedenfalls aus der Perspektive einer strikt konventionellen Anschauung). Diese neuen Psychotherapierichtungen stellen oft sehr wohl die emotionale Befreiung in den Mittelpunkt ihrer Arbeit.

Sollte es aber der Wahrheit entsprechen, dass die Ursachen mancher Probleme tatsächlich in Nachwirkungen von Traumata aus früheren Leben zu finden sind, dann therapiert die konventionelle Psychologie in solchen Fällen konsequent am Kern der Sache vorbei. Sie gelangt nie zum wirklichen Ursprung der Problematik, da sie mit dem Zurückweisen der Reinkarnationsidee auch die damit verbundenen Heilungschancen vergibt, also gleichsam das Kind mit dem Bade ausschüttet. Lieber wertet man diese »peinliche« Theorie pauschal ab, als sich auch nur versuchsweise auf sie einzulassen.

Worin liegt darüber hinaus der Unterschied zwischen Rückführungstherapie und konventioneller Psychoanalyse? Bei der Letzteren ist der Analytiker weitgehend ein passiver Zuhörer [2], während der Reinkarnationstherapeut weitgehend aktiv ist. Die klassische Psychoanalyse scheint Gefühle zu fürchten, man meidet sie eher. Es ist schon bemerkenswert, dass ein ganzes Buch über die Theorie der psychoanalytischen Technik [2] das Wort »Gefühl« nur an einer einzigen Stelle, und das nur flüchtig, verwendet! Aus den Erfahrungen mit Rückführungstherapien erweist sich die Auseinandersetzung mit Gefühlen dagegen als kürzester Weg zur Lösung der persönlichen Problematik; ihre Vermeidung eher als Umweg zu diesem

Ziel. Gefühle haben in der Rückführung einen zentralen Platz.

Rückführung ist selbstverständlich kein Allheilmittel, aber ich erlebe immer wieder, wie ein Problem schon nach einer einzigen Rückführung weitgehend gelöst ist. Entscheidend hierfür ist, dass die Gefühle, die man als unbewusste Erinnerung an ein Trauma in der Vergangenheit mit sich trägt, an die Oberfläche kommen und losgelassen werden.

Manchmal verwechselt man Rückführung und Rebirthing. Es handelt sich hier um zwei ganz verschiedene Vorgehen mit unterschiedlichen Zielsetzungen.

Die Darstellung der Rückführungstechnik im vorliegenden Buch ist ausführlich und detailliert. Es lag in meiner Absicht, so ziemlich alle Möglichkeiten zu erfassen, die im Verlauf einer Therapie auftreten können. Dies halte ich in einem seriösen Handbuch für unumgänglich, vor allem wenn Leserinnen und Leser sich selbst ein therapeutisches Handwerkszeug erarbeiten wollen, um auf diese Weise ihren Mitmenschen zu helfen. Sollten einige Darstellungen anderen Lesern deshalb stellenweise langatmig erscheinen, so werden sie dies hoffentlich verstehen.

Fallbeschreibungen sind auf ein Minimum beschränkt, da es auf dem Markt bereits viele Bücher mit ausführlichen Falldarstellungen gibt. Hier geht es in erster Linie um die Anwendung in der Praxis.

Die hier beschriebene Technik kann man leicht aus dem Buch und in Kursen lernen. Was dadurch allerdings nicht vermittelt werden kann, sind ausreichende Übung und Erfahrung. Diese bekommt man nur durch das Tun. Wer gleich nach dem Lesen des Buches oder der Teilnahme an einem Kurs Reinkarnationstherapie praktizieren will, wird daran scheitern. Erst nach sehr vielen kostenlosen Rückführungen mit Freunden und Bekannten fängt man langsam an, die Technik gut zu beherrschen.

Ist es nicht gefährlich, dies als noch Ungeübter überhaupt zu versuchen? Eine sehr umfassende 35-jährige Erfahrung mit der hier vorliegenden Technik (die in ihrem Ursprung von Bryan Jameison stammt) zeigt, dass man keinen Schaden verursachen kann. Das Schlimmste, was geschehen kann, ist, dass der erhoffte Heilerfolg nicht eintritt und selten einmal, dass die Problematik vorübergehend stärker in den Vordergrund rückt (nach einer Woche ist dann wieder alles beim Alten). Man erzeugt durch die Rückführung nichts, was nicht schon vorher da war. Man macht die Person nur auf etwas aufmerksam, was in ihr bisher im Verborgenen schlummerte. Sie beginnt etwas zu erkennen, das sie vorher nicht hatte sehen wollen oder sehen können, etwas, das mit dem wahren Grund der eigenen Problematik zu tun hat.

Es soll nicht verschwiegen werden, dass auch die Rückführungstherapie ein dankbares Betätigungsfeld für Scharlatane und Abzocker bietet. Aber gilt dies nicht prinzipiell für alle therapeutischen Richtungen – einschließlich der Schulmedizin und der Schulpsychologie? Ein Arzt oder Therapeut, dem es an erster Stelle um den eigenen materiellen Gewinn, aber weniger um das Wohl seiner Patienten geht, ist meines Erachtens ebenfalls ein Scharlatan – trotz Titel und Diplom.

Für den Klienten ist es ratsam, hier auf sein Gefühl zu achten: Empfindet er Vertrauen zu dem Rückführenden? Überhöhte Preise für die einzelnen Sitzungen und die Neigung mancher Therapeuten, von vornherein pauschal eine Reihe von vielen Sitzungen für die Problembearbeitung anzusetzen, können Anlass zu berechtigter Skepsis geben.

Einige Rückführer machen den Fehler, dass sie einen Klienten nur Szenen aus der Vergangenheit anschauen lassen, ohne ihm Zugang zu den damit verbundenen, für das Unbewusste prägenden Gefühlen zu verschaffen. Andere bringen es zwar so weit, dass verschüttete Gefühle aus traumatischen Situationen wieder aufgewühlt werden, versäumen es dann aber, dafür zu sorgen, dass diese Belastungen auch wirklich losgelassen werden. Manche lassen ihre Klienten mit den nicht verarbeiteten oder nur oberflächlich berührten Gefühlen nach Hause gehen. All dies ist nicht nur eine Frage des Verantwortungsbewusstseins, sondern auch eine der Kompetenz und der Erfahrung.

Allerdings ist nicht immer der Rückführende allein für das Scheitern der Therapie verantwortlich zu machen, zum Beispiel wenn Patienten abblocken und sich – häufig unbewusst – zu stark gegen eine Erkenntnis sträuben.

Im vorliegenden Buch wird auch Kritik an der Haltung der Kirchen geübt. Damit ist aber nicht die ursprüngliche Lehre Christi gemeint, sondern nur die Ideologie bestimmter irdischer Institutionen, die beanspruchen, diese Lehre zu vertreten. Ich selbst empfinde mich – unbeschadet meines Glaubens an die Reinkarnation – als Christ. Ich betrachte die Lehre von der Wiedergeburt nicht als Widerspruch, sondern als sinnvolle Ergänzung zur christlichen Auffassung. Vieles spricht dafür, dass die Reinkarnationslehre auch im Frühchristentum bekannt war, später aber verdrängt wurde.

Ich freue mich, dem Leser mit diesem Buch eine besonders praxisorientierte Anleitung in die Hände zu geben. Das hier vorgestellte Verfahren ist meine eigene Weiterentwicklung der nicht-hypnotischen Rückführungstechnik von Bryan Jameison, wie ich sie selbst praktiziere und in Seminaren lehre [3]. Die Technik wird hier mit Zustimmung ihres Urhebers dargestellt. Ich lernte sie 1979 von Jameison und bin seit 1981 von ihm zum Unterrichten seiner Methode autorisiert. Seit 1982 gebe ich Seminare für Personen, die diese Technik erlernen wollen.

Ich wünsche mir, dass dieses Buch vor allem solchen Menschen als hilfreiche Vorbereitung dient, die beabsichtigen, sich einer Form von Regressionstherapie zu unterziehen. Wer sich für eine Rückführung interessiert, aber noch zögert, ob er sich auf dieses »Wagnis« einlassen soll, erhält hier alle notwendigen Informationen, um zu entscheiden, ob diese Therapieform seiner persönlichen Problematik angemessen ist.

Ich hoffe, hiermit einen wichtigen Beitrag zu leisten, damit Hilfe suchende Menschen therapeutisch wirksamer unterstützt werden können. Klienten aus einer Grundhaltung der Liebe heraus helfen zu wollen, sollte die vordringlichste Motivation jedes Therapeuten sein, der diesen Namen auch verdient. Die Technik der Rückführung in die Vergangenheit ist nur einer der möglichen Wege zu diesem schönen Ziel.

Das Prinzip der Rückführungstherapie nach dem hier vorgelegten Verfahren ist wie folgt:

1. Auffinden eines für ein heutiges Problem ursächlichen Erlebnisses in der Vergangenheit (in diesem oder in einem früheren Leben).
2. Dieses »Urtrauma« des Problems wieder erleben.
3. Die darin entstandenen Gefühle erleben.
4. Die negativen dieser Gefühle auflösen.

5. Aufgelöste Gefühlsenergien durch Lichtenergie ersetzen.
6. Die karmische Ursache herausfinden, weshalb man jenes Erlebnis hat haben sollen.
7. Eventuelle Schuldgefühle von dieser karmischen Ursache her auflösen und ebenfalls durch Lichtenergie ersetzen.
8. Innere Versöhnung mit »Opfern« und »Tätern« der Vergangenheit.

Literatur und Anmerkung

1. Goldsmith, Joel S.: *Die Kunst der geistigen Heilung,* Heinrich Schwab, Gelnhausen, 1962.
2. Menninger, Karl: *Theory of Psychoanalytic Technique,* Harper Torchbooks, New York NY, 1958.
3. Bryan Jameison hat die Technik urheberrechtlich schützen lassen – *U.S. Copyright registrations No. A 603 004* (3.2.1975) und *No. A 842421* (6.12.1976) –, um missbräuchlicher Weitergabe, insbesondere die ohne Angabe des Urhebers, nach Möglichkeit vorzubeugen. Dieses Buch wird mit seiner Zustimmung veröffentlicht. Trotzdem wurde seine Methode in entstellter und z.T. völlig falscher Form in einem Buch ohne Autorisierung dargestellt (Kritzinger, Helmut W.: *Handbuch der Reinkarnationstechniken,* Institut für Ganzheitliche Lebensführung, Darmstadt, 1. und 2. Aufl. o.J, in beiden datiert das Vorwort 1986). In diesem Buch ist zu lesen: »Jede Form der Wiedergabe … ist verboten. Einzelne Teile nur mit ausdrücklicher Genehmigung des Instituts.« – und dies obwohl jener Verfasser selbst Information unautorisiert verwendet und sogar entstellt hat. Der Titel ist übrigens falsch, denn die Reinkarnation ist keine Technik, was man hingegen von Regression oder Rückführung sagen kann.

1 | Das »Märchen« vom Ego und vom unbewussten Ich

Rückführungstherapie ist eine ziel- und praxisorientierte Methode, der es in erster Linie um konkrete Verbesserungen im Leben und Wohlbefinden des Klienten geht. Um sich in diesen Prozess zu begeben, ist es nicht Voraussetzung, die Glaubensvorstellungen fernöstlicher Religionen (etwa Hinduismus und Buddhismus) zu teilen, deren Kultur traditionell von der Vorstellung der Wiedergeburt geprägt ist.

Dennoch ist die Auseinandersetzung mit Glaubensinhalten beim Thema »Reinkarnation« – weit mehr als im Zusammenhang mit konventionellen psychologischen Therapieformen – beinahe unvermeidlich. Gäbe es keine Seele, wäre die Reinkarnation eine gegenstandslose Vorstellung. Auch die Religionen sind zu einem großen Teil Lehren über die Seele; sie wären ohne den Begriff eines unsterblichen Wesenskerns sinnlos. Wenn es aber Seelen gibt, so erhebt sich natürlich auch die Frage nach ihrem Ursprung.

Die Lehre von Gott ist das Hauptanliegen einer jeden Religion, und die Reinkarnationsvorstellung ist von Gottesvorstellungen kaum loszulösen. Eine atheistische Reinkarnationsvorstellung wäre widersprüchlich.

Aber noch weitere Überlegungen knüpfen sich daran an: Warum haben wir überhaupt ein unbewusstes Ich? Warum ist uns also nur ein geringer Teil unseres Ichs bewusst? Diese doch sehr wichtige Frage scheint vorher kaum explizit gestellt, geschweige denn beantwortet worden zu sein!

Das nachfolgende »Märchen« versucht auf all das eine Antwort zu geben:

Das »Märchen« vom Ego und vom unbewussten Ich [1]

Gott betrachtete Seine Schöpfung und fand, dass sie gut war. Es gab in ihr eine große Zahl von Wesen, und alle trugen sie ein Samenkorn für das Wachstum zum vollkommenen Guten in sich, einen Samen der Vollendung. Sie wuchsen fröhlich, wie spielend, in einem Paradiese auf und hatten den freien Willen, Entscheidungen zu treffen. Dadurch konnte jedes dieser Wesen seinen eigenen Weg gehen, so wie es seiner eigenen Natur am besten entsprach.

Es geschah aber, dass durch eben diesen freien Willen eines der Geschöpfe Gottes auf eine schreckliche Idee kam. Es dachte: »Wie wäre es, wenn wir uns von der Schöpfung emanzipieren würden? Könnten wir nicht auch ohne Gott sein?« Und weiter: »Lasst uns den freien Willen voll auskosten und uns unabhängig machen; wir wollen unseren Weg selbstständig gehen und alles selbst bestimmen.« Das Wesen erzählte den anderen davon, und viele von ihnen interessierten sich für seine Idee. Und sie gingen damit zu Gott.

Gott wandte ein: »Das geht nicht. Wir sind doch alle eins. Wir können uns nicht voneinander trennen, denn dann würde der Fluss der Lebenskraft im Universum unterbrochen, und ihr könntet nicht mehr existieren.«

Aber das Wesen, das auf diese Idee gekommen war, wollte das nicht so recht glauben. Es wollte trotzdem versuchen, sie in die Tat umzusetzen. Einige der vielen Geschöpfe, die sich zunächst für seine Gedanken interessiert hatten, wandten sich dann wieder Gott zu, aber andere verschrieben sich ganz dieser neuen Idee. Das Wesen, welches die Idee zuerst hatte, wurde nun zu ihrem Führer: »Wenn es wahr ist, dass wir einen freien Willen haben«, so sagte es, »dann muss es möglich sein!«

Und Gott ließ es geschehen. Die Abtrünnigen würden schon aus der Erfahrung lernen ... Aber mit einer solchen Idee könnten sie in der Schöpfung viel Unheil stiften und die Heilige Ordnung stören. Deshalb schuf ihnen Gott einen besonderen Raum, in dem sie ihre Idee ausleben konnten. In diesem Raum waren sie vom Rest der Schöpfung abgeschirmt – dieser und auch sich selbst zum Schutze. Dort konnten sie nun ihre Illusion der Emanzipation von der Schöpfung ausleben.

Es wäre aber unmöglich, dass sie auf diese Weise existieren könnten, ohne ununterbrochen mit der göttlichen Lebensenergie verbunden zu sein. Wäre die Verbindung nur für einen Moment unterbrochen, würden sie sofort aufhören zu existieren. Es wäre dann, als ob es sie nie gegeben hätte. Darum musste Gott sie über die Grenzen ihres abgesonderten Raumes hinweg weiterhin mit seiner Lebensenergie versorgen.

Damit sie sich jedoch alle ungestört ihrer Illusion hingeben konnten, richtete Gott es so ein, dass sie das Licht jener Energie nicht mehr sehen konnten. Er nahm ihnen das Bewusstsein, mit Seiner Kraft verbunden zu sein. Auf diese Weise entstand in den Wesen zum ersten Mal das unbewusste Ich – durch Abspaltung vom bewussten Teil ihrer

Persönlichkeit, der seither Ego genannt wurde. Das Ego existierte fortan als jener Wesensbestandteil, der sich selbstständig glaubt und die Illusion der Trennung durchlebt.

Der Führer der Wesen erkannte, dass eine Form von Lebenskraft in diesem Raum der vermeintlichen Gottesferne notwendig war. Er fühlte sich voll von jener göttlichen Energie, deren Ursprung nun auch ihm unbewusst war. Da er nicht sah, dass es Gott war, der immer noch seine Kraft durch ihn weiter fließen ließ, strahlte er vermeintlich seine eigene Energie auf diese Wesen aus. Er fürchtete nämlich, dass sie ohne diese Energie zugrunde gehen würden und für ihn verloren wären. Schließlich brauchte er sie aber für seine Idee, denn was hätte er alleine davon?

So strömte denn etwas von ihm aus, das diese Wesen als Licht erlebten, und darum nannten sie ihn »Luzifer«, den Lichtbringer. Sie befanden sich ja in einer Welt der Illusion und konnten nicht mehr sehen, dass dies nicht das wahre Licht war, sondern eine abgewandelte Form von Göttlichem Licht, das durch die Übermittlung ihres Führers in ihrer Welt kreiste.

Früher hatten sie alle die Früchte von Gottes Lebensbaum gegessen. Nun wussten sie nichts mehr von diesem Baum und aßen stattdessen die Früchte vom Baum der Illusion. Sie waren sich nicht mehr der Wahrheit bewusst und glaubten darum, dieser sei der Baum der Erkenntnis.

So pflückt unser Ego auch heute noch die Früchte vom Baum der »Erkenntnis« und weiß nichts davon, dass er in Wirklichkeit der Baum der Illusion ist. Nur unser unbewusstes Ich nährt sich beständig vom Baum des Lebens, da wir ja sonst keine Sekunde länger existieren könnten.

Die Welt der Illusion verdichtete sich, und ihre Wesen bekamen physische Körper. Damit diese fortbestehen konnten, wurden die Wesen in männliche und weibliche Anteile geteilt – zwei verschiedene Aspekte Gottes, nach dessen Abbild sie ja erschaffen waren. Da alles andere ihnen unbewusst geworden war, sahen sie nicht, dass dies Gottes Werk war. Er wollte ihnen damit den Fortbestand eines Spielplatzes sichern, in dem sie weiterhin ihre Illusion durchleben konnten. Und es war gut so, denn mit ihrem stark eingeschränkten Bewusstsein konnten sie nicht mehr so viel Schaden anrichten – waren sie doch von der Schöpfung mit großer Macht und großen Fähigkeiten ausgestattet worden, die nun unerkannt in ihnen schlummerten. Die physischen Körper hatten die Eigenschaft, dass sie nicht aus sich heraus fortbestehen konnten. Alles in der physischen Welt unterliegt einem Prozess des Verfalles. Diese Welt war ja nicht in der Schöpfung vorgesehen, sondern sollte nur so lange existieren, bis die Wesen wieder aus der Illusion herausfanden. Der Führer dieser Wesen war weit entwickelt gewesen, als er auf seine unglückliche Idee kam. Er wusste mehr als die anderen. So fand er in sich die Fähigkeit zu erschaffen und fügte zu der materiellen Welt eigene Schöpfungen hinzu. Er hatte dabei die Vorstellung von einem selbsterhaltenden Kreislauf von Lebensenergie. Ein verkörpertes Wesen sollte die Körper anderer Wesen essen, um dann wiederum von anderen gegessen zu werden. Dies war eine Methode, um trotz des natürlichen Zerfalls der physischen Strukturen die vorhandene Energie zu erhalten. Wer gegessen wird, übergibt damit Lebenskraft an andere. Wer andere Körper isst, kann sich dadurch auf Kosten dieser Wesen deren Lebenskraft einverleiben.

Das Prinzip des Tötens entstand, und damit das Fleischessen. Es verwirklichte sich zunächst mehr zwischen Wesen verschiedener Arten, weniger innerhalb einer und derselben Art. Damit entstand auch die Gier: »Ich will noch mehr Lebenskraft; von wem kann ich sie nehmen?« Darin bestand von nun an das Bestreben der meisten in jenem Kreislauf gefangenen Geschöpfe. In der Welt der Illusion entstand das so genannte Recht des Stärkeren.

Aber auch verkörperte Wesen besitzen außer ihrem physischen Leib noch ein Ich, einen Seelenkern (wenn auch bei den Tieren und Pflanzen in anderer Weise als bei uns Menschen, für welche die Welt der Illusion als geschlossener Spielplatz geschaffen wurde). Wer einen anderen aß, konnte nur die Lebensenergie seines Körpers in sich aufnehmen, nicht aber sein Ich. Wenn ein Körper gegessen wurde oder durch den natürlichen Zerfall starb, musste sich sein Ich davon lösen und zu einem neuen Körper weitergehen, sodass es noch in der Welt der Illusion verweilen konnte, bis es eines Tages aus ihr herausfinden würde.

Zur Welt der Illusion gehörte deshalb notwendigerweise die Reinkarnation, denn es bedarf vieler Leben in Verkörperungen, bis eine Seele durch Entwicklung und Reife die Bedingungen erfüllen kann, um diese Welt wieder verlassen zu dürfen. Selbst wenn jemand die dafür notwendige Einsicht erreichte, hatte er meistens noch an Belastungen aus vergangenen Leben zu tragen, sodass noch einige verkörperte Leben nötig waren, um sich daraus zu befreien. Er musste noch vieles wiedergutmachen und sich mit jenen Wesen versöhnen, denen er Schaden oder Leid zugefügt hatte. Er musste auch alles zurückgeben, was er genommen hatte, und denjenigen verzeihen, die ihm Leid zugefügt hatten.

Mit der Zeit wurden diese Wesen in der Welt der Illusion noch unbewusster, und das Ego beherrschte sie ganz. Sie verstanden gar nicht mehr, wie untrennbar sie in Wirklichkeit miteinander verbunden sind und dass nichts auf eine andere Weise je funktionieren könnte.

Schon dadurch, dass wir essen, sind wir mit anderen Wesen verbunden – und mit der ganzen Natur, die für alle gemeinsam materielle Nahrung bietet und sie miteinander verbindet. Überall in ihr liegt Göttliches Licht verborgen. Wären wir in unserem Bestreben nach Emanzipation konsequent, müssten wir aufhören zu essen. Dies würde einen langsamen Tod für den Körper bedeuten. Ja, wir müssten auch aufhören zu atmen, denn die Atmung verbindet uns mit allem, was atmet. Ein schneller Tod!

Der »Lichtbringer«, der uns nur scheinbares Licht gab, war uns in der Entwicklung weit voraus, als er durch seine Idee von Gott abfiel und uns im Fall mitnahm. Er versteht mehr als wir anderen, er versteht auch, dass er nicht ohne uns sein kann, und will deshalb keinen von uns verlieren. Darum verstärkte er in uns die Illusion noch mehr und machte es uns so schwer wie nur möglich, aus dieser Welt herauszufinden. Er machte in uns die Gier nach Besitz und Macht größer, um uns noch stärker an die Welt der Illusion zu binden. Dadurch haben wir nur umso mehr wiedergutzumachen, bevor wir hier herauskommen können. Für das Begleichen »alter Rechnungen« benötigen wir aber noch mehr Zeit, und in dieser Zeit laufen wir Gefahr, wieder rückfällig zu werden.

Es gelang Luzifer sogar, den unbewusst in uns vorhandenen Begriff von »Lebenskraft«, von »Lebensfähigkeit« so sehr mit dem Materiellen zu verbinden, dass das Ego glauben konnte, die Materie sei das Wichtigste im Leben. Er ließ uns in dem Wahn, dass die Lebensfähigkeit besonders mit solchen Dingen zu tun hätte, die beständiger als unser

Körper sind. Wir entdeckten, dass Gold und wertvolle Steine viel unvergänglicher sind als alles andere in der materiellen Welt. Gold rostet nicht, Edelsteine verwittern nicht. Sie bleiben auch dann noch schön, wenn alles andere vergeht. Unsere Gier richtete sich seither besonders auf diese Materialien. Wir wollten davon so viel wie nur möglich haben, in dem Wahn, dadurch stärker und lebensfähiger zu sein oder zumindest bequemer leben zu können.

Wir wissen ja nichts mehr davon, dass wir irgendwann alles zurückgeben müssen – wenn nicht in diesem, dann in einem anderen Leben. Wir schreckten nicht einmal davor zurück, anderen das Leben zu nehmen, um ihnen den materiellen Besitz zu rauben, den wir selbst nicht hatten. Umso mehr haben viele von uns bis heute zurückzuzahlen und wiedergutzumachen. Denn auch die Leben, die wir anderen einst nahmen, müssen wir zurückgeben. (Oft müssen wir jene Seelen später als unsere Kinder zeugen und aufziehen.) Niemand kommt hier heraus, bevor er seine Schuld bis zum letzten Pfennig gezahlt hat.

Je länger dieser Prozess dauert, desto besser für den »Lichtbringer«. Er weiß nämlich, dass er am Ende selbst alles, was er genommen hat, an die Schöpfung zurückzahlen muss, und davor graut ihm.

Zuerst gab es nur einen Weg, um aus dieser Welt herauszukommen: einen eigenen, persönlichen Weg der Einsicht, Bewusstwerdung und Begleichung der »offenen Rechnungen«. Mit der Zeit wurden es aber immer weniger, die hier herausfanden, denn der »Lichtbringer« erfand immer mehr Mittel, um uns an die Welt der Illusion zu binden.

Gott sah, dass die Verhältnisse sich für die Seelen zu sehr verschlechterten, und sandte Botschafter, um die

Menschheit auf das Vergessene wieder aufmerksam zu machen. Um diese Gottesboten herum entstanden mit der Zeit Glaubenssysteme, Religionen, von welchen sich der »Lichtbringer« bedroht sah. Er säte deshalb Zwist und Missverständnis. So wurden die Lehren durch menschliche Schwächen entstellt, und jede Gruppe hielt schließlich die Überzeugungen der anderen für Irrlehren, obwohl sie ursprünglich das Gleiche gelehrt hatten, nur eben in anderer Form.

Einer der Gottesboten wurde der Buddha, der Erleuchtete, genannt. Er lehrte die Menschen Erkenntnisse über den Weg aus der Illusion, die in Vergessenheit geraten waren. Er sprach nicht direkt von Gott, denn das war nicht nötig. Er wusste ja, dass jeder, der den Weg zum Ursprung zurück betritt, Gott früher oder später selbst entdecken würde. (Und selbst entwickeltes Gottesbewusstsein ist weit mehr wert als jede gelernte Theorie über Ihn!) Er sprach vielmehr von den wichtigsten Bedingungen für das Begehen dieses Weges: Liebe und Mitgefühl. Dies sind die wahren Schlüssel zur Befreiung, ohne die niemand je herausfindet.

Was der Buddha lehrte, geriet mit der Zeit immer mehr in Vergessenheit.

Immer weniger Menschen konnten wirklich dem Weg folgen, den er gezeigt hatte, auch wenn sie sich äußerlich zu ihm bekannten. Und Gott sah, dass eine neue und kräftigere Botschaft nötig war – dazu eine, die sich direkter gegen den Einfluss des »Lichtbringers« richtete, da es diesem ja mit der Zeit gelungen war, alle früheren Botschaften zu verdrehen. So sandte Er Christus in diese Welt: Christus, den Geist und die Kraft der Liebe, welche die Grundlage der Schöpfung ist. Ein Wesen, welches das wichtigste aller

Schöpfungsprinzipien vertritt, ist von so hoher Natur, dass es sich nicht in einem einzelnen Menschen verkörpern kann. Darum inkarnierte sich die Christuskraft in der ganzen Menschheit. Ein bereits Erlöster übernahm aber die Aufgabe, der Christuskraft als Sprachrohr zu dienen, und inkarnierte sich als Jesus, der bis dahin wichtigste aller Botschafter Gottes.

Es entstand nun ein zweiter Weg aus dieser Welt heraus: der Weg der Gemeinschaft durch die Kraft der Liebe. Jesus lehrte die Liebe und lebte sie uns auf der Erde vor. Die Christuswesenheit als Ganzes musste mit demjenigen den Kampf aufnehmen, der bisher der Herrscher dieser Welt gewesen war. Bei dieser Auseinandersetzung war der verkörperte Mensch Jesus ihr irdischer »Heerführer«. Jesus wusste, dass er selbst nie sterben könne, dass sich vielmehr nur sein Körper, seine physische Hülle auflösen würde. Und dennoch versuchte der »Lichtbringer«, ihm dieses Bewusstsein zu verdunkeln – wie wir wissen, ohne Erfolg.

Jesus opferte seinen Körper für die Menschheit; durch die Kreuzigung Jesu gewann Christus den Kampf und eroberte die eigentliche Macht über die Erde. Der »Lichtbringer« aber dachte nicht daran, kampflos aufzugeben. Es gelang ihm, den Christusimpuls auf verschiedene weltliche Institutionen zu zersplittern. Diese kamen durch Intoleranz, Machtstreben, Konkurrenzdenken und Habgier immer mehr dahin, dass sie dem »Gegenspieler« dienten, anstatt jenem Herrn, dem sie sich ursprünglich verschrieben hatten, dessen Botschaft sie aber immer weniger verstanden.

So wurde auch der Gedanke der Gemeinschaft mit der Zeit missverstanden, und man fing an zu glauben, dass zur

Gemeinschaft nur die eigenen Glaubensbrüder gehörten – nicht aber (wie es wirklich gemeint ist) die ganze Menschheit, also auch jene, die anders dachten, aussahen, sprachen und lebten.

Der Christusimpuls ist ein Same in der Seele eines jeden Menschen, der allmählich anfängt zu wachsen – zunächst größtenteils außerhalb jener irregeführten Institutionen. Der »Lichtbringer« ist allerdings immer noch stark und bemüht sich nun noch intensiver um die Seelen, die mit ihm fielen – um uns! Er baut mit aller Kraft die Illusion von materiellem Wohlstand durch Wissenschaft und Technik auf, die zu den Eckpfeilern seines Einflusses gehören. Zwar ist unsere Wissenschaft im Grunde wertneutral, denn sie beruht auf (wenn auch begrenzten) Kenntnissen der materiellen Gesetze in dieser Welt; in der Art jedoch, wie wir sie interpretieren und aufgrund unserer wahnwitzigen Gier destruktiv missbrauchen, bedeutet sie eher nur einen »Fortschritt« auf dem Weg der Zerstörung.

Was aber wahre Wissenschaft ist, nämlich die Liebe zum Mitgeschöpf und die Kenntnis von Gott, Seiner Schöpfung und Seinem wahren Licht, macht der »Lichtbringer« lächerlich und verdreht er im Bewusstsein der Menschheit.

Wir sind durch seine so genannte Wissenschaft so stolz und überheblich geworden, dass wir nun unter ihrem Banner drauf und dran sind, unseren ganzen Planeten zu vernichten. Die Zerstörung, der wir auf diese Weise den Weg bereiten, bedeutet jedoch auch die Zerstörung des Reiches des »Lichtbringers« auf Erden, das er in einem letzten ohnmächtigen Aufbäumen zu opfern bereit ist. Aus den Trümmern dieser Katastrophe jedoch wird der Same des Christusimpulses in den Herzen einer neuen Menschheit aufgehen.

So weit ein »Märchen«, das vielleicht nicht nur ein Märchen ist, sondern auch ein Teil unserer eigenen Geschichte.

Wer ist Gott?

Wie kann man sich Gott beschreibend nähern? Er ist für uns unvorstellbar! Deshalb ist jeder Beschreibungsversuch letztlich zum Scheitern verurteilt. Aus dem gleichen Grund hatte der Buddha begriffen, dass nur die eigene Gotteserfahrung einen Sinn hat, und sprach nicht direkt von Ihm.

Über die Hindus herrscht bei uns im Westen vielfach die Irrmeinung, dass sie Polytheisten wären, also an viele Götter glaubten. Unsere hinduistischen Brüder und Schwestern in Indien und anderen asiatischen Ländern wissen aber, dass es nur einen Gott gibt, den sie in seiner höchsten Ausprägung Brahman nennen. Darüber hinaus sprechen sie von vielen Gottheiten als von Devas, deren Wesen man etwa mit dem unserer Engel vergleichen kann. Der westliche Irrtum besteht darin anzunehmen, dass die Inder nur an diese Devas (Gottheiten) glaubten (und Brahman nur für einen von ihnen halten würden) und dass sie alle diese – statt wie im Christentum, Judentum oder Islam nur den Einen Gott – anbeteten.

Wenn ein Hindu die Devas verehrt, ist das im Grunde nicht viel anders, als wenn der katholische Gläubige Heilige oder Engel anruft. (Der Hinduismus kennt auch Dämonen, die er Asuras nennt.) Allerdings wirken dort wie hier die Irreführungen des »Lichtbringers«, was viele westliche Menschen, die in Indien verständlicherweise neue

Wahrheiten suchen, nicht sehen oder nicht wahrhaben wollen.

In einer indischen Erzählung wollte ein Mann wissen, was Gott wirklich ist. Er ging mit seinem Freund von einem Yogi zum anderen und sagte: »Bitte erkläre mir, was Gott ist!« Jeder antwortete: »Tut mir Leid, das kann ich nicht. Er ist unerklärbar.«

Schließlich kam er zu einem Yogi, der auf seine Bitte anders reagierte. Statt eine Antwort zu geben, legte er seine Hand auf den Kopf des Mannes, der sofort in eine Trance der Entzückung fiel. Als sein Erlebnis vorüber war, rief er aus: »Wunderbar! Nun habe ich Gott erlebt!«

Der Freund fragte: »Was ist Er dann? Bitte erkläre es mir!«

»Das kann ich dir nicht erklären! Er ist unerklärbar ...«

Traum und Realität

Durch die Spaltung des menschlichen Wesens in ein bewusstes Ich und ein unbewusstes Ich entstand in Letzterem ein Bedürfnis nach Lebensraum. Es wollte sich auch einmal Geltung verschaffen, sich frei entfalten können, ohne sich immer dem Ego unterordnen zu müssen. Andernfalls hätte es ersticken müssen, das Ego hätte aufgehört zu existieren, denn es kann sie nicht ohne jenen Teil geben, der unbewusst wirksam ist. So entstand der Schlaf.

In regelmäßigen Abständen musste sich das bewusste Ich zur Ruhe legen und seine Aktivitäten für eine Weile einstellen. Dann hatte das unbewusste Ich die Freiheit, für sich zu sein. Da aber die Spaltung erhalten bleiben musste, damit das Ego die Erfahrung der Illusion machen konnte, durfte dieser bewusste Anteil nicht zu viel von den Erlebnissen des unbewussten Ichs mitbekommen. Sie blieben ihm deshalb meist nur in Form einer symbolischen Bildsprache aus den Perioden des Schlafs in Erinnerung. Das Ego verstand diese Sprache nicht, nahm meistens nicht ernst, was ihm an Erinnerungsspuren nach dem Aufwachen geblieben war, und nannte dies »Traum«. Manchmal versuchte das unbewusste Ich, dem Ego mithilfe dieser Träume etwas mitzuteilen, aber das Ego nahm die Botschaft oft nicht richtig wahr oder wollte sie nicht wahrhaben. Es glaubte ja, alles selbst viel besser zu wissen. Schließlich waren da auch Verständigungsschwierigkeiten aufgrund der unterschiedlichen Sprachen, in denen sich Ego und unbewusstes Ich mitteilten. Symbole, Bilder und Gefühle sind nun einmal die Sprache der Seele – sie teilt sich uns nicht durch Worte mit. Darüber hinaus diente die Symbolik auch als eine Art »Schleier«, der dazu beitrug, die noch immer notwendige Spaltung der menschlichen Seelenanteile aufrechtzuerhalten.

Worte sind nichts anderes als Krücken, welche die menschlichen »Egos« hatten erfinden müssen, als sie nicht mehr direkt durch Bilder und Gefühle miteinander kommunizieren konnten. Auf einmal verstanden sie sich nicht mehr, und in dieser »babylonischen Sprachverwirrung« musste ein System akustischer Zeichen die Sprache der Seele, die stets eine Sprache ohne Worte gewesen war, ersetzen. Auch deshalb also kannte das Ego die Sprache der Träume nicht. So hielt es seine Welt für die einzige maßgebliche Realität und erkannte nicht, dass Träume Einblicke in einen Bereich gewähren, welcher der wahren Realität viel näher liegt.

Nach dem Verlassen des Körpers durch den so genannten Tod kommt es dann in der Seele wieder zu einem

Gleichgewicht zwischen den beiden Anteilen. Die Trennung zwischen dem Ego und dem viel größeren unbewussten Ich hört auf. Es wird alles zu einem großen bewussten Ich. Das Ego ist dann zwar noch vorhanden, aber es muss sich in viel höherem Maße nach dem wahren Ich bzw. dem Höheren Selbst richten, das dem Menschen im verkörperten Zustand unbewusst bleibt. Im körperlosen Zustand braucht es deshalb den Schlaf nicht mehr. Ja, es gibt ihn dort nicht einmal.

Wenn das Ego dem nicht zu sehr im Wege stand, konnte die Seele in der Zeit bis zur nächsten Verkörperung bis in den Grenzbereich zu jener geschlossenen Welt vordringen, in dem das Göttliche Licht voll erlebbar ist. Diese Grenzwelt ist eine Lichtwelt der Erholung und Belehrung zwischen den Inkarnationen, in der die Seele auch die Vergangenheit auswertet.

In jener Welt ist die Seele der wahren Göttlichen Realität nahe. Dort kommt ihr das vergangene verkörperte Leben wie ein Traum vor, aus dem sie erwacht ist. Sie weiß in diesem lichtvollen Zustand sehr gut, dass das, was das Ego in der Verkörperung für die Realität hält, in Wahrheit eine Illusion ist. Solange aber das Ego noch in der Seele herrscht und solange sich diese nicht – nach der Versöhnung mit anderen Seelen – rückhaltlos dem Göttlichen zugewandt hat, wird sie von der Lichtwelt aus wieder inkarnieren müssen, bis sie schließlich einmal die Grenze überschreiten und unsere verschlossene Welt ganz verlassen darf.

Manche Seelen sind aber auch nach dem Tod derart dem Irdischen verhaftet, dass sie nicht einmal in diese Lichtwelt gehen können oder zu gehen wagen. Sie irren dann in der materiellen Sphäre umher, bis sie sich wieder verkörpern. Manchmal bleiben sie auch an dem Ort, an dem sie während ihrer letzten Inkarnation gelebt haben, oder sie klammern sich an Menschen, die noch über einen Körper verfügen. Sie bereiten diesen Menschen, die ihnen als »Wirt« dienen, oft Verwirrung und Probleme, über deren Ursache sie aber im Unklaren sind – und auch jene Seelen selbst wollen die Wahrheit wegen ihres ausgeprägten Egos nicht sehen.

In solchen Zuständen, in denen die Wesen wie verlorene Seelen umherirren, können sie viel wertvolle Zeit verlieren und lange auf der Stelle treten, anstatt in ihrer Entwicklung voranzukommen. Der »Lichtbringer« sieht solche Verirrungen gerne, da er damit rechnen kann, dass solche Seelen länger in seinem Einflussbereich bleiben.

So wirkte er darauf hin, dass in den weltlich gewordenen Institutionen, die ursprünglich die Wahrheit über das Geistige gelehrt hatten, das Wissen vom Sterben, von dem, was danach kommt, und von der Lichtwelt weitgehend verloren ging. Er brachte diese Institutionen dazu, eine falsche Lehre von Hölle und ewiger Verdammnis zu verbreiten – in der Hoffnung, dass sich durch diese luziferische Lüge noch mehr Seelen nach dem so genannten Tod verirren würden. Sie sollten die Lichtwelt fürchten und darin nur Gericht und Verdammnis erwarten statt – wie es der Wahrheit entspricht – Frieden und Seligkeit bis zur nächsten Verkörperung.

Da jene Institutionen bald merkten, dass sie durch solche Angstmacherei mehr Macht über die Menschen gewinnen konnten, ließen sie sich auch allzu gern auf diese Weise verführen.

Nun aber ist die Zeit angebrochen, in der solche Irrlehren entlarvt werden. Die Wesen des wahren Lichts werden

den Menschen im Göttlichen Auftrag auf verschiedenen Wegen nach und nach wieder die Wahrheit über die Seele, den Tod und den Entwicklungsweg durch die Verkörperungen beibringen.

Anmerkung

1. Dieses »Märchen« ist aus verschiedenen Quellen entstanden. Es ist vom Denken Oscar Marcel Hinzes beeinflusst, dessen Vorträge ich jahrelang besuchte, und auch vom eigenen Nachdenken über die indische Schöpfungslehre der Sāṃkhya-Philosophie, besonders im Zusammenhang mit dem Āyurveda. Das ganze Märchen erlebte ich beim schnellen Niederschreiben während einer Zugfahrt in der Steiermark als eine Art von Eingebung. Eine bemerkenswerte Parallele des ersten Teils des Märchens zu einer der Schriftrollen von Nag Hammadi wurde später gefunden (»The Gospel of Truth«, u. a. in *The Nag Hammadi Library,* hrsg. von James M. Robinson, Harper and Row, San Francisco, 1977, S. 37–39). Es gibt bei Origenes Andeutungen in die gleiche Richtung: Vergl. Herwig Görgemanns und Heinrich Karpp (Übersetzer und Herausgeber): *Origenes' Vier Bücher von den Prinzipien,* Wissenschaftliche Buchgesellschaft, Darmstadt, 2. Aufl. 1985. Diese wohl bisher beste Übersetzung von Origenes' *Perì Archōn* enthält einige Rekonstruktionen verloren gegangener Textabschnitte nach alten Quellen. Zu diesem Kapitel sind besonders die rekonstruierenden Ergänzungen auf S. 272–277 zu beachten, aber auch 1.5, 3–5 (einschl. Ergänzung nach Hieronymus), II. 3,3 und 9,6 sowie II. 10,7. Nach Pseudo-Leontius lehrte Origenes (S. 273): »Gott schuf nun die gegenwärtige Welt und er fesselte die Seele an den Körper …« Nach Theophilus von Alexandrien lehrte er (S. 277): »Gott sei durch den Fall der Seelen (…) gezwungen worden, die Körperwelt zu erzeugen.«

2 | Gibt es die Reinkarnation?

Im streng wissenschaftlichen Sinn lässt sich nicht beweisen, dass es die Reinkarnation gibt. Ebenso wenig lässt sich beweisen, dass es sie nicht gibt. Denn ein Beweis erfordert, dass alle alternativen Erklärungsmöglichkeiten für Rückführungserlebnisse und Fälle von Spontanerinnerungen [1–6] mit Sicherheit ausgeschlossen werden können (oder dass umgekehrt die Reinkarnation als Erklärung ausgeschlossen werden kann). Sich bei einer solchen Diskussion auf die Dogmen der Religionen und das derzeitige Weltbild zu berufen, ist eine Glaubenssache und kein Argument im Sinne der Wissenschaft. Die Kirchen, die sich auf das Christentum berufen, lehnen den Reinkarnationsglauben heute ab. Das war im Urchristentum zum Teil noch anders (vgl. Anhang 1). Persönlich sehe ich wahres Christentum und Kirchentum als zweierlei an und stimme Eugen Drewermann zu, wenn er sagt: »Jesus wollte diese Kirche nicht« [7].

Eine der Begründungen für die Ablehnung, die das Kirchentum der Reinkarnationsidee entgegenbringt, lautet, dass diese Idee aus dem Hinduismus stamme [8–11] – was allerdings erwiesenermaßen nicht stimmt. Vielmehr kennt der Hinduismus sie auch (die Reinkarnation ist in den Veden nicht sicher belegbar und tritt erst später im indischen Schrifttum auf; sie war auch verschiedenen anderen alten Kulturen bekannt, die keine Beziehungen zu Indien haben konnten).

Das Kirchentum lehnt heute leider auch die historisch nachweisbare Tatsache ab, dass es im Urchristentum Menschen gab, die an die Reinkarnation glaubten und diesen Glauben auch vertraten. Da ich diese Thematik ausführlich recherchiert und in einem separatem Buch dargestellt habe [12], mögen hier diese kurzen Hinweise genügen. Das »Märchen« im ersten Kapitel stellt eine Auffassung dar, die eher mit der des Urchristentums übereinstimmen dürfte.

Wenn sich Rückführungstherapie auf das gegenwärtige Leben eines Klienten beschränkt (zum Beispiel auf Erlebnisse aus der Kindheit), begegnet man keiner grundsätzlichen Ablehnung seitens der Psychologie oder Naturwissenschaften. Es handelt sich dabei ja um Fakten, die meistens nachprüfbar sind und ein vorgefasstes Weltbild nicht bedrohen. Auch wenn die Rückführung in die Zeit im Mutterleib vor der Geburt hineinreicht, können die Fakten oft ziemlich konkret überprüft werden. Man braucht dazu nur die Mutter zu fragen, sofern sie noch lebt.

Aber schon hier begegnet man Einwänden wie dem, dass es sich vielleicht um Informationen handeln könnte, welche die Mutter dem Kind erzählt habe. Ich selbst kenne jedoch ein paar Fälle, in denen die Mutter auf Nachfrage folgendermaßen reagierte: »Wie kannst du das wissen? Das habe ich ja niemandem erzählt!«

Geht aber die Rückführung in ein angebliches früheres Leben zurück, so ist die Frage nach der Wirklichkeit des Erlebten schwieriger. Man begegnet von vielen Seiten massiver Ablehnung. Für manche kann einfach nicht wahr sein, was (einer vorgefassten Ideologie zufolge) nicht wahr sein darf. Was für Kindheitssituationen noch als eine wiedererlebte Wirklichkeit annehmbar ist, kann hier nach Auffassung der Schulwissenschaft und der offiziellen Glaubensinstitutionen auf einmal nur noch »Phantasie« oder höchstens »Symboldrama« sein.

Auch wenn sich die bei Rückführungserlebnissen gemachten Erfahrungen hinsichtlich ihrer sachlichen Konkretheit und emotionalen Lebendigkeit in keiner Weise etwa von geschilderten Kindheitsszenen unterscheiden: Sobald die Zeitgrenze der Zeugung rückwärts überschritten wird, bleibt der Gebrauch der terminologischen Hilfen »Symboldrama« oder »Kryptomnesie« (s. u.) für viele die einzig vorstellbare Erklärung. Das gilt in der Grundhaltung sogar dann, wenn sich die historische Existenz von in der Rückführung erlebten Personen nachweisen lässt.

Eine Hauptschwierigkeit für die Schulwissenschaft besteht dabei darin, dass die Deutung »Reinkarnation« die Existenz einer Seele voraussetzt, und zwar im Sinne einer bewussten, immateriellen Energieform, die den Tod des Körpers überlebt. Die derzeitige Wissenschaft kann sich die »Seele« jedoch nur als einen elektrochemischen Zustand im Nervengewebe vorstellen, der mit dem Tod in ähnlicher Weise erlischt wie das Betriebsprogramm eines zerstörten Computers. Sie hat deshalb bereits Schwierigkeiten, dem Kind im Mutterleib eine Seele zuzugestehen, da der physische Teil seiner Existenz – der heranwachsende Fötus – noch unentwickelt ist. Wo kein entwickeltes Nervengewebe vorhanden ist, kann es nach Ansicht der Wissenschaft auch keine Gefühle und keine Erkenntnis geben.

Wenn es um derart heikle Themen geht, hält sich die Wissenschaft eher an lieb gewordene Vorurteile und »Glaubensinhalte«, anstatt sich – ihrem eigenen methodischen Ideal entsprechend – an die Überprüfung der Wahrheit zu machen. Eigentlich reagiert man heute genauso wie einst die von der Aufklärung verspotteten »Schul-Astronomen«

zur Zeit von Galilei: Als dieser die Jupiter-Monde entdeckt hatte, weigerten sich die kirchentreuen »Wissenschaftler«, auch nur einen Blick durch Galileis bereitgestellte Teleskope zu werfen. Begründung: Der Jupiter könne selbstverständlich keine Monde haben, da es ja bekannt sei, dass alle Planeten um die Erde kreisten [13].

Verschiedene Hypothesen und Indizien

Mindestens 90 % der Personen, die sich einer Rückführung unterziehen, erleben etwas dabei. Solch massive empirische Belege erlauben es nicht, das Phänomen »Rückführungserlebnis« an sich einfach als unwahr zurückzuweisen. Um was genau es sich bei den Erlebnissen dieser Menschen handelt, steht auf einem anderen Blatt. Es existieren zu ihrer Erklärung verschiedene Hypothesen, die ich in zwei Gruppen unterteile.

Die eine Gruppe geht davon aus, dass die Person, mit der sich der Klient während der Rückführung als identisch erlebt hat, wirklich existiert hat. Es gibt viele Fälle, wo man bei einer Nachprüfung die frühere Existenz der erlebten Person belegen konnte [14–22].

Die andere Gruppe betrifft nicht nachgeprüfte Fälle, die offenbar die Mehrzahl ausmachen. Historisch »prominente« Personen kommen bei Rückführungen praktisch nicht vor. Die meisten Klienten erleben sich als gewöhnliche Bürger, Händler, Jäger, Handwerker oder Bauern, als einfache Menschen, die heute kaum noch aufzuspüren sind. War die Person vor 300 Jahren Schuhmacher in Kairo, so kann man sich den Aufwand eines Nachprüfungsversuches lebhaft vorstellen. Die Chancen für einen

Erfolg sind gering, auch wenn es diesen Schuhmacher wirklich gab.

Eine dritte Gruppe von Fällen, bei denen sich die Nichtexistenz der erlebten Zweitpersönlichkeit beweisen ließe, ist eher theoretisch und daher nicht mitaufgeführt. (Sie würde die nachfolgend beschriebenen Hypothesen *e* und *f* beinhalten.) Da im Falle von Nichtexistenz keine Aufzeichnungen vorhanden sein können, wirft dieser Umstand eine Fülle von Problemen auf, ohne eine verlässliche Antwort auf die eigentliche Frage – die nach der Existenz jener anderen Persönlichkeit – geben zu können. Es kann bei Nichtbestätigung sogar sein, dass man am falschen Ort oder in der falschen Zeitperiode sucht. Verwechslungen von ähnlich lautenden Ortsnamen (zum Beispiel *Aachen* statt des weniger bekannten Namens *Achern*) sowie von Jahreszahlen (zum Beispiel 1873 statt 1783, also das Vertauschen von Ziffern) kommen durchaus vor. Schauen wir uns also die möglichen Erklärungsmodelle genauer an.

Eine Person A *erlebt sich in der Rückführung als eine andere Person* B *in einer anderen Zeit.*

1. B hat existiert.
a. Reinkarnation (Wiederverkörperung)
b. Kryptomnesie (Verborgene Erinnerung)
c. ASW (außersinnliche Wahrnehmung)
d. genetische Übertragung

2. Die Existenz von *B* ist ungeprüft.
a.-d. wie oben (Existenz)
e. Phantasie (Nicht-Existenz)
f. Symboldrama (Nicht-Existenz)

Seitens der Kirchen werden zusätzlich noch folgende Hypothesen vorgeschlagen: bewusste oder unbewusste Täuschung, Besessenheit [10, 11], Einflüsterungen von Geistwesen oder Seelen Verstorbener [9, 10] sowie Informationen aus dem kollektiven Unbewussten [10]. Es erscheint mir absurd, anzunehmen, dass über 90 % der Teilnehmerinnen und Teilnehmer an Rückführungen bewusst oder unbewusst täuschen würden. Ebenso wenig glaubwürdig erscheint mir die Behauptung, dass mindestens 90 % dieser Menschen besessen sein könnten! Es ist doch sehr unwahrscheinlich, dass nahezu jeder Mensch so offen für Einflüsterungen wäre. (Jene Hypothese geht von der Annahme aus, dass es sich bei den Geistwesen um *Foppgeister* oder *Dämonen* handle. Und ginge es um Seelen von Verstorbenen, widerspräche dies dem Dogma von der angeblichen Untrennbarkeit von Körper und Seele.)

Diese Annahme scheidet erst recht aus, wenn man in Betracht zieht, wie hilfreich Rückführungserlebnisse in therapeutischer Hinsicht sein können. Solche Hypothesen wären nur dann ernst zu nehmen, wenn Rückführungen nur ab und zu, aber nicht fast immer gelingen würden. Der Erklärungsversuch »Anzapfen des kollektiven Unbewussten« fiele in die gleiche Kategorie wie ASW (außersinnliche Wahrnehmungen, Hypothese *c*). Nun aber die halbwegs sinnvollen Hypothesen in einer kurzen Darstellung:

Die *Reinkarnationshypothese (a)* besteht in der Annahme, dass es sich bei **A** und **B** um die gleiche Seele in verschiedenen Verkörperungen handle. Diese Erklärung ist die logisch einfachste, aber auch die emotional schwierigste für denjenigen, der sie nicht in sein Weltbild integrieren kann.

Kryptomnesie (b) ist die Annahme, dass **A** (vielleicht als Kind) die Geschichte von **B** gehört oder gelesen habe. Weiter besagt die Hypothese, dass **A** heute vergessen habe, wie er zu der in der Rückführung aufgetauchten Information kam. Er identifiziere sich deshalb damit und meine, er selbst sei **B** gewesen.

Die Hypothese *c* bezüglich *ASW* oder *außersinnlicher Wahrnehmung* besagt, dass **A** in dem leicht veränderten Bewusstseinszustand der Rückführung auf paranormale Weise Informationen auffinge (ähnlich wie bei Hellsichtigkeit) und sich damit identifiziere.

Bei der Annahme einer *genetischen Übertragung (d)* lautet die Behauptung, dass **B** ein Vorfahre von **A** sein müsse und dass die Information genetisch an **A** vererbt sei.

Die Erklärungsvariante *Phantasie (e)* spricht für sich selbst.

Mit *Symboldrama (f)* meint man eine Art »Theaterstück« in Form von inneren Bildern, das eine bestimmte Problematik der Person **A** und ihre Zusammenhänge in einer Symbolsprache darstellt.

Kommentare zu den Hypothesen

Ich möchte nun die Hypothesen *b* bis *f* aus meiner Sicht kommentieren, wobei ich keineswegs ausschließen will, dass sie in bestimmten Fällen zutreffen können. Aus noch näher zu benennenden Gründen halte ich solche Fälle jedoch für eine Minderheit.

Die wohl unwahrscheinlichste Hypothese dürfte die der *genetischen Übertragung* sein, auch wenn ein gezieltes Anzapfen des Stammbaumes unter *Hypnose* möglich zu sein scheint (vgl. [23]), wenn man sich dies bewusst *vornimmt.*

Es ist bekannt, dass man ASW durch Hypnose provozieren kann, wie der schwedische Hypnoseforscher John Björkhem wissenschaftlich bewiesen hat. Rückführungen werden heute indes größtenteils mit nicht-hypnotischen Techniken durchgeführt. Informationen sind in den Genen auf chemisch-physikalische Weise gespeichert, und die Speicherkapazität ist daher begrenzt. Die Natur ist weise und verschwendet solchen kostbaren Speicherraum wohl nicht für Unsinn.

Die Erfahrung zeigt aber, dass es in der Rückführung mit **A** – vorausgesetzt man nimmt sich die Zeit dafür – möglich ist, praktisch alles über **B** zu erfahren, auch völlig nutzlose Informationen. Zum Beispiel, was **B** Tag für Tag in irgendeiner zufällig gewählten Woche zu Mittag gegessen hat. Solche völlig wertlosen Daten legt die Natur sicher nicht in den Genen ab! Weiter sind Fälle nicht selten, in welchen **B** nie ein Kind hatte; dann erledigt sich diese Hypothese von selbst. **A** kann heute eine junge Deutsche sein, die sich als Indianer am Amazonas vor nur 50 Jahren erlebt. In so einem Fall kann es wohl keinerlei genetische Verbindung geben.

Sollte diese Hypothese häufig zutreffen, müsste man **B** in vielen Fällen als Vorfahre von **A** identifizieren können, was jedoch fast nie gelingt. Im Gegenteil ist in den seltenen Fällen, in denen sich **B** tatsächlich als Vorfahre erweist, eher eine Reinkarnation innerhalb der gleichen Familie anzunehmen. Aus der genetischen Hypothese würde auch noch folgen, dass sich **A** nur bis zum Zeitpunkt der Zeugung eines Kindes von **B** »erinnern« sollte, da ja der Stammbaum in diesem Moment in Richtung **A** abzweigt. **A** erlebt sich aber als **B** bis zu dessen Tod und sogar noch danach (als seine Seele – vgl. [23]).

Die große Menge von Informationen über **B**, die durch

eine Rückführung mit **A** gewonnen werden können, widerspricht prinzipiell der Hypothese der *Kryptomnesie*, also der Annahme, dass **A** irgendwann früher in seiner jetzigen Verkörperung mehr oder weniger bewusst (zum Beispiel aus Büchern oder mündlichen Erzählungen) von der Existenz von **B** Kenntnis genommen habe. Die Fülle der erlebbaren Details bei Rückführungen lässt für den aufmerksamen Beobachter eigentlich nur den Schluss zu, dass **A**, sollte er nicht in seinem Seelenkern mit **B** identisch sein, doch jederzeit und lückenlos Einblick in dessen Lebenssituation und Gefühlswelt nehmen konnte. Unter welchen Bedingungen wäre so etwas möglich?

ASW kommt hier noch eher in Betracht, da in »erhöhten« Bewusstseinszuständen grundsätzlich jede sonst unzugängliche Information über einen anderen Menschen zugänglich sein kann. Würde die Hypothese der *außersinnlichen Wahrnehmungen* zutreffen, müssten aber von Zeit zu Zeit heute noch lebende Personen als **B** auftreten – wie bei *Kryptomnesie* manchmal Menschen, die während As Kindheit noch lebten, auftauchen sollten. Beides kommt jedoch praktisch nie vor. (Wenn es einmal ausnahmsweise so ist, dann handelt es sich eher um eine **A** heute bekannte Person. In zwei Fällen, die ich betreute, zeigte sich, dass es sich dabei um unbewusste Empathie handelte, also darum, sich in die andere Person hineinzufühlen – weil die rückgeführte Person die Auswirkung des eigenen Handelns auf sie erkennen sollte.)

In Kapitel 3 wird die Frage der *Kryptomnesie* im Zusammenhang mit dem Sprechen fremder Sprachen (*Xenoglossie*) in hypnotischen Rückführungen noch aufgegriffen.

Was die Hypothese der *Phantasiebildung* betrifft, so meine ich – ähnlich wie beim *Symboldrama* –, dass es keine völlig bedeutungslose Phantasie gibt. Im Gegenteil: Wenn sich ein Mensch hinsetzt und phantasiert, muss das, was dabei hervorkommt, voll von symbolischer Information über ihn selbst sein. Jede Phantasie ist zweifellos im Prinzip analysierbar und potenziell aussagekräftig. Der Unterschied zum *Symboldrama* dürfte eher in der größeren Intensität sowie in der direkteren und spezifischeren Problemorientierung des letzteren liegen.

Ein *Symboldrama* ist allerdings etwas, was tatsächlich in einer Rückführung auftreten kann. Der Unterschied zwischen einem solchen und einem Erlebnis, das ich als echte Rückführungserfahrung bezeichnen würde, ist meistens ziemlich leicht zu erkennen.

Dazu hat man noch die Möglichkeit, den »Helfer« (s. Kapitel 5 und 7) zu fragen. Er gibt meistens eine klare Antwort auf die Frage, ob das Erlebnis aus einer früheren Inkarnation stammt oder symbolhaft ist. Manchmal wird auf die Ähnlichkeit von Erlebnissen in Rückführungen mit denjenigen im Katathymen Bilderleben hingewiesen (vgl. [23]), um eine Erklärung dieser Phänomene als *Symboldramen* zu begründen. Diese Parallelen dürften aber eher daher rühren, dass bei Methoden, die bewusst mit Symboldramen arbeiten, eine gewisse Wahrscheinlichkeit besteht, dass auch Erinnerungen auftauchen können, die in Wirklichkeit aus früheren Leben stammen. Die Schulpsychologie lehnt diese Deutung – wie könnte es anders sein? – vehement ab. Es entbehrt allerdings nicht einer gewissen Ironie, dass sie auf diesem Wege vermutlich manchmal selbst Rückführungen macht, ohne sich dessen bewusst zu sein (vgl. die Einleitung).

Ein wichtiges Argument zugunsten der Reinkarnationstherapie ist die *therapeutischen Wirkung* einer Rückführung. Die meisten Rückführungen werden durchgeführt, um dem Klienten bei der Lösung eines persönlichen Problems zu helfen. Die nicht selten – im positiven Sinne – ziemlich drastische Wirkung solcher Sitzungen kann eigentlich nur durch die Hypothese der *Reinkarnation* problemlos erklärt werden. Legt man eine der anderen Hypothesen zugrunde, wären die Erklärungsversuche für solch auffallende positive Auswirkungen zumindest sehr weit hergeholt.

Die am ehesten einleuchtende Erklärung ist wohl die, dass **A**s Seele in ihrem Leben als **B** ein traumatisches Erlebnis hatte, das in ihrem jetzigen Leben noch heute nachwirkt. Kommen wir im Verlauf der Rückführung zu diesem »Urtrauma« in **B**s Leben zurück, kann **A**s Problem mitunter schon durch dieses einmalige Wiedererleben aufhören, eines zu sein – einfach dadurch, dass das Erlittene **A** zu Bewusstsein kommt und er die damit verbundenen seelischen Verletzungen ausleben und schließlich loslassen kann.

Ein einfaches Beispiel (meistens sind die Zusammenhänge weitgreifender und die Problematik ist komplexer): **A** hat Höhenangst. Er erlebt sich in seinem Leben als **B**, als ein wandernder Händler in der Schweiz, der vor 200 Jahren mit einem Rucksack voller Waren über die Berge geht. Plötzlich tauchen Räuber auf, stehlen ihm den Sack und stürzen ihn von dem Felsen. **B** fällt in einem Gefühl der Todesangst herunter und stirbt, als er auf dem Boden aufschlägt. **A** fühlt die Panik während der Rückführung aufs Neue und lebt sie aus. Die emotionale Energie dieser Panik kann dann aufgelöst werden.

Zwei Wochen nach der entscheidenden Sitzung besucht **A** einen Freund im 7. Stock. Sie gehen, im Gespräch vertieft und ohne sich dabei etwas zu denken, auf den Balkon. Auf einmal steht A dort und staunt: Er hat keine Höhenangst mehr!

Allgemeine Einwände

Einige der manchmal vorgebrachten allgemeinen Einwände gegen die Realität des Rückführungserlebnisses [11] sollen hier erwähnt werden:

Wird jemand in die Zeit kurz nach seiner Geburt zurückgeführt, erzählt er klar, was er erlebt, und folgt den Anweisungen des Rückführenden, obwohl er zu jener Zeit nicht sprechen konnte und solche Anweisungen nicht verstanden hätte. Bei diesem Einwand vergisst man aber, dass die Seele (auf der Ebene des unbewussten Ichs des Kindes) sehr gut verstand, was das körperlich orientierte bewusste Ich noch nicht begreifen konnte. Die in der Seele gespeicherten sensorischen und emotionalen Erinnerungen werden in der Rückführung durch das heutige bewusste Ich ausgedrückt (so wie ein Erwachsener in seiner Sprache über eine frühe Kindheitserinnerung spricht).

Ein immer wieder geäußerter Vorwurf geht dahin, dass Rückführungserlebnisse Anzeichen von Wirklichkeitsflucht aus einer frustrierenden Gegenwart seien. Warum aber erleben die meisten Menschen die Vergangenheit dann als noch viel negativer? In therapeutischen Rückführungen geht es nämlich oft um traumatische Erlebnisse in der Vergangenheit, die nun emotional losgelassen werden sollen. Nur schreckliche Erlebnisse werden zu Ursachen für Probleme, nicht die schönen. Geht es um Problemlösung, kommt man also logischerweise zu leidvollen und verletzenden Situationen zurück.

Kein einziger Fall, so behaupten Kritiker, sei historisch verifiziert worden. So leichtfertig kann man die berühmten Fälle von Bridey Murphy [14] und Jane Evans [15] selbstverständlich nicht zur Seite schieben und dabei die Tatsache übergehen, dass es noch weitere, lediglich nicht so bekannt gewordene Verifikationen gibt (u. a. [16–22]). Über den Fall Bridey Murphy wird in Kapitel 3 berichtet. Der Fall Jane Evans beinhaltet u. a. ein Erlebnis, in dem sie als Jüdin Rebecca in York (England) während eines Pogroms Zuflucht in der Krypta einer Kirche fand. Das Pogrom ist geschichtlich überliefert. Als Zufluchtskirchen kamen verschiedene infrage, sie hatten aber keine Krypten. In der wahrscheinlichsten entdeckte man während Umbauarbeiten im Jahre 1975 überraschenderweise eine übermauerte Krypta!

Der spektakulärste Fall von einer detailliert bestätigten Rückführung dürfte derjenige der Therapeutin Linda Tarazi sein [19, 20]. Es ist durchaus möglich, wie mir ein schwedischer Psychologe mitteilte (der mich hierauf aufmerksam machte), dass dieser Fall wegen seiner herausragenden Überzeugungskraft einfach übergangen wird! In den 70er-Jahren ergab sich ein Regressionserlebnis mit einer Klientin von Tarazi, das in der Fülle von Einzelheiten über ein früheres Leben u. a. in Spanien im 16. Jahrhundert erstaunte. Jene Klientin hatte keinerlei Beziehungen zu Spanien und war nie in jenem Land gewesen. In einer langen Nachforschungsarbeit konnte Linda Tarazi alle diese Angaben bestätigen, worunter viele sind, über welche die Klientin mit Sicherheit heute nicht hätte Bescheid wissen können. Die bestätigenden Fakten waren nämlich nicht in Geschichtsbüchern zu finden, sondern in alten

Dokumenten in einer Sprache, welche die Klientin nicht beherrschte. Manche Informationen waren nie veröffentlicht worden, sondern fanden sich in Archiven abgelegener Orte. In ein paar Fällen lieferten spanische Behörden Informationen, die nicht mit der Erzählung übereinstimmten, aber dann fanden sich alte Dokumente, woraus sich ein neues Bild ergab: Die Klientin hatte Recht und die Behörden nicht – bedauerlicherweise für die Reinkarnationsgegner, die sich am liebsten mit den Behördenaussagen zufrieden gegeben hätten …

Zu weiteren für die Gegner allzu überzeugenden Fällen gehört der Selbstbericht von Robert Snow [21], der mit kriminalistischen Ermittlungsmethoden (Snow ist selbst Kriminologe und Psychologe) seinem früheren Leben als Maler James Carroll Beckwith nachging. Ein anderer bemerkenswerter Bericht stammt von dem Reinkarnationstherapeuten Bruce Goldberg [22].

Als Einwände gegen die Reinkarnationshypothese *als solche* (abgesehen von Rückführungserlebnissen im Allgemeinen) wurden bisher meistens nur Glaubenssätze des kirchlichen Dogmas angeführt, nicht aber naturwissenschaftlich begründete Argumente. Die Tatsache, dass die Hypothese nicht ins Weltbild der offiziellen Wissenschaft passt oder dadurch erklärt werden kann, ist für sich genommen noch kein Argument. Empirische Argumente wird es in diesem Fall naturgemäß nicht geben können.

Ein Kuriosum ist in diesem Zusammenhang ein Buch des Philosophieprofessors Paul Edwards [24], das in seinem eingeschränkten wissenschaftlichen Materialismus einmalig ist. Edwards bemüht sich mit allen Mitteln, das Ich des Menschen mit seinem Gehirn zu identifizieren, weshalb jede Form vom Weiterleben nach dem Tod, insbesondere die der Reinkarnation, völlig unmöglich sei. Seine Argumentation ist deshalb überheblich naiv und schreckt nicht vor Schlägen unter die Gürtellinie zurück. Jeder, der an die Reinkarnation glaubt, ist seiner Meinung nach ein Idiot, und er verleumdet auch Personen wie Elisabeth Kübler-Ross in moralisch sehr bedenklicher Weise mit Behauptungen über angebliche sexuelle Eskapaden, die sie als unglaubhaft dastehen lassen sollen. Damit wertet der Verfasser nur seine eigene Glaubwürdigkeit und moralische Integrität ab! Robert Almeder hat einen sehr guten kritischen Artikel über jenes in hilfloser Argumentation unsinnige Buch geschrieben [25].

Die Einwände des *Kirchentums* entspringen einem durch Tradition festgelegten und unverrückbaren Interpretationsmuster bezüglich der Bibeltexte, wodurch andere, ebenfalls mögliche Interpretationen kategorisch ausgeschlossen werden. Ausdrücke wie »Laienphilosophie«, »Obsession« und »Stupidität« [11], die von dieser Seite gelegentlich als rhetorische Keule verwendet werden, zeugen nur von einem Grad geistiger Verkrustung und Überheblichkeit, der seinerseits weder sachdienlich ist noch etwas mit Professionalität zu tun hat. Diese Erscheinungsform klerikalen Elitedenkens, die nach dem Prinzip der *abgestuften Erkenntnis* die »Schäflein« im Kirchenvolk vom höheren Wissen der »Hirten« ausschließen möchte, gehört hoffentlich bald der Vergangenheit an.

Indizien

Welche Indizien sprechen jedoch *für* die Reinkarnationshypothese?

Eines davon besteht gewiss in der bereits erwähnten Tatsache, dass es in einer Anzahl von Fällen gelungen ist, die frühere Existenz der erlebten Person zu belegen. Dies ist jedoch nur ein Indiz, kein Beweis, da hierdurch nur die Existenz von **B** erwiesen ist, nicht aber, dass **A** wirklich einmal **B** war.

Die bereits erwähnte therapeutische Wirkung, in der heute meistens der Zweck einer Rückführung besteht (obwohl es auch Sitzungen gibt, die eher der Befriedigung einer spirituellen Neugier des Klienten dienen), stellt sicher einen ernst zu nehmenden Hinweis auf die Realität des Phänomens »Reinkarnation« dar. Ferner ist es beachtenswert, dass im Verlauf des Erlebnisses deutliche und manchmal starke Gefühlsempfindungen auftreten (die für die befreiende Wirkung der Rückführung auch wesentlich sind und deshalb erstrebt werden). Wäre hier nur Phantasie im Spiel, würde es kaum zu solch starken Gefühlsreaktionen kommen, erst recht nicht, wenn das Erlebte mit **A**s Seele gar nichts zu tun hätte.

Empfindet ein Klient die traumatische Situation auch körperlich nach und fühlt er gar einen physischen Schmerz, den er im jetzigen Leben nie an der entsprechenden Körperstelle gespürt hat, ist das Indiz noch überzeugender. Besonders eindrucksvoll sind Fälle, in denen ein Mann den Vorgang des Gebärens schildert, den er als Frau in einer vergangenen Inkarnation durchlebt hat. Er kann Wehen fühlen und andere Körperempfindungen haben, die dem männlichen Körper eigentlich nicht möglich sind.

Bryan Jameison hatte im Laufe seiner therapeutischen Tätigkeit die Gelegenheit, fünf blind geborene Menschen zurückzuführen. Sie konnten sich natürlich nicht vorstellen, was »sehen« bedeutet, was Farben und sichtbare Formen sind. Alle erlebten aber, wie sie im früheren Leben gesehen hatten. Sie wussten im Zustand der Rückführung genau, was »sehen« ist. Noch indizkräftiger ist die Tatsache, dass sie nach der Rückführung alle anfingen, in Bildern zu träumen!

Ein weiteres Indiz für die Glaubwürdigkeit der Reinkarnationshypothese stammt aus dem Bereich der Astrologie. Es müsste sogar für denjenigen bemerkenswert sein, der nicht an Astrologie glaubt, weil die mathematische Wahrscheinlichkeit für eine derartige Erscheinung so gering ist, dass Zufall praktisch ausgeschlossen werden kann. Es handelt sich um so genannte Synastrien zwischen den Horoskopen von **A** und **B**. Man kann in der Rückführung die Geburtsdaten von **B** erfahren und sein Horoskop erstellen. Im Vergleich mit dem Horoskop von **A** zeigt es sich dann oft, dass eine bei **B** besetzte Position fast auf den Grad genau auch in **A**s Horoskop besetzt ist, nur fast immer von einem anderen Planeten. Stand zum Beispiel bei **B** der Jupiter in 6° Widder und die Venus in 23° Schütze, findet man vielleicht bei **A** den Mars in 7° Widder und den Saturn in 22° Schütze. Tritt eine solche Übereinstimmung (eine so genannte Synastrie) bei drei bis fünf Positionen auf, ist der Zufall beinahe ausgeschlossen.

Jameison arbeitete eine Zeit lang mit einer Astrologin zusammen, die ihn auf die Idee zu solchen Nachforschungen brachte. Es stellten sich dabei faszinierende Zusammenhänge heraus: So können wir, Jameisons Forschungen zufolge, damit rechnen, das nächste Mal in jenem Zeichen geboren zu werden, in dem im Moment des Sterbens die progressive Sonne steht.

Die Horoskopdeutungen für **B** passten übrigens in allen Fällen sehr gut zu den Rückführungserlebnissen.

Ein spannendes Indiz ist das der gegenseitigen Bestätigung, die ich auch selbst ein paar Mal miterlebt habe. Es kann sich bei einer Rückführung herausstellen, dass **B** damals eine Person **C** kannte, die **A** heute wieder als **D** kennt (das heißt, **C**s Seele ist heute als **D** inkarniert). Haben wir die Gelegenheit zu einer Rückführung auch mit **D**, wird sich **A**s Erlebnis bestätigen. Man muss dabei natürlich in die gleiche Zeitperiode zurückgehen – sonst allerdings voraussetzungslos vorgehen, das heißt, ohne dem Klienten etwas Bestimmtes zu suggerieren –, sodass **D** genau in demjenigen Leben ankommt, in dem er als **C** mutmaßlich **B** begegnet ist (und nicht in einem anderen). Um Beeinflussung auszuschließen, ist anzustreben, dass **D** vor der eigenen Rückführung nichts von **A**s Erlebnis erfährt.

Hierzu ein Fallbeispiel aus der Praxis: Eine Frau ist heute Musiklehrerin. Als Kind wollte sie Geige spielen, was der Mutter – aus rein emotionalen Gründen und ohne dass sie es richtig erklären konnte – nicht gefiel. Die Klientin lernte dann auf Empfehlung der Mutter, da dies »gut für die Lungen« sei, Flöte als Hauptinstrument zu spielen. In der Rückführung erlebte sie sich als einen jungen Mann im Wien des 19. Jahrhunderts, der Felix H. hieß und sehr gut Geige spielte. Felix starb jung an Tuberkulose, und seine Mutter war verzweifelt. Die Frau erkannte, dass ihre heutige Mutter damals die Mutter von Felix war.

Die Mutter kam ein paar Wochen später zu einer Sitzung, um ebenfalls eine Rückführung zu erleben, weshalb die Tochter aufgefordert wurde, ihr vorher nichts zu erzählen. Sie sah sich bald in einem Park und weinte, als sie dort Kinder spielen sah. Anschließend ging sie in eine Villa hinein und in ein Zimmer im ersten Stock. Sie weinte wieder.

»Weshalb?«

»Es ist das Zimmer meines soeben verstorbenen Sohnes. Da liegt seine Geige auf dem Bett!«

»Wie hieß er?«

»Felix.«

Die Mutter bestätigte alles, was die Tochter zuvor berichtet hatte. Als das Wiedererleben jener Inkarnation beendet war, fragte ich: »Gab es in jenem Leben eine Person, die Sie auch heute kennen?«

»Ja, Felix.«

»Wer ist Felix heute?«

Da setzte sie sich auf, öffnete die Augen und zeigte auf die zuhörende Tochter: »Da sitzt er!«

Diese beiden Klientinnen – Mutter und Tochter – fanden später heraus, dass es in Wien tatsächlich eine Familie H. gibt, in der es auch Musiker gegeben haben soll. Man schrieb noch lebenden Familienangehörigen, um nach Felix zu fragen, und bekam als Antwort, dass die Familienchronik für jene Zeit eine Lücke aufweise (man hat bei der Nachfrage leider erwähnt, woher man die Angaben über Felix habe, und darauf wollte die Familie offensichtlich nicht eingehen). Somit ist das Erlebnis jedenfalls nicht faktisch widerlegt. Bei Besuchen in Wien erkannten beide Personen den Park bei der Villa; wo die Villa selbst stand, steht allerdings heute ein modernes Haus. Der Fall wurde am 18. 5. 1994 in der Talkshow »Hans Meiser« über Reinkarnation und Rückführung behandelt. Diese Sendung wurde gekonnt und sachlich präsentiert (die Nachahmung bei der RTL-Show mit Bärbel Schäfer am 12. 9. 1995, die allerdings nicht diesen Fall präsentierte, war hingegen unseriös und entsprach in etwa Bild-Zeitungs-Niveau). Eine ausführlichere Darstellung dieses Falles fand in der Sendungsreihe »Mysteries« mit Jörg Draeger (Sendung VIII) am 4. 8. 1997 bei RTL statt.

Ein ähnlich gelagerter, aber viel grausamerer Fall wurde im Frühjahr 2003 miterlebt. Ein Klient erlebte sich als einen mittelalterlichen Henker und musste auf Befehl des Herrschers eine ihm lieb gewordene Frau hinrichten. Da er bei Befehlsverweigerung selbst hingerichtet worden wäre (und die Frau dann vom einem neuen Henker gleichwohl getötet worden wäre), führte er widerwillig die Tat aus, köpfte aber die Frau frühzeitiger als befohlen, um ihr weiteres Leid zu ersparen. Seine heutige Freundin erlebte mehrere Tage später das Gleiche aus der Sicht jener Frau. Sie wusste vor ihrer Rückführung über das Erlebnis des Freundes nicht Bescheid.

Helen Wambach führt mehrere statistische Indizien für die Wirklichkeit von Reinkarnation in ihrem Buch *Seelenwanderung* [26] an.

Widerlegungsstrategien

Es gehört zur Strategie von Menschen, die an der Widerlegung von Reinkarnation interessiert sind, solche Bücher, wie das erwähnte von Wambach, nicht ernst zu nehmen (was sie wohl auch mit diesem Buch nicht tun werden). Wenn es um die Frage der früheren Existenz der erlebten Person (**B**) geht, so verfügt die Argumentationsstrategie gewöhnlich über zwei Variationen:

1. Falls es gelingt, Informationsquellen über die erlebte Person zu beschaffen, dann »muss« die heute lebende Person ihr Wissen aus solchen Quellen haben, und es »kann nur« ein Fall von Kryptomnesie sein.

2. Falls es nicht gelingt, solche Quellen zu finden, dann »kann es sich nur« um Phantasie handeln, und die erlebte Person »hat nie existiert«.

Die Existenz von Quellen selbst als Indiz für die Seriosität der Reinkarnationshypothese zu werten, ist dieser Strategie zufolge nicht statthaft (es kann nicht sein, was nicht sein darf, siehe oben). So wurde im Fall Jane Evans [15] als Einwand vorgebracht (Praxisbeispiel S. 52), dass die Angaben über das als Person **B** Erlebte (sie erlebte auch andere Leben als nur das von Rebecca) in einem Roman zu finden seien. Da es sich aber um einen auf Tatsachen basierenden *historischen* Roman handelte, kann dieser »Einwand« ebenso gut als *Indiz für* die Existenz von Reinkarnation gewertet werden!

In einem anderen Fallbeispiel sagte jemand in der Rückführung, dass er »zur Kreuzritterzeit« Botschaften zwischen Versailles und anderen Städten vermittelt hätte. Zur Widerlegung wurde angeführt [27], dass die Bezeichnung »Kreuzritterzeit« damals noch nicht gebräuchlich war und dass Versailles zu jener Zeit noch nicht Regierungssitz gewesen wäre. Also müssten auch alle anderen Details dieser Erzählung falsch sein.

Wenn aber bei einer Rückführung »Kreuzritterzeit« auftaucht, ist es logisch, dass bei der Wahl dieser Bezeichnung heutiges Schulwissen eine Rolle gespielt hat.

Sollte es sich bei der Angabe der Zeitperiode nicht einfach um eine Interpretation aus dem heutigen Bewusstsein heraus gehandelt haben, so bietet sich noch eine andere Erklärung an: Warum konnten nicht Botschaften vermittelt worden sein, auch wenn Versailles damals noch kein Regierungssitz war? Es musste sich ja nicht um ein Regierungsamt gehandelt haben.

Bei der Bewertung der in Rückführungen auftretenden Detailinformationen muss man beachten, dass sich im Erleben des Klienten zwei ähnliche Inkarnationen aus verschiedenen Zeitperioden vermischen können. Auch können im heutigen Leben bekannte Begriffe in das frühere Erlebnis hineinprojiziert werden (vgl. Kapitel 12). Es kommt zudem vor, dass man bestimmte Verhaltensweisen der erlebten Person mehr oder weniger unbewusst anders sehen möchte, als sie wirklich waren. Die Wahrheit würde möglicherweise zu peinlichen Erkenntnissen über die (frühere) ethische Integrität führen, oder es bestünde die Gefahr, dass ein schmerzliches Erlebnis hochkäme.

Um dem auszuweichen, können dann unbewusst andere Erlebnisse beigemischt werden, die manchmal sogar den Charakter von Phantasien haben (dies allerdings nicht ohne Symbolwert). Es mag auch vorkommen, dass der Klient, ohne dass es der Rückführende merkt, von einem Leben zu einem anderen »springt«. Wenn bei experimentellen Rückführungen solche Möglichkeiten immer wieder außer Acht gelassen werden, dann muss dies schon für einen methodischen (oder tendenziösen) Fehler bei der Auswertung gehalten werden. Manche »Auswerter« scheinen ausschließlich auf Fehlerjagd zu sein, um beim ersten nur möglichen Fund aufatmend ihre vorgefasste Meinung bestätigt zu sehen: nämlich dass das Ganze nur Humbug sei. Damit geben sie sich dann zufrieden und vertiefen ihre Untersuchung nicht, da das erwünschte Ergebnis erreicht sei und nicht gefährdet werden soll.

Unser Intellekt ist gierig nach Fakten, aber auf der Seelenebene sind diese höchst zweitrangig. Auf Fragen nach Daten und genauen Angaben reagiert die Person in der Rückführung nicht selten so, als ob man nach völlig unwichtigen Dingen fragt. Wichtig sind Erlebnisse und Gefühle. Dasselbe gilt ja auch für Kindheitserlebnisse. Alle Fragen nach Datum, Uhrzeit und Ort – zum Beispiel, wenn man als Kind ins Wasser gefallen ist – und etwa wie tief er sank, sind vollkommen irrelevant, wenn man den erwachsen gewordenen Klienten von seiner heutigen Angst vor dem Wasser befreien will. Es kommt ausschließlich darauf an, was die Person erlebt hat, was dabei in ihr vorging, und darauf, dass dies in der Rückführung wieder erlebt und losgelassen wird.

Rückführung und die öffentlichen Medien

In den öffentlichen Medien bestand die Strategie bei der publikumswirksamen Aufbereitung des Themas meistens darin, dass die Sache mit einem großen Fragezeichen dargestellt wurde. Alles wurde weggelassen, was »zu überzeugend« wirken könnte.

Im Jahr 1985 wurden bei mir zu Hause (ich wohnte damals in Basel) im Auftrag von ZDF, ORF und SRG von Tele Norm Film München Aufnahmen gemacht. Man hatte mich gebeten, Klienten einzuladen, und so wurde ein Interview mit einer Frau gefilmt, die bis zur Rückführung als unfruchtbar galt. In Wirklichkeit war ihr Problem psychosomatischer Natur, und sie weigerte sich unbewusst, die Verantwortung der Mutterschaft wieder auf sich zu nehmen (obwohl sie sich in ihrem bewussten Ich Kinder wünschte). Die Ursache lag in einem früheren Leben, in welchem sie das Gefühl durchmachte, als Mutter versagt zu haben. Sie konnte nun einsehen, dass sie nicht daran schuld war, dass in jenem Leben an ihren zwei Kindern ein Mord begangen worden war. Sie hätte dieses Ereignis nicht verhindern können. Die insofern grundlosen Schuldgefühle konnte sie daraufhin loslassen, und sie wurde neun Wochen nach der Rückführung schwanger. Heute hat sie zwei Kinder.

Ein Mann, der vorher beinahe täglich, nach der Rückführung aber höchstens noch einmal monatlich schwere Migräne hatte, wurde vor der Kamera erneut zurückgeführt und bekam Zugang zu einem interessanten Erlebnis.

Beide Beiträge wurden in der Sendung »Viele Male auf Erden?« weggelassen. Stattdessen wurde nur eine sehr oberflächlich verlaufene Rückführung vom Kameramann in die Sendung mit aufgenommen.

Im Jahr 1986 machte man Aufnahmen für die Sendung »Unglaublich – aber auch wahr?« des ARD beim Hessischen Rundfunk in Frankfurt. Dabei besuchten wir die oben erwähnte Musiklehrerin, die im früheren Leben der Geige spielende Felix in Wien gewesen war, und machten vor der Kamera noch eine Rückführung mit ihr. Man reiste auch zu ihrer Mutter, um ein Interview zu filmen. Trotz des Aufwands wurde dieser wohl als allzu überzeugend bewertete Beitrag weggelassen, und man zeigte nur eine vergleichsweise uninteressante Rückführung mit einer Mitarbeiterin des Fernsehens. Sonst so »sensationslüstern« strebt das Fernsehen bei diesem Thema oft eher die »Antisensation« an.

Eine weitere Vorgehensweise der Medien bei solchen Themen ist manchmal, entsprechende Beiträge zu Zeiten als »Füller« auszustrahlen, wenn die Zuschauerzahl (oder Zuhörerzahl) gering ist. So wurden in der Reihe »Punkt 7« um 7 Uhr früh in der Zeit vom 24. bis 28. 7. 1995 von RTL fünf Beiträge zum Thema »Reinkarnation« ausgestrahlt, wobei der letzte eine von mir durchgeführte und gut gelungene Rückführung war.

Glücklicherweise ist man in den Medien nicht immer so leichtfertig mit dem aufgezeichneten Material umgegangen. In der Reihe »Psychologie der Hoffnung« von Peter Schnitzler bei Satel Film in Wien (1987, im Auftrag von ORF und ZDF) ging man in der Folge »Wie innen, so außen« wesentlich fairer mit dem Beitrag über therapeutische Rückführung um. Guido Ferrari machte 1989 für das italienischsprachige Fernsehen der Schweiz, TSI, einen der besten Fernsehfilme, die je zu diesem Thema gemacht wurden: »Reincarnazione«.

Ein sehr überzeugender Film wurde auch 1985 in Australien gedreht ([16], vgl. auch [17]). Er wurde, soweit mir bekannt ist, in Europa nur in zwei Ländern ausgestrahlt. Ein Bekannter von mir reichte eine Petition mit Unterschriften an das Schweizer Fernsehen DRS ein, mit der Bitte, diesen Film zu senden, was aber abgelehnt wurde. Der australische Film kann die Existenzen von zwei wieder erlebten Personen sehr überzeugend belegen und die von zwei weiteren zumindest glaubwürdig machen.

Eine weitere Fernsehsendung zum Thema [18] wurde vom Bayerischen Rundfunk im Jahr 1992 zusammengestellt. Darin führte der Dozent Claus Bick den Regisseur der Sendung hypnotisch zurück, worauf sich dieser dann in einer früheren Inkarnation als Panzerkommandant Richard Meissner erlebte. Seine Existenz sowie der Fronteinsatz und die Verwundung konnten im Archiv der Deutschen Dienststelle in Berlin genau bestätigt werden.

Seelengedächtnis

Wenn wir annehmen, dass die Seele Erinnerungen bewahrt und sie von einer Verkörperung in die jeweils nächste mitträgt, so stellt sich naheliegenderweise die Frage, wo denn diese Erinnerungen gespeichert sein können. Schließlich hat sich ja das Gehirn, gemeinhin als unverzichtbare materielle Basis des Geistes angesehen, mit dem Tod des Körpers aufgelöst. Dazu zunächst eine persönliche Anmerkung: Nur wenn es eine sich reinkarnierende Seele gibt, scheint mir das Dasein überhaupt einen Sinn zu haben. Andernfalls wäre die Welt nur eine Ansammlung unerträglicher, scheinbar willkürlich über uns verhängter Erscheinungsformen des Leidens – eine Vorstellung, die jeder Vernunft, jedem Gerechtigkeitsempfinden und nicht zuletzt auch der Idee eines gütigen und liebevollen Gottes widerspräche.

Die Seele ist meiner Auffassung nach das wahre Ich des Menschen. Hätte dieses immaterielle Ich kein Gedächtnis, würde es kaum die Bezeichnung »Ich« verdienen. Folglich muss die Seele in der Lage sein, in nicht physischer Form (das heißt mittels für uns nicht sichtbarer und noch nicht messtechnisch erfassbarer energetischer Strukturen) Information dauerhaft zu speichern – eine Annahme, mit der sich die Schulwissenschaft außerordentlich schwer tut. In dieser Sichtweise erscheint das Gehirn als bloßes Werkzeug jenes Gedächtnisses – dem RAM-Speicher eines Computers ähnlich, der nur Zwischenspeicher (dem bewussten Ich entsprechend) für den Datenverkehr mit einer immateriellen »Festplatte« (dem unbewussten Ich) des Menschen ist.

Leider hat der Mensch das uralte Wissen, das über diese Zusammenhänge existiert, vergessen. Er hält sein Ego derart hoch, dass er sich auf den Gedanken versteift, dieses habe allein die Kontrolle über alle Vorgänge im Gehirn. Genau dies ist aber die »Illusion«, von der das Märchen in Kapitel 1 erzählt.

Seitenpersönlichkeiten

Der konventionellen Psychologie verdanken wir einen in diesem Zusammenhang besonders interessanten Begriff: den der *Seitenpersönlichkeiten*. Damit bezeichnet man andersartige Persönlichkeiten, die Teil unserer Gesamtpersönlichkeit sind und die – gewöhnlich nur eine »Schattenexistenz« führend – unter Hypnose hervortreten können. Es handelt sich oft um Erscheinungen der gleichen Art, wie sie in Rückführungen in frühere Leben zutage treten. In solchen Fällen versieht die Schulpsychologie das gleiche Phänomen allerdings mit einem anderen Etikett – wobei alles, was auf Reinkarnation hindeuten könnte, peinlich vermieden wird. In seltenen Fällen treten solche Seitenpersönlichkeiten als pathologische (krankhafte) Erscheinungen spontan auf; sie können aber offenbar in jedem von uns durch eine geeignete hypnotische Suggestion hervorgerufen werden. Als eine der Methoden der Suggestion verwendet die experimentelle konventionelle Psychologie dabei den Rückgang »zu einem früheren Leben« oder »zur Zeit vor der Geburt«, nimmt aber dies keinesfalls ernst! Stattdessen spricht man höchstens von »Phantasie einer früheren Existenz« oder – in einer mehr wissenschaftlich anmutenden Formulierung – von »progignomatischer Phantasie«. Eine merkwürdige Schizophrenie der Psychologie selbst (vgl. Kapitel 3)!

Begriffsmanipulation der »Wissenschaft«

In so genannten wissenschaftlichen Kreisen versucht man, die Reinkarnationshypothese permanent als »unwissenschaftlich« darzustellen – in dem Glauben, auf diese Weise eine unbequeme Theorie loswerden zu können, ohne sich tatsächlich auf sie einlassen zu müssen.

Ein Beispiel eines derart billigen Argumentes findet man in einem Sektenlexikon [29] unter dem Stichwort »Reinkarnation«. Nach dem Hinweis auf »andere Erklärungen« (worunter Kryptomnesie und ASW genannt werden) schreibt der Verfasser des Beitrages: »Der Hinweis, solche Deutungen seien oft phantastischer als die Reinkarnationshypothese, übersieht, dass es sich bei dieser nicht um ein wissenschaftliches Erklärungsmodell ... handelt.« So einfach lässt sich das Thema »Reinkarnation« nicht zur Seite schieben! Was ein wahrhaftig wissenschaftliches Modell zu sein beansprucht, kann die bisherigen Erkenntnisse der Schulwissenschaft nicht per Dekret zur »alleinseligmachenden« Auffassung erklären.

Schließlich fällt bei den Kritikern von Rückführung und Reinkarnationstherapie auf, dass es sich praktisch ausnahmslos um Menschen handelt, *die selbst nichts Derartiges erlebt haben*. Ihre Haltung ist auch in der Regel die, dass sie sich einem solchen Versuch gar nicht erst aussetzen wollen. (Es bestünde vielleicht sonst die Gefahr, dass sie ihre Meinung ändern müssten.) Somit sprechen sie über die Rückführung wie ein Blinder über Farben. (Auf sie trifft der Spruch zu: »Kritiker sind wie Eunuchen – sie wissen zwar wie, aber ...«)

Diese Menschen sind also auf *diesem* Gebiet *Laien*, wie sehr sie sich auch auf anderen Gebieten auskennen und wie umfassend sie auch ausgebildet und erfahren sein mögen – sei es in schulwissenschaftlichem Fachwissen oder in kirchlicher Dogmatik. Sie wissen oft auf theoretischer Basis überaus gründlich zu erklären, warum nicht existieren darf, was sie selbst nicht zu erfahren bereit sind. Sie beurteilen diese Fragen durchweg als außenstehende Beobachter und lassen keine andere Beurteilungsbasis zu. Sie wollen es besser wissen als all jene, die erlebt haben, was sie selbst nicht zu erleben wagen.

Eine Stimme aus der Psychiatrie

Der berühmte englische Psychiater Ronald David Laing hat ein sehr lesenswertes wissenschaftskritisches Buch [30] zum Thema »Erfahrung« geschrieben, in dem er auch den Reinkarnationsglauben erwähnt. Er schreibt über die eingeschränkte Anschauungsweise der konventionellen Wissenschaft in der ihm eigenen wortspielerischen Sprache: »Es ist ironisch, dass solche Wissenschaftler durch ihre Art des Sehens ihre Art des Sehens nicht sehen können« (S. 15). Und Laing sagt weiter, man erkläre Reinkarnation einfachheitshalber als »unmöglich«, »Einbildung« oder »Halluzination«, um das Unbequeme zur Seite zu schieben. Es spiele für die Wissenschaft keine Rolle, dass »Einsichten, die objektiv nicht wahr sein können, die nichts ändern und durch nichts Objektives geändert werden, unser Leben ändern – sogar objektiv« (S. 69). Die moderne Erfahrungstheorie habe sich auf die These versteift, dass eine Erfahrung ohne Nervengewebe unmöglich sei, und über diese Scheuklappen hinaus wolle man nicht sehen. Die Vorstellung einer genetischen Prägung unserer Erfahrungsmuster, anfangend in einer prähistorischen Vergangenheit, sei aber – so Laing – »mindestens so weit hergeholt wie jede Theorie über die Reinkarnation der Seele« (S. 87). Laing bekennt sich zu eigenen Erfahrungen in der Art von Reinkarnationserlebnissen, dies »in einem Zustand vollständiger objektiver Klarheit und Gewissheit«, die nach ihren eigenen Bedingungen gewertet genau das seien, was sie zu sein scheinen. »Aber wissenschaftliches Denken erkennt diese Bedingungen nicht an« (S. 98). »Es braucht nur den geringsten Anstoß, um die Tür zur Möglichkeit körperloser Erlebnisse aufzutun. Das Licht hat zu dämmern begonnen …« (S. 98–99). Der weltweit verbreitete Glaube an die Reinkarnation könne nicht ohne Erfahrung entstehen, aber wir im Westen schlössen diesen Kreislauf aus. »Trotzdem wiederholt sich weiterhin die Erfahrung der Wiederholung« (S. 99). Tatsachenberichte würden geleugnet, und doch sei es »fast unmöglich zu glauben, dass solche Erfahrungen keine Funktion hätten« (S. 99).

Später im Buch schreibt Laing über Regressionen (Rückgänge). Er meint hier nicht willentlich herbeigeführte Rückführungen, sondern Spontanregressionen, die manchmal in Psychotherapie und psychopathologischen Bewusstseinszuständen auftreten. In der Literatur – so Laing weiter – würden diese Erlebnisse als Abwehr- oder Fluchtreaktionen gewertet. »Aber das Zurückgehen kann dazu dienen, das zu beseitigen, was man selbst getan hat. Es kann einem Vorhaben von Abbau und Wiederaufbau dienen. Das Zurückgehen kann ein Weg sein, um sich selbst zu finden. Die Regression könnte dazu dienen, Unterdrückung zu beseitigen und nicht immer, sie aufrechtzuerhalten« (S. 159).

Genau dies ist die Absicht der Rückführung (auf die Laing nicht eingeht). Ähnlich wie Spontanregressionen können meiner Meinung nach auch Rückführungen die »Rückkehr zu Arten, Formen und Inhalten unseres Wesens sein, von welchen wir abgeschnitten wurden« (S. 159).

Reinkarnation und biologische Merkmale

Ian Stevenson hat eine sehr ausführliche Studie von einer großen Anzahl spannender Fälle durchgeführt, in welchen Muttermale, Narben und gewisse Missbildungen am Körper im Zusammenhang mit physischen Verletzungen in einem früheren Leben stehen [31]. Eine Kurzfassung seiner Arbeit ist auch in Deutsch erschienen [32]. Diese Indizien sind derart beweiskräftig, dass sich die Reinkarnationsgegner hiermit sehr viel Mühe machen müssen… Auf ähnliche Zusammenhänge wies Anfang der 70er-Jahre der türkische Professor Resat Bayer [33] bereits hin.

Reinkarnation von Holocaust-Opfern

Der Rabbi Yonassan Gershom hat in zwei Büchern [34, 35] eine ganze Reihen von Fällen ausführlich beschrieben, die starke Indizien für die Reinkarnation sind. Es handelt sich um Menschen, die im letzten Vorleben Holocaust-Opfer waren. Ein verwandter Bericht ist die Autobiografie der Schwedin Barbro Karlén [36], die sich bereits als Kind an ihr Vorleben als Anne Frank erinnerte. Jener Bericht ist – wie könnte es auch anders sein? – in jeder nur möglichen Weise kritisiert worden. Da ich sie persönlich kenne, habe ich keine Zweifel an der Echtheit ihrer Erinnerungen [37].

Referenzen und Anmerkung

1. Stevenson, Ian: *Reinkarnation … 20 überzeugende und wissenschaftlich bewiesene Fälle,* Aurum, Freiburg, 5. Aufl. 1986.
2. Stevenson, Ian: *Cases of the Reincarnation Type,* University Press of Virginia, Charlottesville VA, Bd. I-IV, 1975–1983 (sehr ausführliche Dokumentation von 42 Fällen). Im gleichen Verlag auch: *Unlearned Language,* 1984, und *Children Who Remember Previous Lives,* 1987.
3. Haraldsson, Erlendur: »Children Claiming Past-Life Memories. Four Cases in Sri Lanka«, in: *Journal of Scientific Exploration,* Vol. 5, No. 2, 1991, S. 233–261. Auch: *Reprint Series* No. 18, Social Science Research Institute, Reykjavík, Island.
4. Haraldsson, Erlendur: »Replication Studies of Cases Suggestive of Reincarnation by three Independent Investigators«, in: *The Journal of the American Society for Psychical Research,* Vol. 88, Juli 1994, S. 207–219.
5. Harrison, Peter und Mary: *The Children that Time Forgot,* Berkley, New York, 1991 (1983 in England als *Life Before Birth* erschienen).
6. Klink, Joanne: *Früher als ich groß war. Reinkarnationserinnerungen von Kindern,* Aquamarin, Grafing, 1992.
7. Interview in: *Der Spiegel,* Hamburg, 52/1991, S. 61, 64, 65, 68, 69, 71 und 74.
8. Resch, Andreas: »Katholischer Glaube und Reinkarnation«, *Grenzgebiete der Wissenschaft,* Innsbruck, 39, 1990, S. 219–231.
9. Beckh, Heinrich: *Reinkarnation oder Auferstehung. Ein Widerspruch?,* Resch, Innsbruck, 1988.
10. Albrecht, Mark C.: *Reinkarnation – die tödliche Lehre,* Schulte + Gerth, Asslar, 2. Aufl. 1989.
11. Gramaglia, Pier Angelo: *La Reincarnazione … altre vite dopo la morte o illusione?,* Edizioni Piemme, Casale Monferrato, 1989.
12. Sigdell, Jan Erik: *Reinkarnation, Christentum und das kirchliche Dogma,* Ibera, Wien, 2001.

13. Weiss, Brian L.: *Many Lives, Many Masters,* Simon & Schuster, New York, 1988, S. 11.
14. Bernstein, Morey: *Protokoll einer Wiedergeburt,* Knaur TB, München, 1973.
15. Iverson, Jeffrey: *More lives than one?,* Pan Books, London, 1977.
16. Fernsehfilm *Reincarnation,* Soundsense Films, Sidney, Australien, 1985; in Europa im holländischen und dänischen Fernsehen ausgestrahlt.
17. Ramster, Peter: *The Search for Lives Past,* Somerset Film and Publishing, Sydney (Australien), Neudruck 1992.
18. Fernsehsendung *PSI, Thema: »Reinkarnation«,* im BR 1992, 1993 auch in der ARD ausgestrahlt.
19. Tarazi, Linda: *Under the Inquisition*, Hampton Roads, Charlottesville VA, 1997.
20. Tarazi, Linda: »An Unusual Case of Hypnotic Regression with some Unexplained Contents«, *The Journal of the American Society for Psychical Research*, Vol. 84, No. 4, Oct. 1990, S. 309–344.
21. Snow, Robert L.: *Als ich Carrol Beckwith war*, Heyne TB, München, 1999.
22. Goldberg, Bruce: *The Search for Grace*, Llewellyn, St. Paul MIN, 1997.
23. Müller, Adolf: »Zurück in frühere Leben « (über Versuche von Dr. Claus H. Bick), in: *Badische Neueste Nachrichten*, 15. 12. 1979.
24. Edwards, Paul: *Reincarnation. A Critical Examination*, Prometheus, Amherst NY, 1996.
25. Almeder, Robert: »A Critique of Arguments Offered Against Reincarnation«, *Journal of Scientific Exploration*, Vol. 11. No. 4, 1997, S. 499–526.
26. Wambach, Helen: *Reliving Past Lives,* Bantam, New York, 1979. Deutsche Übersetzung: *Seelenwanderung,* Goldmann, München, 1988.

27. Magnusson, Sven: »Fantasier, inte reinkarnationsminnen« (Phantasien, nicht Reinkarnationserinnerungen), *Sökaren* (Der Sucher), Karlstad (Schweden), 5/1990, S. 4–7.
28. Harris, Melvin: »Are ›Past-Life‹ Regressions Evidence of Reincarnation?«, *Free Inquiry*, Vol. 6, No. 4, 1986, S. 18–23.
29. *Lexikon der Sekten, Sondergruppen und Weltanschauungen*, herausgegeben von H. Gasper, J. Müller und E. Valentin, Herder, Freiburg, 4. Auflage 1990. Darin: »Reinkarnation« von Reinhart Hummel, Spalten 867–873.
30. Laing, Ronald D.: *The Voice of Experience*, Penguin, Hammersmith (Middlesex), 1983.
31. Stevenson, Ian: *Reincarnation and Biology*, Bd. 1 und 2, Praeger, Westport CT, 1997.
32. Stevenson, Ian: *Reinkarnationsbeweise*, Aquamarin, Grafing, 1997.
33. Bayer, Resat: »La Reincarnazione«, in: *Metapsichica*, Milano, XXVIII, 1973, S. 136–139.
34. Gershom, Yonassan: *Beyond the Ashes*, A. R. E. Press, Virginia Beach VA, 1992.
35. Gershom, Yonassan: *From Ashes to Healing*, A. R. E. Press, Virginia Beach VA, 1992.
36. Karlén, Barbro (= Barbro Ask-Upmark): *»…und die Wölfe heulten«, Fragmente eines Lebens*, Perseus, Basel, 3. Aufl. 1998.
37. Man hat andeuten wollen, dass die Erinnerungen erfunden seien. Ich halte das für eine Verleumdung! Man hat eingewandt, dass es mehr Menschen gibt, die behaupten, Anne Frank gewesen zu sein. Es werden viele Mädchen in jener schrecklichen Zeit *ähnliche* Erlebnisse gehabt haben, und wenn ein solches Mädchen heute wieder inkarniert ist, kann es sich leicht mit der Geschichte von Anne Frank identifizieren. Es kann nicht ausgeschlossen werden, dass es bei Barbro Karlén ebenfalls so ist. Jedoch gibt es in ihren Erinnerungen starke Indizien dafür, dass sie wirklich Anne

Frank gewesen sein dürfte – um nur eines davon zu erwähnen: Als Kind war sie mit den Eltern in Amsterdam. Die Eltern wollten zum Anne-Frank-Haus und wussten den Weg nicht, aber das Mädchen führte sie direkt dorthin. Als sie davorstand, sagte sie, dass die Treppe vorher nicht so ausgesehen habe …

3 | Kurze Geschichte der Rückführung

In diesem Kapitel möchte ich in kurzer Form die Geschichte der Rückführung skizzieren. Seit 1956 halte ich mich dabei im Wesentlichen an jene Entwicklungslinie der Rückführungstechnik, die zur Methode von Bryan Jameison führte, da mein Vorgehen darauf basiert. In den 60er-Jahren und danach ist allerdings eine Vielzahl verschiedener Methoden entstanden, auf die ich aus Platzgründen hier nicht eingehe. Sie sind in der Literatur bereits mehr oder weniger ausführlich beschrieben worden (s. Anhang).

Manchmal trifft man auf die Ansicht, dass Rückführungstechniken aus Indien stammten, weil dort der Glaube an die Reinkarnation allgemein noch lebendig sei. Man kennt jedoch in Indien kaum eine einheimische Methode [1], die praktisch jedem Interessierten zur Selbsterinnerung an frühere Leben zu verhelfen vermag. Meist besteht nur die Möglichkeit, sich von einem Yogi mit der Fähigkeit zur hellsichtigen Rückschau etwas über die früheren Leben erzählen oder in den so genannten Palmblattbibliotheken »sein« Blatt heraussuchen und vorlesen zu lassen.

Rückführungstechniken sind unabhängig vom asiatischen Reinkarnationsglauben im Westen entstanden. Eine Art Vorläufer gezielter Rückführungen waren zunächst Beobachtungen von selten, aber wiederholt spontan auftretenden Erlebnissen unter Hypnose, in welchen Menschen sich verhielten, als seien sie ganz andere Personen als heute: in einem anderen Land und in einer anderen Zeit lebend, manchmal sogar vom anderen Geschlecht.

Im 19. Jahrhundert wurden viele Versuche mit Hypnose unternommen. Man wollte sie erforschen, man experimentierte mit ihr (und leistete sich dabei auch manchen Unfug). Ein weites Experimentierfeld bot sich im Zusammenhang mit Operationen. Früher kannte man zur Betäubung nur die Möglichkeiten eines Alkoholrausches oder eines Schlages auf den Kopf – als Alternative dazu ein Beißbrett zwischen den Zähnen ... Die Entdeckung der Hypnose schien nun eine Möglichkeit zu eröffnen, bei operativen Eingriffen die Schmerzempfindung herabzusetzen oder ganz auszuschalten bzw. den Patienten in einen schlafähnlichen Zustand zu versetzen. Die zum Teil erfolgreichen Versuche wurden aber aufgegeben, als man das Chloroform entdeckte, das Hypnose für diesen Zweck überflüssig zu machen schien. Hierauf blieben nur andere, von manchen z. T. als weniger seriös betrachtete Experimentierfelder übrig.

Eine Anwendungsmöglichkeit bot sich auf dem Gebiet der Psychologie und Psychiatrie, doch hier blieb Hypnose eher eine Randerscheinung. Ein Grund dafür mochte darin bestanden haben, dass diese Technik nicht ohne weiteres von jedem auszuführen war. Auch das Aufkommen psychoanalytischer Methoden infolge der Entdeckungen Sigmund Freuds war einer weiteren Verbreitung der Hypnose eher abträglich. Freud war zunächst von dieser Technik sehr angetan und übersetzte Bücher des französischen Hypnoseforschers Bernheim. Später wandte er sich allerdings wieder von diesem Hilfsmittel der Seelenforschung ab. Mit der Zeit wurde das noch verbliebene Interesse an

Hypnose vor allem durch die Psychopharmakologie an den Rand gedrängt. Es muss auch eingestanden werden, dass Hypnose (wie allerdings jede andere Methode auch) für viele klinische Fälle nicht geeignet ist und auch sonst ihre Grenzen hat.

Bei Arbeiten mit Hypnose trat also immer wieder einmal spontan oder auch infolge bestimmter Suggestionen (ohne Hinweis auf eine Zeit vor der Geburt) das merkwürdige Phänomen auf, dass sich die behandelte Person als ein ganz anderer Mensch erlebte [2–5]. Man bezeichnete solche Erscheinungen oft als *hypnotische Halluzinationen*, da man sonst keine für die Schulwissenschaft annehmbare Erklärung fand.

Die Idee der Reinkarnation, dass es sich also um einen spontanen Rückgang in ein früheres Leben handeln könnte, wäre für ein solches wissenschaftliches Denken von vornherein unvorstellbar gewesen und wurde deshalb meistens nicht einmal in Betracht gezogen. Mit der Etikettierung als »Halluzination« hatte man eine bequeme Lösung gefunden und konnte die heikle Frage einer genaueren Erklärung zur Seite schieben.

Bereits 1850 hat ein Magnetiseur Ellenberger eine frühe hypnotische Technik verwendet, um bei Versuchspersonen Halluzinationen hervorzurufen. Einige sollen dabei von früheren Leben berichtet haben [6, 7].

Es wird berichtet [2, 8], dass der in Hessen lebende russische Prinz Galizin 1862 eine ungebildete hessische Frau in Hypnose versetzte, worauf diese zum Staunen aller in bestem Französisch eine Geschichte aus einer früheren Existenz im 18. Jahrhundert erzählte, die aufgrund von Nachforschungen später vom Prinzen selbst bestätigt werden konnte. Hier handelte es sich um eine »akzidentelle Rückführung« – es war nicht von vornherein die Absicht gewesen, die Person in ein (hypothetisches) früheres Leben zu versetzen.

Der Erste, der mit dieser Absicht einen derartigen Versuch durchführte, scheint der Spanier José María Fernández Colavida (1819–1888) gewesen zu sein, ein Mitglied einer spiritistischen Gruppe namens »La Paz« in Madrid. Er sprach an einem internationalen spiritistischen Kongress in Barcelona in 1888 über zahlreiche hypnotische Rückführungen in frühere Leben. Später hat Estevan Marata bei einem spiritistischen Kongress in Paris hierüber berichtet [2]. Marata erwähnte auch, selbst ein solches Experiment durchgeführt zu haben.

Nur wenige befassten sich ausführlich und systematisch mit dem Phänomen. Der Erste, der dies intensiv betrieb, seine Erkenntnisse schriftlich aufzeichnete und dabei die Reinkarnationshypothese ernsthaft in Betracht zog, dürfte der Franzose Albert de Rochas d'Aiglun gewesen sein (dessen Name in der Literatur öfter nur als Albert de Rochas erscheint) [9]. Von spiritistischen Kreisen beeinflusst, sah er in der Reinkarnation eine ernst zu nehmende Möglichkeit und führte deshalb Hypnoseversuche mit der Absicht durch, dieses Phänomen gezielt hervorzurufen. Er beschrieb und kommentierte seine diesbezügliche Forschungsarbeit in dem Buch *Les vies successives* (Die aufeinanderfolgenden Leben), das im Jahr 1911 erschien [2]. Als erstes Buch zu unserem Thema hat es eine besondere historische Bedeutung.

Noch vor 1900 hat der Psychologieprofessor Theodore Flournoy, ein Lehrer von Carl Gustav Jung, in Genf einen Fall von einer Frau Helène Smith (Pseudonym von Catherine Elise Müller) studiert, die in Trance von früheren Leben erzählte. Er erklärte dies im Sinne der Kryptomnesie und hat darüber ein Buch geschrieben [10].

Ein weiterer Pionier, der das Phänomen aufgriff, war der schwedische Pfarrer, Psychiater und Forscher John Björkhem (1910–1963). Er war ein außerordentlich fähiger Hypnotiseur, wohl einer der hervorragendsten, die es bisher gegeben hat, blieb jedoch außerhalb seines Landes ziemlich unbekannt. Björkhem habilitierte sich 1940 in Theologie, 1942 in Philosophie und promovierte 1949 in Medizin. Seine philosophische Habilitationsschrift behandelte unter anderem das eben erwähnte Phänomen bei Hypnose. Die Schrift ist nur in schwedischer Sprache erschienen und heißt: *De hypnotiska hallucinationerna* (Die hypnotischen Halluzinationen) [3].

Björkhem führte damals zu Forschungszwecken mit 1 550 Personen verschiedene hypnotische Versuche durch. Bei ungefähr 60 von ihnen wurden durch »Versetzen in die Zeit vor der Geburt« Erlebnisse hervorgerufen, die er als *Pseudohalluzinationen* bezeichnete (im Buch werden 28 solche Fälle beschrieben). Eine Erklärung dazu vermied er allerdings, und zwar mit dem Hinweis: »Die Absicht ist nur, die Halluzination an sich zu studieren. Deshalb wird keine Diskussion von übrigen Zusammenhängen aufgenommen. Sie würde ohne Zweifel in die Peripherie führen. Die Schwierigkeiten, eine solche Diskussion auf dem derzeitigen Stand der Wissenschaft zu zutreffenden Ergebnissen voranbringen zu können, dürften außerdem unüberschaubar sein … Das Material soll als Beispiel halluzinatorischer Erlebnisse und unter keinen Umständen anders betrachtet werden.« (S. 74–75).

Die Absicht sei in erster Linie, die Struktur von hypnotischen Halluzinationen zu studieren, die nach seiner Meinung praktisch bei jedem hervorgerufen werden könnten (S. 76). Immerhin wird die Arbeit von de Rochas erwähnt, ohne diese in ernst zu nehmender Weise darzustellen. Eine solche Haltung entspricht ganz dem wissenschaftlichen Usus und wird für die Annahme des Werkes als Habilitationsschrift bei der Fakultät auch notwendig gewesen sein. Selbst hat Björkhem sich nie öffentlich dazu geäußert, ob er an die Reinkarnation glaube oder nicht. Er behandelte das Thema vielmehr mit auffallender Vorsicht, auch in einer Schrift [11] anlässlich des nachfolgend beschriebenen Falles Bridey Murphy, auf die ich später noch zurückkommen werde.

Um 1928 herum hat ein koptischer Lehrer Asa Roy Martin in Sharon (Pennsylvania, USA) Rückführungen durchgeführt, die angeblich auch therapeutische Auswirkungen hatten [6, 12].

Der britische Psychiater Denys Kelsey beschrieb seine Erfahrungen mit Reinkarnationstherapie in einem Buch [13]. Die Datierung seiner Arbeit ist unklar, seine Arbeit wird aber im Wesentlichen in den 50er-Jahren durchgeführt worden sein.

Im Jahre 1956 erschien in den USA ein Buch über einen Fall von hypnotischer Rückführung, den berühmten Fall Bridey Murphy [14]. Da er vielen Lesern bekannt sein wird, möchte ich die Beschreibung kurz halten und sie eher durch einige Einzelheiten ergänzen, die nicht im Buch stehen [15]. Die Person, die in die Vergangenheit zurückging, wird im Buch Ruth Simmons genannt, hieß aber in Wirklichkeit Virginia Tighe (1923–1995, in späterer Ehe Morrow). Sie litt unter einer wiederkehrenden allergischen Entzündung der Nebenhöhlen, fand keine Hilfe in der Schulmedizin und wandte sich deshalb an einen Hypnotiseur, Morey Bernstein, der sich mit Fällen von psychosomatischen Leiden befasste [15]. Nach einem Test, bei dem ihre Hypnotisierbarkeit festgestellt wurde, kam es zur ersten Sitzung. Bernstein mutmaßte, dass ein Erlebnis in der Kindheit der Patientin oder während der Zeit im Mutterleib mit der Allergie zu tun haben könnte, und sagte deshalb im Verlauf der Hypnose: »Nun gehst du zurück!« [15]. Da er scheinbar noch nicht an Reinkarnation dachte und deshalb noch nie eine Rückführung in frühere Leben durchgeführt hatte (auch wenn er das Phänomen theoretisch kannte), verblüffte ihn das, was nun geschah: Virginia Tighe ging nämlich nicht in ihre Kindheit zurück, sondern zu ihrem Leben als Bridey Murphy in Irland vor damals über 100 Jahren. Bernstein nahm die Sitzung zwar auf Band auf, ließ Frau Tighe aber vergessen, was sie unter Hypnose erlebt hatte. Er wusste nämlich nicht, was er davon halten sollte. In weiteren Sitzungen wurde die Patientin dann absichtlich wieder dorthin geführt, und es kam immer mehr Material über Bridey Murphy zusammen. Schließlich erfuhr auch Virginia Tighe, worum es ging.

William Barker, ein Journalist der Tageszeitung *Post* in Denver, reiste später nach Irland, um Nachforschungen anzustellen. Er fand Bestätigungen für die Angaben von Frau Tighe und konnte auch den Ortsteil lokalisieren, in dem Bridey Murphy gewohnt hatte. Frau Tighes Angaben über den Ort, über Ereignisse zu jener Zeit und über die Familienverhältnisse fügten sich widerspruchsfrei in die Befunde des Journalisten ein, wenn auch die Existenz einer Person namens Bridey Murphy nicht dokumentiert werden konnte. Es tauchten zusätzliche Fakten auf, die niemandem mehr bekannt gewesen waren und die erst durch vertiefte Nachforschung bestätigt wurden. Zum

Beispiel hatte Bridey Murphy als Kind in einem Eisenbett geschlafen, und man wandte zur »Entlarvung« ein, dass es zu jener Zeit keine Eisenbetten gegeben habe. William Barker fand aber schließlich ein Werbeblatt über Eisenbetten von einem Händler jener Zeit! Die Geschichte stimmte. Kein Wunder, dass in Kreisen, die sich für wissenschaftlich hielten, und in Kirchen, die sich zum Vormund ihrer Gläubigen machen wollten, alles nur Erdenkliche unternommen wurde, um die Geschichte als unglaubwürdig darzustellen. Man schreckte nicht einmal vor Lügen zurück und erfand Umstände, durch die das Ganze als Kryptomnesie »entlarvt« werden sollte [15]. Eine solche erfundene Behauptung war die, dass eine irische Frau namens Bridie Murphy Corkell auf der anderen Seite der Straße gewohnt habe, in der Virginia Tighe als Kind gelebt hatte. In Wirklichkeit lebte Frau Corkell nicht in der Nähe und war die Mutter eines Journalisten, der sich um die Widerlegung der Reinkarnationshypothese bemühte. Ihr erster Name war Bridget, wovon Bridie (oder Bridey) eine Diminutivform ist. Es konnte jedoch nicht mit Sicherheit geklärt werden, ob sie je den Familiennamen Murphy getragen hatte.

In Wirklichkeit konnte nichts an diesem Bericht tatsächlich widerlegt werden [15–17]. Man scheute nicht einmal vor bösartigen Verleumdungen zurück, behauptete zum Beispiel, Frau Bernstein litte deshalb unter Migräne, weil ihr Mann eine außereheliche Liebesaffäre mit Virginia Tighe gehabt hätte. In Wirklichkeit hatte Morey Bernstein seine Frau längst gegen Migräne behandelt, bevor er Virginia Tighe kennen lernte [15].

In späteren Ausgaben des Buches von Bernstein [14] ist ein Nachtrag von William Barker enthalten: »Die Entlarvung der ›Bridey-Entlarver‹«, worin Fakten zur Geschichte von Bridie Corkell und noch weiteres über unehrliche Widerlegungsversuche enthalten sind. Nur wird dieser Nachtrag in Büchern der Reinkarnationsgegner einfach übergangen, so wie sie es meistens auch mit anderen aufklärenden Berichten tun [16,17]. Sie wollen die Welt weiterhin glauben lassen, es handle sich nur um Kryptomnesie (u. a. [18]). Unwissenschaftlicher wurde wohl selten ein Ereignis behandelt.

Inhaltlich ist das Buch über Bridey Murphy heute eigentlich nur eines von vielen (vergl. zum Beispiel [5, 19]). Die besondere Bedeutung des Buches liegt darin, gewissermaßen ein historischer Meilenstein zu sein. Bis zu seinem Erscheinen war es in der Öffentlichkeit praktisch unbekannt, dass solche Phänomene in Hypnosesitzungen auftreten können. Dies war fast nur Fachkreisen bekannt, in denen diese Phänomene üblicherweise als Halluzinationen betrachtet wurden. Nun kam diese Tatsache also an die Öffentlichkeit – und noch dazu gleich in Verbindung mit Reinkarnation. Ein Anstoß in doppelter Hinsicht: Einerseits wurde bei den Reinkarnationsgegnern der bekannte Widerstand hervorgerufen, andererseits wurde bei Menschen, welche die Sache ernster nahmen, tatsächlich eine Menge »angestoßen« im Sinne einer Anregung, sich selbst mit dem Phänomen zu befassen.

In der Folge begannen verschiedene Menschen in Europa und den USA das Phänomen näher zu studieren, und es wurden an verschiedenen Orten Rückführungen durchgeführt. Zuerst unter Hypnose, dann wurde allmählich entdeckt, dass es auch ohne diese Technik geht. In den 60er- und 70er-Jahren entstanden verschiedene nichthypnotische Rückführungsmethoden, und mit der Zeit wurde auch noch der therapeutische Wert dieser Erlebnisse entdeckt.

In Deutschland war es besonders Thorwald Dethlefsen [20], der sich mit Rückführungen befasste, zunächst durch Hypnose, später ebenfalls nicht-hypnotisch und mithilfe einer Technik, die, wie man mir gesagt hat, Ähnlichkeiten mit dem Katathymen Bilderleben nach Leuner hat. Seine Person, seine Bücher und Vorträge sind wohl bekannt, sodass ich über diesen Pionier im deutschsprachigen Raum nichts mehr hinzuzufügen brauche.

Manche Lügen leben lange ...

Gegner der Reinkarnationsidee weisen manchmal immer noch auf ein Buch hin [21], das wenige Monate nach dem Erscheinen von Bernsteins Buch herausgegeben wurde und von den Kritikern gern als das letzte Wort zum Fall Bridey Murphy angesehen wird. Dieses Buch beansprucht, »Ein wissenschaftlicher Bericht über ›Die Suche nach Bridey Murphy‹« zu sein. Nun, es ist alles andere als wissenschaftlich und wurde deswegen schon frühzeitig kritisiert [16, 17]. Die vorgefasste Meinung, die es verbreitet, ist, dass Reinkarnation Unsinn und jede wirkliche Erinnerung an frühere Existenzen daher unmöglich sei.

Statt das Für und Wider der Ergebnisse von Bernsteins Experimenten objektiv auszuwerten, geht man einen anderen und sehr subjektiven Weg. Der Reinkarnationsgläubige wird als psychisch anormaler und daher nicht glaubwürdiger Phantast abqualifiziert; Bernstein selbst wird aufgrund seiner Aussagen (und ohne genaue Kenntnisse seiner Persönlichkeit) mit dem gleichen, von vornherein feststehenden Ergebnis geradezu als pathologischer Fall »diagnostiziert«. Dadurch soll seine Forschung als mehr oder weniger krankhaftes Produkt seiner Phantasie erscheinen. Dieser allen Geboten der Fairness trotzende Versuch, den Fall Bridey Murphy abzuwerten, wird für die offensichtlich im Rahmen einer einheitlichen und tendenziösen Vorgabe schreibenden Verfasser zu einem »Eigentor«.

Helmut Zander hat ein sehr umfassendes (jedoch stark kirchendogmatisch angehauchtes) Werk über die Seelenwanderung geschrieben [22], in dem er erstaunlicherweise zum Fall Bridey Murphy Uraltes wiederholt und spätere Erkenntnisse außer Acht lässt (S. 566–567). Er zitiert einen Bericht in *Münchner Illustrierte* [23], der schon vier Monate nach der Veröffentlichung der amerikanischen Erstauflage des Buches von Bernstein erschien, worin die Geschichte lächerlich gemacht wird. Fairerweise zitiert er aber nicht den folgenden Abschluss jenes Journalisten: »In Pueblo, Colorado, liegt heute eine Frau auf dem Krankenlager – mit zerrütteten Nerven, Weinkrämpfen und wirren Gedanken. Der Rausch von Bridey Murphy ist über sie hinweggegangen, hat sie vernichtet. Die Welle rollt weiter, und niemand kümmert sich um das menschliche Wrack: Virginia Tighe.« Dieser Schlusssatz ist eine schamlose Lüge! Wer Virginia Tighe gehört hat [15], weiß, dass sie eine selbstsicher auftretende Frau war, die trotz Kritikern mutig zu ihrem Erlebnis stand. Sie hat auch gleich nach dem Erlebnis ausführliche Gespräche mit William Barker geführt, der die Geschichte recherchiert hat, und das bestimmt nicht auf einem »Krankenlager«. Wer sie in Wirklichkeit vernichten wollten, waren jene Kritiker …

Zander wiederholt auch eine andere uralte Geschichte (vgl. [24]), dass es einem Pfarrer Wally White in Chicago gelungen sei, nachzuweisen, dass Frau Tighe die Geschichte von der oben genannten Frau Bridie (Murphy?) Corkell übernommen habe. Wie sich inzwischen schon längst gezeigt hat (s. o.) und von William Barker in Einzelheiten aufgeklärt wurde [14], ist jene »Widerlegung« erfunden. Zander behauptet auch (S. 830), die »klassische« Darstellung des Morey Bernstein sei »seither immer wieder aufgelegt, durchwegs ohne Reaktionen auf die Kritik«. Das ist einfach nicht wahr! Spätere Ausgaben gehen sehr wohl auf die Kritik ein und widerlegen sie weitgehend [14]. Vielleicht gelten aber nur zustimmende Reaktionen und keine widerlegende …

Der Artikel in *Münchner Illustrierte* erwähnt auch noch einen interessanten Fall, der inzwischen in Vergessenheit geraten sein wird, weshalb ich ihn hier »wiederaufwecken« möchte. Es handelt sich um den Kupferschmied Georg Neidhart aus München, der in den 20er-Jahren eine Spontanerinnerung an ein Leben als Reichsritter Küneberg auf der Burg Weißenstein im Bayerischen Wald hatte. Neidhart hat die Erinnerung peinlich genau aufgeschrieben. Der Stadtarchivar von Landshut, Knöpfle, war fassungslos, als er die Geschichte erfuhr. Er hatte nämlich in jahrelanger Arbeit geschichtliche Dokumente aus dem 12. Jahrhundert zusammengetragen und konnte jedes Detail von Neidharts Schilderungen bestätigen.

Die Methode von Jameison

Bryan Jameison [25, 26] ist selbst in den USA vergleichsweise wenig bekannt, da er sich um ein Auftreten in der Öffentlichkeit weniger als manche andere bemüht hat. Er wurde 1933 in Chicago in einer materialistisch denkenden Umgebung geboren. Einige Jahre seines Lebens verbrachte er auf Wunsch seiner unehelichen Mutter in einer Klosterschule, wo seine Fragen über »Weshalb« und »Warum« nur mit bestrafenden Blicken beantwortet wurden. Er hatte den Mund zu halten, blind zu glauben und keine Fragen zu stellen. Er ließ deshalb die katholische Kirche hinter sich und widmete sich seiner Ausbildung und Karriere als Rundfunksprecher. Dabei war er zwar auch an einigen Reportagen über parapsychologische Erscheinungen beteiligt, befasste sich jedoch nicht weiter mit diesen Themen. Im Jahre 1964 erlebte er ein kurzes, aber tief greifendes psychisches Trauma, einen Seelenschmerz, durch den etwas in ihm erwachte. Vorher hatte er sich nie Fragen über den Sinn des Lebens gestellt. Nun beschäftigten ihn solche Fragen sehr, nicht zuletzt auch solche über die Gerechtigkeit in unserer Welt. Allzu oft hat der »Schurke« ein bequemes Leben, während es der gute Mensch schwer hat. Wie kann das gerecht sein? Und wo ist die Gerechtigkeit, wenn bei manchen Menschen das Leben schon mit Leid beginnt, wenn Kinder geistig oder körperlich behindert oder krank auf die Welt kommen – oder scheinbar nur deshalb geboren werden, um wenig später wieder vor Hunger zu sterben.

Die Kirchen lehren uns, dass wir nur dieses eine Leben hätten und dass sich demnach in dieser kurzen Zeitspanne entscheiden würde, ob wir in den Himmel oder in die Hölle kämen. Wie kann das gerecht sein, wo doch die individuellen Voraussetzungen der Menschen derart gravierend ungleich sind?

Der eine wird in eine gläubige Familie hineingeboren und hätte von dieser Voraussetzung her einen beinahe uneinholbaren »Vorsprung« und beste Chancen, »in den Himmel zu kommen«. Ein anderer wird in der Bronx in New York von einer Prostituierten geboren und ist bald ein Straßenkind, das in Kriminalität und Drogensucht hineingezogen und dann selbst zur Anschaffungsprostitution gedrängt wird. Er wäre demnach beinahe schon pränatal für die »Hölle« bestimmt. Ein Dritter lebt in einem Teil der Welt, wo er nie die Chance hat, das Evangelium in sich aufzunehmen (früher behauptete die Kirche, dass so ein Mensch schon deshalb der Hölle geweiht sei, heute ist sie sich offensichtlich der Absurdität einer solcher Aussage bewusster). Ein Vierter ist behindert und kann das alles nicht begreifen.

Wie kann es unter diesem Blickwinkel gerecht sein, was die Kirchen lehren? Wenn die überwältigende Mehrheit der Menschen demnach viel eher in die Hölle käme als in den Himmel, wozu sollten sie dann überhaupt geboren werden? Die Hölle müsste nach dieser Theorie um ein Vielfaches größere »Einwohnerzahlen« aufweisen als der nur einer glücklichen Elite vorbehaltene Himmel.

Solche Fragen beschäftigten Jameison nun mehr und mehr. 1968 erfuhr er durch eine Rundfunksendung mit William Barker (s. o.) über den Fall Bridey Murphy und sagte sich: Wenn es die Reinkarnation gäbe, dann bestünde sehr wahrscheinlich darin eine Lösung dieses schwierigen Gerechtigkeitsproblems. Dann wäre das, was uns im Leben scheinbar ungerechterweise begegnet, vielleicht als Folge früherer Taten und Verhaltensweisen zu werten. Könnten wir alle Leben überblicken, so dürften wir die Zusammenhänge und damit auch die darin waltende Gerechtigkeit erkennen können. Er lernte daraufhin Anne Spalding kennen, eine Frau, die hypnotische Rückführungen durchführte und ihm diese Erfahrung anbot. Mit ihrer Hilfe kam eine recht kurze, aber intensive Erinnerung in ihm hoch: Er sah sich als Schmied in Holland um 1550 herum, dessen Leben so ärmlich war, dass eine Heirat nicht infrage kam, und der es als ein ungewöhnliches Glück erlebte, wenn er sich ein Stück Fleisch in der Suppe leisten konnte. Erst 38 Jahre alt sollte er in einer Windmühle eine Reparatur ausführen. Da fiel ihm ein Balken auf den Kopf und erschlug ihn. Er war eigentlich froh, jenes ärmliche Dasein verlassen zu dürfen. Später hatte er durch Anne Spaldings Hilfe noch weitere drei Leben erlebt.

Einige Zeit nach diesem Erlebnis wollte es der »Zufall« (den es wohl bei wichtigen Ereignissen nicht wirklich gibt), dass Jameison geschäftlich nach Holland reiste – zum ersten Mal in seinem jetzigen Leben. Er nutzte die Gelegenheit, um ein paar mittelalterliche Windmühlen zu besichtigen und staunte, als er sie betrat, über die Ähnlichkeit mit dem Gebäude, das er in der Rückführung gesehen hatte. Daraufhin erkannte er auch, was für ein Balken ihn erschlagen hatte. Es war der rotierende Querbalken, der die Drehung des Flügelrades auf die senkrechte Welle übertrug. Nun war er überzeugt davon, dass er wirklich einmal jener holländische Schmied gewesen sein müsste.

Wieder in Colorado, ließ er sich von Anne Spalding in ihrer Methode ausbilden. Er wollte selbst damit arbeiten, um das Phänomen besser kennen zu lernen. Nach einiger Zeit kamen ihm Zweifel, ob die Hypnose wirklich der richtige Weg sei. Er erinnerte sich, irgendwo gelesen zu haben, dass alles, was unter Hypnose getan werden könne auch ohne sie getan werden könnte. Außerdem war Spaldings Methode nicht immer sehr erfolgreich. Die Rückführung gelang in manchen Fällen nicht sehr gut, oder das

Erlebnis hörte manchmal nach allzu kurzer Zeit von selbst auf. Jameison entschied sich, eine bessere, aber nicht-hypnotische Methode zu finden. Eines Morgens im gleichen Jahr, 1968, wachte er mit einer Idee auf, die er in der Folgezeit ausarbeitete. Dies führte ihn zu jener Methode, die man heute in besonderem Maße mit seinem Namen verbindet: Er nannte sie die *time lapping technique* (zu Deutsch etwa »Zeitüberschichtungstechnik«), weil man sich bei einer solchen Rückführung gleichzeitig im Hier und Jetzt und in der Vergangenheit erlebt. Das heutige Bewusstsein ist nicht wie bei einer hypnotischen Rückführung eingeschläfert, sondern erlebt die Rückschau mit.

Diese Methode führt in etwa 90 % der Fälle schon beim ersten Versuch zum Rückführungserlebnis. Von den (grob geschätzten) höchstens 10 %, die beim ersten Mal kein solches Erlebnis haben, gelingt dies bei der Hälfte beim zweiten oder dritten Versuch, vorausgesetzt natürlich, dass es die Person noch einmal probieren möchte. Nach meistens 15 bis 20 Minuten befindet sich das Bewusstsein bereits in einer Situation aus der Vergangenheit. Man kann stundenlang darin verweilen und im Anschluss noch ein paar weitere frühere Leben in der Person aufsteigen lassen.

Wenn ich eine private Rückführung durchführe, dauert sie meistens ca. 4 Stunden, manchmal auch fünf oder sogar mehr. Bei besonders leichten Fällen, bei denen sich das Wesentliche verhältnismäßig schnell klären lässt, können es manchmal auch nur drei Stunden sein. (Dies ist allerdings eher ungewöhnlich.)

Bryan Jameison, von dem ich elf Jahre später seine Technik lernte, starb nach langer Krankheit am 4. Dezember 2002. Dieses Buch enthält meine eigene Version und Weiterentwicklung, die von seiner Methode ausgeht.

Finnische Dissertation

Im Jahr 1974 erschien in Finnland ein Buch [4], das die für eine breitere Öffentlichkeit bearbeitete Fassung einer Dissertation für den Doktorgrad war. Der Autor, Reima Kampman (1943–1992), der später als Psychiater praktizierte, hatte sich nach Björkhem erst als zweiter Wissenschaftler im Rahmen einer akademischen Abhandlung mit Erlebnissen aus Rückführungen unter Hypnose befasst. Die Zeiten haben sich geändert. Heute kann man auch in akademischen Kreisen von der Reinkarnationshypothese sprechen, zumal diese ja ausführlich in der Literatur behandelt wurde – wenn auch üblicherweise eher im Sinne einer »exotischen« Idee, die man nicht so ernst nehmen müsse. Auch Kampmans Buch gehört zu jenen, die eine eher distanzierte »professionelle Skepsis« gegenüber der Reinkarnation walten lassen. Immerhin schließt bei ihm ein Abschnitt mit folgender offener Frage ab: »Die Kritik, mit der Bernstein begegnet wurde, zeigt, wie sich die Ansichten sofort voneinander schieden, als das Phänomen der Seitenpersönlichkeiten sozusagen beliebt wurde. Diese scharfe Teilung in ein Lager dafür und eins dagegen ist für das Phänomen bezeichnend. Der Streit zwischen der dynamisch-psychologischen Schule und denjenigen, die sich auf die Reinkarnationslehre beziehen, ist immer noch nicht endgültig entschieden. Und wenn man nun wirklich Karolina Prokovjeff im Einwohnerregister Leningrads fände? Was würde das eigentlich bedeuten?«

»Seitenpersönlichkeiten«: Eine Schizophrenie der Psychologie selbst

Der Begriff »Seitenpersönlichkeiten« – auch als »Multipelpersönlichkeiten« bekannt – bezeichnet in der Psychologie prinzipiell die gleichen Phänomene, die in der Reinkarnationstherapie als »Rückführungserlebnisse« bekannt sind – jedenfalls sofern die betreffenden Erlebnisse durch hypnotische Suggestionen von vorgeburtlichem Dasein hervorgerufen werden. Hier wird lediglich ein anderes Etikett angeheftet. Ich spreche hier ausschließlich von *experimentell hervorgerufenen »Seitenpersönlichkeiten«*, nicht von Fällen, in welchen dergleichen spontan auftreten. Bei Letzteren sind noch weitere Hypothesen in Erwägung zu ziehen.

Harriman [27, 28] ließ bereits zu Beginn der 40er-Jahre Versuchspersonen in Tiefenhypnose unter anderem automatisch schreiben. In leichterer Hypnose kam es dann zu einer Identifikation mit der Quelle jener niedergeschriebenen Gedanken, wodurch die »Seitenpersönlichkeit« hervortrat. Harriman distanzierte sich, ohne allerdings das Kind beim Namen zu nennen, vorsorglich und beinahe ängstlich von jeder Vorstellung, die mit Reinkarnation zu tun haben könnte: »Wenn man Phänomene dieser Art beschreibt, muss der Berichterstatter die Versuchung zu phantastischen oder unbegründeten Deutungen vermeiden« [27].

Besonders nach dem Erscheinen des Buches von Bernstein [14] wurde die Suggestion eines Zurückgehens in die »Zeit vor der Geburt« auch in der experimentellen konventionellen Psychologie aufgegriffen. Zolik [29] arbeitete mit solchen Suggestionen, sprach aber diesbezüglich von

»Phantasie einer früheren Existenz«. Nach seiner Meinung muss dergleichen aus unbewussten Erinnerungen an Gespräche, Bücher und Filme in der Art der Kryptomnesie entstanden sein.

Im Gegensatz zu anderen Autoren bekennt er sich immerhin ziemlich offen zu seinen Absichten: »Um Verwicklungen von Reinkarnation und Okkultem zu vermeiden, hat der Verfasser die wissenschaftliche Bezeichnung ... *progignomatische Phantasie* vorgeschlagen ...« [30] (Von griechisch: *pro* = vor und *gignomai* = geboren werden). Die Reinkarnationsidee mit dem Okkulten zu verbinden ist allerdings auch aus unserer Perspektive indiskutabel.

Rubenstein und Newman [31] beschrieben hypnotische Vorausführungen in die Zukunft, die ihrer Meinung nach nur Phantasieerlebnisse sein konnten. Sie warfen deshalb die Frage auf, ob nicht Rückführungen in die Vergangenheit ebenfalls zu Phantasieerlebnissen führen müssten (es sei denn vielleicht, wenn es um eine Rückkehr in ein Kindheitserlebnis geht).

Das verzweifelte Bemühen der konventionellen Psychologie, diese Phänomene »wegzuerklären«, provozierte mich zu der etwas ketzerischen Formulierung im Untertitel dieses Abschnittes. Es ist schon eigenartig, wie konsequent man an der Tatsache vorbeisieht, dass so hervorgerufene »Seitenpersönlichkeiten« in einem historisch konsistenten Zusammenhang auftreten können. Oft passen alle Details einer solchen »Phantasie« widerspruchslos in das Szenario einer bestimmten geschichtlichen Epoche. Die Literatur enthält hierzu eine Vielfalt von Erklärungshypothesen, die mir symptomatisch dafür zu sein scheinen, dass man die Erklärung um fast jeden Preis nicht da sehen will, wo sie naheliegenderweise tatsächlich zu finden ist. Man kann die große Angst davor spüren, von Kollegen nicht mehr ernst genommen zu werden, würde man Reinkarnation als Möglichkeit in Betracht ziehen – eine psychologische Abwehrhaltung der Psychologen selbst.

Die einzige »Phantasie«, die hier tatsächlich im Spiel ist, besteht wohl in der vorgefassten Meinung, dass es das vorgeburtliche Dasein nicht geben könne und eine solche Vorstellung daher unwissenschaftlich sei.

In der Literatur findet man einerseits Berichte über Rückführungen in die Kindheit, in denen erstaunliche, verifizierbare Erinnerungen an Ereignisse hervortraten, die im bewussten Ich der erwachsenen Person vollständig vergessen waren (zum Beispiel [32]). Andererseits gibt es Artikel, die schon solche Kindheitsrückführungen von Grund auf in Zweifel ziehen wollen. Die Meinungen über die Echtheit der Erlebnisse sind also schon dann geteilt, wenn es nur um das Wiedererleben der Vergangenheit in *diesem* Leben geht. Umso härter und aggressiver sind dann die Fronten, wenn es sich um angebliche frühere Leben handelt.

Björkhem hat eingehend die auftretenden Erlebnisse aufgrund der Suggestion vom »Zurückgehen in die Zeit vor der Geburt« studiert, ohne diese offen mit Reinkarnation zu erklären. (Aus seinen Formulierungen mag man manchmal erahnen, dass er diese Erklärung unausgesprochen für eine Möglichkeit hält.)

In einer späteren Schrift [11] befasst er sich erneut mit hypnotischen Suggestionen, die in die Zeit vor der Geburt führen. Die Studie bezieht einen Kreis von mittlerweile 600 Personen mit ein. Sie enthält folgende Beobachtungen:

- Das Phänomen ist bei praktisch jedem hervorrufbar und ist somit Ausdruck eines überindividuellen Reaktionsmusters in der menschlichen Psyche.

- Die Person verhält sich in jeder Hinsicht (Stimme, Sprechweise, gegebenenfalls auch Sprache, Gesichtsausdruck, Charakter, Bewegungen ...) wie die erlebte Persönlichkeit.
- Es macht keinen wesentlichen Unterschied, ob der Person das Phänomen vorher bekannt war, ob sie daran glaubt, sich dagegen wehrt oder nicht. Das Erlebnis tritt unter Hypnose, sobald man in eine andere Zeit zurückkehrt, in einer beinahe »zwanghaft« zu nennenden Weise auf.
- Kultur, Rasse, Glaube, soziale Stellung usw. spielen keine Rolle. Ein ungebildeter Mensch mit wenig Intelligenz kann in der erlebten Person als gebildete, brillante Persönlichkeit erscheinen und umgekehrt.
- Geht man von der Zeit vor der Geburt schrittweise zurück, so treten zwischen den verschiedenen Persönlichkeitserlebnissen Lücken auf (die Björkhem nicht erklärt, die ich aber als Zeiten zwischen den Inkarnationen deute).
- Das Erlebte hat für die Person einen uneingeschränkten Wirklichkeitscharakter.
- Bei einem eindrücklichen Erlebnis vertieft sich die Trance spontan.
- Personen können sich mit dem Hypnotiseur fließend und mit richtiger Aussprache und Grammatik in einer Sprache unterhalten, die sie heute nicht kennen, wobei es sich nicht nur um einzelne Wörter oder losgelöste Sätze handelt.

Björkhem beschrieb unter anderem einen merkwürdigen Fall von Doppelpersönlichkeit als »Herman Elisabeth Sandin«. Mit Herman angesprochen, war die Person Herr Sandin, mit Elisabeth angesprochen Frau Sandin. Ich deute dies als Ausdruck einer sehr engen Verbundenheit in einer früheren Ehe, eine Fähigkeit, sich auf Aufforderung beliebig in einen der beiden Partner hineinzuversetzen. Da diese Erklärungsmöglichkeit scheinbar unbeachtet blieb, lässt sich anhand der Beschreibung nicht feststellen, welcher der beiden Ehepartner die Person im früheren Leben wirklich war. Mit der Beobachtung Björkhems über Sprachkenntnisse kann einem Argument widersprochen werden, das manchmal im Zusammenhang mit durch hypnotische Rückführungen auftretenden Sprachkenntnissen vorgebracht wird: Das Argument nämlich, es handle sich hierbei um Kryptomnesie. In einigen solchen Fällen konnte man nachweisen, dass die Person irgendwann im heutigen Leben tatsächlich Sätze der betreffenden Sprache gehört oder geschrieben gesehen hatte, und gab sich, wohl meistens erleichtert, mit dieser Erklärung zufrieden.

So könnte man auch das Wiedergeben einzelner Wörter und Zitate tatsächlich erklären, nicht aber Fälle, in denen sich die Person in der betreffenden Sprache fließend mit Anwesenden unterhalten konnte [8, 33]. Die Tatsache, dass die Person in einigen dieser Fälle sonderbar reagierte, als sie die alte Sprache hörte oder sah (im nicht-hypnotisierten Zustand), kann auch ein Indiz dafür sein, dass dadurch eine unbewusste Erinnerung an die vergessene Sprache geweckt wurde – eine Art von sprachlichem *»Déjà-vu«* – dann besser: *»Déjà-ouï«**.

Zum Beispiel verfiel eine Person jedes Mal in Tagträume (eine leichte spontane Trance?), wenn vor ihr ein Buch

* Der gebräuchliche Begriff *»Déjà-vu«* bedeutet auf Französisch »schon [einmal] gesehen« und passt deshalb nicht bei akustischen Eindrücken. Hier würde man dann besser von *»Déjà-ouï«* sprechen – »schon [einmal] gehört«.

über die oscanische Sprache lag [8, 34]. Sie konnte dann in der Hypnose einen Text in Oscanisch wiedergeben. Leider wurde es offensichtlich versäumt, die Schlüsselfrage zu klären, ob sie in dieser Sprache auch *kommunizieren* konnte, was allerdings in diesem Fall sehr schwierig gewesen wäre, da sich wohl kaum jemand finden ließe, der heute dieser über 2000 Jahre alten Sprache mächtig ist.

Kampman hat die Suggestion eines vorgeburtlichen Daseins ebenfalls verwendet. In seiner Dissertation [35] erwähnt er die Reinkarnationshypothese mit mehr Distanz als im oben erwähnten Buch.

Schon sehr früh wurden in der Literatur recht merkwürdige Phänomene beobachtet. Binet [36] beschrieb schon 1892 »die fiktiven Persönlichkeiten, die durch Suggestion hervorgerufen werden«. Er suggerierte Personen verschiedene Rollen, zum Beispiel eine alte Frau, einen Bauern, eine Tänzerin oder einen General, und sie spielten diese Rollen in der Hypnose sehr überzeugend. Ähnliches konnte man beim Zurückversetzen in die Kindheit beobachten. Der Verfasser äußerte sich über eine Vielzahl von mitexistierenden Persönlichkeiten in uns, die man mit einer bestimmten Technik hervorrufen könne. Seine Erklärung ist, dass die Elemente, aus denen sich unser Ich zusammensetzt, so zerlegt werden könnten, dass sie sich zu einer anderen Persönlichkeit neu ordnen würden. Dementsprechend will der Verfasser auch spiritistische Seancen und automatisches Schreiben als Erscheinungsweisen solcher Sekundärpersönlichkeiten erklären. Bernheim [37] beschrieb ein hypnotisches Phänomen, das er »rückwirkende Halluzination« nannte. Man könne einer Person in der Hypnose suggerieren, dass sie auf einer früheren Altersstufe (in diesem Leben) etwas erlebt oder getan habe, was sich in Wirklichkeit aber nie zugetragen hat. Die Person werde hinterher fest davon überzeugt sein, dies habe sich wirklich so zugetragen. Sie glaube tatsächlich, sich auch an Details erinnern zu können. Hier handelt es sich um vom Hypnotiseur *vorgegebene* Rollen.

In den Versuchen, eine »Seitenpersönlichkeit« durch Suggestion eines vorgeburtlichen Daseins hervorzurufen, wird dagegen alles weitere völlig offen gelassen. Darin besteht ein wesentlicher Unterschied zu dem genannten Phänomen von suggerierten Rollen und »rückwirkender Halluzination«. Wird jemandem suggeriert, ein Bauer zu sein, wird die Person entweder zu einem früheren Leben als Bauer zurückkehren oder aber zum unbewussten »Schauspieler« werden, der diese Rolle verkörpert. Je fester die vorgegebene Rolle vom Hypnotiseur umschrieben ist, desto eher trifft das Letztere zu; je mehr alles offen gelassen wird, desto eher können tatsächliche Erinnerungen an frühere Leben zum Vorschein kommen.

Wesentliches Unterscheidungskriterium echter Reinkarnationserlebnisse ist und bleibt aber der nicht wegzudiskutierende therapeutische Effekt. Wenn ein Erlebnis als »Seitenpersönlichkeit« sich ziemlich offensichtlich als hilfreich erweist und den Klienten zum Beispiel auf einem Schlag von einer lebenslangen, bisher unheilbaren Angst befreit, dann dürfte es sich nicht gut nur um ein unbewusstes Schauspiel handeln. Wie im nächsten Kapitel beschrieben wird, gibt es bemerkenswerte Unterschiede zwischen hypnotischen und nicht-hypnotischen Rückführungen, und es scheint bei letzterer Methode nicht ohne weiteres möglich zu sein, jemanden eine erfundene Rolle erleben zu lassen. Im Gegenteil wird der Versuch, etwas Derartiges lediglich durch Suggestion hervorzurufen, mit der nicht-hypnotischen Methode eher nicht gelingen.

Wenn nun jemand die Deutung der bei der genannten Suggestionsart erscheinenden »Seitenpersönlichkeiten« als Reinkarnation für subjektiv und tendenziös halten will: Sind nicht die anderen diffusen und weniger eindeutigen Erklärungsvarianten ebenso subjektiv und tendenziös?

»Entlarvung« von Rückführungserlebnissen

Zolik hat ein Vorgehen eingeführt, wodurch Rückführungserlebnisse unter Hypnose angeblich entlarvt werden sollen. Ein Mann erlebte sich in einer »Rückführungsphantasie« als ein Soldat namens Brian O'Malley, der 1892 starb [29, 30]. In einer späteren Hypnosesitzung hat Zolik ihn mit der ziemlich suggestiven Frage bedrängt, ob die Geschichte zu einer Erzählung gehöre, die er gelesen habe, oder ob sie aus einem von ihm gesehenen Film stamme. Der Mann konnte dies nicht beantworten. Er wurde weiter in suggestiver Weise befragt, ob er darüber von seinen Eltern gehört habe. Da fiel ihm der Großvater ein, der von einem irischen Soldaten namens Timothy O'Malley erzählt haben soll. Es kam aber gar nichts hervor, das auf eine Ähnlichkeit oder Beziehung zwischen Timothy und Brian hinwies. Trotzdem wertete Zolik dies als die Quelle der angeblichen »Phantasie« des Mannes und untermauerte seine Behauptung mit einer psychologischen Analyse, nach welcher der Großvater jenen Mann als Kind nicht mochte, weshalb er unbewusst seinem Großvater gefallen wolle.

Es fällt auf, dass der Mann verwirrt wird, als Zolik ihn mit solchen Fragen bedrängt. Der Großvater hatte Timothy

O'Malley gehasst – warum sollte dann der Mann dem Großvater damit gefallen wollen, sich ausgerechnet mit ihm zu identifizieren? Die Befragung Zoliks ist steuernd und so formuliert, dass eine erwünschte Richtung für die Antwortsuche suggeriert wird. Der Mann kann erst nicht darauf eingehen, bis er schließlich bedrängt wird, eine nur halbwegs der Suggestion entsprechende Antwort zu geben und »endlich« etwas zu sagen, was Zoliks »Erwartung« entspricht.

Vom reinkarnationistischen Aspekt her gesehen könnte man behaupten, dass O'Malley aus Gründen eines gemeinsamen Karmas (weshalb die Seelen Versöhnung suchten) als des Großvaters Enkel wiedergeboren wurde (vgl. Kapitel 20). Das erklärt jedoch nicht die fehlende Übereinstimmung der Vornamen, aber möglicherweise hatte O'Malley ein paar Vornamen. Es würde aber erklären, weshalb der Großvater seinem Enkel gegenüber eine Ablehnung hatte, in dem Fall wegen des unbewussten Erkennens (auf der Seelenebene) eines alten Feindes in ihm.

Kampman hat das Vorgehen aufgegriffen. In einem Fall hat sich ein 19-jähriges Mädchen unter Hypnose als Dorothy im mittelalterlichen England erlebt und dabei ein »Sommerlied« gesungen. Es konnte bestätigt werden, dass sie das Lied in einem mittelalterlichen Englisch sang [38]. In einer späteren Hypnosesitzung wurde sie *im heutigen Leben* zu einem Moment zurückgeführt, in der »ihre heutige Persönlichkeit« (so die Formulierung) die Worte des Liedes gesehen oder das Lied gehört haben mag. Sie erinnerte sich dann, dass sie mit 13 ein Buch [39] *nur durchblätterte,* in dem das Lied stand. Also müsste sie das Lied daher kennen …

Ich habe die Quelle nachgeprüft. In dem Buch steht höchstens ein Drittel des Liedes. Das ganze Lied konnte ich nämlich in einem anderen Buch finden [40], welches das hypnotisierte Mädchen offensichtlich nicht kannte. Die Frage, wie viel sie nun tatsächlich gesungen hat, konnte ich bis jetzt nicht klären, da Dr. Kampman inzwischen gestorben und sein Mitarbeiter Hirvenoja pensioniert ist. Ich habe versucht, an eine Kopie der Bandaufnahme zu kommen, aber die Witwe von Dr. Kampman teilte mir mit, dass das Band schon vor Jahren versehentlich von ihrem Mann überspielt und somit zerstört worden war. Eine darauf folgende Anfrage an sie, ob man den Eindruck gehabt habe, dass Dorothy das ganze Lied oder nur einen Abschnitt davon sang, blieb unbeantwortet. Es scheint, dass man sich auf nähere Nachprüfungen nicht einlassen will.

Die Frage, wie viel sie von dem Lied sang, hat hier eine wesentliche Bedeutung. Hat sie das ganze oder fast das ganze Lied gesungen, wäre dies mehr als der Text, der im finnischen Buch steht. Dann könnte sie es nicht von jenem Buch haben! Woher hätte sie dann den Rest? Sang sie aber nur die paar Zeilen, die in dem finnischen Buch stehen, liegt die Sache anders. Dies verlangt eine nähere Nachprüfung. Hierüber gibt es in Kampmans Veröffentlichungen keine Angaben. (Er erwähnt auch nicht, dass das Buch nur ein paar Zeilen des Liedes enthält.)

Es ist jedenfalls bemerkenswert, wenn sie ein Lied in einer ihr nicht bekannten Sprache (altertümliches Englisch) richtig wiedergeben und es sogar den abgedruckten Noten entsprechend richtig singen konnte, nur weil sie es beim Durchblättern flüchtig sah … Da denkt man doch viel eher an das oben erwähnte »*Déjà-oui*« (sprachliches »*Déjà-vu*«)! Sie könnte unbewusst auf das Lied reagiert haben, weil sie es selbst einmal vor langer Zeit gesungen hatte. Dies würde eine andere Frage beantworten, die im Hintergrund liegt: Warum gerade dieses Lied und nicht ein anderes in diesem Buch?

Solche Umstände mit doppelten Beziehungen zur Vergangenheit sind im Alltag eines Regressionstherapeuten nicht ungewöhnlich. Eine Person hat zum Beispiel Höhenangst und erlebt als Ursache, wie ein wütender Rivale ihn in einer mittelalterlichen Burg durch das Fenster stößt. Er fällt und stirbt. Später kommt ein Kindheitserlebnis hoch, in dem er beim Spielen mit einem anderen Kind auf dem Geländer kletternd ausrutscht und vom Balkon fällt. Er erlebt Schreck und Schmerz, aber wird nicht verletzt. Nun will man in der Schulpsychologie (wohl nicht ohne einen Seufzer der Erleichterung) das Kindheitserlebnis als das einzige wahre sehen und das andere als eine symbolische oder phantasievolle Umgestaltung davon. Doppelte Erlebnisse verwandter Art bedeuten in dieser Denkweise, dass die eine falsch und die andere richtig sei. In der Regressionstherapie gehen wir aber davon aus, dass *beide* Situationen wahr sein können und dass der Fall vom Balkon ein älteres Trauma *reaktivierte*, das die Seele in dieses Leben mitgebracht hat.

Was aber besonders auffällt, ist, dass die Fragestellung wiederum suggestiv ist. Sie schränkt sich auf »die heutige Persönlichkeit« (eine andere Weise »dieses Leben« zu sagen) ein und schließt somit von vornherein die Möglichkeit von einem noch früheren und in dem Fall primären Erlebnis in einem anderen Leben aus! Sollte es aber auch ein noch früheres Erlebnis geben, ist die Erlebnisvariante im heutigen Leben sekundär. Eine ehrliche, faire Fragestellung wäre natürlich gewesen, wann sie das Lied zum ersten Mal überhaupt – offen lassend, ob im heutigen oder in einem früheren Leben – gelesen oder gehört habe. Aber dann könnte ja etwas Unerwünschtes hervorkommen…

Dass man das Ereignis mit dem Buch fand, schließt also nicht aus, dass sie das Lied *auch* in einem anderen Leben gesungen haben könnte. Die Geschichte von Dorothy kann gleichwohl wahr sein. Hätte man offen und voraussetzungslos nach dem ersten Mal überhaupt gefragt, wäre vielleicht Dorothy in der zweiten Hypnosesitzung noch einmal aufgetaucht. Hätte man dann noch gefragt, ob sie bei einer anderen Gelegenheit noch einmal auf das Lied gestoßen sei, wäre in dem Fall das Ereignis mit dem Buch gekommen.

Diese trickreiche und eigentlich ziemlich manipulative »Entlarvung« ist natürlich so viel wert, wie ein Zirkelbeweis in Logik und Mathematik … (darunter versteht man einen Scheinbeweis, der sich in logischer Fehlüberlegung in der Beweisführung auf das erwartete Ergebnis stützt).

Bemerkungen über Rückführungen und Anthroposophie

Die Reinkarnation ist ein selbstverständlicher Teil der anthroposophischen Weltanschauung. Interessant ist in unserem Zusammenhang die allgemein wenig bekannte Tatsache, dass Rudolf Steiner selbst einen Ansatz zur Rückführung entwickelte, dies aber, soweit ich weiß, leider nicht weiterverfolgt hat. Viele Anthroposophen lehnen heute die Rückführung ab, wohl teilweise in Unkenntnis dieses Details, oder weil sie die Hypnose prinzipiell ablehnen, ohne über andere, mittlerweile gebräuchliche Methoden informiert zu sein.

Steiner beschrieb Gedankenübungen, die dazu führen können, dass *Eindrücke* (nicht zu verwechseln mit deutlichen Bildern und Gefühlen) von früheren Leben in einem Menschen aufsteigen [41]. Er sprach von einem *Gefühlsgedächtnis,* an das man aber eben nur gedanklich, also eher intellektuell und ohne Bilderleben, herankommen könne. Er schreibt demgemäß: »… aber zu einer lebendigen Empfindung des damals empfundenen Schmerzes können Sie nicht gelangen«. Dies ist mit Steiners Methode auch nicht möglich. In der Reinkarnationstherapie weiß man heute, dass zuerst das Denken zur Ruhe kommen muss. Dann erst können Bilder und Gefühle auftauchen.

Steiner sagte weiter: »Es ist noch nicht der Fall vorgekommen, dass ein Gymnasiast das Griechische deshalb leicht lernte, weil er sich rasch erinnerte an das Griechisch, das er in früheren Inkarnationen gesprochen hat!« Das stimmt nur in dem eingeschränkten Sinne, in dem Steiner es offenbar auch meinte. Tatsächlich erinnert sich nämlich niemand während eines Sprachstudiums *bewusst* an Sprachkenntnisse, über die er in einem früheren Leben verfügte. Dagegen kommt es durchaus vor, dass solche Studenten wesentlich leichter lernen als andere, weil sie einen inneren und *unbewussten* Zugang zu einer schon früher einmal beherrschten Sprache haben!

Die Angaben Steiners über solche Gedankenübungen können als ein möglicher Ansatz zu Rückführungen gesehen werden. Um dies weiter auszubauen, müsste man nach solchen zielsetzenden Gedankenübungen zu *Gefühlsübungen* übergehen und das intellektuelle Denken loslassen, um an Bilder und Emotionen oder gar körperliche Empfindungen heranzukommen.

Einen Einwand von anthroposophischer Seite her musste ich selbst als eingeladener Teilnehmer an einer anthroposophischen Tagung (vgl. [42]) erleben. Mir wurde von einer Zuhörerin gesagt: »Wenn man den Einweihungsweg von Rudolf Steiner nicht gegangen ist, *kann* man so etwas nicht tun!« – nämlich Rückführung und Reinkarnationstherapie ausüben. Wie wenn es nicht auch andere gültige Erkenntniswege gäbe (um es milde auszudrücken ...). Eine andere Anthroposophin entschuldigte sich aber im Namen der Anthroposophie für diese Äußerung.

Es ist bemerkenswert, dass auch anthroposophische Therapeuten [43, 44], die mit Reinkarnationstherapie arbeiten, in den eigenen Kreisen für ihre Tätigkeit angegriffen werden. Einerseits lehrt man die Reinkarnation, andererseits soll man nicht damit arbeiten dürfen – ein merkwürdiger Widerspruch! Für einige scheint die Entwicklung mit Steiners Tod stehen geblieben zu sein ...

Die Ursache für diesen Widerspruch dürfte darin liegen, dass man der Ansicht ist, dass der Rückblick auf frühere Inkarnationen am Ende eines jahrzehntelangen geistigen Einweihungs- und Studienweges liegt. Da geht es ja nicht, dass durch fremde Hilfe Menschen das schon in ein paar Stunden erreichen, was sie sich selbst noch nicht haben erarbeiten können ... Und es geht doch!

Bei einer solchen elitären Denkweise wäre eine Reinkarnationstherapie gar nicht möglich. Man kann eine Person mit akuter Problembedrängung nicht erst auf einen jahrzehntelangen Einweihungsweg leiten! Es ergäbe sich allzu leicht wie im scherzhaften Spruch: »Operation gelungen, Patient tot.«

Steiners Äußerungen in den oben genannten Vorträgen weisen darauf hin, dass er höchstwahrscheinlich selbst nicht so gedacht hätte, hätte es zu seiner Zeit bereits diese Therapieform gegeben. Oder er hätte sie selbst entwickelt, wäre ihm dafür die Zeit gegönnt gewesen. Nun haben es aber andere getan, und das außerhalb der Anthroposophie. Die Zeiten haben sich geändert, und das Menschheitsbewusstsein hat sich entwickelt, aber die Haltung solcher Gegner nicht ...

Nachtrag zu einem kritischen Buch

In einem kritischen Buch geht es in einem Kapitel um eine ähnlich leichtfertige und unwahre »Widerlegung« eines Rückführungsfalls, wie dies oben zum Fall Bridey Murphy beschrieben wurde. Es handelt sich um das Erlebnis, bei dem eine Frau sich erinnerte, in Deutschland als Hexe verbrannt worden zu sein. Der ursprüngliche Berichterstatter ist Netherton [45].

Mit erstaunlicher Naivität schreibt Hemminger, der Verfasser jenes Kapitels [46]: »Man beachte, dass sie sich eine Hexenverfolgung im Schwarzwald nach der Art der unseligen amerikanischen Tradition des ›Judge Lynch‹ vorstellt, nämlich als Volksjustiz aufgrund von dumpfen Vorurteilen, die von einer Rivalin aufgestachelt werden. In Wirklichkeit liefen die Hexenverfolgungen der Barockzeit ganz anders ab, es handelte sich um geordnete Verfahren der weltlichen Justiz von zwar abergläubischen und unmenschlichen, aber theoretisch ausgearbeiteten Rechtsideen. Niemals hätte die Obrigkeit dieser Zeit Selbstjustiz geduldet ... und alle historischen Berichte lauten ganz anders.«

Diese zynische Verniedlichung der Inquisition erweckt den Verdacht, dass hier eine bewusste Irreführung vorliegt. Der Verfasser müsste wirklich wissen, dass Volksjustiz oft als bewusstes Werkzeug eingesetzt wurde und dass die Protokolle von damals womöglich noch weniger wert sind als offizielle Gerichts- und Polizeiprotokolle über Menschenrechtsverletzungen in heutigen Diktaturen – sie stellten schamlose Beschönigungen und Rechtfertigungen grausamster Gewalt dar.

Zu Hemmingers weiteren Anstrengungen, die Reinkarnationstherapie in den Schmutz zu ziehen, sei noch Folgendes gesagt: Die Hypothese jenes Verfassers, dass es sich bei Rückführungserlebnissen um ein »Fabulieren« handle, wird unter anderem durch die Tatsache entkräftet, dass mit den Erlebnissen zahlreicher Klienten regelmäßig starke Emotionen hochkommen. Ein reines Fabulieren bliebe vergleichsweise emotionslos.

Hemmingers Vergleich mit einem Jahrmarkthypnotiseur, der dem Hypnotisierten durch dominantes Verhalten bestimmte Bilder aufdrängt, ist unfair. Es handelt sich bei Rückführungserfahrungen auch keineswegs um »vorbeiziehende Bilder«, sondern um deutlich gefühlsgeladene Situationen, die spontan als echt (wieder-)*erlebt* werden.

In einer seriösen Reinkarnationstherapie nach heutigem Forschungsstand ist ein dominantes Verhalten des Rückführenden so weit wie möglich zu vermeiden. (Es kann lediglich vorübergehend zweckdienlich sein, um dem Klienten durch ein Erlebnis hindurchzuhelfen, vor dem er sonst lieber ausweichen würde, das aber wesentlich zur Problemlösung beitragen kann.) Das »ranghohe Verhalten«, von dem der Verfasser spricht, würde ebenso gut für jede Form von psychologischer Therapie zutreffen. Für die Reinkarnationstherapie (wie sie nach meiner

Meinung sein soll und wie ich sie lehre) ist es jedenfalls nicht zeitgemäß (wenn auch nicht immer leicht zu vermeiden).

Der Therapeut suggeriert in der Regel nicht, dass das Erlebte der Wirklichkeit entspreche; der Klient erlebt dies weitgehend selbst so, womit der Therapeut dann allerdings einverstanden ist. Die Therapie in dieser Form geht zwar von der Reinkarnationshypothese als Grundlage aus – aber dies tut der Klient auch, wenn er zu einer Rückführung kommt! Der Vorwurf einer suggestiven Beeinflussung ist damit weitgehend entschärft (wenn auch nicht vollständig widerlegt, da die Möglichkeit dazu in gewissen Situationen immer noch vorhanden sein könnte, dies ist auch eine Frage der Methode).

Vom Therapeuten wird nicht eine eventuelle kritische Haltung des Klienten an sich unterdrückt; es werden nur nach Möglichkeit solche Widerstände abgebaut, die den *Therapieerfolg vereiteln* könnten. Welchen Sinn hätte es denn, wenn der Klient seine eigene Befreiung »zerredete«? Sein intellektueller Sieg über den Rückführenden wäre gleichzeitig seine therapeutische Niederlage …

Um die Frage nach der Sinnhaftigkeit der Methode zu klären, müsste nach Hemminger »die Klientin den Therapeuten regelrecht überführen« – und dafür auf den Therapieerfolg verzichten? Es sei eine »Paradoxie«, dass der Therapeut eine spontane Reaktion des Klienten provoziere, die dann zudem die Kritikfähigkeit seines Intellekts umgehe. Gerade jene »Reaktion« erweist sich aber, wie man heute weiß, als wesentlicher Schlüssel zur Lösung der Problematik des Klienten. Außerdem gehen viele Rückführungstherapeuten heute ohnehin anders und vor allem ohne Hypnose vor.

Ist nun der Vorwurf berechtigt, dass die Stimme des Therapeuten etwas einsage, das der Klient dann als »Wirklichkeit« erlebe? Dies ist allenfalls bei Hypnose möglich, wenn auch nicht notwendig der Fall. Wenn die Stimme, ohne etwas vorzugeben, nur *fragt*, was erlebt wird, dann aber im Anschluss auf das spontan auftretende Erlebnis eingeht, liegt natürlich keine Suggestion vor!

Wenn jener Verfasser eine angeblich dominante Haltung des Therapeuten sowie eine Kritiklosigkeit des Klienten kritisiert, so verfällt er dabei unverkennbar selbst in ein dominantes Verhalten und suggestive Formulierungen. Auch dies ist typisch für das Dogma, von dem er ausgeht. Er nimmt einfach eine kritische Haltung seines Lesers vorweg: »Der unvoreingenommene Leser ... muss zu dem Schluss kommen ...« Nun, der Verfasser hat bis dahin alles in seiner Macht Stehende getan, um seinen Leser äußerst voreingenommen zu machen – und zwar im Sinne der Ideologie des Autors und gegen die Reinkarnationshypothese. Seine Grundhaltung ist die: Statt sich einer Therapie auf *diese* Weise zu unterziehen, sollte der Klient lieber auf die Lösung seiner Problematik verzichten.

Die nachfolgenden Abbildungen zeigen Kirlian-Photographien von Finger- und Zehenspitzen des Verfassers vor und nach der Durchführung einer Rückführung im Jahr 1986. Die schwache und unregelmäßige »Strahlung« wurde vor der Sitzung aufgezeichnet. (Ich war zu dieser Zeit stark erkältet.) Anschließend führte ich eine Rückführung durch, und das sofort danach hergestellte Bild zeigt eine stärkere und gleichmäßigere »Strahlung«. Eine Rückführung kann sich offensichtlich auch auf den Rückführenden heilsam und energetisch positiv auswirken! Ähnliche Verbesserungen des »Strahlungsmusters« wurden bei der zurückgeführten Person festgestellt.

Vor der Durchführung

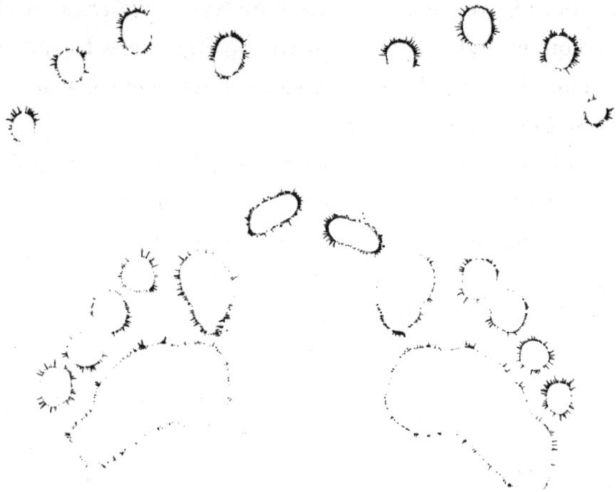

Nach der Durchführung

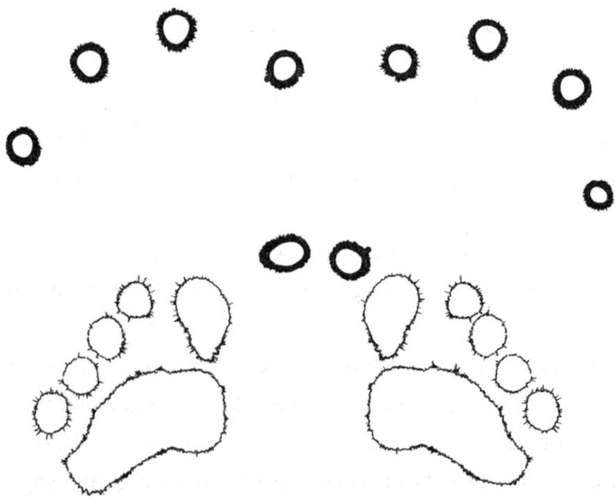

Literatur und Anmerkungen

1. Zu einem Einzelfall, den ich nach mehreren Indienreisen und dem Studium indischer Literatur (sowohl zeitgenössischer als auch alter) als eine der Ausnahmen betrachten muss, siehe die Schriften von Denise Desjardins [47–50].

2. De Rochas, Albert: *Les vies successives,* Bibliothèque Chacornac, Paris, 1911 (deutsche Übersetzung: *Die aufeinanderfolgenden Leben,* Altmann, Leipzig, 1914; Kurzfassung: *Gibt es eine Wiedergeburt?,* Baumgartner, Warpke-Billerbeck, 1920).

3. Björkhem, John: *De hypnotiska hallucinationerna* (»Die hypnotischen Halluzinationen«), 2. Aufl.: Litteraturförlaget, Stockholm, 1943 (1. Aufl. und Habilitationsschrift: Gleerup, Lund, 1942).

4. Kampman, Reima: *Et ole yksin* (»Du bist nicht alleine«), Gummerus, Jyväskylä, 1974 (schwedische Übersetzung: *Du är inte ensam,* Askild & Kärnekull, 1975).

5. Weden, W. (Pseudonym von K.W. Steinwede?): *Ägyptische Einweihung,* Goldmann TB, München, 1987 (die erste Auflage gleichen Inhalts erschien mit W. Spindler als Mitverfasser; Fischer TB, Frankfurt a.M., 1978).

6. Clark, Rabia Lynn: *Past Life Therapy. The State of the Art,* APRT, Riverside CA, 1995 (Dissertation).

7. Ellenberger, Henri: *The Discovery of the Unconscious,* Basic Books, New York, 1970. (Der Verfasser dieses Buches hat tatsächlich den gleichen Namen wie jener Magnetiseur aus dem 19. Jahrhundert.)

8. Cranston, Sylvia und Williams, Carey: *Reincarnation. A New Horizon in Science, Religion and Society,* Julian Press, New York, 1984.

9. De Rochas schreibt allerdings vorsichtshalber wiederholt von »Halluzinationen« (wie später auch Björkhem) und weist auf einige wenige Erlebnisse hin, in denen einige Daten »völlig falsch« seien, demonstriert aber auf der anderen Seite deutlich genug seinen

Glauben an die Reinkarnation – auch durch die Art seines ernst zu nehmenden Umgangs mit dem Erlebnismaterial. Ich betrachte daher seine einschränkenden Bemerkungen eher als »taktisch« begründet. Zwischen den Zeilen vermittelt er eine andere Botschaft. Es ist gut möglich, dass er, in einer Zeit, in der das Thema viel heikler war als heute, damit Angriffe vermeiden wollte. Jedoch haben sich Reinkarnationsgegner mit Freude auf gerade diese Formulierungen von de Rochas gestürzt …

10. Flournoy, Theodore: *From India to the Planet Mars*, Princeton University Press, 1994 (Original: *Des Indes à la Planète Mars*, 1900).

11. Björkhem, John: *Hypnos och personlighetsförvandling* (»Hypnose und Persönlichkeitswandlung«), Meddelande från Sällskapet för Parapsykologisk Forskning, No. 7, Stockholm, 1959; auch in: *Människan och makterna* (»Der Mensch und die Mächte«), Verbum, Stockholm, 1966, S. 87–123.

12. Martin, Asa Roy: *Researches in Reincarnation and Beyond*, Eigenverlag, Sharon PA, 1942.

13. Grant, Joan und Kelsey, Denys: *Many Lifetimes*, Victor Gollancz, London, 1970.

14. Bernstein, Morey: *Protokoll einer Wiedergeburt*, Knaur, München, 1973, mit verschiedenen Beiträgen von William J. Barker zu diesem Thema. Eine neuere Auflage des Buches (Doubleday, New York, 1989) enthält »aufdatierte« Versionen dieser Beiträge als Kapitel 19: »The Case for Bridey in Ireland« und Kapitel 20: »Bridey's Debunkers Debunked«, dazu noch eine neue Einleitung von Barker: »Bridey Murphy and the Skeptics«.

15. Vortrag von Virginia Morrow, früher: Tighe, in Denver, Colorado, 1981 (Tonbandaufnahme im Besitz des Verfassers).

16. Stevenson, Ian über: »A Scientific Report on ›The Search for Bridey Murphy‹«, in: *The Journal of the American Society for Psychical Research*, LI, Nr. 1, 1957, S. 35–37.

17. Ducasse, C. J.: »How the Case of *The Search for Bridey Murphy*

Stands Today«, in: *The Journal of the American Society for Psychical Research*, LIV, Nr. 1, 1960, S. 3–22.
18. Gramaglia, Pier Angelo, s. Kap. 2.
19. Iverson, Jeffrey: *More lives than one?*, s. Kap. 2.
20. Koller, Angelika: *Thorwald Dethlefsen, die Reinkarnationstherapie und Kawwana*, Books on Demand, Norderstedt, 2004
21. Kline, Milton V. (Hrsg.): *A Scientific Report on »The Search for Bridey Murphy«*, Julian Press, New York, 1956.
22. Zander, Helmut: *Geschichte der Seelenwanderung in Europa*, Wissenschaftliche Buchgesellschaft, Darmstadt, 1999.
23. »Jeder hat schon mal gelebt«, *Münchner Illustrierte* Nr. 18, 5. Mai 1956, S. 10–11.
24. Hutten, Kurt und von Kortzfleisch, Siegfried: *Seelenwanderung – Hoffnung oder Alptraum der Menschen?*, Kreuz, Stuttgart, 1962, S. 35–39.
25. Da ich oft eine falsche Aussprache hörte (wie etwa »Jamájson«), möchte ich hier die richtige angeben: »Dzhéjmison« (»Dzh« ist ein stimmhaftes »Dsch«). Er wurde eigentlich als James S. Lewis geboren, schrieb aber unter dem Pseudonym Bryan Jameison und änderte 1976 rechtlich seinen Namen zum früheren Pseudonym.
26. Jameison, Bryan: *The Search for Past Lives*, Driftwood Publications, San Diego CA, 2003 (überarbeite und verbesserte Version von *Exploring Our Forgotten Lives* im gleichen Verlag, 1999), Website: http://www.pastlife-therapy.com – diese wird von seiner Witwe weitergeführt, die sich um die Veröffentlichung auch seines schriftlichen Nachlasses bemüht. Jede Unterstützung durch Kauf seiner Bücher ist für sie eine wertvolle Hilfe!
27. Harriman, Philip L.: »The Experimental Induction of a Multiple Personality«, *Psychiatry* 5, 1942, S. 179–186.
28. Harriman, Philip L.: »A New Approach to Multiple Personalities«, in: *American Journal of Orthopsychiatry* 13, 1943, S. 638–643.
29. Zolik, Edwin S.: »An Experimental Investigation of the Psycho-

dynamic Implications of the Hypnotic Previous Existence Fantasy«, in: *Journal of Clinical Psychology* 14, 1958, S. 179–183.
30. Zolik, Edwin S.: » Reincarnation Phenomena in Hypnotic States«, *International Journal of Parapsychology*, 4, 1962, S. 66–78.
31. Rubenstein, Robert und Newman, Richard: »The Living Out of Future Experiences under Hypnosis«, in: *Science* 119, 1954, S. 472–473.
32. Ås, Arvid: »The Recovery of Forgotten Language Knowledge through Hypnotic Age Regression: A Case Report«, in: *The American Journal of Clinical Hypnosis* 5, 1962, S. 24–29.
33. Stevenson, Ian: *Xenoglossy,* University Press of Virginia, Charlottesville VA, 1974.
34. Stevenson, Ian: *The Evidence of Survival from Claimed Memories of Former Incarnations,* M. C. Peto, Tadworth (Surrey), England, 4. Aufl. 1978 (Nachdruck aus: *Journal of the American Society for Psychical Research,* April und Juli 1960).
35. Kampman, Reima: *Hypnotically Induced Multiple Personality,* Dissertation, Universität Oulu (Finnland), 1973.
36. Binet, Alfred: *Les altérations de la personnalité,* Alcan, Paris, 1892.
37. Bernheim, Hippolyte: *Die Suggestion und ihre Heilwirkung,* Deuticke, Leipzig, 1888 (übersetzt von Sigmund Freud!).
38. Kampman, Reima und Hirvenoja, Reijo: »Dynamic Relation Between the Secondary Personality Induced by Hypnosis to The Present Personality«, in: *Hypnosis at is Bicentennial*, hrsg. von Fred H. Frankel und Harold S. Zamansky, Plenum Press, New York, 1978, S. 183–188.
39. Britten, Benjamin und Holst, Imogen: *Musiikin Vaiheet* (»Epochen der Musik«), Werner Söderström, Porvoo (Finnland), 1960, S. 25.
40. Einstein, Alfred: *A Short History of Music,* Cassell, London, 1953, S. 21.

41. Steiner, Rudolf: »Erfahrungen über Reinkarnation und Karma durch Gedankenübungen« (Vortrag vom 20.2.1912), in: *Wiederverkörperung,* Vorträge von Rudolf Steiner, ausgewählt von Clara Kreutzer, Freies Geistesleben, Stuttgart, 1982, S. 75–93 (Bd. 9 der Reihe *Themen aus dem Gesamtwerk*).
42. Sigdell, Jan Erik: »Rückführung und Reinkarnationstherapie – worum geht es und worauf kommt es an?«, in: *Wie wir wurden wer wir sind,* hrsg. von Nothart Rohlfs, Urachhaus, Stuttgart, 1999, S. 74–87.
43. Oehms, Heide: *Karma-Erkenntnis Warum?,* Urachhaus, Stuttgart, 1999.
44. Sæther, Jostein: *Wandeln unter unsichtbaren Menschen,* Urachhaus, Stuttgart, 1999.
45. Netherton, Morris und Shiffrin, Nancy: *Bericht vom Leben vor dem Leben,* Heyne TB, München, 1981, S. 39–40.
46. Hemminger, Hansjörg: »Reinkarnationstherapie – kritisch betrachtet«, in: *Reinkarnation oder Auferstehung,* hrsg. von Hermann Kochanek, Herder, Freiburg, 1992, S. 119–133.
47. Desjardins, Denise: *De naissance en naissance,* La Table Ronde, Paris, 1977.
48. Desjardins, Denise: *La mémoire des vies antérieures,* La Table Ronde, Paris, 1980.
49. Desjardins, Denise: »La mémoire des vies antérieures«, in: *La réincarnation,* hrsg. v. Carl-A. Keller, Peter Lang, Bern 1986.
50. Desjardins, Denise: *La Stratégie du oui,* La Table Ronde, Paris, 1993.

4 | Hypnotische und nicht-hypnotische Rückführung

Wie zuvor beschrieben fing alles also mit Hypnose an. Zuerst mit unabsichtlichen Rückführungen, das heißt Spontanrückgängen unter Hypnose, die selten, aber doch immer wieder auftraten. Oder auch mit »Seitenperson«-Suggestionen, die von Psychologen durchgeführt wurden, die jedoch der Reinkarnationshypothese als Erklärung ablehnend gegenüberstanden. Dann folgten absichtliche Rückführungen unter Hypnose. In den 60er-Jahren entstanden die ersten nicht-hypnotischen Techniken.

Worin liegt nun der Unterschied zwischen hypnotischen und nicht-hypnotischen Rückführungen? Menschen, die mit Hypnose arbeiten, meinen oft, dass es sich bei der nicht-hypnotischen Methode um das gleiche Prinzip handle, nur in abgeschwächter Form. Sie wollen gerne jede Art von Bewusstseinsveränderung als Hypnose bezeichnen. Das ist schon sprachlich gesehen nicht richtig, denn das griechische Wort *hýpnos* bedeutet immerhin »Schlaf«! Gelangt die Person nicht ganz oder weitgehend in einen Schlafzustand, in dem das Tagesbewusstsein, das bewusste Ich, ganz oder fast eingeschläfert ist, so ist die Bezeichnung Hypnose schon deshalb nicht zutreffend. Der entscheidende Unterschied ist, ob man Schlafsuggestionen verwendet, oder nicht (Schlafsuggestionen alleine können sogar zu einem hypnotischen Zustand führen).

Was ist Hypnose?

Die Hypnose wird folgendermaßen *definiert*: Ein durch Suggestion hervorgerufener schlafähnlicher Zustand (partieller Schlaf) mit Beeinflussungsmöglichkeit (Suggestibilität, Aufnahmefähigkeit für den Willen des Hypnotiseurs) [1–4]. Menschen, die mit Hypnose arbeiten, sagen dann, dass die Bezeichnung »Hypnose« eigentlich nicht richtig sei und geändert werden sollte. Sie können es drehen und wenden, wie sie wollen – Hypnose bleibt definitionsgemäß Hypnose! Führt man einen neuen Begriff ein – zum Beispiel »veränderte Bewusstseinszustände« – engl. *altered states (of consciousness)* –, wird dieser nur zu einem neuen *Überbegriff*, worunter nach wie vor Hypnose sowie nicht-hypnotische Methoden als Begriffe ihren Platz behalten. Es ist dann immer noch berechtigt, zwischen hypnotischen und nicht-hypnotischen Methoden zu unterscheiden!

»Trance« ist etwa gleichbedeutend mit Hypnose [1–4] (abgesehen davon, dass der Zustand auch spontan eintreten kann) und taugt hier nicht als Überbegriff.

Hypnotische und nicht-hypnotische Rückführung

Für Erlebnisse im wachen oder fast wachen Zustand, um die es bei der nicht-hypnotischen Rückführung geht (wie übrigens auch bei Tagtraumtechniken, im Katathymen Bilderleben und in der Aktiven Imagination), habe ich in einem Artikel [5] die Bezeichnung »Agrypnose« eingeführt, die später von Wiesendanger aufgegriffen wurde [6]. Diese Bezeichnung ist in Analogie zu »Hypnose« aus dem griechischen Wort *ágrypnos* gebildet, das so viel wie »wach, schlaflos« bedeutet. Sie ist insofern nicht mehr als ein Versuch, die Begriffe besser zu differenzieren.

Als Beispiel einer hypnotischen Rückführung möchte ich kurz wiedergeben, was die schwedische Journalistin Annu Edvardsen über ihr Rückführungserlebnis berichtete [7]. Die Rückführung wurde von dem finnischen Psychiater Reima Kampman geleitet.

Sie erlebte sich zunächst als ein Mädchen in Schottland, hörte währenddessen die Stimme Kampmans und fragte: »Bist du der Bäcker? Dann darf ich nicht mit dir sprechen, sagt meine Mutter!«

»Was hast du denn von mir gehört?«

Sie kichert: »Willst du das wirklich wissen? Du bist gefährlich für Mädchen!«

Hier sehen wir zunächst deutlich, wie sie sich ganz mit dem schottischen Mädchen identifiziert und nicht mehr weiß, wer und wo sie heute ist und wer zu ihr spricht. Sie versucht, die Stimme irgendwo im schottischen Leben einzuordnen. In einer nicht-hypnotischen Rückführung würde sie sehr wohl über ihre heutige Identität Bescheid wissen und nicht in Verlegenheit darüber geraten, mit wem sie hier und jetzt spricht.

In einem anderen Leben ist Annu Edvardsen im 17. Jahrhundert der Mönch Enrico, der aus Italien gekommen ist und nun im hohen Alter in Frankreich von einer Kirche zur anderen wandert, um für die sündige Menschheit zu beten. Kampman fragt: »Warum gehst du? Du könntest doch Auto fahren.«

»Was? Was ist das?«

»Eine Maschine, in der man sitzt und fährt.«

»Maschine? Du machst Späße!«

»Oder dann ein Flugzeug? Eine Maschine, in der man sitzt und durch die Luft fliegt.«

»Der Teufel spricht durch dich, mein Sohn. Nur die Engel können fliegen!«

Sie ist nun ganz der Mönch und weiß gar nichts von heute existierenden Fahrzeugen. In einer nicht-hypnotischen Rückführung hätte sie in einer solchen Situation gesagt: »Natürlich nicht. Damals gab es ja keine Autos … keine Flugzeuge (etc.)!«

So reagierte auch die Freundin einer meiner Kursteilnehmerinnen (wie mir Letztere erzählte). Sie war in einem früheren Leben ein alter Mann, der sehr schlecht sah. Die Dame aus meinem Kurs fragte sie: »Hast du denn keine Brille?«

»Nein, damals gab es keine.«

In der nicht-hypnotischen Rückführung ist man mit dem heutigen bewussten Ich an den Vorgängen beteiligt. Das hat einen wesentlichen Vorteil: Das Erlebnis wird automatisch ins heutige Bewusstsein integriert. Es gibt hier keine Entsprechung zur post-hypnotischen Amnesie (also dem Phänomen, dass man nach der Hypnose vom Erlebten keine Ahnung mehr hat). Allenfalls, wenn auch höchst selten, kommt eine Verdrängung vor. Deshalb sollte man bei einer hypnotischen Rückführung, bevor man diese abschließt, vorsorglich die posthypnotische Suggestion geben: »Du wirst dich nachher an alles erinnern, was jetzt gekommen ist!«

In der nicht-hypnotischen Rückführung entsteht eine Beziehung zwischen damals und jetzt. Der bekannte niederländische Reinkarnationstherapeut Hans Ten Dam spricht diesbezüglich von einem »elliptischen Bewusstsein«, da die Ellipse zwei Brennpunkte hat. Hier liegt sozusagen der eine Brennpunkt in der Vergangenheit und der andere gleichzeitig in der Gegenwart [8]. Die automatische Integration des Erlebten in das heutige bewusste Ich spielt für die therapeutische Wirkung eine wichtige Rolle.

In der tiefhypnotischen Rückführung ist es eher so, dass der Fokus von heute weg zu damals schwenkt. Statt dass es zu einem integrierenden elliptischen Bewusstsein kommt, wird der Bewusstseinskreis mit seinem Brennpunkt zur Vergangenheit verschoben und die Gegenwart ist weitgehend ausgeblendet. Selbstverständlich gibt es aber keine scharfe Grenze zwischen einer tiefen Hypnose und einem »agripnotischen« Erlebniszustand, sondern der Übergang ist fließend.

Wie Dethlefsen bemerkt [9, 10], ist die Hypnose nur Mittel und nicht Methode der Therapie. Sie bedarf vielmehr selbst einer Methode. Wird sie einfach nur in der Form der Suggestion eingesetzt, besteht eben darin die Methode. Diese Vorgehensweise kann zwar zur Befreiung von Symptomen führen, dies aber eher im Sinne einer Unterdrückung oder Verdrängung, denn die Ursache bleibt dabei unaufgedeckt.

Der viel wichtigere Vorzug dieser Technik liegt in der Möglichkeit der Analyse: Man kann dabei Ursachen und Zusammenhänge aufdecken – oft auch jene »Versteckspiele« mit uns selbst, die uns dazu dienen, etwas, was wir nicht wahrhaben wollen, was uns aber dennoch unbewusst nachhängt, »unter den Teppich zu kehren«. Die unbewussten Anteile, die dabei ans Tageslicht kommen, müssen in das heutige Bewusstsein integriert werden. Bei einer hypnotischen Rückführung muss dies oft durch eine posthypnotische Suggestion oder durch nachträgliche Aufarbeitung sichergestellt werden (vgl. [11]).

Es kommt nämlich andernfalls leicht vor, dass ein Erlebnis der betreffenden Person wie etwas erscheint, was nicht ihr selbst, sondern jemand anderem widerfahren ist. Dies ist erst recht zu befürchten, wenn sie keine eigenen Erinnerungen an das Erlebnis mehr hat, sondern es vom Tonband abhören muss.

In einer nicht-hypnotischen Rückführung der hier beschriebenen Art geschieht die Integration automatisch aufgrund der unmittelbaren und gleichzeitigen Teilnahme des heutigen bewussten Ichs am Geschehen während der Rückerinnerung der Seele. Eine nachträgliche Aufarbeitung ist deshalb eigentlich nicht notwendig. Wichtiger ist es, das Erlebnis auf sich einwirken zu lassen. Wenn dann eine Nacharbeit notwendig erscheint (zum Beispiel wenn der Klient noch einiges zurückhält), dann wäre eine zweite Rückführung sinnvoller.

Im Zusammenhang mit der nicht-hypnotischen Rückführung nach dem hier vorgestellten Vorgehen sind, wie später noch ausführlicher beschrieben wird, zwei Verfahren besonders wichtig: Die Zuhilfenahme eines »inneren Helfers« und das Eintauchen in die Gefühle (um sie dann im Anschluss vollständig loslassen zu können).

Es gibt zwischen hypnotischen und nicht-hypnotischen Rückführungen auch einen Unterschied im Zeitgefühl. Nach der Hypnosesitzung hat der Behandelte nicht selten den Eindruck, das Ganze habe länger gedauert, als dies tatsächlich der Fall war – man sei lange »weg« gewesen. Nach der nicht-hypnotischen Rückführung ist es eher umgekehrt. Viele staunen, wenn sie nach einer Rückführung von vier Stunden auf die Uhr schauen, weil es nach ihrem Gefühl höchstens halb so lange gedauert hatte.

Was hypnotische Rückführungen betrifft, so hegen manche Klienten nicht ganz ohne Grund Befürchtungen, denn es kann dabei durchaus zu Komplikationen kommen (auch wenn dies wirklich zu den Ausnahmen gehört). Eine mir bekannte Person, die auf diese Weise Rückführungen durchgeführt hatte, hörte damit auf, weil es einmal beinahe schief gegangen wäre. Der Klient sprang plötzlich von der Liege auf und durch das Fenster hinaus! Zum Glück befanden sie sich im Erdgeschoss. Er war in eine frühere Situation hineinversetzt worden, in der er sich durch einen Fenstersprung aus einem brennenden Haus gerettet hatte, und hat dies mit dem jetzigen Körper nachvollzogen. In einer nicht-hypnotischen Rückführung hätte so etwas nicht geschehen können. Ein Engländer, der hypnotische Rückführungen durchführte, erzählte mir von zwei Fällen von Komplikationen mit Klienten. Eine Frau war im früheren Leben blind gewesen. Einige Stunden nach der Rückführung rief sie verzweifelt an: Sie war nun im heutigen Leben blind geworden! Er ließ sie zu ihm kommen, versetzte sie wieder in Hypnose und konnte so das Problem lösen.

Ein zweiter Klient, der in der Gegenwart ein reichlich frustriertes Leben führte, wollte in dem als viel schöner erlebten früheren Leben bleiben und weigerte sich, aus der Hypnose herauszukommen. Stück für Stück gelang es dem Hypnotiseur, ihn bis zu einem Zeitpunkt ein Jahr vor dem Tag der Rückführung zu bringen. Da blockierte der Mann aber total, und es blieb nichts anderes übrig, als die Sitzung abzuschließen, ohne bis zur Gegenwart vorgedrungen zu sein. Nachher hatte der Mann teilweise eine Gedächtnislücke. Er konnte sich an das Jahr vor der Rückführung nur schlecht erinnern.

Solche Komplikationen sind bei nicht-hypnotischen Rückführungen unbekannt. Hier kann es höchstens zu einer *vorübergehenden* »Erstverschlimmerung« kommen. Lässt der Klient bestimmte, für den Therapieerfolg entscheidende, Gefühle nicht zu, so können sie auch nicht losgelassen werden. In einem solchen Fall ist es möglich, dass er *in den nächsten Tagen* sein Problem als noch schlimmer als vorher erlebt. Eine Woche später ist aber der alte Zustand wieder erreicht, die Verschlimmerung war also nur vorübergehend. Sie ist vergleichbar mit der homöopathischen Erstverschlimmerung, die als ein positives Zeichen gewertet wird und zeigt, dass man das richtige Mittel gefunden hat. Hier zeigt eine solche Erstverschlimmerung, dass man auf die richtige Ursache gestoßen ist, nur hat man diese noch nicht auflösen können. Damit ist eine weitere Rückführung angebracht, in der diese Auflösung anzustreben ist.

Der vor uns liegende Körper des Klienten macht bei der nicht-hypnotischen Rückführung im Erlebnis kaum oder nur wenig mit. Es kommt praktisch nie vor, dass er mit dem Geschehen mitagiert – etwa um sich herumschlägt –, aber die Gefühle werden sich eher in der Stimme des Klienten abfärben. Ich erkläre mir das durch das oben genannte »elliptische Bewusstsein«. Da der eine Brennpunkt im Hier und Jetzt bleibt, behält das heutige Bewusstsein weitgehend die Kontrolle über den hier liegenden Körper. Am anderen Brennpunkt, sozusagen, werden das Geschehen in der Vergangenheit und auch die dazugehörigen Gefühle jedoch miterlebt. Dort weiß er auch, wie sein damaliger Körper es erlebt und was er darin gefühlt hat.

Ich kenne vom Hörensagen auch Fälle, in denen es der Person nach einer *hypnotischen* Rückführung dauerhaft schlechter ging als vorher. (Mir ist allerdings bis jetzt kein solcher Fall direkt berichtet worden.) Eine Person bekam zum Beispiel angeblich nach der Sitzung Schuldgefühle wegen moralisch verwerflicher Taten aus einem früheren Leben, die ihr zuvor nicht bewusst gewesen waren. In diesem Fall ist anzunehmen, dass sie die Schuldgefühle schon vorher unbewusst mit sich herumtrug und sie ihr nun erst durch die Rückführung bewusst geworden sind. Ziel der Therapie wäre es aber gewesen, sie von den Schuldgefühlen zu *befreien* (dazu später mehr). In einem solchen Fall – in dem der Therapeut allem Anschein nach mit der Sache nicht richtig umgehen konnte – wäre es sicher besser gewesen, wenn das Erlebnis gar nicht erst hochgekommen wäre.

In der Literatur werden einige wenige Fälle mit Komplikationen erwähnt [12], in denen offensichtlich der grundsätzliche Fehler gemacht wurde, die Person sofort aus der Hypnose herauszuholen, als es sehr dramatisch wurde. Man hätte sie aber zügig, durch die Situation hindurch, an einen Punkt bringen sollen, wo in jenem Leben alles vorüber war (auch wenn dies erst nach dem damaligen Tod der Fall gewesen sein sollte).

In der nicht-hypnotischen Rückführung können wegen der dort angewandten sanften Technik erfahrungsgemäß keine Erlebnisse hervorkommen, die besser nicht kommen sollten. Die Seele des Klienten – sein unbewusstes Ich – weiß sehr wohl, was gut für ihn ist und was nicht. Sie vermag ihn auch gegen ungeeignete Erlebnisse zu schützen, für welche die Person innerlich noch nicht bereit ist. Diese seelische Schutzbarriere können wir mit dieser Rückführungsmethode nicht ohne weiteres durchbrechen; mit Hypnose scheint dies eher möglich zu sein.

Ich hatte einige wenige Fälle, in denen der »Helfer«, auf den wir in einem späteren Kapitel noch näher eingehen werden, hierzu eine Erklärung gab. Auf die Frage: »Warum kommst du nicht in ein Erlebnis hinein, das die Ursache für dein Problem ist?« ließ dieser »Helfer« die Person verstehen: »Weil es jetzt zu früh wäre, weil ich innerlich nicht bereit dazu bin.« Oder: »Ich könnte es jetzt nicht gut verkraften.« Selten kam auch die Antwort: »Weil ich es noch nicht wissen darf, denn ich muss erst durch die Lektion dieses Problems hindurch. Dann darf ich es wissen.« Solche Antworten respektieren wir immer (obwohl man mit der Möglichkeit rechnen muss, dass es sich um eine unbewusste Ausrede handeln könnte).

Man sieht an diesem Beispiel, dass auch die nicht-hypnotische Rückführung ihre Tücken hat: Dadurch dass das heutige Bewusstsein am Erlebnis beteiligt ist, hat der Klient mehr Möglichkeiten, sich zu blockieren. Eine Art von Zwischenschicht zwischen dem bewussten und dem unbewussten Ich weiß dann sehr wohl, dass unangenehme Dinge hochkommen könnten, und lässt dies vorsorglich nicht zu, obwohl das bewusste Ich das eigentlich will. Es ist wie das »Kneifen« vor dem Sprung ins kalte Wasser, der uns wahrscheinlich die Befreiung gebracht hätte. In dieser Zwischenschicht sind wir manchmal wie ein bockiges Kind, das seine Mutter zum Zahnarzt bringen will, um einen Milchzahn ziehen zu lassen. Das Kind will nicht verstehen, dass es dadurch vom Zahnweh befreit würde, und reagiert ungefähr so: »Dann habe ich lieber mein Zahnweh!« In ähnlicher Weise sagen wir uns manchmal in jener Zwischenschicht: »Wenn ich erst das erleben muss, dann behalte ich lieber mein Problem!« Eben wegen der Möglichkeit, sich unbewusst gegen eine unbequeme Wahrheit zu sträuben und sich dadurch gewissermaßen selbst ein Bein zu stellen, wollen manche, die es so erlebt haben, es lieber mit einer hypnotischen Rückführung versuchen. Es kann sehr gut sein, dass diese dann auch zu besseren Ergebnissen führt. Allerdings gibt es hierfür ebenfalls keine Garantie. Nicht jeder ist ohne weiteres hypnotisierbar. Nur ungefähr 10 % der Klienten kommen in eine wirklich tiefe Hypnose hinein; 10 % lassen sich nicht hypnotisieren, und die übrigen 80 % (die Zahlen beruhen nur auf groben Schätzungen aus der Literatur) kommen in einen mehr oder weniger tiefen hypnotischen Zustand hinein. Nach meinen eigenen Erfahrungen scheint es möglich, dass jene ca. 10 %, die mit einer nicht-hypnotischen Methode nicht gleich zu einem Rückführungserlebnis geführt werden können, größtenteils mit jenen identisch sind, die sich auch der Hypnose hartnäckig entziehen. Ich verfüge allerdings über zu wenig Erfahrung mit hypnotischen Rückführungen, um dies mit Sicherheit behaupten zu können. Meine ersten etwa zehn experimentellen Rückführungen in der Mitte der 70er-Jahren machte ich mit Hypnose, aber seit ich 1979 Jameisons Technik lernte, habe ich Hypnose nur ausnahmsweise verwendet.

Man kennt aus hypnotischen Rückführungen das Phänomen, dass die Person in einer ihr heute nicht bekannten Sprache zu sprechen vermag. Deshalb ist es wichtig, dass man eventuellen Verständigungsschwierigkeiten schon im Vorfeld durch die folgende suggestive Abmachung begegnet: »Wir werden uns die ganze Zeit in Deutsch verständigen, und du wirst alles verstehen, was ich dir sage!«

In der nicht-hypnotischen Rückführung kommt dieses Phänomen nicht vor. Was die Seele an erster Stelle aus der Vergangenheit mit in das heutige Leben nimmt, ist der Inhalt, die Bedeutung des Gesagten, nicht aber die Form, in der es gesagt wurde, also die Sprache – diese ist für die Seele zweitrangig. Jemand sieht sich in einem früheren Leben vor Hieroglyphen stehen. Er weiß, was da geschrieben steht, und gibt es auf Deutsch wieder. Die altägyptische Aussprache ist ihm im Normalfall nicht geläufig; auch könnte er die einzelnen Schriftzeichen nicht genau erklären. Das ist so, als ob man die chinesische Übersetzung eines Buches sieht, das man in Deutsch gelesen hat. Man weiß, was darin steht, ohne es direkt lesen zu können. Es bedarf wirklich der Hypnose, um die Sprache auch in ihren Einzelheiten und ihrer Aussprache hervorzuholen.

Ich machte einmal genau aus diesem Grund eine hypnotische Rückführung mit einem Mann, der zwei Leben in der Maya-Kultur gelebt hatte und von der Sprache nun auch noch etwas mitbekommen wollte. Er trug wirklich einige Sätze in der Sprache der Maya-Indianer vor, was ihm zuvor, in der nicht-hypnotischen Rückführung, nicht gelungen war. Ansonsten waren die Erlebnisse der beiden Rückführungen einander ähnlich und bestätigten sich gegenseitig. Wiederum zeigte es sich, dass man mit verschiedenen Methoden normalerweise zum gleichen Erlebnis kommt, sofern man nur in die gleiche Zeitperiode gelangt (und nicht in ein anderes Leben).

In Rückführungen ohne Hypnose tauchen frühere Sprachen außerordentlich selten auf. Dies habe ich (abgesehen von einzelnen Wörtern oder kurzen, losgelösten Sätzen) nur einmal richtig erlebt. Ein Mann, der heute nur wenig Italienisch kann, antwortete immer wieder in Altitalienisch, sodass ich ihn wiederholt bitten musste, auf Deutsch zu antworten. Allerdings wird er höchst wahrscheinlich spontan in einen hypnotischen Zustand geraten sein. Das kann bei nicht-hypnotischen Methoden selten einmal geschehen.

Bei hypnotischen Rückführungen gibt es natürlich verschiedene Vorgehensweisen. Verfolgt man eine therapeutische Absicht, so kann man sagen: »Nun gehst du zurück zu einem Erlebnis, das für deine heutige Problematik ursächlich wurde.« Da die Ursache ebenso gut in der heutigen Kindheit oder in der Zeit im Mutterleib zu finden sein kann, spricht man besser nicht von früheren Leben, sondern lässt offen, was kommen soll. Als ich damals, bevor ich die nicht-hypnotische Methode kannte, hypnotische Rückführungen (und dies nur experimentell) durchführte, ging ich mit der Person Schritt für Schritt in diesem Leben zurück: »Nun bist du in einem angenehmen Erlebnis im Alter von 20 Jahren. Erzähl mir, was du erlebst.« Das Gleiche wiederholte sich dann im Alter von z. B. zehn, fünf, zwei Jahren und einem Jahr. Dann fuhr ich fort: »Nun gehst du weiter zurück, über deine Geburt hinaus zurück … Du bist nun in einer Zeit vor deiner Geburt. Erzähl mir, was du erlebst.« Meistens »rutscht« die Person an dieser Stelle ohnehin in ein früheres Leben hinein. Sollte sie sich aber im Mutterleib befinden, lassen wir sie dies erst eine Weile erleben und fahren dann fort: »Nun gehst du zu einer Zeit vor deiner Zeugung.«

Es soll noch erwähnt werden, dass man durch Hypnose verschiedene Phänomene hervorrufen kann, die mit dem Verfahren der nicht-hypnotischen Rückführung erfahrungsgemäß nicht ohne weiteres möglich sind. Dazu gehören, wie schon angesprochen, das Spielen von vorgegebenen Rollen sowie die Manipulation der Erinnerung an das heutige Leben (vgl. Kapitel 3) durch den Hypnotiseur. Es sind darüber hinaus auch verschiedene ASW-Phänomene möglich. Björkhem [13, 14] führte Versetzungsversuche durch, in welchen der hypnotisierten Person suggeriert wurde, gleichzeitig an einem anderen Ort zu sein. Sie konnte eine zutreffende Beschreibung des betreffenden Ortes geben. Er experimentierte auch erfolgreich mit Psychometrie unter Hypnose. Ähnliches wurde von Rhine berichtet [15]. Man lese auch den Anhang über Hypnose im Buch von Bernstein [16].

Ein ganz besonderes Experiment wurde von Björkhem berichtet. Er sagte einer Versuchsperson, sie solle in die Wohnung ihrer Eltern gehen und beobachten, was dort geschehe. Der Vater säße im Wohnzimmer, die Zeitung lesend. Björkhem forderte sie auf, in die Küche zu gehen. »Dort steht meine Mutter. Sie erschrickt jetzt!« Bald darauf rief die Mutter an und fragte, ob ihrer Tochter etwas passiert sei, denn sie hätte sie kurz in ihrer Küche gesehen ...

Björkhem ließ einmal eine Versuchsperson »geistig« in ein anderes Zimmer gehen, wo ein Photoalbum bereitgelegt war, um dieses durchzublättern und die Photos anzuschauen. Obwohl sie nicht physisch dort war, konnte sie viele der Photos zutreffend beschreiben.

Referenzen

1. *Pschyrembel Klinisches Wörterbuch*, Walter de Gruyter, Berlin, 1986.

2. *Das Neue Taschenbuchlexikon*, Bertelsmann, Gütersloh, 1992, Bd. 6 und 16.

3. Renander, Acke: *Medicinsk terminologi*, Nordiska Bokhandeln, Stockholm, 1967.

4. *Nordstedts Uppslagsbok*, Nordstedt & Söner, Stockholm, 1973.

5. Sigdell, Jan Erik: »Reinkarnation als Idee und als Erfahrung«, *Bodhi Baum,* Wien, 4/1983, S. 191–195. Nachdruck im *Mitteilungsblatt des SVNH,* Bern, Juni 1986, S. 7–14 und *Natürliches Heilen,* Bern, 2/1990, S. 42–49.
6. Wiesendanger, Harald: *Zurück in frühere Leben,* Kösel, München, 1992 (S. 32).
7. Edvardsen, Annu: »Med en trött gammal mans röst berättade jag om ett tidigare liv« (Ich erzählte von einem früheren Leben mit der Stimme eines müden alten Mannes), *Allers,* Hälsingborg, 14/1975, S. 10–12.
8. Ten Dam, Hans: *Een ring van licht,* Bd. 2, Bressotheek, Amsterdam, 1983 (englische Übersetzung in einem Band: *Exploring Reincarnation,* Arkana, London, 1990). Verbesserte Neuauflage: siehe Literaturverzeichnis.
9. Dethlefsen, Thorwald: *Das Erlebnis der Wiedergeburt,* Goldmann TB, München, 1981.
10. Dethlefsen, Thorwald: *Schicksal als Chance,* Goldmann TB, München, 1981.
11. Weiss, Brian L.: *Through Time into Healing,* Simon & Schuster, New York, 1992.
12. Cranston, Sylvia und Williams, Carey: *Reincarnation,* s. Kapitel 3.
13. Björkhem, John: *De hypnotiska hallucinationerna,* s. Kapitel 3.
14. Björkhem, John: »Travelling Clairvoyance« (trotz der Kapitelüberschrift in English ist der Text in Schwedisch), in: *Det ockulta problemet* (Das okkulte Problem), 3. erweiterte Ausgabe, J. A. Lindblad, Uppsala, 1954, S. 187–198. Auch in der von seinem Sohn Örjan Björkhem überarbeiteten posthumen Neuausgabe in gekürzter Fassung, Zindermans, Göteborg, 1978, S. 130–138.
15. Rhine, J. B.: »Extrasensory Perception and Hypnosis«, in: *Experimental Hypnosis,* hrsg. von Leslie M. LeCron, Macmillan, New York, 1952.
16. Bernstein, Morey: s. Kapitel 3.

5 | Die Rückführungstechnik – Einstiegsphase

Die Grundlagen dieser Technik mithilfe von »Schaltern und Aufzug« (nach dem damaligen frühen Erkenntnisstand in den 70er-Jahren) ist bereits in einem sehr frühen Buch von Bryan Jameison dargestellt worden [1]. Ich selbst habe im Laufe der Jahre verschiedene Modifikationen und Weiterentwicklungen eingeführt und halte mich deshalb in dieser Beschreibung an die Form, in der ich die Methode heute anwende [2]. In Kapitel 13 werden einige weitere Vorgehensweisen beschrieben, die ich zum Umgang mit Widerständen und Gefühlen selbst hinzugefügt habe.

Die Rückführung nach dieser Methode dauert meistens etwa 4½ Stunden, einschließlich Vorgespräch. Die Zielsetzung besteht darin, die Problematik der Person möglichst im Rahmen *einer* Rückführung zu klären, was oft, aber natürlich nicht immer gelingt. Wir haben es hier natürlich *nicht* auf jahrelange, lebensbegleitende Betreuung von Klienten (wie in manchen anderen therapeutischen Verfahren) abgesehen, nicht einmal auf eine längere Sitzungsreihe. Genügt eine Sitzung nicht, sind vielmehr zwei bis höchstens vier Rückführungen erforderlich, meistens deshalb, weil die Person unbewusst zunächst einiges abblockt und es nur »portionsweise« herauslässt. Es müssen in solchen Fällen sozusagen »Schichten« abgetragen werden, bis die Person den Zugang zum eigentlichen Kern des Problems öffnet. Sollte die Befreiung dann immer noch nicht erreicht sein, rate ich dem Klienten, einen anderen Weg zu suchen.

Man hört von Rückführenden, die von vornherein zehn oder zwanzig Sitzungen mit dem Klienten vereinbaren wollen. Dies kann in manchen Fällen lediglich ein – für den Therapeuten profitabler – Unfug sein, kann aber auch methodisch bedingt und durch (zu) kurze Rückführungssitzungen begründet sein.

Vorgespräch

Vor jeder Rückführung führe ich zunächst ein Gespräch über die Problematik des Klienten. Ich möchte wissen, wie und in welchen Situationen das Problem auftritt, wann es angefangen hat und ob es in Verbindung mit einem bestimmten Ereignis steht. Dann frage ich auch danach, was mein Gegenüber fühlt, wenn er sich mit seiner Problematik konfrontiert sieht. Diese Gefühle können manchmal den Einstieg erleichtern. Ich bekomme dabei häufig einen Eindruck davon, wie der Klient mit seinen Gefühlen umgeht: Verdrängt er sie eher, oder ist er sich ihrer bewusst?

Auf die Frage: »Was fühlen Sie dann?« antworten viele mit Beschreibungen und Erklärungen statt mit der Darstellung tatsächlicher Gefühle. Ich frage zum Beispiel eine Frau: »Was fühlen Sie, wenn Ihr Freund dominant mit Ihnen umgeht?«

Darauf antwortet sie: »Ich fühle, dass ich mich nicht wehren kann.«

Das ist genau genommen kein Gefühl, nur eine Feststellung. Diese Frau tendiert vermutlich dazu, ihre Emotionen zurückzuhalten oder sogar zu unterdrücken. Wenn sie dagegen zur Antwort gibt: »Ich werde wütend«, oder »Ich werde traurig«, oder »Ich fühle mich hilflos und ohnmächtig«, dann bedeutet dies für mich, dass sie sich ihrer Gefühle eher bewusst ist. Dies gilt erst recht, wenn sie sogar differenziert antwortet, zum Beispiel: »Ich werde traurig, weil er so ist, und wütend auf mich selbst, weil ich mich nicht wehre.« Auf die Frage: »Wie fühlen Sie sich dann?« antworten einige »Nicht gut« oder einfach: »Schlecht«. Diese Antwort ist ungenau (vielleicht auch eher ausweichend) und genügt nicht. Ich will wissen, ob es Trauer oder Wut ist, ob Verzweiflung, Angst, Resignation oder schlechtes Gewissen.

Im Vorgespräch frage ich auch nach der Kindheit des Klienten. Es ist dabei nicht so wichtig, wo er als Kind lebte, wie viele Geschwister er hatte und welchen Beruf der Vater ausübte, auch wenn manche ihre Erzählung damit einleiten. Das kann dann auch mit einer gewissen Distanz den eigenen Gefühlen gegenüber zu tun haben. Wichtig ist mir, wie sich der Mensch als Kind *fühlte* und wie die *Beziehung* zu Mutter und Vater war – natürlich auch zu Geschwistern und Großeltern (wenn diese im selben Haushalt lebten oder zumindest zeitweise für das Kind sorgten).

Ich möchte wissen, ob es Konflikte gab, ob die Eltern liebevoll und zärtlich waren oder ob sie Gefühle gar nicht zeigen konnten. Vielleicht waren sie auch streng und autoritär. Vielleicht kam es zu physischer Gewalt. Vielleicht ließ man das Kind spüren, dass es unerwünscht war. Manche Ratsuchende erinnern sich schlecht oder fast gar nicht mehr an ihre Kindheit. Allein schon diese Tatsache lässt vermuten, dass etwas verdrängt wird.

Das heute in Medien und Öffentlichkeit viel diskutierte Thema des »sexuellen Missbrauchs« an Kindern ist ebenfalls zu beachten. Ist so etwas nur ein- oder zweimal vorgekommen, wird es vom Opfer häufig restlos verdrängt. Was dann bleibt, ist ein allgemeines negatives Gefühl für die Person, um die es geht, ein Gefühl, dessen Herkunft man sich oft gar nicht so recht erklären kann. (In manchen Fällen tritt stattdessen auch eine Art von kompensatorischer, unrealistischer Verehrung des Täters auf.)

Wenn der Therapeut auf so etwas stößt, sollte er die *Möglichkeit* eines Missbrauchs auf jeden Fall in Erwägung ziehen (natürlich ohne es der Klientin zu sagen). Meist sind es Mädchen, die sexuell missbraucht oder belästigt werden. Sie haben dann als Erwachsene oft Probleme mit Partnern oder mit Männern überhaupt, besonders im sexuellen Bereich. (Konkret kann sich das als Misstrauen, Angst, Ekel oder Ablehnung äußern.) Wir dürfen aber nicht vergessen, dass auch Jungen sexuell missbraucht oder belästigt werden können – und zwar nicht nur von einem Mann, sondern auch von der Mutter oder zum Beispiel einer älteren Schwester [3]. Der Mann, der so etwas erlebt und wahrscheinlich verdrängt hat, hat im Erwachsenenleben oft schwer wiegende sexuelle Probleme.

Die Umstände der Geburt können für den Therapeuten ebenfalls wichtig sein, sofern sie bekannt sind. Traten in ihrem Verlauf Komplikationen auf, erfolgte sie zu früh oder zu spät? War das Kind möglicherweise hinterher krank oder besonders pflegebedürftig? Hatte man einen Jungen herbeigesehnt, und es wurde dann ein Mädchen? War die Mutter zum Zeitpunkt der Geburt verheiratet oder mit dem Kind allein? Haben die Eltern deswegen heiraten »müssen«?

Besondere Ereignisse während der Schwangerschaft sind dem Klienten meistens unbekannt, und manche Traumata werden von den Eltern grundsätzlich eher verschwiegen, zum Beispiel misslungene Abtreibungsversuche, die eine große seelische Nachwirkung haben. Solche Möglichkeiten sind dann eher in der Rückführung selbst zu klären.

Im Vorgespräch schreibe ich die meisten Angaben auf, die mir wichtig erscheinen, um während der Rückführung wieder nachsehen zu können.

Vorbereitung

Es benötigt wenig Vorbereitung, um mit der Rückführung beginnen zu können. Wichtig ist nur, dass der Klient vorher zur Toilette geht, sodass nach Möglichkeit kein Harndrang während der Sitzung auftritt. Der Rückführende selbst sollte auch zur Toilette gehen, sodass er den Klienten nicht unnötig verlassen muss.

Trägt die Person Kontaktlinsen, ist es wichtig, diese vorher herauszunehmen. Sie werden sonst nach einer Weile leicht als irritierende Fremdkörper empfunden. Schuhe, Brille und schweren Schmuck legt man ab. Leichterer Schmuck kann am Körper bleiben. Hat die Person ein Hörgerät, kann es notwendig sein, dieses in Betrieb zu halten. In manchen Fällen genügt es aber auch, laut zu sprechen oder die Person über Kopfhörer die zeitgleich aufgenommene Bandaufnahme der Rückführung mithören zu lassen (sodass sie über die Mikrophone mithört). Eng sitzende Kleidungsstücke sind zu lockern, sodass keine Druckempfindungen vom eigentlichen Geschehen ablenken können.

Die Person legt sich dann auf eine Liege, eine Matratze oder in einen Liegestuhl. Die normale Lage ist die Rückenlage, eventuell mit einer Knierolle (was besonders bei Lendenwirbelbeschwerden zur Entlastung hilfreich ist). Hat jemand Schwierigkeiten mit dem Rücken, kann er natürlich auf der Seite liegen. Das Zimmer wird verdunkelt; es darf aber durchaus eine Kerze in einer Ecke brennen.

Ist es nicht möglich, ausreichend abzudunkeln, so legt man ein dunkles Tuch über die Augen oder setzt der Person eine Schlafmaske auf, wie sie zum Beispiel bei längeren Flugreisen oft verwendet wird. Zu viel äußeres Licht kann sonst die inneren Bilder undeutlicher werden lassen, da es durch die Augenlider dringt und das innerlich Gesehene überlagert. Es gibt zwar Menschen, die in hellen Räumen und sogar mit offenen Augen innere Bilder erleben, aber sie sind eher die Ausnahmen.

Ist das Zimmer nicht gut geheizt, legen wir eine Wolldecke über die Person, da sie wegen der leichten Bewusstseinsveränderung während der Rückführung temperaturempfindlicher als sonst sein wird.

Um im dunklen Raum meine Notizen lesen zu können – manchmal schreibe ich auch etwas auf, das ich später wieder aufgreifen will –, habe ich eine kleine Taschenlampe zur Hand.

Beruhigende Musik darf gerne den Einstieg begleiten. Ich drehe sie in dem Fall langsam leiser und schalte sie aus, wenn die erste Szene aus der Vergangenheit auftaucht, da die Musik meistens nicht gut zum Erlebnis passen dürfte. Es gibt viele geeignete CDs oder Musikkassetten. Früher verwendete ich gerne *Deep Enchantment* von David Sun (frühere Version ohne Gesang) oder *Angel Love* von Aeoliah. Heute tue ich es allerdings ohne Begleitmusik.

Es gibt Menschen, die diese Musik als ablenkend empfinden, dann stelle ich sie wieder ab. Es scheint mir, dass die Person in solchen Fällen oft mehr oder weniger unbewusst nicht bereit ist, sich ganz gehen zu lassen. Sie möchte dann noch gerne einen Rückhalt in ihrem Verstand behalten (sodass dieser eventuell doch etwas »filtern« kann). Einige andere möchten die Musik die ganze Zeit über haben, was ich natürlich gern zulasse.

Es ist gut, immer ein Päckchen Papiertaschentücher (mentholfrei!) zur Hand zu haben, da nicht selten Tränen fließen.

Der Rückführende selbst mag, wenn er will, sich innerlich affirmieren, im Licht oder in Christi Liebe mit dem Klienten zusammen zu sein, oder sich innerlich mit Christus verbinden – zum Beispiel im Gedanken daran, dass, wo zwei oder drei Menschen in Seinem Namen zusammen sind, auch Er unter ihnen weilt (Mt 18,20) – bei anderer Glaubensrichtung des Therapeuten natürlich entsprechend.

Tonbandaufnahme

Wir nehmen die Rückführung immer auf Kassetten auf. Dafür lasse ich den Klienten drei normale 90er- (oder 100er-) Kassetten mitbringen. In einer typischen Rückführung brauchen wir auf jeden Fall zwei davon und meistens auch einen Teil der dritten Kassette. Ein kleines »Diktiergerät« für Normalkassetten genügt (Musikqualität ist überflüssig, Mikrokassetten sind vielleicht für den Klienten unbrauchbar). 120er-Kassetten sind empfindlicher und führen leichter zu »Bandsalat«, falls der Klient sie später mit einem einfachen Gerät abhört. Die moderneren Aufnahmegeräte, die Mini-CDs bespielen, setzen natürlich voraus, dass der Klient auch ein solches (kompatibles) Gerät besitzt (weitere technische Hinweise [4]).

Ich beginne mit der Aufnahme an dem Punkt, wo die Person in eine Szene der Vergangenheit gelangt, oder auch dort, wo sie in den Aufzug steigt (Erklärung folgt weiter unten). Die ganze Einstiegsphase mit aufzunehmen, würde unnötigen Platz auf dem Band verbrauchen, der für anderes wichtiger ist. Der Sinn der Aufnahme ist ein zweifacher: Unmittelbar nach der Rückführung wird sich die Person an das Erlebnis erinnern, ein halbes Jahr später dagegen wahrscheinlich nicht mehr so deutlich. Sie kann dann, wenn sie es will, mithilfe der Kassetten darauf zurückgreifen. Noch wichtiger ist der zweite Grund: Der Klient kann die Rückführung später sogar eigenständig wiederholen. Legt er sich in den nächsten Tagen in einem dunklen Raum bequem hin und lässt die Kassetten laufen, so kommen die beim ersten Mal erlebten inneren Bilder wieder hoch. Die Arbeit des Therapeuten kann so wirkungsvoll ergänzt werden. Es können weitere Einzelheiten hinzukommen oder Zusammenhänge noch klarer werden.

Gefühle, die in der Rückführung losgelassen wurden, kommen jedoch nicht wieder, sie sind aufgelöst. Wenn man dies bei einer späteren Wiederholung der Aufnahme feststellen kann, so ist es eine erfreuliche Bestätigung dafür, dass die Rückführung effektiv gewesen ist. Es kann dann höchstens noch ein Gefühlsrest auftauchen. Diesen kann man dann ebenfalls loslassen.

Sollte aus irgendeinem Grund nicht die Möglichkeit bestehen, die Sitzung aufzunehmen, sollte die Person kurz danach (möglichst noch am gleichen Tag) alles aufschreiben, was ihr im Gedächtnis geblieben ist – zumindest stichwortartig.

Es ist sehr ungewöhnlich, wenn jemand nach der Rückführung nicht (oder kaum) mehr weiß, was geschehen ist. In solchen Fällen handelt es sich dann meistens um eine (erneute) Verdrängung.

Eine meiner Klientinnen war nach der Rückführung enttäuscht, weil angeblich »nichts Wichtiges gekommen« sei. Sie schrieb mir daraufhin auch einen kritischen Brief.

Ein halbes Jahr später jedoch kam ein langer Brief, in dem sie sich entschuldigte. Sie hatte erst jetzt die Kassetten angehört, und es wurde ihr bewusst, dass sie alles gleich wieder verdrängt hatte. In Wirklichkeit war sehr wohl etwas Wichtiges gekommen.

Vororientierung

Sobald die Person bequem liegt, gebe ich ihr zuerst eine Zusammenfassung davon, was wir tun werden [5]. (Dies erübrigt sich natürlich, wenn sie schon eine Rückführung auf diese Weise erlebt hat.)

»Wir werden in Ihre inneren Bilder hineingehen. Dazu beginnen wir mit tiefem Atmen. Dann werden Sie sich Schalter auf dem Körper vorstellen, so ähnlich wie elektrische Schalter. Der Grund dafür ist, dass das unbewusste Ich Bilder und Symbole besser versteht als Worte. Deshalb verwenden wir Symbole als Signale für das unbewusste Ich, um ihm zu sagen, dass es den Körper ruhig stellen soll. Wir leben ja heute in einer sehr technischen Welt und verwenden seit der Kindheit jeden Tag Schalter. Deshalb weiß Ihr unbewusstes Ich sehr gut, was es bedeutet, einen Schalter zu betätigen. Aus diesem Grund hat man für diese Technik einen Schalter als vertrautes Symbol gewählt. Wir gehen also durch den Körper und schalten an verschiedenen Stellen vorgestellte Schalter aus. Dann gehen wir zu den Füßen hinunter, um danach noch einmal durch die Reihe der Schalter nach oben zu gehen und sie auf dem Weg zu überprüfen. Es kann nämlich vorkommen, dass es sich irgendwo so anfühlt, als ob der Schalter doch nicht aus wäre (oder sich von selbst wieder eingeschaltet hätte), und dann kann man ihn noch einmal ausschalten.«

»Wenn dann alle Schalter ausgeschaltet und überprüft sind, lassen wir das Bild von einem Aufzug kommen. Wir wollen dann nämlich auf eine andere Ebene in Ihrem unbewussten Ich gehen symbolisch, wie wenn man in einem Haus in ein anderes Stockwerk geht. Ist ein Aufzug da, ist dieser der leichteste Weg dorthin. Der Vorteil des Aufzuges ist, dass Sie nichts anderes tun müssen, als einen Knopf zu drücken, dann kommt der Rest von selbst. Es muss aber nicht unbedingt ein Aufzug sein; es kann auch eine Treppe oder etwas anderes kommen. Wir nehmen es so, wie es von selbst kommen will. Wir lassen uns auf dem Weg von Ihrem Höheren Selbst führen: Das ist das höchste Geistige von Ihnen; wir können es auch als die höchste Instanz in Ihrem unbewussten Ich betrachten. Dann werden wir sehen, was auf Ihrem Stockwerk ist.«

»Sie gelangen dort zu einer Situation in Ihrer Vergangenheit. Es kann zuerst eine Szene aus Ihrer Kindheit kommen, und dann ist es meistens etwas, was man heute nicht mehr weiß. Denn wenn da etwas war, von dem Sie nachher die Erinnerung verdrängt haben, dann ist das besonders wichtig. Wenn wir etwas verdrängen, werden wir nicht frei davon. Es wird nur irgendwo im unbewussten

Ich versteckt, und aus jenem Versteck heraus hat es dann nur umso mehr Einfluss in unseren Gefühlen und Reaktionen und manipuliert uns allzu leicht, ohne dass wir es merken.«

»Oft geht es aber auch direkt in ein früheres Leben zurück. Dann gehen wir durch die wichtigen Situationen in jenem Leben hindurch, bis zuletzt als Abschluss das Todeserlebnis kommt. Wenn Sie dies alles erlebt haben, können Sie auf den Ablauf jenes Lebens zurückblicken.«

»Wenn dies so weit fertig ist, gehen wir zu Ihrem Helfer. Dieser ist Ihr eigenes unbewusstes Ich, das sich vor Ihnen sichtbar macht, sodass Sie leichter mit ihm sprechen können. Die Gestalt, in der sich Ihr unbewusstes Ich zeigt, nennen wir hier den Helfer. Diese ist meistens eine menschliche Gestalt, die männlich oder weiblich oder selten einmal auch geschlechtslos sein kann; es kann sogar ein Kind sein, was aber weniger oft vorkommt. Der Helfer kann auch eine Lichtgestalt haben oder einfach ein Lichtschein ohne Gestalt sein. Eine Tiergestalt ist möglich, aber ungewöhnlich. Man sieht vielleicht auch einen Baum, mit dem man sprechen kann, oder etwas, das noch mehr abstrakt oder symbolisch ist. Das Übliche ist also eine menschliche Gestalt, eine Lichtgestalt oder ein Lichtschein. Wir werden dann mit dem Helfer über Ihre Problematik sprechen, darüber, wie sie mit Erlebnissen in der Vergangenheit zusammenhängt und wie Sie sich von den Nachwirkungen solcher vergangener Erlebnisse lösen können. Haben Sie Fragen dazu?«

Die meisten Klienten haben keine Fragen, und ich fahre dann fort: »Es ist wichtig, dass Sie alles so annehmen, wie es von selbst kommt. Manchmal will unser Intellekt im Kopf allzu viel eingreifen und kontrollieren. Er möchte dann gewisse Sachen, die kommen wollen, vielleicht lieber nicht zulassen. Genau diese sind aber meistens am wichtigsten. Was wir am wenigsten gerne sehen wollen, ist oft der wichtigste Schlüssel zur Lösung unseres Problems. Wäre es einfacher, so wäre wohl das Problem schon längst gelöst … Der Intellekt ist vergleichbar mit Wellen auf der Oberfläche eines Teichs, die verhindern, dass wir in dessen Tiefe schauen können. Es kommt auch vor, dass der Kopf die auftauchenden Bilder erst überprüfen will, ob sie auch stimmen oder nicht. Das kann er nicht. Es handelt sich ja meistens um etwas, das der Kopf nicht mehr weiß, sondern wir erinnern uns dann nur im unbewussten Ich. Es gibt deshalb nur den einen Weg: Es geschehen zu lassen und zu erleben, was daraus wird. Das heißt, sich dem hinzugeben, was auftaucht, sich in die Situation hineinfallen und vom Geschehen mittragen zu lassen. Auf diese Weise setzt sich das Erlebnis dann von selbst fort.«

»Hinterher, wenn alles vorbei ist, haben Sie beliebig viel Zeit, um alles zu prüfen, zu analysieren und auszuwerten. Das zu tun ist auch richtig, aber eben erst nachher, wenn man alles beisammen hat. Jetzt geht es nur darum, es erst zuzulassen und es zu erleben.«

»Dabei geht es besonders um Gefühle. Wichtig ist es, die Gefühle zuzulassen, die mit jenen vergangenen Situationen verbunden sind. Gefühle, die wir *zurückhalten, behalten* wir auch und tragen sie als seelischen Ballast weiter mit uns herum. Nur Gefühle, die wir kommen lassen und wieder erleben, können wir auch wirklich loslassen. Sonst weiß man ja nicht einmal richtig, *was* man loslassen soll …«

Das tiefe Atmen

»Nun wollen wir anfangen. Sind Sie Rechtshänder?«

»Ja.«

»Dann wollen wir mit dem Ausschalten rechts beginnen. Aber zuerst nehmen Sie jetzt fünf tiefe Atemzüge im folgenden Takt: Atmen Sie so lange ein, bis Sie in Gedanken bis fünf gezählt haben. Halten Sie dann den Atem an, bis Sie bis drei gezählt haben, und atmen Sie aus, während Sie bis fünf zählen. In diesem Takt – fünf-drei-fünf – atmen Sie nun fünfmal tief, und sagen Sie mir Bescheid, wenn Sie fertig sind.«

Wenn die Person Bescheid sagt, folgt dann das »Ausschalten«.

Das »Ausschalten«

»Nun stellen Sie sich vor, dass Sie auf der Oberseite des rechten Fußes [6] einen Schalter haben. Es ist nicht wichtig, wie er aussieht, jede Art von Schalter ist in Ordnung. Sagen Sie Bescheid, wenn Sie ihn dort haben.«

Bei Linkshändern fangen wir lieber auf dem linken Fuß an und machen alles umgekehrt. Der nächste Schritt kommt immer erst, wenn die Person Rückmeldung gegeben hat.

»Sie werden nun diesen Schalter ausschalten, so als ob Sie mit einer unsichtbaren dritten Hand hinunterfassen, um es zu tun. Es ist nicht wichtig, ob Sie danach eine Veränderung im Fuß fühlen oder nicht. Wichtig ist nur, dass der Schalter ausgeschaltet wird und somit in symbolischer Form ein Signal zu Ihrem unbewussten Ich gesandt wird, um ihm zu sagen, dass es den Körper ruhig stellen soll. Es ist auch gut, sich vorzustellen, dass es ›Klick‹ macht, weil wir gewohnt sind, dass alle wirklichen Schalter ›Klick‹ machen. Nun nehmen Sie einen tiefen Atemzug, schalten Sie mit dem Ausatmen aus und sagen Sie, wenn das geschehen ist.«

Mit der Ruhigstellung des Körpers wird hier nicht, wie bei der Hypnose, das Wachbewusstsein eingeschläfert. Es geht nur darum, den *heutigen Körper* derart in einen Ruhezustand zu versetzen, dass er möglichst nicht durch irgendwelche Empfindungen stört oder ablenkt. Die Person soll ihren Körper so erleben, wie sie es in ihrem früheren Leben getan hatte. Nach der Rückmeldung:

»Wir gehen nun zum rechten Knie. Stellen Sie sich auch dort einen Schalter vor, mit einem Atemzug schalten Sie beim Ausatmen aus und sagen Sie dann Bescheid.« (…)*

»Nun das Gleiche an der rechten Hüfte, auf dem Hüftgelenk. Wie immer mit einem tiefen Atemzug.« (…)

»Auf dem linken Fuß.« (…)

»Das linke Knie.« (…)

»Die linke Hüfte.« (…)

»Auf dem rechten Handrücken.« (…)

»Der rechte Ellbogen.« (…)

»Die rechte Schulter, am Gelenk.« (…)

Die richtige Stelle ist also am Gelenk und nicht etwa am Hals, weshalb wir das entsprechend bezeichnen.

»Der linke Handrücken.« (…)

»Der linke Ellbogen.« (…)

»Die linke Schulter.« (…)

»Und nun einmal tief durchatmen.«

Man merkt normalerweise an Atemgeräuschen oder -bewegungen, wenn die Person damit fertig ist. Andern-

* (…) bezeichnet hier eine Pause, in der ich auf die Rückmeldung des Klienten warte.

falls kann man nachhaken: »Sagen Sie, wenn Sie fertig sind.« Manchmal atme ich tief mit; wenn ich fertig bin, wird es der Klient auch sein.

»Nun schalten Sie oben auf dem Kopf aus, auf dem Scheitel, auch diesmal mit einem Atemzug.« (...)

»In der Mitte der Stirn.« (...)

»Auf dem Kehlkopf.« (...)

»Noch einmal tief durchatmen.« (...)

»Dann schalten Sie auf dem Steißbein aus, am untersten Ende der Wirbelsäule.« (...)

»Und am obersten Ende der Wirbelsäule, im Nacken, am Schädelboden.« (...)

Die richtige Stelle im Nacken ist zwischen der Schädelbasis und dem obersten Halswirbel. Die genaue Position ist aber nicht sehr wichtig.

»Wieder einmal tief durchatmen.« (...)

»Lassen Sie nun Ihr Bewusstsein zu den Füßen sinken, so ähnlich, wie wenn Sie an der Oberfläche eines ruhigen Teiches ein Steinchen loslassen und es zu Boden sinkt. Sagen Sie Bescheid, wenn Ihr Bewusstsein bei den Füßen ist.« (...)

Bei dem Stein und dem Teich handelt es sich um ein *Gleichnis*. Man soll sich *nicht vorstellen,* ein Stein in einem Teich zu *sein*.

»Bevor wir weitergehen, können Sie sich erst besser zurechtlegen, wenn Sie das gern möchten.«

Bemerke ich Bewegungen, so warte ich, bis die Person fertig ist.

»Es ist nicht wichtig, ob Sie sich entspannt fühlen oder nicht. Man muss nicht entspannt sein. Es kann vorkommen, dass die Augen anfangen, sich von selbst zu bewegen, sodass man sie nicht gut stillhalten kann. Das macht dann nichts. Die Augen dürfen sich bewegen, wenn sie wollen.

Nun wollen wir die Schalter überprüfen und deshalb wieder durch die Körperteile wandern, so, als ob man in einem leeren Haus von Zimmer zu Zimmer geht und die Schalter an den Wänden prüft. Wie ist es auf dem rechten Fuß? Fühlt es sich an, wie wenn der Schalter dort aus ist, oder möchten Sie noch einmal ausschalten?«

Beim Linkshänder fangen wir auch hier links an. Signalisiert die Person, dass sie noch einmal ausschalten möchte, fahre ich fort: »Dann schalten Sie mit einem Atemzug beim Ausatmen wieder aus und sagen Sie, wenn es gemacht ist.« (…)

»Das rechte Knie?« (…)

»Die rechte Hüfte?« (…)

»Der linke Fuß?« (…)

»Das linke Knie?« (…)

»Die linke Hüfte?« (…)

»Die rechte Hand?« (…)

»Der rechte Ellbogen?« (…)

»Die rechte Schulter?« (…)

»Die linke Hand?« (…)

»Der linke Ellbogen?« (…)

»Die linke Schulter?« (…)

Es geht ohne Durchatmen weiter:

»Oben auf dem Kopf?« (…)

»Auf der Stirn?« (…)

»Auf dem Kehlkopf?« (…)

Wiederum ohne Durchatmen weiter. Nur hier weichen wir von der oben beschriebenen Reihenfolge ab:

»Im Nacken?« (…)

»Und auf dem Steißbein?« (…)

»Nun atmen Sie noch einmal tief durch.«

Aufzugfahren

»Sehen Sie einen Aufzug!?«

Dies ist zwar eine Frage, aber sie darf auch ein bisschen wie eine Aufforderung klingen, das Gewünschte zu sehen. Die meisten antworten mit einem »Ja«.

»Wie sieht er aus?«

Ich bekomme jetzt eine Beschreibung. Es ist mir nicht wichtig, wie der Aufzug aussieht (es sei denn, der Klient hat einen sonderbaren Aufzug), sondern die Frage hat eher einen anderen Zweck: Wenn er aufgefordert wird zu beschreiben, sieht er oft selbst das Bild deutlicher.

»Gehen Sie hin und schauen Sie nach, ob die Aufzugkabine schon da steht oder noch nicht.« (…)

Sie steht meistens schon da, sonst: »Dann drücken Sie die Ruftaste, und sagen Sie, wenn die Kabine kommt.« (…)

»Steigen Sie in die Kabine hinein und drehen Sie sich zur Tür. Sagen Sie, wenn Sie darin stehen.« (…)

»Nun sehen Sie darin die Druckknöpfe für die Stockwerke, nicht wahr?« Fast alle sehen Knöpfe.

»Schauen Sie nach, welches Stockwerk das höchste ist, zu dem Sie kommen können. Was steht auf dem obersten Knopf?« Die meisten sehen das. Ist die Zahl für die Person nur undeutlich zu erkennen, fordere ich sie auf: »Dann schätzen Sie, wie viele Knöpfe ungefähr da sind. Es muss nicht genau sein …«

»Nun wenden Sie sich innerlich zu Ihrem Höheren Selbst, zur höchsten Instanz in Ihrem unbewussten Ich, und fragen Sie es, zu welchem Stockwerk Sie fahren sollen, um dort zu einem Erlebnis in der Vergangenheit zurückzukehren, das mit Ihrer Problematik zu tun hat. Sagen Sie mir die erste Zahl, die Ihnen kommt.«

Wenn es nicht um die Klärung einer bestimmten Problematik geht, wandle ich meinen Satz zum Beispiel folgendermaßen ab: »… um zu einem wichtigen Erlebnis in der Vergangenheit zurückzukehren …« oder: »… um zu einem früheren Leben zurückzukehren …«, eventuell auch: »… zu einem wichtigen Erlebnis in Ihrer Kindheit …«

Die Person nennt dann eine Zahl, zum Beispiel »fünf«.

»Dann drücken Sie diesen Knopf, und sagen Sie, wenn Sie dort sind.«

Und wenn sie dort ist: »Bleiben Sie noch in der Kabine, öffnen Sie nur die Tür und schauen Sie hinaus. Was sehen Sie da draußen?«

Soweit die Beschreibung der Einstiegsphase. In den späteren Kapiteln folgen Erklärungen zu der Frage, weshalb wir das auf diese Weise machen. (Erste Erklärungen hierzu wurden bereits im Abschnitt »Vororientierung« gegeben.) Ich behandle dann auch mögliche Hindernisse oder Schwierigkeiten auf diesem Weg an und verrate, wie wir damit umgehen.

Zusammenfassung

- Fünfmal **tief atmen** und **zählen:** ein 1 … 5 – anhalten 1 … 3 – aus 1 … 5.
- Vorgestellten Schalter jeweils mit einem tiefen Atemzug *ausatmend* **ausschalten** an: rechtem Fuß, rechtem Knie, rechter Hüfte, linkem Fuß, linkem Knie, linker Hüfte, rechtem Handrücken, rechtem Ellbogen, rechter Schulter, linkem Handrücken, linkem Ellbogen, linker Schulter.

- **Tief durchatmen,** dann weiter **ausschalten** an: dem Scheitel, der Mitte der Stirn, dem Kehlkopf. Wieder tief **durchatmen,** dann **ausschalten** an: dem Steißbein, dem Nacken (in der Nackengrube an der Schädelbasis).
- Tief **durchatmen**, das **Bewusstsein zu den Füßen sinken lassen**.
- Sich besser zurechtlegen, wenn nötig. Wir erklären, dass man nicht entspannt sein muss und dass Augenbewegungen in Ordnung sind, falls sie auftreten.
- **Schalter überprüfen.** Bei Bedarf wieder mit einem Atemzug ausschalten. Reihenfolge wie vorher, außer bei den letzten beiden Stationen: nach dem Kehlkopf der Nacken und zuletzt das Steißbein.
- Dieses Mal **kein Durchatmen** zwischen den Schaltergruppen.
- Nach der Überprüfung noch einmal **tief durchatmen**.
- **Wird ein Aufzug gesehen?** Wie sieht er aus? Einsteigen, umdrehen, Knöpfe sehen. Welches ist das höchste Stockwerk? Höheres Selbst nach Zielstockwerk fragen. **Hinfahren.** Hinausschauen und beschreiben, was dort zu sehen ist. (Also nicht gleich unvorbereitet aussteigen.)

Allgemeine Hinweise

Wir sprechen nicht mit einer »hypnotischen« oder etwa »magisch klingenden« Stimme, sondern normal, aber ruhig und deutlich. Es kann sein, dass die Person (weil sie es durch andere Techniken so gewohnt ist) nicht spricht, wenn der jeweilige Schritt erfolgt oder sie fertig ist, sondern ein Zeichen mit der Hand oder einem Finger macht.

Wir sprechen nie von »Entspannung«, (außer wenn wir sagen, dass man *nicht* entspannt sein muss). Es ist natürlich erwünscht, dass die Person entspannt ist, aber sie *muss* es tatsächlich nicht sein. Sprechen wir von »Entspannung« und sie kann dies gar nicht nachempfinden, könnte das kontraproduktiv wirken. Schlafsuggestionen kommen hier selbstverständlich nicht vor.

Es ist außerordentlich selten, dass sich jemand übergeben muss. Um aber dafür vorbereitet zu sein, sollte ein Eimer oder eine Wanne schnell aus irgendeinem Nebenraum geholt werden können.

Wir berühren die Person während der Rückführung nicht, ohne es ihr vorher anzukündigen, denn sie könnte sonst erschrecken. Muss ich zum Beispiel das Mikrophon justieren, sage ich vorher Bescheid. In seltenen Fällen mag der Therapeut das Gefühl haben, es wäre hilfreich, der Person die Hand zu halten. In so einem Fall fragen wir aber erst, ob sie das möchte. Dass sie selbst darum bittet, ist möglich, aber sehr ungewöhnlich.

Es ist förderlich, wenn wir den Klang unserer Stimme immer ein wenig an den Charakter des Erlebnisses anpassen, das der Klient gerade durchläuft. Ist die Situation schmerzlich, wird sich unser Mitgefühl sicher in natürlicher Weise in der Stimme ausdrücken. Erlebt die Person ein Gefühl von Wut, können wir gern auch mit einer etwas aufgeregten Stimme sprechen, um mit diesem Zorn ein wenig mitzugehen.

Wir versuchen bei allem, uns so weit wie möglich von unserer Intuition leiten zu lassen. In die Situation des Klienten geben wir uns mit hinein, aber nicht so weit, dass wir uns von seinen Gefühlen mitreißen lassen! Es gibt Therapeuten, die beim Zurückführen mehr oder weniger

»mitschauen« können. (Ich selbst konnte das bisher nicht, ahne jedoch manchmal, was kommen wird.) Dies ist besonders dann hilfreich, wenn man sogar schon Dinge zu sehen vermag, die der Klient selbst noch nicht sehen will.

Meistens ist es ungünstig, wenn bei Sitzungen eine Drittperson zuhört. Es können sehr persönliche und sogar intime Dinge ans Tageslicht kommen. Dann könnte sich der Klient leicht durch die Anwesenheit einer bekannten Person gehemmt fühlen. Man spricht über manche Dinge oft leichter mit dem neutralen Rückführenden, mit dem man über den Rahmen der Therapie hinaus nichts zu tun hat und dessen »Job« es ja ist, sich derartige persönliche Geschichten anzuhören.

Ich selbst halte gerne einen gewissen Abstand zu der Person (besonders bei einer Frau), sodass unsere Auren einigermaßen getrennt sind und sich nicht durchdringen (was natürlich bei einem eventuellen Händehalten nicht mehr geht).

Es ist viel über sexuelle Beziehungen zwischen Therapeut und Klientin geschrieben worden (sehr selten über solche Beziehungen zwischen Therapeutin und Klient, aber auch das wird vorkommen). Dabei geht die Initiative auf unbewusster Ebene oft von der Klientin oder dem Klienten selbst aus. Es ist wichtig, in solchen Fällen auf Distanz zu gehen; das Privatleben ist selbstverständlich von jeder Therapie sorgfältig zu trennen. Den genannten Abstand um die Auren getrennt zu halten hat den Zweck, ein Stück weit solchen Möglichkeiten vorzubeugen.

Literatur und Anmerkungen

1. Jameison, Bryan: *Explore your past lives,* Astro-Analytics Publications, Van Nuys CA, 1976 (unautorisierte dänische Übersetzung: *Lær dine tidligere liv at kende,* Strubes, København, 1981).
2. Die ursprüngliche Technik Jameisons war etwas einfacher [1] (u.a. kein tiefes Atmen für das Ausschalten, und die Überprüfung der Schalter wurde der Person selbst überlassen). Jameison hat seither die Technik in anderer Weise weitgehend verändert und verbessert: Jameison, Bryan: *The Jameison Method of Non-Hypnotic Past-Life Regression Therapy. Facilitator Training Manual,* Driftwood Publications, San Diego CA, 2000.
3. Ich hatte selbst vier Fälle dieser Art. Nach Information der Radiosendung *Input* (Radio DRS 3, Schweiz, vom 30.1.1994) werden 1 % der Söhne von den Müttern im Kindesalter sexuell missbraucht, wobei die Dunkelziffer viel höher liegen soll.
4. Es ist vorteilhaft, statt ein im Gerät eingebautes Mikrophon zwei Ansteckmikrophone (Kostenpunkt in der Größenordnung von je € 25.–) zu verwenden. Das eine wird an die Kleidung des Klienten (oder auf sein Kopfkissen) geklemmt, das andere nimmt die Stimme des Rückführenden auf. Hat das Aufnahmegerät nicht getrennte Mikrophonanschlüsse für den rechten bzw. linken Stereokanal, muss man die Mikrophone über ein Verteilungskabel anschließen, das einen Stereostecker (Klinkenstecker) und zwei Monosteckbuchsen hat und damit diesen jeweils getrennten Anschluss ermöglicht. Erfahrungsgemäß wissen Verkäufer oft erstaunlich wenig Bescheid und wollen ein Kabel für *Parallel*anschluss verkaufen, das *nicht* geeignet ist! Ein solches Kabel hat einen Stereostecker und zwei parallel geschaltete Stereosteckbuchsen. Damit wird von beiden Mikrophonen parallel nur auf den *einen* Kanal aufgenommen und der andere bleibt leer! Die Mikrophonanschlüsse eines Kabels mit Kanaltrennung haben zur Kennzeichnung *verschiedene Farben* (oder möglicherweise eine

Kennzeichnung R = rechts bzw. L = links auf den Steckbuchsen). Das Parallelkabel hat Anschlüsse in der *gleichen* Farbe und ohne Kennzeichnung. Der richtige Kabeltyp ist schwer zu finden, und man bittet dann lieber einen Bekannten, der mit einem Lötkolben umgehen kann – sofern man es nicht selbst kann –, ein solches Kabelstück zu basteln.

Es ist mir von einer Kursteilnehmerin berichtet worden, dass ihr ein Verkäufer ein Luxusmikrophon zu etwa € 200.– andrehen wollte, das hierfür reichlich übertrieben ist. Vielleicht wusste der Verkäufer wirklich gar nicht Bescheid, oder er wollte die Situation schamlos ausnutzen …

5. Ich schreibe hier in der Sie-Form. Manche Rückführenden halten das Duzen für vorteilhaft, und mir ist es auch angenehmer, aber dem Klienten vielleicht nicht. Dies muss jeder Rückführende für sich selbst entscheiden. Die Vororientierung ist hier in einer ausführlichen Version wiedergegeben. Meistens fasse ich mich ein wenig kürzer. Die hier gewählte Formulierung ist ein Vorschlag; jeder Rückführende wird sich in eigenen Worten ausdrücken. Die Wiederholung macht hier Sinn, da sie einprägsam wirkt.

6. Im österreichischen Sprachgebrauch versteht man unter »Fuß« manchmal das ganze Bein, und es ist dann besser, das österreichische Wort »Fuß-Rist« zu verwenden. »Rist« bedeutet Fuß- und Handrücken. Außerdem habe ich bemerkt, dass einige wenige Personen Fußrücken und Fußsohle verwechseln, sodass ich lieber von der Oberseite des Fußes spreche.

6 | Die Vergangenheit erleben

Die Person ist nun auf ihrem Stockwerk angekommen und beschreibt, was draußen zu sehen ist. Es gibt viele verschiedene Möglichkeiten für das, was vor dem Aufzug sein kann. Das meiste davon (und die Art und Weise, wie jeweils damit umzugehen ist) wird noch in Kapitel 11 behandelt. Befassen wir uns hier zunächst mit einem Beispiel:

»Ich sehe einen Flur.«

»Dann steigen Sie dort hinaus, und sagen Sie, wenn Sie vor dem Aufzug stehen.« (…)

»Was sehen Sie in diesem Flur, wenn Sie umherschauen?«

»Ich sehe einen Gang.«

»Dann gehen Sie bitte zum Ende des Gangs, und sagen Sie Bescheid, wenn Sie dort sind oder auch, falls Ihnen unterwegs etwas auffallen sollte.« (…)

»Ich bin jetzt dort.«

»Was gibt es da am Ende des Gangs?«

»Ich sehe eine Pforte.«

»Machen Sie sie auf, und erzählen Sie mir, was Sie sehen, wenn Sie hindurchschauen.«

»Eine Landschaft mit ein paar Häusern und einer Kutsche.«

»Gehen Sie durch die Pforte, und sagen Sie, wenn Sie in der Landschaft sind.«

»Ich bin dort.«

»Was sehen Sie um sich herum?«

Ich bekomme eine kurze Beschreibung geliefert.

Nun folgt ein wichtiger Schritt: Erlebt sich die Person in einem Körper oder nicht? Um dies indirekt festzustellen, frage ich:

»Schauen Sie nun auf den Boden, wo Sie stehen. Sehen Sie Ihre Füße?«

»Ja.«

»Haben Sie Schuhe an oder sind Sie barfuß?«

»Ich trage Schuhe.«

»Wie sehen sie aus?«

»Abgenutzte Lederschuhe.«

»Dann atmen Sie tief durch, fühlen Sie sich in diesen Körper ein und seien Sie nun diese Person!«

Sieht die Person keine Füße, kann dies daher kommen, dass diese unter einem langen Rock nicht zu sehen oder unter einer Bank oder einem Tisch verborgen sind. Ich frage in diesem Fall: »Sehen Sie dann Ihre Hände (oder Kleider)?«

Wir nehmen hier einmal an, dass sie sich in einem Körper erlebt (was andernfalls zu tun ist, folgt später). Wie sieht die Person aus? Was für Kleider trägt sie? Gegebenenfalls fragen wir auch nach der Hautfarbe. Wie alt könnte sie ungefähr sein? Aus der Beschreibung – zum Beispiel der Kleider – können wir meistens ableiten, ob sie sich als Frau oder als Mann erlebt. Sonst fragen wir danach.

Die Person erlebt sich als Mann. Wir fordern sie hier zu einer Beschreibung der Situation mit allen Sinnesempfindungen auf, die sich dazu anbieten. Zuerst fragen wir danach, was er (der Mann, der sie jetzt ist) sieht, aber auch: »Wie fühlt sich die Luft an?« Ist sie warm oder kühl, feucht oder trocken?

Die Person sagt, dass es warm sei und die Sonne scheine. Ich frage, ob sie die Wärme der Sonne fühlen kann. Sie fühlt sie. Je nachdem, was in dieser ersten Szene vorkommt, gibt es vielleicht auch etwas zu hören oder gar zu riechen. Sollte sie gerade etwas essen (was natürlich in der ersten Szene nicht sehr wahrscheinlich ist), frage ich, wie es schmeckt. Es geht darum, hier möglichst alle Sinneswahrnehmungen zu aktivieren, sodass die Person die Szene möglichst lebendig erlebt.

Ich will nun wissen, was der Mann (der sie in jenem Leben ist) an diesem Ort tut. Es gibt dort eine »Saloon Bar« wie im amerikanischen Westen. Er geht hinein und bestellt einen Whiskey. »Wie schmeckt er? (…) Was tun Sie, wenn Sie ausgetrunken haben?«

Ich spreche mit der Person immer, als sei sie dieser Mann; sie *ist* es ja auch in diesem Moment, und wir wollen sie darin bestärken, dass sie sich als *ihn* erlebt. Wir fragen deshalb zum Beispiel auch nie etwa: »Was tut *er* jetzt?« Auch sprechen wir immer in der Gegenwartsform – für ihn ist es *jetzt* – und nicht so, als ob wir uns auf die Vergangenheit beziehen.

Der Mann trinkt aus und verlässt die Bar. Da ruft ein Betrunkener ihm Schimpfwörter nach. »Was fühlen Sie dann?«

Immer wenn mit einem stärkeren Gefühl zu rechnen ist, fragen wir danach. Nicht nur, um zu erfahren, von welcher Art sein Gefühl ist, sondern auch, um ihn selbst auf dieses Gefühl aufmerksam zu machen, damit es sich in ihm entwickeln kann. Es geht dabei meistens um Gefühle seelischen Ursprungs, aber auch die körperlichen können wichtig sein.

Er wird wütend, und die beiden fangen an, sich zu schlagen. Wie geht es weiter? Er schlägt zu, und der andere bleibt bewegungslos auf dem Boden liegen und scheint im Fall den Kopf angeschlagen zu haben. Nun bekommt er es mit der Angst zu tun: Hoffentlich lebt der Mann noch! Hoffentlich ist er nicht zu weit gegangen und hat zu fest zugeschlagen! Und was geschieht nun? Zwei Männer erscheinen und ergreifen ihn ziemlich brutal. Im umstehenden »Volk« macht sich Empörung breit. Es riecht nach Lynchjustiz. Endlich ist in dem sonst so langweiligen Dorf etwas los. Die Leute wollen etwas erleben, und unser »Cowboy« wird gleich zum Galgen geführt. Nun wird es dramatisch, und die Gefühle unseres »Hauptdarstellers« werden umso wichtiger. Was fühlt er? Es ist nackte Angst, Panik. Man bindet ihm die Hände hinter den Rücken und stellt ihn unter den Galgen. Die Panik steigert sich weiter. Das Seil wird ihm um den Hals gelegt. Er hätte am liebsten seine Angst herausgeschrien, aber es gelingt ihm doch, dies zurückzuhalten. Schließlich will er sich vor dem Pöbel nicht auch noch blamieren. Nun wird er am Hals hochgezogen. Was fühlt er jetzt? Es schmerzt, es sprengt ihm die Brust. Zur Panik kommt eine schreckliche Atemnot hinzu, und dann versinkt er langsam in ein Dunkel (oder gleitet in eine Helligkeit) …

»Gehen Sie durch dieses Erlebnis hindurch, und sagen Sie Bescheid, wenn sie aus dem Körper heraus sind.«

Bald darauf sagt er: »Jetzt.«

Sollte die Antwort nicht ziemlich bald kommen, so will ich es vermeiden, dass er sich möglicherweise unnötig lange mit diesem Erlebnis herumquält. Ich sage deshalb: »Gehen Sie nun direkt dorthin, wo Sie aus dem Körper heraus sind, und sagen Sie, wenn es so ist.«

Dann ist es schnell vorbei. Er hat jenen Körper verlassen und schwebt als körperlose Seele in der Umgebung seines toten Körpers. Nun fühlt er sich wohl und frei. Es gibt keine Panik, keine Schmerzen und keine Atemnot mehr. Er fühlt sich sogar besser, als er sich je gefühlt hatte, als er noch im Körper war.

Nicht selten erscheint die Todesszene beim Wiedererleben einer früheren Inkarnation schon ganz am Anfang. Wir suchen ja meistens ein Trauma, das eine der Ursachen für ein heutiges Problem darstellen könnte. Starke, nachhaltige Traumata hängen oft mit solchen Todeserlebnissen zusammen, da derartige Szenen verständlicherweise für das damalige (körperbezogene) Ich mit den stärksten Gefühlserlebnissen verbunden waren. Wir nehmen an, dass das Problem unseres Klienten ist, dass er Angst davor hat, aggressiv zu werden (weil seine Aggression damals zu seinem Tod führte). Da er aber nichts über die wahre, im Unbewussten gespeicherte Ursache dieser Angst weiß, lässt er seine Mitmenschen mit ihm umspringen, wie sie wollen. Lieber schweigt er, wenn er angegriffen wird, lässt sich wie ein willenloser Hampelmann behandeln und versteht nicht, warum er sich nicht wehrt.

Vielleicht leidet er sogar manchmal unter psychosomatischen Beschwerden im Hals oder am Nacken, zum Beispiel stockt ihm leicht der Atem oder die Stimme, wenn sich jemand ihm gegenüber aggressiv verhält. Wenn er sich nicht wehrt, bekommt er manchmal Nackenschmerzen. Wenn bei der Rückführung die Szene mit dem Galgen auftaucht, ahnen wir schon einen Zusammenhang. Ziel der therapeutischen Intervention ist es hier vor allem, dass alle wesentlichen Gefühle, die mit dieser Situation verknüpft sind, hervorkommen und ausgelebt werden. Wir werden später noch sehen, warum dies so wichtig ist.

Nun ist jenes frühere Leben vorüber, unser »Westernheld« hat seinen Körper verlassen und zuvor vielleicht nur sein »letztes Stündchen« erlebt. Wir wollen jetzt natürlich gerne wissen, was sonst noch in jenem Leben geschah. Dies ist für den therapeutischen Effekt möglicherweise weniger wichtig, wird aber die Person nach der Sitzung gewiss interessieren. Es kann auch sein, dass noch eine oder zwei wichtige Szenen, die in jenem Leben etwas weiter zurückreichen, mit der Problematik des Klienten im aktuellen Leben zu tun haben oder dass sie in irgendeinem Zusammenhang mit der Schlussszene stehen. Um dies zu erfahren, kann es genügen, ihn nun auf jenes Leben als Ganzes zurückschauen zu lassen. Wir lassen ihn den Ablauf in groben Zügen beschreiben, um dann beim »Helfer« nach anderen wichtigen Situationen und nach Zusammenhängen zu fragen. Noch sinnvoller ist es meistens, zur Kindheit jenes »Cowboys« zurückzugehen (oder zu einer wichtigen Situation viel früher in jenem Leben – zum Beispiel wenn er jenen anderen Mann zum ersten Mal sah), um dann vorwärts zu gehen und die weiteren wichtigen Erlebnisse in jenem Leben hervorkommen zu lassen.

»Schauen Sie den Körper an, der da am Seil hängt! Schauen Sie wie durch diesen Körper hindurch auf seine Lebensgeschichte zurück. Schauen Sie in seine Kindheit zurück, und sagen Sie mir, wenn Sie jenen Mann als Jungen sehen.«

Er ist ja nicht mehr im Körper, und in diesem Moment sprechen wir mit ihm nicht als dem Cowboy, sondern als der Seele, die darüber schwebt.

Er sieht daraufhin einen Jungen beim Spielen.

»Gehen Sie auf den Buben zu, in seinen Körper hinein und sagen Sie, wenn Sie darin sind. (…) Atmen Sie tief durch, und fühlen Sie sich in diesen Körper ein.«

Wieder schaut er sich an, beschreibt, wie er aussieht und schätzt, wie alt er ist. Dann beschreibt er die Umgebung und erzählt, was er dort gerade tut oder erlebt. Er spielt allein im Hof. Dann ruft seine Mutter. Er geht ins Haus, wo der Tisch gedeckt ist, und setzt sich hin. »Sitzt da noch jemand?«

»Ja, mein Vater.«

»Was fühlen Sie für ihn?«

»Ein bisschen Angst, er ist streng.«

»Und für die Mutter?«

»Sie ist lieb, hat aber auch Angst vor dem Vater.«

Wenn wir genug Einblick in diese Kindheitssituation gewonnen haben, fordern wir ihn auf: »Nun verlassen wir diese Situation und gehen weiter zum nächsten wichtigen Erlebnis in jenem Leben. Erzählen Sie, was kommt.«

Er ist nun in der Jugend und geht mit einem Mädchen spazieren. Sie halten sich die Hände und küssen sich. Er ist verliebt und erlebt wunderschöne Gefühle.

»Gehen Sie zum nächsten wichtigen Erlebnis.« Nun ist er verzweifelt und empfindet Wut.

»Was ist geschehen?« Das Mädchen hat ihn verlassen und meint, ein anderer könne ihr mehr bieten.

Auf diese Weise gehen wir von einem wichtigen Erlebnis zum nächsten durch das Leben hindurch. Wenn Gefühle zu erwarten sind, fragen wir danach, sodass sie hervorkommen können. Wir geleiten die Person durch das jeweilige Erlebnis mit Fragen wie: »Wie geht es weiter?«, »Was kommt dann?«, »Was kommt als Nächstes?«, »Was tun Sie dann?«, »Was tun dann die anderen?« Außerdem stellen wir konkretere Fragen, die sich direkt auf die jeweilige Situation beziehen.

In wichtigen Situationen können wir auch fragen, wie alt die erlebte Person jeweils ist, vielleicht auch noch danach, wo sie sich gerade befindet und eventuell nach anderen Menschen, mit denen sie dabei zu tun hat. Wir vermeiden jedoch tendenziell Fragen, die zu intellektuellem Nachdenken verleiten könnten. (Zum Beispiel könnte die Frage: »Warum fühlen Sie sich traurig?« unter Umständen den Intellekt anregen. Merken wir, dass der Klient dazu tendiert, ist die Formulierung »*Wie* fühlen Sie sich traurig?« besser [1], die absichtlich so gewählt ist, dass sie dem Verstand unlogisch erscheint; sie führt eher zu den gewünschten Ergebnissen, sprich: zum *Nachfühlen* statt zum Nachdenken. Diese Art zu fragen verwende ich aber selten.)

Sollten wir merken, dass der Klient anfängt, zu sehr »im Kopf zu sein«, dann unterbrechen wir dies besser durch eine weiterleitende Frage.

Irgendwann wenn er aufgefordert wird, zum nächsten wichtigen Erlebnis zu gehen, kommt er wieder zur Situation seines Sterbens. In diesem Beispiel kennen wir sie schon. Es wird ihm nun klar, dass derjenige, der ihm Schimpfwörter zugerufen hat und mit dem er sich schlug, der Mann ist, der das Mädchen von ihm weggenommen hat! Nun verstehen wir erst recht seine Wut.

Wir lassen den Klienten das Sterben noch einmal erleben. Vielleicht hat er die damit verbundenen Gefühle beim ersten Mal noch nicht richtig zugelassen und bekommt nun eine neue Gelegenheit dazu. Ist das Zulassen und Ausleben der Emotionen schon bei diesem ersten Mal einigermaßen befriedigend verlaufen, kommen sie nun wahrscheinlich abgeschwächt wieder. Es kann in so einem Fall sein, dass ihm neue Gefühle bewusst werden, die sich vorher im Hintergrund befanden. Ist die Panik bei der Hinrichtung zum Beispiel weitgehend ausgelebt worden, entdeckt er nun vielleicht noch, dass er Wut auf seine Henker empfindet, und kann nun auch diese ausleben.

Er ist dann wieder dort, wo er jenen Körper verlassen hat. Wir können ihn noch einmal auffordern: »Schauen Sie wieder einmal auf das Leben zurück. Sehen Sie darin noch eine wichtige Situation?«

Oft sagt er, dass er nichts Wichtiges mehr sieht. Vielleicht aber:

»Ja, ich habe das Mädchen Jahre später auf dem Markt getroffen.«

»Gehen Sie in jene Situation hinein.« Das Mädchen weint und erzählt, dass ihr Mann trinkt und sie schlägt. Was fühlt er dann?

Er hat Mitleid und auch ein bisschen Schadenfreude: »Sie hätte ja bei mir bleiben können und dann wäre alles gut gewesen.« Dann lassen wir ihn wieder zum Zustand gleich nach dem Sterben zurückkehren.

Wenn das Todeserlebnis nicht gleich am Anfang auftaucht, kommt man irgendwann mit der Aufforderung »Gehen Sie zur nächsten wichtigen Situation« an diesen Punkt. Nun kann es zunächst vorkommen, dass der Klient dieser Situation unbewusst ausweicht, da die Vorstellung vom Sterben uns meistens als etwas Unangenehmes erscheint.

Wir merken das daran, dass die Situationen, die unserem Klienten kommen, zunehmend banaler und unwichtiger werden. Er schiebt unbewusst alles Mögliche vor, nur um nicht bis zum Sterben weitergehen zu müssen. In diesem Fall müssen wir ihn gezielt dorthin führen:

»Gehen Sie nun zu der Situation eine Stunde, bevor Sie sterben!« Und dann schrittweise weiter: Eine Viertelstunde davor, fünf Minuten, vielleicht auch drei, zwei und eine Minute vor dem Sterben.

Dann: »Gehen Sie dorthin, wo Sie den Körper gerade verlassen haben.« (...)

»Wie fühlen Sie sich jetzt?«

Wir müssen nicht alle diese kurzen Zeitschritte mit einbeziehen, sondern lassen uns dabei von unserem eigenen Gefühl leiten. Bei einem dramatischen Sterbeerlebnis geht es um eine möglichst vollständige emotionale Befreiung. Bei einem friedlichen Einschlafen erlebt die Person, dass das Sterben gar nicht schlimm sein muss, dass es unter Umständen sogar schön sein kann.

Nach dem Todeserlebnis spürt die Person normalerweise ein Gefühl von Befreiung und Leichtigkeit. Waren vorher unangenehme Empfindungen vorhanden, so sind diese jetzt vorüber. Es kann aber vorkommen, dass noch Trauer vorhanden ist, weil man einen geliebten Menschen verlassen muss. In gewissen Fällen bleiben auch Schuldgefühle wegen bestimmter Fehler und Verbrechen an anderen Menschen, die erst jetzt so richtig bewusst geworden sind. Oder es bleibt doch noch eine Weile nach dem Tod ein Gefühl von Hass auf den Mörder.

Sollten aber nach dem Verlassen des Körpers immer noch unangenehme körperliche Gefühle vorhanden sein, die während des Sterbeerlebnisses erlebt wurden, ist die Seele vermutlich doch noch mit dem Körper verbunden. Wir lassen sie dann nachschauen, ob sie eine Verbindung von sich zum Körper sieht (wie zum Beispiel die berühmte »Silberschnur«, vgl. im Alten Testament: Prediger 12,6). In diesem Fall wird sie so etwas sehen. Dann gehen wir weiter zu jenem Augenblick, in welchem die Verbindung soeben gerissen ist, und die Seele wird sich wohl fühlen. (Es kommt selten einmal vor, dass die »Schnur« doch nicht reißt und die Seele wieder in den Körper zurückgezogen wird. Dies war dann aber kein echtes Todeserlebnis, sondern ein Zustand, den wir heute als »vorübergehend klinisch tot« bezeichnen würden. In diesem Fall kommt die Seele vielleicht einige Minuten später endgültig aus dem Körper heraus – oder vielleicht geht das Leben weiter, bis die Person erst Jahre später stirbt.)

Nun sind wir so weit mit jenem früheren Leben fertig. Um das Weitere abzuklären, wenden wir uns nun an den »Helfer«.

Zusammenfassung

- Die Person soll beschreiben, was *vor dem Aufzug* ist, und dann **aussteigen** (da ist sie meistens noch nicht im früheren Leben). Sie soll einen **Ausgang finden** und **hinausgehen**. Szene kurz beschreiben. **Auf die Füße schauen** (oder Hände oder Kleider). Nach Möglichkeit weitere Sinnesempfindungen beschreiben.
- Diese Situation erleben. Überall, wo **Gefühle** zu erwarten sind, diese kommen lassen. Wenn das Wesentliche der Situation erlebt ist, weiter zum nächsten wichtigen Erlebnis gehen. Wenn dann schließlich das **Todeserlebnis** kommt: hindurchgehen, bis sich die Seele vom Körper gelöst hat.
- Kommt die Sterbesituation bald: Danach **zur Kindheit zurückgehen** (oder zu einer anderen frühen Situation in jenem Leben). Von dort aus vorwärts durch das Leben hindurch, um die **wichtigen Situationen** im Ablauf erleben zu lassen. Schließlich kommt **das Todeserlebnis** noch einmal. Falls es dramatisch verlief: für eine vollständigere emotionale Befreiung **noch einmal erleben lassen**.

- **Alternative:** Nach dem Sterben erst im Überblick auf das ganze Leben zurückschauen und nur in solchen Situationen zurückgehen, die als **besonders wichtig** hervortreten. Man kann es auch zunächst bei dem Rückblick belassen, um dann beim **»Helfer«** nach weiteren wichtigen Situationen sowie nach Zusammenhängen zu fragen.

Literatur

1. Browning, Tovi: *Gentle Miracles. Holistic pulsing,* Global Embrace, Auckland (Neuseeland), 1990; Neudruck: Global Embrace, Chatswood (N. S. W., Australien), 1992.

7 | Der innere Helfer

Wir wollen in diesem Stadium der Rückführung zuerst die Energien der in der Vergangenheit erlittenen negativen Gefühle auflösen. Dann wollen wir Verschiedenes klären, was zuvor noch offen geblieben ist. Wichtig ist dabei alles, was mit der Problematik der Person im heutigen Leben zu tun hat: der Zusammenhang des aktuellen Problems mit dem damaligen Erlebnis und ob noch weitere Interventionen nötig sind, um von diesem Problem frei zu werden. Wenn ja, was braucht es noch? Wir wollen ferner wissen, ob es in einem anderen früheren Leben, in der heutigen Kindheit oder in der Zeit im Mutterleib vor der Geburt (oder bei der Geburt selbst) weitere traumatische Erlebnisse gab, die ebenfalls zur Problematik beigetragen haben.

Des Weiteren wollen wir klären, warum die Person damals jenes traumatische Erlebnis haben sollte: Die Frage ergibt sich aus der empirischen Tatsache, dass das menschliche Schicksal von einer Kausalität bestimmt wird. Die Antwort darauf führt praktisch immer zu einem anderen Leben zurück, in dem die betreffende Person – in jenem erst aufgetauchten früheren Leben meistens das *Opfer* bestimmter traumatischer Ereignisse – nunmehr als *Täter* in Erscheinung tritt. Die Ursache dafür, dass man durch ein Opfererlebnis gehen musste, ist erfahrungsgemäß fast immer eine diesem Erlebnis vorausgehende Täterschaft, nach dem Prinzip: Was du anderen tust, wird auch dir getan werden (mehr hierüber im Kapitel 20, vgl. [1]). Im Osten wird dieses Prinzip *Karma* genannt, es steht aber ohne diese Bezeichnung auch in unserer Bibel (vgl. Mt 7,12; 26,52 und Lk 6,31). In besonderen Fällen kann es sich sogar um eine Unterlassungstat handeln, denn zum Beispiel das Nichteingreifen, wenn man ein Verbrechen hätte stoppen können, ist auch eine Tat. Um die damalige traumatische Situation besser zu verstehen und sie als Lektion annehmen zu können, ist es sinnvoll, auch diese Zusammenhänge bewusst werden zu lassen.

Im »Täterleben« sind wahrscheinlich Schuldgefühle entstanden, die oft noch heute im unbewussten Ich mitgetragen werden und in diesem Fall sogar eine Art von unbewusstem Selbstbestrafungsmuster verursachen können. Es wird nun Zeit, dass auch diese endlich losgelassen werden! Hat man in seinem unbewussten Ich aus jener Erfahrung gelernt, so erübrigt es sich, sich selbst die »alte Geschichte« immer noch nachzutragen; die Schuldgefühle haben dann schon längst ihre Aufgabe erfüllt und sind nur noch hinderlich.

Wir wollen in dieser Phase der Rückführung auch einige Fakten und Daten wissen. Diese sind zwar für den therapeutischen Zweck zweitrangig, dürften aber die Person interessieren – jedenfalls nach der Rückführung. Während der Prozedur stuft unser unbewusstes Ich diese Dinge meist tatsächlich als unwichtig ein. Diese Informationen sind etwas, das nur unserem Intellekt wichtig erscheint. Es geht meistens um das Land und den Ort, wo die Person damals lebte, um Todes- oder Geburtsjahr und eventuell um den Namen.

Eine wesentliche Frage ist es, ob sie damals Menschen kannte, die auch in ihrem jetzigen Leben eine Rolle spielen (in deren heutigen Inkarnationen). Solche Zusammenhänge können für die heutige Problematik eine wichtige Rolle spielen, noch mehr vielleicht für persönliche Beziehungen zu Seelen, mit welchen wir nicht ohne Grund über ein paar Leben hinweg verbunden sind.

Um dies alles zu klären, gehen wir mit dem Klienten zu seinem Helfer (oder seiner »Helferin«; ich schreibe, weil sonst die Formulierung zu umständlich wäre, meistens in männlicher Form, meine aber selbstverständlich beide Geschlechter). Darunter verstehen wir, dass er seinem eigenen unbewussten Ich in irgendeiner mehr oder weniger symbolischen Gestalt begegnet. Wir wissen in jener »tieferen« – oder in einer anderen Betrachtungsweise: »höheren« – Schicht unseres Bewusstseins schlechthin alles über uns selbst: über unsere Probleme, ihre Ursachen und möglichen Lösungen – und auch alles, was wir je als Seelenwesen erlebt haben (im verkörperten oder unverkörperten Zustand).

Im Gespräch mit diesem Helfer wird aus dem Wissen geschöpft, das tief in uns wohnt und uns verraten kann, was für unsere aktuelle Problematik wirklich wichtig ist. Das bedeutet, dass unser unbewusstes Ich dem bewussten Ich etwas mitteilt, und zwar durch den Helfer als sichtbare Erscheinungsweise und Sprachrohr.

Jameison verwendete seinen Begriff des *Helfers*, englisch *counselor* oder *guide*, bereits, als er seine Technik 1968 entwickelte. Es handelt sich hier um eine eher allgemeine Erscheinungsweise des eigenen unbewussten Ichs (über verwandte Arten von »innerer« Begegnung: vgl. [2–4]). Nicht ganz identisch ist der Helfer mit dem in der Esoterik viel zitierten *Höheren Selbst*, das das höchste Geistige im Wesen des Menschen repräsentiert. Man kann das Höhere

Die Ebenen des Rückführungserlebnisses

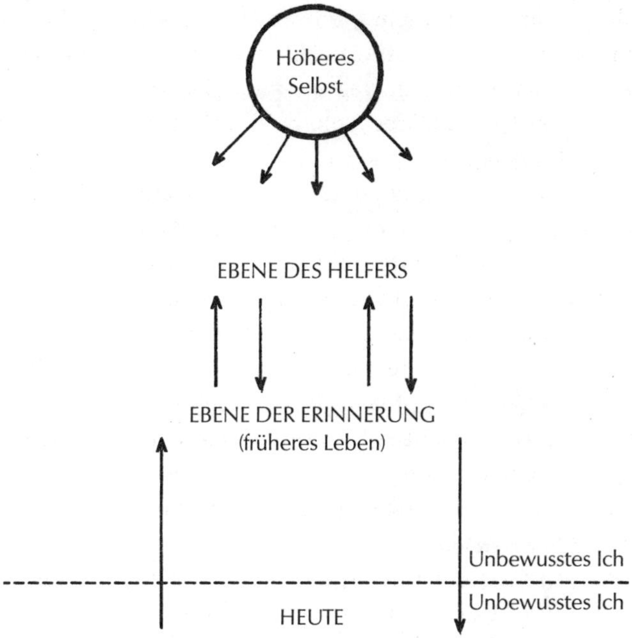

Selbst auch als die höchste Instanz des unbewussten Ichs betrachten; vielleicht ist es diesem Ich sogar in ähnlicher Weise übergeordnet, wie etwa der Geist des Menschen über seiner Seele steht.

Zum Helfer

Um zum Helfer zu gelangen, lassen wir den Klienten wieder zu dem schon einmal erwähnten Aufzug zurückgehen: »Gehen Sie nun in den Aufzug zurück, und sagen Sie, wenn Sie darin stehen. (…) Fragen Sie Ihr Höheres Selbst, zu welchem Stockwerk Sie fahren sollen, um dort zu Ihrem Helfer zu kommen.«

»Acht.«

»Drücken Sie dann diesen Knopf und sagen Sie Bescheid, wenn Sie dort sind.«

»Ich bin dort.«

»Bleiben Sie noch im Aufzug. Öffnen Sie nur die Tür, und schauen Sie nach, was draußen ist. Was sehen Sie?«

Er sieht (zum Beispiel) einen Garten und geht hinein. Wie sieht es dort aus? Erkennt er darin jemanden? Noch nicht.

»Bitten Sie Ihr Höheres Selbst, Sie dorthin zu führen, wo der Helfer ist, und sagen Sie, wenn Sie dort sind.«

Er kommt in eine Laube, sieht eine ältere Frau und beschreibt, wie sie aussieht.

Nun kommt eine wichtige Frage: »Wie fühlen Sie sich bei ihr?« Er fühlt sich wohl und geborgen. Die Frau ist gütig und liebevoll. Wir können dann fortfahren zu fragen.

Ist man am Anfang nicht mit einem Aufzug hinaufgefahren, sondern z. B. auf der Treppe hinaufgestiegen, nehmen wir wieder die Treppe, um zum Helfer zu kommen. Ist man zum Himmel hinaufgeschwebt (vgl. Kapitel 11), tun wir das wieder, um dort oben zum Helfer geführt zu werden. Heute tue ich es oft so auch dann, wenn es mit einem Aufzug oder einer Treppe anfing. Nach dem Sterbeerlebnis sage ich dann: »Schweben Sie hinauf zum Himmel, und sagen Sie Bescheid, wenn Sie über den Wolken schweben. (…) Nun bitten Sie Ihr Höheres Selbst, Sie dorthin zu führen, wo Ihr Helfer ist.«

Unangenehme Erscheinung des »Helfers«

Es kommt selten vor, dass man sich in Gegenwart des Helfers unwohl fühlt. Ein Gefühl von Respekt oder Ehrfurcht ist diesbezüglich in Ordnung; Ängste oder unheimliche Empfindungen sind es nicht. Erklärlich sind solche unangenehmen Erscheinungen des »Helfers« aber sehr wohl. Der Helfer ist ein inneres Bild des eigenen unbewussten Ichs. In diesem gibt es auch eine Menge Negatives, Spuren unseres Ego und aus der Vergangenheit mitgeschleppte Charakterfehler. Über diesen »Schatten« braucht sich im Grunde niemand zu wundern. Allein schon die Tatsache, dass man inkarniert ist, ist Beweis genug dafür, dass man kaum »Makellosigkeit« für sich beanspruchen kann, denn hätte man dieses Negative nicht noch in sich, dann müsste man ja gar nicht mehr inkarnieren! Der Zweck der Inkarnation ist ja vor allem dieser: mit diesem Dunklen in uns fertig zu werden und es in Licht zu wandeln. Es kann nun vorkommen, dass gerade das Negative im unbewussten Ich in Gestalt des »Helfers« erscheinen will. In diesem Fall fühlt es sich nicht richtig an, der Helfer ist zum Beispiel kühl und sachlich, ohne Liebe. Es kommt keine rechte Wärme und Geborgenheit auf.

Eine weitere Möglichkeit ist, dass es sich hier um eine andere Seele oder gar Wesenheit handelt, die den Klienten beeinflussen will (vgl. Kapitel 16). Diese will sich dann gerne als »Helfer« ausgeben, in der Hoffnung, nicht entdeckt zu werden. Dann hat man aber keine guten Gefühle.

In solchen Fällen wollen wir uns nicht von jenem angeblichen »Helfer« beraten lassen. Wir können ihn höchstens fragen, was er will, um dies einfach zur Kenntnis zu nehmen. Dann verlassen wir diesen »Helfer«: »Nun gehen Sie von diesem Ort weg, und bitten Sie Ihr Höheres Selbst, Sie zu einem anderen Ort zu führen, wo ein richtiger Helfer ist …« Wir können ihn auch wegschicken: »Schicken Sie diese Gestalt fort, und sagen Sie, wenn sie gegangen ist. (…) Nun bitten Sie Ihr Höheres Selbst, Ihnen einen richtigen Helfer zu schicken …«

Bei diesem neuen Helfer wird man sich dann wohl fühlen (in dem seltenen Fall, dass dies immer noch nicht so ist, suchen wir weiter oder gehen zur direkten Begegnung mit dem Höheren Selbst, wie später beschrieben). Wir fragen ihn dann zuerst, was die vorherige Erscheinung eines unangenehmen »Helfers« bedeutet. Sollte es sich dann um einen Fremdeinfluss handeln, gehen wir vor wie in Kapitel 16 beschrieben.

Ein Gefühl von schlechtem Gewissen in Gegenwart des Helfers ist für sich genommen jedoch noch kein Grund, nach einem neuen Helfer zu suchen, denn dabei kann es sich um ein von früher mitgebrachtes (für das heutige Ich unbewusstes) Schuldgefühl handeln, das es nun loszulassen gilt. Sollte aber der »Helfer« anklagend und verurteilend erscheinen und Gefühle der Minderwertigkeit und der Schuldbeladenheit im Klienten heraufbeschwören – oder kalte, gefühllose Augen haben –, gehen wir weiter, denn der wahre Helfer ist liebevoll und verzeihend.

Gespräch mit dem Helfer

In unserem Beispiel hat der Klient gleich eine Helferin, mit der er sich wohl fühlt:

»Wir wollen nun Fragen stellen. Die Antworten kommen gewöhnlicherweise wie Gedanken in Ihrem Kopf, ähnlich einer telepathischen Verbindung – aber vielleicht hören Sie auch ihre Stimme. Es kann auch sein, dass sie Ihnen als Antwort etwas zeigt. Die Fragen, die ich Ihnen stelle, sind alle für die Helferin gedacht. Geben Sie ihr diese Fragen immer weiter.«

Es geschieht nämlich nur allzu leicht, dass er die Antworten selbst in seinem Kopf sucht und anfängt nachzudenken. Dann entgleist die Situation ins sinnlose Intellektuelle. Auf diese Weise hat der Klient schon lange genug vergeblich Antworten gesucht. Hier hat er endlich die Gelegenheit, neue, ziemlich unerwartete und viel hilfreichere Antworten von seinem unbewussten Ich zu bekommen.

Deshalb unterbrechen wir ihn schnell, sobald wir merken, dass der Klient ins Nachdenken ausweicht: »Fragen Sie die Helferin!« Eine solche Flucht in das rationale Denken könnte auch bedeuten, dass er die Antworten der Helferin eigentlich am liebsten nicht hören möchte, da er irgendwo im Inneren weiß, dass sie ihm vielleicht nicht sehr gefallen werden. Fast jedes Problem verlangt von uns, Unangenehmes zur Kenntnis zu nehmen; wäre der Weg einfacher, so hätte sich die Problematik wohl schon längst erledigt.

Zuerst aber wollen wir die negativen Gefühlsenergien aus den verschiedenen Situationen im früheren Leben herausholen und auflösen. »Bitten Sie die Helferin, irgendwo im Garten ein Feuer zu entzünden, und sagen Sie mir, wenn es brennt.«

»Nun gehen Sie zurück in die Situation in jenem früheren Leben, in der Sie das Mädchen verlassen hat. Fühlen Sie wieder die Verzweiflung und die Wut?«

»Ja, ich fühle sie!«

»Gehen Sie zurück zur Helferin und bringen Sie die Gefühle dorthin mit. Sagen Sie, wenn Sie dort sind. (…) Nun hilft sie Ihnen, die Energien dieser Gefühle aus Ihnen herauszuholen und sie ins Feuer zu geben. Sagen Sie Bescheid, wenn sie verbrannt sind.«

»Gehen Sie wieder zurück in jene Situation, wo das Mädchen Sie verlassen hat. Haben Sie immer noch diese Gefühle.«

»Die Wut ist weg, aber ich fühle noch ein bisschen von der Verzweiflung.«

»Dann bringen Sie den Rest der Verzweiflung zur Helferin und tun Sie auch diesen Rest ins Feuer.«

Wir tun dann das Gleiche mit der Schadenfreude am Marktplatz, mit der Wut beim Kämpfen, mit der Angst und der Panik am Galgen und mit den Schmerzen und Würgegefühlen am Hals. Jedes Mal auch mit dem Rest vom Gefühl, sofern noch ein Rest da ist, wenn wir wieder in die entsprechende Situation zurückgekehrt sind. Wir wollen erreichen, dass von negativen Gefühlen nichts mehr übrig ist, sondern – sofern es auch solche gab – nur noch positive Gefühle übrig bleiben, oder die Situation sonst neutral erlebt wird.

Dann widmen wir uns den Fakten. Wir fragen, in welchem Land er in jenem früheren Leben gelebt hat, in welcher Stadt (oder in der Nähe welcher größeren Stadt). Wir fragen auch nach dem Todesjahr (eher als nach dem Geburtsjahr, da man in der Rückführung im früheren Leben das Sterben, aber nur selten die Geburt wieder erlebt). Gab es sonst noch wichtige Erlebnisse in jenem Leben? Kannte er damals Personen, die er auch heute kennt (natürlich als die neuen Inkarnationen jener Seelen)? Wer waren sie damals und in welcher Beziehung stehen sie heute zum Klienten? Oft handelt es sich um nur eine Person, aber es können auch durchaus mehrere sein.

Wir fragen, was in jenem Leben zur Ursache des heutigen Problems geworden ist, auch dann, wenn wir die Antwort wissen oder ahnen. Es ist nämlich sinnvoller, wenn die Helferin es dem Klienten sagt, anstatt dass der Therapeut dies tut. Hat er die dabei erlittenen Gefühle in der Rückführung ausreichend aufgelöst? Oder gibt es noch eine Situation dort, wo wir auch Gefühlsenergien herausholen sollen? Im letzteren Fall lassen wir die Helferin auch jene Situation zeigen, gehen dort hinein, erleben sie und tragen die Gefühle in den Garten um sie verbrennen zu lassen.

Ein Kriterium dafür, dass die in einer Situation erlebten negativen Gefühle aufgelöst sind, ist auch, dass sie schließlich nicht mehr da sind, wenn wir noch einmal in die Situation zurückkehren. Wenn unser Cowboy nun das Aufgehängtwerden ganz ohne Panikgefühle, Würgeempfindung und Atemnot erlebt, so ist die Befreiung erreicht. Es macht ihm nun nichts mehr aus, auch heute (aus dem unbewussten Ich heraus) nicht mehr. Das ist unser Ziel.

Nun dürfte die Auswertung jenes Lebens beendet sein. Wir bitten den Klienten, die Helferin zu fragen, ob es noch andere Erlebnisse in der Vergangenheit gibt, die ebenfalls ursächlich zum Problem beigetragen haben. In einem anderen früheren Leben, in der heutigen Kindheit oder vielleicht, als er noch im Mutterleib war? Er soll in dem Fall die Helferin bitten, ihm ein Bild von jener Situation zu zeigen.

Rührt das Problem auch von einem anderen früheren Leben her, wird sie ihm zuerst zeigen müssen, welche Person er war (falls mehrere im Bild zu sehen sind). Mann oder Frau? Wir fordern ihn auf, in das Bild einzusteigen, in den Körper jener Person hineinzugehen, tief durchzuatmen und sich einzufühlen. Nun erlebt er jene Situation mit den dazugehörigen Gefühlen.

Dann gehen wir ggf. weiter durch andere wichtige Situationen in jenem Leben. Es ist sinnvoll, ihn am Ende auch noch den Tod in jener Inkarnation erleben zu lassen. Kommt er nicht von selbst dorthin: »Gehen Sie nun zur Situation eine Stunde bevor Sie sterben ...«

Das Todeserlebnis – auch in diesem anderen Leben – ist aus verschiedenen Gründen wichtig: Erstens verliert man beim Wiedererleben ein weiteres Stück Angst vor dem Sterben (die wohl jeder von uns in sich trägt). Man erlebt noch einmal, dass man auch »hinterher« noch existierte und dass nur der Körper sterben kann. Die Seele ist unsterblich. Auch wenn der Tod schmerzlich oder gar entsetzlich verlief, ist nach der Loslösung vom Körper normalerweise gleichwohl Ruhe und Frieden zu spüren. Zweitens kann man nach dem Sterbeerlebnis auf jenes Leben zurückschauen und einen Überblick über dessen Ablauf gewinnen. Drittens ist der Tod wie ein Schlussstrich unter jene Lebenserfahrung, da diese durch ihn ein Ende nahm.

Führt die Antwort der Helferin nicht in eine frühere Inkarnation, sondern in ein Kindheitserlebnis im heutigen Leben hinein, gehen wir selbstverständlich nicht bis zum Sterbeerlebnis (das ja noch gar nicht eingetreten ist) weiter, sondern, wenn die Situation durchlebt wurde, gleich wieder zur Helferin zurück. Die Vorgehensweise, die angebracht ist, wenn es um Erlebnisse im Mutterleib geht, wird im nächsten Kapitel ausführlich behandelt.

Dann wollen wir von der Helferin wissen, weshalb unser Klient im früheren Leben durch jenes »Opfererlebnis« hatte gehen müssen. Warum hat er erleben müssen, als unschuldig hingerichtet zu werden? Er fühlte sich ja nicht schuldig, und es wurde für ihn nicht geklärt, ob der andere wirklich tot war. Man wollte nur etwas Abwechslung im sonst so langweiligen Westerndorf und hatte Spaß daran, jemanden aufzuhängen. Hat dies mit einem anderen, vorausgegangenen Leben zu tun oder nicht? Höchstwahrscheinlich: »Ja«. Wir bitten in diesem Fall die Helferin, auch ein Bild aus jenem Leben zu zeigen. Die Person steigt da hinein und kommt mit der Zeit in eine Situation, in der sie sich als Täter erlebt. Was fühlt der Klient dabei? Vielleicht nur Jähzorn und dass es sein gutes Recht sei, sein damaliges Opfer schlecht zu behandeln und vielleicht sogar umzubringen. Wahrscheinlich dämmert es ihm erst nach dem jenes Leben beschließenden Tod, wie falsch er gehandelt hat.

Vielleicht sieht unser Klient eine tropische Insel. Auch dort verlässt ihn ein Mädchen für einen anderen. Dieses Mal wird er mit der Zeit aber Häuptling auf der Insel. Er hat nun die Macht und nutzt die Gelegenheit, um den Rivalen mit irgendeiner Ausrede zum Tod zu verurteilen, wohl wissend, das jener unschuldig ist. Er genießt diese Rache. Viele Jahre später liegt er als alter Mann sterbend in seiner Hütte. Da kommen mulmige Gefühle, die er von sich weist. Wenn er dann den Körper verlassen hat, kann er aber die Schuldgefühle nicht mehr wegdrängen. Wie wir damit umgehen, wird später ausführlicher beschrieben.

Bei jedem neuen Leben, das auftaucht, fragen wir nach Personen, die unser Klient auch heute kennt. Vielleicht stellt sich heraus, dass seine heutige Ehefrau sowohl im Cowboyleben wie auch auf der Insel jenes Mädchen war, und dass sein heutiger Sohn im Cowboyleben der Rivale und sein heutiger Vater auf der Insel das Racheopfer war.

Es wurde hier vieles aufgezählt, wonach man den Helfer fragen kann. In einer Rückführung klären wir natürlich nur ab, was für den aktuellen Fall wichtig erscheint. Erstens lässt es die Zeit meistens nicht zu, nach allen hier erwähnten Punkten zu fragen, und zweitens wird vieles davon im individuellen Fall unwichtig oder unzutreffend sein. Dafür können noch ganz andere Fragen als die hier genannten auftauchen.

Hat die Helferin zu all dem noch etwas zu sagen? Hat der Klient selbst etwas zu fragen? Wenn nicht, wird es Zeit, die Rückführung abzuschließen.

Zusammenfassung

- **Zurück zum Aufzug.** Einsteigen. Das Höhere Selbst nach dem **Stockwerk für den Helfer** fragen. Dort hinfahren, hinausschauen, aussteigen. Die Umgebung beschreiben. Ist jemand da? Der Helfer? Wenn nicht, **das Höhere Selbst bitten, den Klienten zum Helfer zu führen.** Wie sieht der Ort aus, an dem die Begegnung stattfindet? Wie **sieht der Helfer aus? Wie fühlt er sich bei ihm?** Wenn das Gefühl nicht gut ist: Von jener Gestalt weggehen (oder sie evtl. wegschicken) und einen richtigen Helfer finden.
- **Alternativ**: Zum Himmel bis über den Wolken hinaufschweben. Sich dann vom Höheren Selbst zu dem Ort führen lassen, wo der Helfer ist.
- Den Helfer bitten, **ein Feuer** zu entzünden. Zurückgehen in die Situationen, in welchen negative Gefühle erlebt wurden. Die **Energien dieser Gefühle zum Helfer bringen** und symbolisch **im Feuer verbrennen**.
- Nach Land, Ort und Todesjahr fragen. Was in jenem Leben hatte nun mit dem heutigen Problem zu tun? **Wurden alle negativen Gefühle aufgelöst?** Wenn nicht: In Si-

tuationen mit weiteren negativen Gefühlen hineingehen, um dann auch diese symbolisch zu verbrennen.

- **Andere Ursachen in anderen Leben, in der Kindheit oder im Mutterleib?** Dann auch in diese einsteigen, um das Gleiche zu tun.
- Warum hat er das Opfererlebnis haben müssen? Dem vorausgehendes »**Täterleben**« erleben. **Schuldgefühle** für die frühere Täterschaft zur Kenntnis nehmen und auch loslassen (s. u.). In anderen Leben meistens auch das Sterben erleben lassen.
- Hat der Helfer noch etwas zu sagen? Möchte der Klient selbst den Helfer noch etwas fragen?

Helfer und Höheres Selbst

Da manchen Teilnehmern in meinen Kursen der Unterschied zwischen dem Helfer und dem Höheren Selbst zunächst unklar erscheint, möchte ich diesen Unterschied hier besser erklären.

Das Höhere Selbst ist die höchste Instanz in unserem unbewussten Ich. Wir können uns an jedem Punkt der Rückführung stets gedanklich mit dem Höheren Selbst verbinden, ihm eine Frage stellen und eine Antwort bekommen, und zwar auch dann, wenn wir mitten in einer Situation aus einem früheren Leben stecken. Wir tun dies zum ersten Mal, wenn der Klient im Aufzug steht. Das bedeutet, dass wir etwas für uns *Unsichtbares* ansprechen, das uns *auf irgendeine Weise* antwortet, meistens mit einem Gedanken, wie telepathisch.

Dem Helfer dagegen *begegnen* wir, und zwar auf einer anderen Ebene. Wir gehen von der Ebene, auf der wir die

Vergangenheit wieder erleben, weg zu einer *anderen* Ebene, wo sich der Helfer befindet. Hier sind wir nicht mehr in einer Situation, die zur Vergangenheit gehört (in seltenen Fällen ist allerdings der Ort der Begegnung mit dem Helfer einer, wo man früher einmal gelebt hat. Man befindet sich dann aber kaum in einer *Situation* aus diesem früheren Leben). Wir sprechen in diesem Fall mit jemandem, *den wir vor uns sehen.* Wir erleben, dass die Antworten von ihm (bzw. ihr) kommen, und auch, *wie* sie kommen (man hört die Stimme oder empfängt die Antwort wie telepathisch).

Eine sehr gute Beschreibung ist in einem alten chinesischen Text zu finden [5, 6]. Man spricht darin von *hsìng* und *mìng,* die beide unsichtbar sind. *Hsìng* ist im Menschen die Natur seines Seins – also: das unbewusste Ich, wovon das Höhere Selbst die höchste Ebene ist. *Mìng* ist sein Leben, sein Schicksal und der Wirkungsbereich seines Karmas und gehört zum bewussten Ich. Sie treten im Moment der Empfängnis auseinander. Dann wohnt der Ur-Geist, der Himmelsgeist, des Menschen (*yüán-shén*) – dieser wäre nach meiner Meinung etwa das Höhere Selbst – am Ort zwischen den Augen und der bewusste Geist (*shíh-shén*) in der Tiefe des fleischlichen Herzens. »Wäre die Stille rein und lauter, würde das Licht [des Höheren Selbstes] sich kristallisieren zur Dharma-Gestalt, deren verborgene Kraft allmählich alles zu durchdringen und die natürlichen Triebe zu beherrschen begänne. … Das irdische Bewusstsein [das bewusste Ich] ist wie ein mächtiger Feudalstaat oder ein rauer General, der den himmlischen Herrscher hintergeht und dadurch schwächt, um die Macht an sich zu reißen. Geschieht das lange genug, so gerät alles in größte Unordnung.« (Der im Text erwähnte Sanskritbegriff *dharma*, manchmal als »Pflicht« übersetzt, ist gewissermaßen wie ein Gegenpol zum Karma und beinhaltet die geistige Aufgabe oder Lebensaufgabe des Menschen.)

Literatur

1. Dahlke, Margit und Rüdiger: »Reinkarnationstherapie zwischen Flucht und Verantwortung«, in: *Okkultismus,* Heyne, München, 2. Aufl. 1990, S. 137–141.
2. Gawain, Shakti (Elizabeth): *Creative Visualization,* Whatever Publishing, Mill Valley CA, 1978; »Meeting Your Guide« im Abschnitt 3, S. 91–93. Deutschsprachige Ausgaben: *Stell Dir vor,* Sphinx, Basel, 2. Aufl. 1985 und Rowohlt, Reinbek, 1986.
3. Bry, Adelaide: *Visualization. Directing the Movies of Your Mind,* Barnes & Noble, New York, 1978; »Your Adviser« im Abschnitt »Healing«, S. 78–80.
4. Simonton, Carl O.: *Getting Well Again,* Bantam, Toronto, 4. Druck 1981; Kap. 15: »Finding Your Inner Guide to Health«, S. 168–178.
5. *Kreisen des Lichtes. Die Erfahrung der Goldenen Blüte,* übers. v. Mokusen Miyuki, Otto Wilhelm Barth, Weilheim/Obb., 1991.
6. *Das Geheimnis der Goldenen Blüte,* übers. v. Richard Wilhelm und kommentiert von C. G. Jung, Walter, Olten, 3. Aufl. 1971.

8 | Im Mutterleib und in der Kindheit – Vergessenes im gegenwärtigen Leben

Es ist nicht ungewöhnlich, dass weitere wichtige Erlebnisse und manchmal die ganze Ursache eines Problems in der Zeit im Mutterleib vor der Geburt oder in der Kindheit des aktuellen Lebens liegen. Die Erfahrung deutet jedoch darauf hin, dass ein Kindheitserlebnis oft eher die Auswirkung eines Traumas von einem früheren Leben her heute reaktivieren kann. In solchen Fällen ist es wichtig, in *beide* Zeitperioden hineinzugehen.

Der Helfer weist auf die Frage nach anderen, für das heutige Problem ursächlichen Situationen vielleicht von selbst auf Erlebnisse zu Beginn der heutigen Inkarnation hin. Andernfalls fragen wir nach, ob auch dort etwas Wichtiges zu finden ist. Soll die Person in ein Kindheitserlebnis hineingehen, so bitten wir den Helfer, ihr ein Bild von der Situation zu zeigen, vielleicht eine Szene kurz vor dem traumatischen Geschehen.

Sie begibt sich hinein und erlebt die Situation ebenso, wie sie auch in ein früheres Leben einsteigen würde. Hier gehen wir meistens nur so weit, bis die Situation vorüber ist. (Es kann manchmal angebracht sein, auch noch ein nachfolgendes wichtiges Kindheitserlebnis zu erleben.) Anschließend gehen wir dann zum Helfer zurück. Man geht mit solchen Erlebnissen prinzipiell genauso um wie mit Situationen in früheren Leben.

Manchmal erwähnt die Person schon im Vorgespräch

ein Kindheitstrauma, oder sie ahnt oder fühlt, dass etwas dort oder in der Zeit im Mutterleib gewesen sein muss. Dann ist es uns schon von vornherein klar, dass wir mit ihr auch dorthin gehen müssen. Selten weiß die Person noch alles, was damals geschah, umgekehrt ist manchmal alles vollständig verdrängt. Es ist eine verständliche und nur allzu menschliche Reaktion, schmerzliche Erlebnisse zu unterdrücken und zu verdrängen, leider ist es aber nicht mehr und nicht weniger als eine Form von Selbstbetrug! Auf diese Weise sind wir nämlich gar nicht frei davon, sondern die Erinnerung und die damit verbundenen schmerzlichen Gefühle sind nur tief in uns drinnen versteckt.

Was wir nicht wissen *wollen*, wird uns meistens so lange verfolgen, bis wir es endlich zur Kenntnis nehmen *müssen*. Das Verdrängte hat aus seinem Versteck heraus eine eher umso größere Macht über unser Verhalten, unsere Reaktionen und Gefühle in entsprechenden Situationen. Da wir uns nicht mehr erinnern können, woher ein entsprechendes Verhaltensmuster kommt, gelingt es uns erst recht nicht, seine Auswirkungen auf unser tägliches Leben in den Griff zu bekommen.

Dieser Spuk kann aber nun entlarvt werden und dadurch ein Ende nehmen. Wenn uns das unbewusste Spiel mit uns selbst bewusst geworden ist und erst recht, wenn die versteckten Seelenverletzungen von damals ausgelebt und losgelassen sind, hören wir mit dem Versteckspiel auf, und unser Verhalten ändert sich.

Der Spruch »Was ich nicht weiß, macht mich nicht heiß« erweist sich insofern als großer Betrug, nicht nur gegenüber uns selbst, sondern auch gegenüber unseren Kindern, falls wir ihnen seelenverletzende Umstände am

Anfang ihres Lebens verschweigen. Wir glauben, sie dadurch zu schützen, machen aber den Schaden eher nur noch größer.

Im Mutterleib

Wenn der Helfer andeutet, dass wir in die Zeit im Mutterleib vor der Geburt hineingehen sollen – oder dies aufgrund des Vorgesprächs angezeigt ist –, fordern wir unseren Klienten auf: »Bitten Sie den Helfer, Sie in den Mutterleib Ihrer heutigen Mutter hineinzulegen, und zwar am Anfang der Schwangerschaft. Sagen Sie mir Bescheid, wenn Sie dort sind (…) Wie fühlen Sie sich?«

Die Person befindet sich dann oft in einer Zeit, in der die Mutter noch nicht weiß, dass sie schwanger ist. Zu dieser Zeit fühlt man sich meistens wohl oder zumindest neutral, ganz gleich, was nachher auch kommen mag.

»Glauben Sie, dass Ihre Mutter schon weiß, dass sie ein Kind erwartet?«

»Nein.«

»Dann gehen Sie zu dem Moment, in dem sie es entdeckt oder erfährt. (…) Wie reagiert sie?«

»Sie freut sich.«

»Was fühlen *Sie* jetzt?«

Die Person fühlt ebenso Freude und Liebe für die Mutter. Wir fragen nun weiter: »Gehen Sie nun zu der Situation, in der sie es Ihrem Vater sagt.« – oder in eine Situation, in welcher der Vater in der Nähe ist. »Was fühlt er?«

»Er ist stolz.«

Wiederum erlebt die sich inkarnierende Seele ein positives Gefühl.

»Nun gehen Sie zum nächsten wichtigen Erlebnis in der Zeit im Mutterleib, und sagen Sie, was kommt.«

So fahren wir fort. Was fühlt in den jeweiligen Situationen die Mutter für ihr Kind und das Kind für die Mutter? Und wie sind die Gefühle, wenn der Vater anwesend ist? Es wird schließlich Zeit, die Geburt zu erleben: »Gehen Sie nun zur Situation eine Stunde vor Ihrer Geburt. (…) Wie fühlen Sie sich da?« [1]. Die Person hat noch gute seelische Gefühle, aber es ist physisch enger geworden. Vielleicht hat sie aber auch Angst vor dem Hinausgehen.

Wir gehen weiter zu einer Viertelstunde vor der Geburt. Die Person soll jeweils ihre Gefühle – seelische wie körperliche – wahrnehmen und wichtige Begleitumstände zur Kenntnis nehmen.

Fünf Minuten bevor sie den Mutterleib verlassen hat. Vielleicht auch noch drei Minuten vorher. (…) Zwei Minuten. (…) Eine Minute …

»Nun gehen Sie dorthin, wo Sie ganz herausgekommen sind.«

Es ist kalt und hell. Die Gefühle sind gemischt: Die Person wäre gern in der Geborgenheit im Mutterleib geblieben, aber es ist auch gut, dass die Geburt nun überstanden ist. Was fühlt sie, wenn sie anfängt, selbst zu atmen (wahrscheinlich mit einem ersten Schrei)?

»Nun gehen Sie zu der Situation, als Sie zum ersten Mal in den Armen Ihrer Mutter liegen. (…) Was fühlen Sie?«

Sie fühlt Wärme und Liebe und soll das eine Weile genießen dürfen. Wahrscheinlich kommt dann der Vater hinzu und sie erlebt ähnliche Gefühle, wenn er dasteht oder vielleicht das Kind berührt oder in die Arme nimmt.

So schön, wie das Erlebnis hier dargestellt wurde, läuft es aber leider nicht sehr oft ab. Es scheint, dass mindestens die

Hälfte der Seelen, die sich auf dieser Erde inkarnieren, ohne große Freude empfangen werden! Es gibt aber kaum eine Mutter, die in dem Fall nachher dem Kind die Wahrheit erzählt ... Fühlte man sich schon im Mutterleib unerwünscht, dann wird dies tiefe Spuren in die Seele eingraben, ein Erlebnis, das wahrscheinlich noch heute nachwirkt. Nun haben wir aber die Möglichkeit, auch dieses Trauma loszulassen. Das Erlebnis verläuft dann gar nicht selten so wie im folgenden Beispiel:

Wir befinden uns in jener Situation, in der die Mutter ihre Schwangerschaft entdeckt. Wie reagiert sie?

»Sie wird wütend!«

»Was fühlen Sie dann?«

»Angst, Schmerz, ich will nicht mehr hier sein!«

In einem anderen Fall reagiert die Mutter vielleicht verzweifelt und hat Angst. Die Seele empfindet Trauer und Enttäuschung. Wir lassen sie diesen Seelenschmerz erleben, um ihn nachher aufzulösen.

Das Kind kann in solchen Fällen sogar Schuldgefühle deswegen haben, weil es da ist und der Mutter oder den Eltern diese Umstände zu machen meint, obwohl das Kind selbstverständlich an der Situation nicht Schuld sein kann. Der Vater wird vielleicht ärgerlich, wenn er von der Schwangerschaft erfährt, und schimpft in seiner Hilflosigkeit mit der Mutter, als ob es nur ihre Schuld wäre (einmal: »Hast du denn nicht aufgepasst!?«). Dadurch sammeln sich in dem Kind noch mehr Verletzungen an, die der Klient nun loslassen soll.

Wenn wir in der Schwangerschaft weiter voranschreiten, können wir auf spätere traumatische Situationen stoßen. Vielleicht versuchte die Mutter, das Kind loszuwerden. Oder die Seele erlebt heftige Streitigkeiten zwischen den Eltern mit. Vielleicht lässt der Vater auch die Mutter im Stich (bei Kriegskindern fällt er vielleicht an der Front), und das Kind erlebt die Verzweiflung und die Zukunftsangst der Mutter mit.

Angesichts solcher traumatischer Erlebnisse wird die betroffene Person nach der Geburt keine Sehnsucht nach der Geborgenheit im Mutterleib empfinden – denn die hat es ja nie gegeben. Wenn sie schließlich in den Armen der Mutter liegt, fühlt sie sich vielleicht gar nicht wohl, weil die Mutter sich nicht freuen kann. Wie sehr sie auch ihre Ablehnung verbirgt, das Kind fühlt sie doch und hat wiederum Seelenschmerzen auszuleben.

Wir erleben aber immer wieder, dass die Mutter sich im Laufe der Schwangerschaft umstimmt und nach der Geburt das Kind liebevoll in die Arme nimmt. Das macht einiges wieder gut, aber nicht alles. Die Tatsache, dass es am Anfang anders war, steckt noch als unbewusste Erinnerung in der Seele des Kindes. Es kann deshalb den nun positiven Gefühlen der Mutter gegenüber Misstrauen empfinden: Sind sie wirklich echt? Es kommt jedoch vor, dass das Kind von der Mutter her Gleichgültigkeit oder eisige Kälte erlebt, oder sogar: »Nehmen Sie das Kind weg, es wird adoptiert!«

Die Geburt selbst kann problematisch gewesen sein – seelisch oder körperlich. Es gab vielleicht Komplikationen (Steißlage, Nabelschnurverschlingung, Zangengeburt, Kaiserschnitt, Verspätung oder Frühgeburt). Solche Schwierigkeiten haben oft auch eine psychosomatische Komponente, die es aufzuklären gilt. (Es kann sich zum Beispiel um einen Widerstand des Kindes oder unbewusst auch der Mutter gegen die Geburt handeln.)

Die lächerliche Enttäuschung mancher Eltern – besonders der Väter –, weil statt des erwünschten Stammhalters

»nur« ein Mädchen auf die Welt kam, verwundet die Seele des Kindes ebenfalls. Wir sollten heute schon längst über dieses mittelalterliche, primitive Vorurteil hinweg sein!

Vielleicht hatte die Mutter nach der Geburt eine gesundheitliche Krise, oder sie ist sogar gestorben. Das Kind hat nun nicht nur dieses Erlebnis zu verkraften, sondern auch das Gefühl, allein gelassen zu werden, weil man die Aufmerksamkeit in dieser Notsituation ganz der Mutter widmet. Stirbt die Mutter, gibt der Vater nicht selten mehr oder weniger unbewusst dem Kind die Schuld, und dieses nimmt sie leider oft unbewusst auf seine Seele, obwohl es ja gar nichts für den Tod konnte.

Manche Kinder kommen eine Zeit lang in einen Brutkasten und fühlen sich dort verlassen. Obwohl dies aus medizinischen Gründen notwendig sein mag, wird hierdurch unausweichlich die Seele des Kindes verletzt.

Ich hatte auch Fälle, in welchen es sich herausstellte, dass der biologische Vater doch nicht derjenige ist, der offiziell als Vater gilt. Entweder hatte die Mutter gelogen, oder sie war sich selbst nicht sicher, wer von den beiden es nun wirklich war. Umgekehrt hatte ich auch einen Fall, in dem der Vater seine Vaterschaft vehement bestritt, aber zu Unrecht. Die Mutter hatte tatsächlich andere Liebschaften zu jener Zeit gehabt, aber er war trotzdem der biologische Vater.

Zusammenfassung

- Der Helfer legt den Klienten in den Mutterleib am **Anfang der Schwangerschaft**. Was fühlt er? Wenn die Mutter noch nicht von der Schwangerschaft weiß: zu der

Situation gehen, **in der sie entdeckt** oder erfährt, **dass sie ein Kind erwartet**. Wie reagiert sie? Und was fühlt das Kind? Wie sind beiderseits die Gefühle, **wenn es auch der Vater erfährt**, oder wenn dieser in der Nähe ist? Weiter zum nächsten wichtigen Erlebnis im Mutterleib. Vielleicht noch zur Situation einen Monat vor der Geburt.

- Wenn die wichtigen Situationen erlebt sind: zur Situation **eine Stunde vor der Geburt. Eine Viertelstunde. Fünf Minuten** bevor er heraus ist, vielleicht auch drei Minuten, zwei Minuten, eine Minute. Dorthin gehen, wo man **gerade herausgekommen** ist. Gefühle? Wie erlebt das Kind den ersten Atemzug? **In den Armen der Mutter.** Gefühle? **Kommt der Vater?** Gefühle?

Rückführung mit einer Schwangeren

Eine schwangere Frau zurückzuführen bedeutet keine Gefahr, sondern bietet im Gegenteil eine wichtige Chance, um das Kind besser kennen zu lernen und sich über dessen Bedürfnisse zu informieren. Wir führen sie zum Helfer und lassen ihn bitten, ihr die Seele des Kindes zu zeigen. Nun kann die Frau mit jener Seele sprechen und sie fragen, was sie braucht oder wünscht, um sich wirklich wohl zu fühlen.

Sollte es vorher in der Schwangerschaft Ablehnung oder sonstige emotionale Probleme gegeben haben, bietet sich nun eine Gelegenheit zur Versöhnung. Die Mutter kann die Seele ihres Kindes fragen, ob sich beide vielleicht schon von früher her kennen und was sie infolge dessen verbindet. Ein Spontanerlebnis ähnlicher Art ist in Buchform erschienen [2].

Hat man Zweifel, ob die Rückführung angebracht ist, kann man als Erstes zum Helfer gehen und hierüber nachfragen.

Die Geburt in einem früheren Leben erleben

Es ist ziemlich selten angebracht, die Geburt in einem früheren Leben zu erleben. Sollte es sich aber zeigen, dass z. B. die Mutter damals bei der Geburt starb, gehen wir zum Zeitpunkt gerade nach dem Austritt des Kindes hin. Der Klient wird kurz darauf erleben, wie die Mutter stirbt, und Gefühle haben, die loszulassen sind. Wir lassen ihn auch erleben, wie es nach der Geburt weitergeht. Oder vielleicht hat die Mutter das Kind kurz nach der Geburt weggegeben (z. B. vor der Tür eines Klosters hingelegt).

Sollte es in jenem Leben vor der Geburt auch einen Abtreibungsversuch gegeben haben, gehen wir in die Zeit im Mutterleib, vor dem Versuch (oder auch bevor die Mutter ihre Schwangerschaft entdeckte), hinein.

Literatur und Anmerkung

1. Ich beziehe hier das Wort »Geburt« auf den Austritt. Manche beziehen es auf den ganzen austreibenden Vorgang, der natürlich lange dauert. Es wird dann besser sein, es mit »bevor Sie herauskommen« o. Ä. auszudrücken.

2. Coudris, Manuel David: *Ich kann sprechen,* Goldmann, München, 1985.

9 | Abschluss der Rückführung

Es wird nun Zeit, die Rückführung abzuschließen. Bevor wir dies tun, ist es vorteilhaft, den Klienten von seinem Helfer in ein »Lichtbad« [1] tauchen zu lassen: »Bitten Sie den Helfer, Sie nun ganz in Licht einzuhüllen, und sagen Sie, wenn er es getan hat. (…) Fühlen Sie die Liebe dieses Lichts, das Sie so schön einhüllt. Fühlen Sie den Frieden und die Geborgenheit in diesem Licht. Fühlen Sie auch die heilsame Energie des Lichtes. Sie können nun diese Energie in sich aufnehmen. Atmen Sie es ein und füllen Sie sich damit ganz auf. Lassen Sie diese Lichtenergie all diejenigen Gefühlsenergien ersetzen, die Sie vorher losgelassen haben.«

Wir erinnern an dieser Stelle noch einmal an die wichtigen Gefühle, zum Beispiel: »… die Angst und die Schuldgefühle, die nun nicht mehr da sind …«

Sollten im früheren Leben (oder auch in diesem) Körperverletzungen erlitten worden sein, die heute noch nachwirken, zum Beispiel am rechten Bein: »Lassen Sie die Lichtenergie auch in Ihr rechtes Bein fließen und dort heilend wirken.«

»Nehmen Sie sich die Zeit, die es braucht, und sagen Sie, wenn Sie fühlen, dass dies geschehen ist. (…) Sie werden nun bald aus dem Licht heraussteigen. Dann nehmen Sie aber das Licht mit, das Sie in sich aufgenommen haben. Steigen Sie heraus, wenden Sie sich wieder zum Helfer und sagen Sie, wenn Sie vor ihm stehen.«

Die Person wird es als außerordentlich angenehm empfinden, in jenem Licht zu sein, und wir würden sie deshalb eigentlich gerne darin belassen wollen, wenn wir die Rückführung abschließen. Das sollte man nicht ohne weiteres tun. Die Erfahrung zeigt, dass es dann in gewissen Fällen mehrere Stunden dauern kann, bis die Person wirklich wieder hier ist, sozusagen mit beiden Füßen auf der Erde. Geht sie nachher zur Arbeit, wird sie – in dem Fall – sich an diesem Tag kaum auf ihre Aufgaben konzentrieren können. Deshalb ist es wichtig, sie vor dem endgültigen Abschluss der Sitzung wieder aus dem Licht heraussteigen zu lassen. Als ein Kompromiss lassen wir sie aber das in sich aufgenommene Licht behalten. Sie ist dann nachher bald wieder im »Hier und Jetzt«.

In bestimmten Fällen habe ich aber das Gefühl, dass es der Person gut täte, auch das Licht herum zu behalten – erst recht wenn sie nicht zur Arbeit geht, sondern nach Hause, und das nicht mit dem Auto. In dem Fall lasse ich erst den Helfer fragen, ob das in Ordnung ist, oder ob sie besser erst aus dem Licht aussteigen soll.

»Danken Sie Ihrem Helfer, und gehen Sie wieder in den Aufzug hinein. Sagen Sie, wenn Sie darin stehen. (…) Nun fahren Sie zum Erdgeschoss zurück, und sagen Sie Bescheid, wenn Sie dort ausgestiegen sind.« (…)

Ist sie auf einer Treppe hinaufgegangen, geht sie auf dieser zum Erdgeschoss zurück. Schwebte sie am Anfang zum Himmel hinauf, sinkt sie nun wieder zum Ausgangspunkt zurück.

»Lassen Sie jetzt Ihr Bewusstsein wieder zu den Füßen sinken und sagen Sie mir, wenn es dort ist. (…) Nun gehen Sie wieder hinauf durch den Körper, zurück zum Kopf, und schalten Sie auf dem Weg alle Schalter wieder ein. Die Reihenfolge ist nicht wichtig. Sagen Sie mir, wenn das getan ist und Sie wieder im Kopf sind. (...) Jetzt atmen Sie tief durch und machen die Augen auf. Bleiben Sie noch ein bisschen liegen. Wenn Sie dann aufstehen, tun Sie es langsam.«

Die Person sollte nicht plötzlich aufstehen – was allerdings auch kaum zu erwarten ist –, denn sollte sie es tun, könnte es ihr schwindelig werden. Vielleicht ist sie nun vier Stunden lang ganz still gelegen, sogar ohne einen Finger zu bewegen, und der Blutdruck wird dementsprechend gesunken sein. Andere wiederum bewegen und drehen sich in der Rückführung manchmal hin und her, was auch in Ordnung ist. Das physische Verhalten ist individuell verschieden.

Hiermit ist die Rückführung abgeschlossen. Nur wenige Klienten haben das Bedürfnis, nachher darüber zu sprechen. Wir möchten eigentlich auch nicht, dass das Erleben intellektualisiert und somit zu stark an die Oberfläche gezogen wird. Es ist viel besser, alles erst einmal auf sich wirken zu lassen. Man ist nachher ohne weiteres in der Lage, Auto zu fahren, aber es kann gut tun, erst eine Weile an der frischen Luft spazieren zu gehen.

Bevor wir uns verabschieden, empfehle ich der Person, sich in den nächsten Tagen hinzulegen und die Kassetten laufen zu lassen. Sie sollte das in einem dunklen Raum tun oder die Augen überdecken. (Wenn sie nicht alles auf einmal abhören kann, was das Beste wäre, muss sie dies aufteilen.) Das Erlebte kann sich hierdurch ergänzen – es kann etwas weiteres hinzukommen, das das erste Mal nicht kam. Zusammenhänge können klarer werden. Man kann feststellen, dass schmerzliche Gefühle nicht mehr da sind. (Ist doch noch ein kleiner Rest da, kann man auch diesen ins Feuer geben.)

Sollte es nicht gelungen sein, in dieser Rückführung alles Wichtige ausreichend zu klären oder die Gefühle vollständig loszulassen, empfehle ich der Person, später wegen eines neuen Termins anzurufen, wenn sie sich dazu bereit fühlt. Der Rückführende merkt wahrscheinlich, dass etwas nicht zugelassen wurde, was aber hätte kommen sollen, auch wenn dies der Person selbst gar nicht bewusst sein mag.

Zusammenfassung

- **Sich vom Helfer in Licht hüllen lassen.** Die Liebe des Lichtes, den Frieden, die Geborgenheit darin fühlen. Die Energie des Lichts spüren, sie z. B. einatmend in sich aufnehmen und sich davon erfüllen lassen. Die **losgelassenen Gefühlsenergien** durch dieses Licht **ersetzen** lassen.
- Wenn fertig, **aus der Lichthülle aussteigen**, aber die im Inneren aufgenommene Lichtenergie behalten. Sich beim Helfer bedanken. Zurück in den **Aufzug**, zum **Erdgeschoss** und dort aussteigen.
- Das **Bewusstsein zu den Füßen sinken** lassen. Zurück zum Kopf und auf dem Weg **alle Schalter einschalten**.
- **Tief durchatmen** und **Augen öffnen**. Langsam aufstehen. Die Person sollte in den nächsten Tagen die Kassetten abhören, dabei im Dunkeln liegen (oder die Augen überdecken) und die Situationen wieder erleben.

Anmerkung

1. Wie im »Märchen« in Kapitel 1 dargestellt, ist das Göttliche Licht immer da, aber wir nehmen es nicht bewusst wahr. Wir haben es auch in uns selbst, denn wir waren ja einmal ganz darin, und wir könnten ohne es nicht existieren. Das Aufnehmen von Lichtenergie aus der Lichthülle kann auch als ein Bewusstwerden des Göttlichen Lichts in uns gesehen werden. Das Licht wird meistens als weiß erlebt, kann aber auch Farbschattierungen enthalten oder farbig sein (zum Beispiel blau, violett oder goldgelb).

10 | Der Umgang mit Gefühlen

Gefühle und damit verbundene Schwierigkeiten

Warum ist das Erleben der Gefühle so wichtig? Die Antwort ist einfach: Wie wollen wir von Gefühlen frei werden, wenn wir sie nicht zulassen? Wie sollten wir sie loslassen können, wenn wir sie nicht erst fühlen wollen? Wir wüssten dann ja nicht einmal wirklich, *was* wir loslassen sollen. Gefühle, die wir zurückhalten, bleiben im unbewussten Ich versteckt und werden weiterhin als seelischer Ballast mitgetragen.

Manche Klienten hoffen auf eine »billige Lösung«, bei welcher der Rückführende sie wie durch Zauberhand von unangenehmen Gefühlen befreien kann, ohne dass sie diese erst selbst fühlen müssen. Das ist unmöglich. Der Rückführende kann nicht zaubern; jede Rückführung funktioniert nur als *Zusammenarbeit* zwischen beiden Beteiligten. Hält man im entscheidenden Moment die Gefühle zurück, verpasst man die Befreiung. Nachher weiß man zwar, *warum* man sein Problem hat – aber man hat es immer noch. Die innere Wandlung auf der emotionalen Ebene, die Katharsis, wird dann nicht erreicht. Die Rückführung befriedigt dann bestenfalls eine gewisse intellektuelle Neugier, nicht aber die tiefsten Bedürfnisse des Klienten nach Erlösung von einem vielleicht langjährigen Leiden.

Es geht hier nicht um ein »Schwelgen« im Gefühl. Das Erleben des Gefühls im unmittelbaren Zusammenhang mit der Ursprungssituation macht deutlich, dass es *dorthin*, in die Vergangenheit, gehört und nicht hierher, ins heutige Leben. Für das Erkennen des Ursprungs an jenem Ort und in jener Zeit genügt es normalerweise, nur für einen Moment auf dem Höhepunkt des Gefühls zu verweilen [1]. Wenn sich das Erleben in die Länge zieht, dann meistens deshalb, weil die Person dies durch einen inneren Widerstand selbst bewirkt, obwohl es rasch hätte erledigt werden können.

Keine falsche »Beruhigung«

In einem Buch über Rückführungen [2] steht zu lesen: »Beruhige die Person wiederholt im Laufe der Rückführung durch: ›Du bist körperlich im Hier und Jetzt, und dies ist nur eine Erinnerungsübung. Du brauchst keine schmerzliche Empfindung irgendeiner Art auf irgendeiner Ebene zu haben.‹ Fordere die Person auf, sich von der Situation zu distanzieren und nur zu beobachten, wie wenn sie einen Film oder das Fernsehen anschaue.«

Verkehrter kann man es bei einer therapeutischen Rückführung kaum machen! Die somit zurückgehaltenen Gefühle verbleiben in diesem Fall weiterhin als Problemquellen im Unbewussten der Person.

Ursula Markham meint zu diesem Thema ([3], S. 27): »Ich bin mit manchen Therapeuten nicht einverstanden, die darauf bestehen, dass kein Nutzen gewonnen wird, wenn nicht eine Erfahrung mit all dem dazugehörigen Trauma wieder erlebt werde. Es genügt zu *wissen* und zu verstehen, was geschah – es ist gar nicht notwendig zu leiden, weder physisch, mental noch emotional. Ich wäre auch nicht in der Lage, Rückführungstherapien durchzuführen – ob in dieses oder in ein früheres Leben –, wenn ich erwarten müsste, dass mein Patient im Laufe davon leidvolle Gefühle durchleben müsse.«

Wie man sich nach allem Gesagten denken kann, stimme ich mit der Autorin in keiner Weise überein. Der Kernpunkt ihrer Äußerung liegt für mich im letzten Satz des Zitats: *Sie ist nicht in der Lage,* damit umzugehen. Sie scheint nicht zu wissen, wie man mit Gefühlen umgeht *und sie loslässt*! Nach sehr vielen Jahren der Erfahrung hat es sich für mich immer wieder als entscheidend erwiesen, dass alter seelischer Ballast endlich abgeworfen wird. Genau dafür muss man aber – *kurz*, aber auch richtig – in das Gefühl hineintauchen.

Ursula Markham gibt als einen »Vorteil« der hypnotischen Methode an, dass damit leichter emotional geladene Situationen vermieden werden können ([3], S. 98). Sie bedient sich dabei einer Distanzierungstechnik: »Man soll es nur anschauen und nicht fühlen.«

Für mich ist das eher die Befestigung einer schon vorhandenen Verdrängung und keine Befreiung. Eine solche »Therapie« beschränkt sich weitgehend auf ein Herumdoktern an den Symptomen.

Die wahre Meisterschaft der Verdrängung wird aber von Harry Palmer in seiner Einführung zum Avatar-Kurs dargestellt. Er schreibt darin, dass er einmal in einer Übung zu einer dramatischen Situation in seinem Leben zurückkam, aber es kamen keine Gefühle auf. »… es wurde mir auf einmal klar, dass wenn ich keine Erinnerung an das Ereignis herstelle, dann existiert es für mich nicht … Warum sollte ich eine Idee herstellen, wenn alles, was ich wollte war, da-

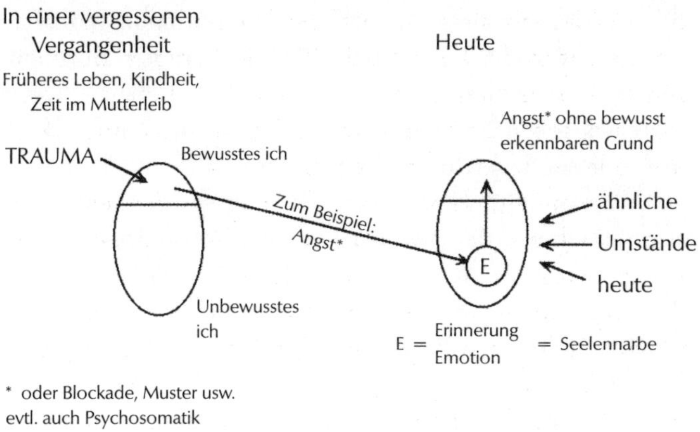

Hypothetische Übertragung einer durch ein Trauma entstandenen Gefühlsenergie aus der Vergangenheit in die Gegenwart

von frei zu werden … In meinen helleren Augenblicken wurde es mir vollkommen klar, dass die Vergangenheit nicht existiert, wenn ich nicht in der Gegenwart eine Erinnerung daran herstelle.« [4] Hier werden schmerzliche Energien der Vergangenheit nur noch tiefer ins unbewusste Ich vergraben, und das mit einer schönen Ausrede für das bewusste Ich. Sie werden mit der Suggestion überdeckt, dass man nie etwas Übles erfahren noch getan hätte. So etwas wird unweigerlich einmal umso schmerzlicher aufbrechen und sprengt dann den Deckel darüber weg, oder man knabbert mit einer rätselhaften Symptomatik ein Leben lang unbewusst an der Sache …

Die Gefühle kommen zu lassen mag manchmal Mut erfordern. Fehlender Mut ist der häufigste Grund für Blockaden, die vor entscheidenden Schlüsselerlebnissen auftreten. Wollen die Gefühle nicht kommen, gehen wir zum Helfer und fragen, warum. Er kann dann den unbewussten

Teil der Person, der das Gefühl nicht haben will, herausstellen (s. Kapitel 11). Man kann auch fragen lassen: »Fragen Sie den Helfer, was sich in Ihrem Leben ändern würde, würden Sie jene Gefühle wieder spüren und sie dann auflösen? (...) Und was ist, wenn Sie es nicht tun?« Der Helfer sagt, dass sich das Problem lösen würde, wenn Sie die Gefühle kommen ließen, und das alles sonst beim Alten bliebe.

Wenn man ein Gefühl nicht loslassen will

Es kann vorkommen, dass man ein Gefühl zwar spürt, aber es nicht loslassen will. Da dies unbewusst so ist, wird es eher etwa so erlebt: »Ich kann diese Trauer nicht ins Feuer geben, sie klebt an mir fest!« Ein Grund dafür mag darin bestehen, dass man seine Gefühle, so quälend sie auch sein mögen, in irgendeiner Weise doch »lieb gewonnen« hat (auch wenn das bewusste Ich dies niemals zugeben würde). Durch solche Gefühle kann man nicht selten Mitleid und Aufmerksamkeit auf sich lenken. Manchmal kann man damit auch andere Menschen erpressen! Diesen »Vorteil« will sich so mancher Klient nicht so ohne weiteres entgehen lassen. Doch wie hoch ist der Preis dafür! Nicht nur die Gegenwart wird durch solche unbewussten Negativprogramme überschattet, auch neue karmische Belastungen können daraus erwachsen.

Stellt es sich heraus, dass man durch das leidvolle Gefühl die Aufmerksamkeit der Umwelt sucht, besprechen wir dies mit dem Helfer. Kommt die Aufmerksamkeit aus dem Herzen der anderen oder mehr aus ihrem Pflichtgefühl heraus? Natürlich aus dem Pflichtgefühl! Ist es das, was der Klient will? Nein, er hätte es lieber, dass es aus dem Herzen käme. Das kann er haben, aber nicht auf diese Weise, sondern durch positive Zuwendung an die anderen.

Man spricht auch vom Phänomen des »vertrauten Unwohlseins«. Das schlechte Gefühl ist so zur Gewohnheit geworden, dass man sich ein Dasein ohne es kaum vorstellen kann. Hinter ihnen sieht man zuerst nur Leere und nicht das neue Leben. Lässt man das Gefühl los, hat man ja gar nichts mehr. Wir lassen den Helfer fragen, was dann anstelle des Gefühls kommen könnte. Lebensfreude, Vertrauen … »Wollen Sie dann immer noch das Gefühl haben?« Die Person ist nun bereit, es ins Feuer zu geben.

Ohne das Gefühl müsste sich außerdem etwas im Leben des Betreffenden ändern. Auch wenn dies im Grunde eine Änderung zum Besseren wäre, wehrt sich etwas in uns manchmal dagegen.

Es könnte ja sein, dass man ohne diese Gefühle eine neue Verantwortung übernehmen müsste – eine Verantwortung für das eigene Leben, um die man sich lieber herumdrücken würde. Es scheint ja auch so viel einfacher zu sein, wenn andere dies für uns übernehmen.

Ein weiteres Hindernis, die Gefühle loszulassen, kann zunächst in Schuldgefühlen begründet sein, die noch nicht bewusst geworden sind. In solchen Fällen meint man unbewusst, dass man schmerzliche Gefühle nicht loslassen dürfe, weil man es nicht verdiene. Auch dies beruht auf einem Irrtum. Vermuten wir eine solche Ursache, lassen wir den Helfer fragen, ob ein noch unaufgedecktes Schuldgefühl im Wege steht. Ist es so, gehen wir dem nach.

Schließlich könnte das Loslassen von Gefühlen mit einer Einsicht verbunden sein. Man müsste dadurch etwas erkennen, das man lieber nicht sehen möchte. Weiter zu leiden erscheint dann als der bequemere Weg.

Es kommt auch vor, dass man mit seinen Gefühlen unbewusst nach außen hin Leid demonstrieren will. Derjenige, der mir gegenwärtig oder in der Vergangenheit Schmerzen zufügt(e) (zum Beispiel ein Elternteil, der meine Seele in der Kindheit verletzte, oder ein Partner, den ich mir vielleicht sogar unbewusst aussuchte, um ein Karma abzuarbeiten), soll nur sehen, wie schlecht es mir geht! »Es ist ja seine Schuld!«

Was, aber, wenn das Ziel meiner »Bemühungen« dies nicht sehen will? Dann hätte ich ja ganz umsonst gelitten! Und ist es wirklich nur »seine Schuld«, wenn dahinter uralte karmische Verstrickungen stecken? Vielleicht erlebe ich ja nur, was ich einmal anderen angetan habe … Der Preis, den ich mit meinem Leiden bezahle, ist in jedem Fall zu hoch, denn ich ernte im besten Fall die unbewusste Befriedigung, mich am anderen für etwas »gerächt« zu haben – eine Haltung, die für meine Entwicklung Stillstand bedeutet, da ich mir über meinen eigenen möglichen oder gar wahrscheinlichen Schuldanteil noch nicht klar geworden bin.

Verdrängte Gefühle setzen sich meistens irgendwo im Körper fest und können mit der Zeit dort diffuse Empfindungen, Schmerzen oder gar Krankheitssymptome verursachen. Das unbewusste Ich will dadurch auf sie aufmerksam machen, aber das bewusste Ich will oft nichts davon wissen.

Es gibt Fälle, in welchen man durch Leid erpressen will – natürlich, wie immer, auch hier unbewusst. Die Frau weiß zum Beispiel, dass ihr Mann eine Freundin hat. Sie wird krank. Der Mann muss sie nun pflegen und wendet sich notgedrungen und mit Schuldgefühlen von der Freundin ab. Im schlimmsten Fall stirbt die Frau schließlich, vielleicht sogar irgendwo in sich mit einer Genugtuung, da sie erst die Beziehung des Mannes zur Freundin vereiteln konnte. Es gibt sogar seltene Extremfälle einer Erpressung auf dem Todesbett: »Versprich mir, dass du nicht wieder heiratest!« Tut es der Mann, aus den Schuldgefühlen heraus, wird er es bitter bereuen – aber ein solches erpresstes Versprechen hat gar keine Gültigkeit!

Befreiung durch Gefühle

Welchen Unterschied es macht, wenn Gefühle in der Rückführung hervorkommen dürfen, möchte ich mit einer Geschichte illustrieren. Es handelt sich um einen Fall, in dem die Person das gleiche Geschehen auf zweierlei Weise erlebte: zuerst ohne, dann mit Gefühlen. Die Geschichte ist naturgemäß traumatisch, denn es geht ja um ein Problem, dessen Ursache kein angenehmes Erlebnis sein kann.

Jene Person hatte eine ungewöhnlichen Angst: Sie konnte nie in einen Wald gehen. In der Rückführung erlebte sie sich als ein österreichisches Bauernmädchen in einem früheren Jahrhundert. Sie ging auf einer Landstraße entlang, und ein Mann mit Pferd und Wagen ließ sie mitfahren. Er wurde während der Fahrt aufdringlich und wollte sie begrabschen. Sie sprang vom Wagen und lief in einen Wald hinein, verfolgt von jenem Mann. Er konnte sie fangen und war nahe daran, sie zu vergewaltigen. Aber aus irgendeinem Grund ging es aber nicht richtig. Er wurde wütend und schlug sie tot – besonders deshalb, wie sich später erwies, weil er Angst vor den Folgen hatte, denn das Mädchen hätte ihn verraten können und er wäre dann ins Gefängnis gekommen.

Die Person ließ in dieser Rückführung keine Gefühle zu. Eine Woche später machten wir weiter. Sie sagte, sie habe inzwischen viel an dieses Erlebnis gedacht und könne immer noch nicht in einen Wald gehen. Nun durchlebte sie das gleiche Geschehen noch einmal, dieses Mal mit den dazugehörigen Gefühlen. Sie fühlte die Angst, als sie in den Wald hineinlief, die Panik, als der Mann sie gefangen hatte, und entdeckte nun, weshalb er sie nicht vergewaltigen konnte. Sie hatte aus lauter Panik einen Krampf im ganzen Körper bekommen, der auch den Unterleib zuschnürte (ein in der Medizin als Vaginismus bekanntes, eher seltenes Phänomen). Sie fühlte auch die Schmerzen, als sie totgeschlagen wurde. Nachher war alles vorbei. Sie schwebte als körperlose Seele im Wald und fühlte sich wohl. Die Angst, die Panik und die Schmerzen waren vorüber.

In der Woche danach bekam ich eine Postkarte von ihr. Sie schrieb: »... Stell dir vor, ich hab's geschafft! Heute begab ich mich zum ersten Mal in meinem Leben *allein und freiwillig in* den Wald! Ein paarmal Umdrehen gestattete ich mir zwar noch – aber sonst war es sogar schön!«

Lässt man Gefühle nicht zu, kann man sie nicht loslassen. Was nicht herauskommt, bleibt in uns und wird als seelischer Ballast weiter durch das Leben getragen. Hat man in der Rückführung die für das Problem ursächliche Situation gesehen, ohne jedoch nennenswerte Gefühlsempfindungen dabei zu haben, kennt man hinterher zwar die Ursache des Problems, leidet aber immer noch darunter.

Kommen die Gefühle nicht heraus – oder blockiert sich die Person vor der entscheidenden Situation derart, dass wir nicht einmal in die Situation hineingelangen –, kann es nach der Rückführung zu einer Art von »Erstverschlimmerung« kommen: In den nächsten Tagen erlebt man das Problem noch stärker als vorher. Eine Woche (in sehr seltenen Fällen zwei Wochen) später ist aber alles wieder beim Alten, und die Intensivierung war nur vorübergehend. Bei körperlichen Schmerzen dauert sie nur Stunden.

So wie in der Homöopathie die Erstverschlimmerung anzeigt, dass das richtige Mittel gefunden wurde, zeigt sie hier, falls sie auftritt, dass wir auf die wesentliche Ursache des Problems gestoßen sind. Da sich der Weg also als wirksam herausgestellt hat, sollte man sich nicht von einem neuen Anlauf abschrecken lassen!

Literatur und Anmerkung

1. Der richtige Umgang mit den Gefühlen ist in der Rückführung entscheidend. Im Prinzip genügt es ein Stück weit, das Gefühl in der Situation durchzuerleben, jedoch ist ein zusätzliches gezieltes Loslassen von großer Wichtigkeit. Manche Rückführende scheinen dies nicht ganz zu verstehen. Jameison hat bei einem Informationsaustausch 1994 angesprochen, dass an und für sich bekannte Rückführende ihre Klienten mit starken Gefühlserlebnissen konfrontieren und es dann dabei belassen, ohne für ein Loslösen von den Gefühlen zu sorgen. Noch schlimmer: Einige veranstalten Gruppenrückführungen, reisen weiter und lassen Personen mit ihren aufgetauchten Gefühlen allein zurück.

2. Wagner McClain, Florence: *A Practical Guide to Past Life Regression,* Llewellyn, St. Paul MN, 1987.

3. Markham, Ursula: *Regression Therapy using Hypnosis,* Piatkus, London, 1995.

4. Palmer, Harry: *Creativism: The Art of Living Deliberately*, Star's Edge International, Longwood FL, 3. Aufl. 1990, S. 42–43.

11 | Erläuterungen und Variationen. Was tun, wenn der Klient blockiert?

In diesem Kapitel finden Sie weitere Erklärungen zur Technik und Hinweise zum Umgang mit Hindernissen und Schwierigkeiten, die auf dem Weg auftreten können. Lassen Sie sich davon nicht abschrecken! Erstens treten solche Hürden nicht sehr oft auf und zweitens werden sie meistens ziemlich leicht überwunden. Man stößt in einer Rückführung, wenn überhaupt, nur auf ein oder zwei Hindernisse – ganz selten auf einige mehr.

Erklärungen zur Technik

Das tiefe Atmen am Anfang soll beruhigend wirken, ohne dass wir diesbezüglich von »Entspannung« sprechen. (Das könnte sonst möglicherweise dazu führen, dass sich der Klient sagt: »Ich fühle mich nicht entspannt, es wird sicher nicht gehen«, aber es kann trotzdem gehen.) Das Zählen während der Atemzüge soll das Denken ganz in Anspruch nehmen, damit periphere Gedanken nicht allzu leicht stören können oder der Intellekt vom Wesentlichen ablenkt und das Bewusstsein mit Oberflächlichem beschäftigt ist.

Es mag dem Leser schon aufgefallen sein, dass die Schalterpositionen mit denjenigen einiger Chakras übereinstimmen [1]. Wir haben Hauptchakras an der Wirbelsäule, am »Dritten Auge« und auf dem Scheitel. Im Yoga kennt man außerdem sekundäre Chakras an den Gelenken sowie auf den Füßen und in den Händen, und dort stellen wir uns ebenfalls Schalter vor. Diese Entsprechung hat sich erst später ergeben, weil Bryan Jameison bei der Ausarbeitung seiner Methode noch nichts von Chakras wusste. Diese Körperstellen erwiesen sich einfach als geeignete Schalterpositionen.

Es geht aber nun nicht etwa darum, Chakras auszuschalten (das wäre auch gar nicht möglich). Die entsprechenden Körperstellen (die Chakras befinden sich nicht im physischen Körper) sind u. a. eine Art von Verbindungsstellen zwischen Körper und Seele. Es geht lediglich darum, dass sich die Seele für eine Weile vom heutigen Körper distanziert, um sich möglichst ganz auf den Körper im früheren Leben einzurichten (so wie die Seele ihn in Erinnerung hat).

Dabei schalten wir längs der Wirbelsäule nur an jenen Stellen aus, die den Chakras an deren beiden Enden entsprechen. Würde man zum Beispiel am Nabel oder an der entsprechenden Stelle am Rücken ausschalten, so wäre eher eine unerwünschte Dämpfung der Gefühlserlebnisse zu erwarten.

Es ist völlig unwichtig, wie die vorgestellten Schalter aussehen. Manche Klienten haben sogar unterschiedliche Schalter an verschiedenen Körperstellen: Kippschalter, Drehschalter, Druckknöpfe oder sogar einen Zugschalter.

Wie schon mehrfach erwähnt wurde (dies kann nicht oft genug wiederholt werden), ist der Verstand hierbei hinderlich, ja geradezu destruktiv, sofern er in das Erlebnis eingreifen will. Er gehört zur linken Hirnhälfte, die mit der rechten Körperseite verbunden ist. Deshalb fangen wir am rechten Fuß an, um möglichst bald den Intellekt zu besänftigen. Bei Linkshändern scheint es umgekehrt zu sein, wir fangen deshalb bei ihnen lieber links an (was aber nicht absolut notwendig ist).

Das tiefe Atmen zwischen Schaltergruppen, die am Rumpf bzw. am Kopf liegen, soll indirekt einen Grenzbereich andeuten. Wir wollen, dass die Person den heutigen Körper weitgehend vergisst, um sich wie im damaligen Körper zu erleben. Ihr bewusstes Ich ist allerdings unvermeidlicherweise im Kopf und erlebt die Bilder mit, die darin auftauchen. In einem gewissen Sinne spielt sich deshalb das Erlebnis im Kopf ab (nicht aber im Verstand), und der Rest des heutigen Körpers ist dabei ganz unwichtig.

Mit der Aufforderung, das Bewusstsein zu den Füßen hinuntersinken zu lassen, wird indirekt ein Bild vermittelt. Wir sprechen von einem ruhigen Teich und davon, dass das Bewusstsein hinuntersinkt wie ein Steinchen zum Boden. Das unbewusste Ich versteht Bilder besser als Wörter, und das Bild vom stillen Teich sagt ihm, dass der Körper sich in Ruhe befindet. Die bildhafte Formulierung mit dem heruntersinkenden Stein soll andeuten, dass man den Verstand fallen lassen soll, der das größte Hindernis für tiefere Erlebnisse jeder Art ist, da er sich nur an der Oberfläche bewegt. Für die Überprüfung der Schalter wird wiederum ein Bild vermittelt: Man geht durch den Körper wie durch ein leeres Haus; nichts Körperliches wirkt mehr ablenkend.

»… Man muss nicht entspannt sein …« – erstens stimmt das, eine Rückführung kann auch mit einer ziemlich angespannten Person gelingen. Zweitens ist dies ein psychologischer Trick: Wenn man nicht entspannt sein muss, tut man es oft erst recht … Nur in diesem Moment verwende ich das Wort »Entspannung«.

Manchmal treten unwillkürliche Augenbewegungen auf, die offenbar eine Verwandtschaft mit dem REM-Phänomen (*rapid eye movements*) beim Träumen haben. Sie können in seltenen Fällen so stark sein, dass sie die Person irritieren. Deshalb sagen wir ihr vorbeugend, dass Augenbewegungen in Ordnung sind.

Es gibt nicht viele Klienten, die bei der Überprüfung irgendwo noch einmal ausschalten müssen. Es macht dennoch auf jeden Fall Sinn, abermals durch die Reihe der Schalter zu gehen, denn man richtet auf diese Weise noch einmal die Aufmerksamkeit auf jene Körperstellen und bestätigt sich dann den ausgeschalteten Zustand der Schalter.

Bei den letzten beiden Schaltern wird, wie wir schon gesagt haben, die Reihenfolge umgekehrt. Der Sinn dieser Änderung besteht darin, dass wir damit am Steißbein aufhören. Auch wenn sich also das Erlebnis in einem gewissen Sinne im Kopf abspielt, ist man damit in einer anderen Hinsicht etwas weiter vom Kopf entfernt – also auch vom hinderlichen Verstand.

Im Aufzug

Die Frage nach dem Aussehen des Aufzuges hat in erster Linie den Zweck, der Person bei der Wahrnehmung zu helfen. Wenn sie zur Beschreibung aufgefordert wird, wird sie das Bild noch deutlicher sehen. Ferner ist dies auch eine Information für den Rückführenden, die von Bedeutung sein kann, wenn man es mit einem ganz ungewöhnlichen Aufzug zu tun hat und vielleicht damit auf besondere Weise umgehen muss.

In der Aufzugskabine soll sich die Person zur Tür umdrehen. Würde sie mit dem Rücken zur Tür stehen, könnte sie sich eventuell etwas unsicher fühlen, da diese hinter ihr zuerst offen ist. Steht sie mit dem Rücken zur Kabinenwand, und kann sie durch die noch offene Tür hinaussehen, wird sie sich auf jeden Fall sicherer fühlen.

Die Frage nach dem höchsten Stockwerk auf der Knopftafel im Aufzug hat einen doppelten Sinn: Erstens ist dies eine indirekte Andeutung unserer Erwartung, dass die Person *hinauffahren* wird. Wir sagen das aber nicht direkt, denn wir wollen die Möglichkeit noch offen lassen, dass die Fahrt auch hinuntergehen kann. Die Fahrt hinauf scheint eine wünschenswerte Form von Bewusstseinserweiterung zu bewirken. Geht es hinunter, *kann* es in selteneren Fällen eher in Richtung einer Pseudo-Hypnose gehen, die wir zwar nicht anstreben, aber doch zulassen, wenn es so kommen will (und deshalb wohl auch so sein soll). Der zweite Grund für die Frage nach dem obersten Stockwerk ist der, dass ich dann über die Möglichkeiten dieses Aufzugs Bescheid weiß.

Selten einmal kann hier nämlich das kleine Problem auftreten, dass die Person zu einem höheren Stockwerk fahren soll, als mit dem Aufzug möglich ist. Der höchste Stock ist vielleicht der 10., aber das Höhere Selbst will bis zum 15. Stock gehen. Was in diesem Fall zu tun ist, folgt weiter unten.

Die Stockwerkszahlen haben normalerweise nichts mit der Reihenfolge der Leben zu tun. Sie entsprechen eher dem Ausmaß an leichter Bewusstseinsveränderung, das eine Person durchläuft, um sich stärker für die Seelenerinnerung zu öffnen. Eine höhere Zahl bedeutet meistens, sich mehr vom heutigen Tagesbewusstsein abzuheben.

Bevor die Person im Stockwerk aussteigt, soll sie hinausschauen. Sie kann dort alles Mögliche vorfinden (wie weiter unten beschrieben), und sie soll nicht unvorbereitet aus dem Aufzug treten.

Wen kann man zurückführen?

Die Person muss selbstverständlich das Erlebnis aus eigenem Willen anstreben. Im anderen Fall wird die Rückführung vielleicht schon deshalb nicht gelingen, weil sie dazu erst überredet werden musste. Wer skeptisch ist und nicht an Reinkarnation glaubt, wird wahrscheinlich ein interessantes Erlebnis und nachher etwas zum Nachdenken haben, falls er gewillt ist, sich auf das Experiment einzulassen. Wer allzu sehr darauf fixiert ist, »etwas erleben« zu *wollen*, kann sich dadurch innerlich verspannen und sich selbst blockieren. Die lockere Haltung ist die beste.

Die normale Motivation für eine Rückführung ist die Suche nach Klärung und Lösung eines Problems. Steckt die Person gerade in einer Phase intensiver Konfrontation mit der eigenen Problematik, vielleicht sogar in einer »Problemkrise«, so kann dies ein besonders geeigneter Moment sein.

Ein Zustand, in dem es sich manchmal umgekehrt verhält, scheint die Depression zu sein. Diese hat oft etwas von Selbstmitleid an sich, ist manchmal auch mit zumindest unbewussten Schuldzuweisungen an andere oder an das Schicksal [2] verbunden. Steckt man gerade tief in der Depression, so wird man vielleicht erst recht nicht bereit sein, den eigenen Anteil an der Verantwortung zu sehen. Die Erkenntnis dessen, was man selbst beigetragen hat, ist aber für die Lösung jeder Problematik höchst wesentlich.

Die einzige konkrete Gegenindikation für Rückführungstherapien ist ein psychotischer Zustand. Ich rate dringend davon ab, in einem solchen Fall mit jemandem eine Rückführung zu machen, wenn man nicht wirklich viel Erfahrung damit hat und sich sehr sicher fühlt. Es besteht zumindest theoretisch die Möglichkeit, dass man damit einen psychotischen Schub auslösen könnte. Allerdings dürfte die Gefahr gering sein, denn bei der sehr hohen Zahl von Rückführungen, die man seit 1968 mit dieser Technik gemacht hat, dürften sicherlich auch einige psychotische Personen darunter gewesen sein, die zu dem Zeitpunkt nur nicht als solche auffielen und nicht von dieser Problematik sprachen. Hat man große Erfahrung mit Rückführungen und will versuchen, etwas für eine Person mit einer solchen Problematik zu tun, so lässt man sie zuerst zum Helfer gehen und dann nur in solche Erlebnisse hinein, die der Helfer anzeigt. Eine Psychose ist nach meiner Überzeugung ein Zustand innerhalb des bewussten Ichs oder auch einer Zwischenschicht zwischen diesem und dem unbewussten Ich. Die Seele selbst kann niemals psychotisch sein, und der Helfer ist ein Sprachrohr jener gesunden Seele.

Ich führte einmal eine Rückführung mit einem Schizophrenen durch. Sie ging ganz gut, auch wenn am Schluss sein Helfer ihm sagte, dass er diesen Zustand akzeptieren müsse. Sie gehöre zur Lektion dieses Lebens. Ohne sie würde er nämlich zu stolz. Der Klient konnte dies einsehen und annehmen!

Eine Frau mit Borderline-Psychose hatte ein sehr hilfreiches Erlebnis und brauchte nachher keine Psychopharmaka mehr. Die Ärztin, die sie zu mir gesandt hatte, sagte aber: »Ich wage es nicht, dir weitere Patienten zu schicken, denn ich könnte Probleme mit der Ärzteschaft bekommen…«

Menschen, die sich in einem früheren Leben als psychotisch und auch als geistig behindert erlebt haben, haben auf diesen Unterschied zwischen einer krankhaften Störung des bewussten Ichs und der Gesundheit des innersten Seelenkerns klar hingewiesen. (Die Seele zum Beispiel einer Person mit Down-Syndrom – früher mongoloid genannt – ist völlig normal, kann sich aber nicht richtig durch den Körper ausdrücken, da sein Verstand nicht gut funktioniert.) Eine erste Bitte an den Helfer im Falle einer Psychose ist es, den Klienten gegen Komplikationen zu schützen und ihn gegebenenfalls nicht in Halluzinationen flüchten zu lassen. Er kann die Person auch durch Erlebnisse der Vergangenheit begleiten.

Bei einer geistigen Behinderung würde ich zuerst die Eltern zurückführen wollen, weil erfahrungsgemäß mit einer seelischen Verbindung von früher her zu rechnen ist (die Seelen sind sicher nicht das erste Mal zusammen), und weil sie dadurch neue Einsichten für einen hilfreichen Umgang mit dem Behinderten gewinnen dürften.

Bisher habe ich keine Erfahrung mit der Rückführung eines in dieser Weise Behinderten und weiß deshalb nicht, inwieweit sie möglich und dementsprechend auch hilfreich wäre – angesichts der Tatsache, dass das heutige bewusste Verstandes-Ich aus anatomischen oder physiologischen Gründen nun einmal nicht besser funktionieren kann. Sicher ist es zunächst erfolgversprechender, dass seine Pflegepersonen einen besseren Umgang mit ihm lernen.

Eine körperliche Behinderung ist natürlich eine ganz andere Sache und erschwert nur dann die Rückführung, wenn sie die Kommunikationsmöglichkeit schwer beeinträchtigt. Ich wüsste zum Beispiel nicht, wie ich mit einem Gehörlosen eine Rückführung machen könnte.

Herzleiden stellen erfahrungsgemäß keine Kontraindikation dar, denn das unbewusste Ich weiß, was die Person aushalten kann. Erlebt eine Person in der Rückführung Herzschmerzen, dann normalerweise deshalb, weil sie sie in jenem früheren Körper erlebt, aber nicht im heutigen. Im Zweifelsfall geht man immer erst zum Helfer, um sich davon zu überzeugen.

Alkohol und Drogen

Alkoholeinfluß ist kein Anlass, die Person wieder nach Hause zu schicken. Wir raten natürlich nicht dazu, vor einer Rückführung Alkohol zu trinken, aber der Einfluss dieses Rauschmittels (wenn in Maßen genossen) kann teilweise sogar förderlich sein! Der hinderliche Verstand wird damit leichter losgelassen. Leichtere Droge, wie Marihuana oder Haschisch sind natürlich ganz abzulehnen. Theoretisch ist nicht auszuschließen, dass sie ebenfalls förderlich wirken können. Ich habe damit aber nur ganz wenig Erfahrung. Ein Mädchen kam einmal zu mir und war, wie sie sagte, von Marihuana ziemlich stark »eingeraucht«. Die Dosis war wohl zu stark, denn die Bilder traten ohne erkennbaren Zusammenhang auf, und wir mussten schließlich aufgeben. Ein Mann wollte vorher ein wenig »Gras« rauchen. Ich ließ es zu. Dies scheint in seinem Fall eher förderlich gewesen zu sein. Hier war allerdings die Dosis mäßig.

Die Einwirkung von Heroin ist ein schwierigerer Fall. Es hat nicht den Anschein, dass wir dem Heroinsüchtigen mit Rückführungen viel helfen können. Er muss erst dazu motiviert sein und es wirklich wollen und sollte deshalb bereits einen Entzug hinter sich haben. In diesem Fall könnten die Motivation zum drogenfreien Leben und der bereits gefasste Entschluss untermauert werden. Eine schon vorhandene eigene Motivation ist allerdings eine unabdingbare Voraussetzung dazu. Überredungsversuche sind sonst schwächer als die Illusionswelt der Sucht, deren Vorspiegelungen eine große Macht auf ein Bewusstsein haben, das dazu neigt, sich selbst zu belügen. Dies ist überhaupt das Hauptproblem bei Heroinsucht: Auch wenn der Entzug gelungen und die Motivation gegeben ist, stellt die Versuchung zum Rückfall noch auf Jahre hinaus eine ernst zu nehmende Gefahr dar.

Rückführung mit Kindern

Mit Kindern geht eine Rückführung eher leichter vonstatten als mit Erwachsenen. Sie sind oft weniger skeptisch und nehmen natürlicher an, was an inneren Bildern auftaucht. Ist die Reinkarnation ein Gesprächsthema zu Hause und will es das Kind selbst, mache ich gerne eine Rückführung mit ihm – nicht aber, wenn es offenbar dazu überredet wurde. Dann ist es sinnvoller, erst die Mutter (oder den Vater) zurückzuführen. Es muss natürlich alt genug sein für eine gute sprachliche Kommunikation. Nun mag mancher Bedenken haben, ob man so etwas bei einem Kind überhaupt verantworten kann. Könnte nicht etwas eintreten, was ein Kind nicht versteht und womit es nicht umgehen kann? Dazu ist Folgendes zu sagen: Erstens ist jener Mensch nur in seinem körperlichen bewussten

Ich ein Kind – seine Seele ist vielleicht älter und erfahrener als die der Eltern –, und zweitens zeigt die Erfahrung, dass in einer Rückführung nie etwas hochkommt, womit der Betreffende tatsächlich nicht umgehen könnte. An Erlebnisse, die einen Menschen völlig überfordern würden, käme man, solange der Betreffende dafür noch nicht stabil genug ist, gar nicht heran. Fragen wir in einem solchen Fall den Helfer, warum dies nicht geht, so sagt er, dass es (noch) nicht sein soll. Solche Aussagen müssen wir dann respektieren.

Ein zwölfjähriger Junge erlebte sich auf der Flucht vor etwas. Er fand Zuflucht auf einer Insel, wo ein alter Mann in einer Hütte lebte. Sie lebten dort eine Zeit lang zusammen, dann hatten sie Streit und der alte Mann tötete ihn. Nach dem Todeserlebnis fragte ich ihn, wovor er erst geflüchtet sei. Er konnte dies nicht erkennen. Dann gingen wir zur Begegnung mit dem Helfer, der sagte: »Es ist zu früh, um danach zu fragen. Das wirst du später einmal erfahren.«

Man braucht also nicht zu befürchten, dass z. B. ein zehnjähriges Mädchen wiedererlebt, wie es in einem früheren Leben vergewaltigt wurde. Das kommt in jenem Alter einfach nicht. Wenn sie aber erwachsen geworden ist, kommt sie auch an jene Erinnerung heran, sofern sie wieder einmal eine Rückführung erlebt.

Es kann mit kleinen Kindern auch ohne Schalter und ähnliche symbolische Hilfsvorstellungen funktionieren. Eine Kursteilnehmerin nahm ihren 2½ Jahre alten Sohn auf den Schoß, bat ihn, die Augen zu schließen, zurückzugehen dorthin, wo er einmal vor seiner Geburt war und davon zu erzählen. Er erzählte einen ganzen Lebenslauf mit Dingen, die ein Kind in seinem Alter nicht gut erfinden kann, und auch von seinem Tod.

Erika Isolde Schäfer hat ein wertvolles Buch über Reinkarnationstherapie mit Kindern geschrieben [3], das auf die Technik der holländischen Rückführungstherapeutin Tineke Noordegraaf aufbaut.

Spezielle Hindernisse

Das tiefe Atmen: Es ist sehr ungewöhnlich, dass das tiefe Atmen dem Klienten schwer fällt. Sollten seine Atemorgane zum Beispiel durch ein Emphysem behindert sein, bitten wir ihn, nur so tief zu atmen, wie es ihm leicht fällt. Im Extremfall lassen wir dieses Atmen weg.

Das »Ausschalten«: Es ist ebenfalls sehr ungewöhnlich, dass sich die Person keine Schalter vorstellen kann. Jameison hatte einmal eine Frau als Klientin, die das nicht konnte, und fragte sie: »Kannst du dir einen Wasserhahn vorstellen?«

»Ja.«

»Dreh ihn dann zu.«

Als sie dann an allen genannten Körperstellen Hähne zugedreht hatte, kam sie in das Erleben der Vergangenheit hinein.

Manchmal kommt es aber vor, dass die Person nicht gerne Schalter auf dem Körper hat. Viele fühlen sich mit der vielen Technik in unserer Welt nicht besonders wohl, die uns so weit von der lebendigen Natur entfernt hat.

In diesem Fall – und auch, wenn sich tatsächlich einmal jemand keinen Schalter vorstellen kann – gehe ich anders vor: »Stellen Sie sich vor, dass Sie mit einem tiefen Atemzug in den rechten Fuß hinein- und dann wieder von dort herausatmen. Sagen Sie, wenn das erfolgt ist.« (vgl. [4]).

Auf diese Weise gehen wir durch die gleichen Körperstellen, die wir bei der »Schaltertechnik« ausschalten. Die gemeinte Körperregion ist dann weniger eingegrenzt: Man atmet in die Hand ein, nicht in den Handrücken, in den Hals, in die Steißbeingegend usw. Wenn wir die Körperstellen überprüfen, frage ich, ob es sich dort gut anfühlt oder ob die Person das Ein- und Ausatmen dort wiederholen möchte. Wir gehen dann durch die Körperteile »wie von Zimmer zu Zimmer in einem leeren Haus, um nachzuschauen, ob alles in Ordnung ist«.

Kann die Person einen der Schalter nicht ausschalten, sagen wir: »Versuchen Sie es noch einmal.« Merkwürdigerweise geht es dann oft. Sollte es immer noch nicht gehen, lassen wir den Schalter an und gehen weiter. Dementsprechend macht es auch nichts, wenn man einmal einen Schalter vergisst oder sich in der Reihenfolge irrt.

Es zeigt sich immer wieder, dass die Person an jener Körperstelle, wo sie mit einem Schalter Schwierigkeiten hat, in einem früheren Leben verletzt wurde, und das oft tödlich. Hat man Mühe mit dem Kehlkopfschalter, kann es sich zeigen, dass der Mensch früher erhängt oder erwürgt wurde. Klemmt der Nackenschalter, wurde er vielleicht einmal geköpft.

Das Bewusstsein zu den Füßen sinken lassen. In diesem Stadium der Vorbereitungen kommt es vor, dass die Person nicht bis ganz hinunterkommt. Ich frage dann, wie weit sie kommt.

»Zu den Knien.«

»Gut, dann fangen wir mit der Überprüfung von dort aus an.«

Oder sie kommt nur zum Bauch:

»Atmen Sie ein paar Mal tief, gehen Sie mit jedem Ausatmen ein Stück weiter hinunter, und sagen Sie mir, wie weit Sie kommen.«

Jemand fragt vielleicht: »Wie weiß ich, dass mein Bewusstsein bei den Füßen ist?«

»Wenn Sie sich Ihrer Füße ein bisschen mehr bewusst sind.«

Kopflastigkeit und Einstiegsschwierigkeiten

Ist die Person deutlich kopflastig, kann sie sich einen zusätzlichen Schalter im Kopf vorstellen und ihn ausschalten, um die Gedanken zu beruhigen. Eine Person stellte spontan noch Schalter an den Ohren ab, um nicht von Geräuschen gestört zu werden, da sie darauf empfindlich reagierte. Sonst stören Geräusche meistens erstaunlich wenig.

Wenn sich beim Kopflastigen der Verstand einmischt, klären wir ihn darüber auf, dass er in diesem Moment auf dem besten Weg ist, sich ein für ihn sehr wichtiges Erlebnis entgehen zu lassen, um es durch gewöhnliches Nachdenken zu ersetzen. Genau mit dieser Methode hat er doch sein Problem bisher vergeblich zu lösen versucht. Er würde die einzigartige Gelegenheit verpassen, dieses Mal Antworten aus den tieferen Schichten seiner Persönlichkeit zu bekommen. Wahrscheinlich stellt sein Intellektualisieren nur ein unbewusstes Ausweichen vor Gefühlen und Einsichten dar, die er sich lieber ersparen möchte. Mit Zerreden und »Zerdenken« kann er sich vielleicht einreden, dass das betreffende Problem eigentlich keinen Grund hat, aber dadurch bleibt auch alles beim Alten, und er bewegt sich im Kreis. Wenn der Kopf als »Zensor« auftritt, bleibt der wahre Kern der Problematik verhüllt, in dem der Schlüssel zur Lösung zu finden wäre. Wären alle Probleme allein durch Nachdenken lösbar, so wären gerade jene kopflastigen Menschen die gesündesten und glücklichsten der Welt.

Kontrolle vom Kopf her beizubehalten ist Manipulation. Will man nur das für sich Bequeme herausfiltern, ist dies Selbstbetrug, der höchstens zu einer Scheinlösung führen kann. Wenn der Kopf gegen das ankämpft, was tief in uns liegt, kann das zu Kopfschmerzen in der Rückführung führen.

Es kommt vor, dass sich der Kopf zwar in geschickter Weise eines psychologischen Jargons bedient und zum Beispiel von »Archetypen« und anderen Fachbegriffen redet, aber auch dies ist letztendlich nichts anderes als ein Intellektualisieren, das dazu dient, sich von seinen Gefühlen zu distanzieren. Was nützt es uns, die Zusammenhänge in psychologischen Fachbegriffen gut beschreiben zu können, wenn das Problem trotzdem immer noch da ist und man es vielleicht sogar zu seinem Hobby macht?

Wenn man sich nicht auf das Erlebnis einlässt, gibt es nachher nichts anderes auszuwerten als die psychische »Technik«, mit der man sich blockiert hat. Will man schon während des Erlebnisses die vor dem inneren Auge aufsteigenden Bilder analysieren, dann gehen sie wieder weg. Analysieren bedeutet »(in die Bestandteile) zerlegen« (griech. *análysis* = Auflösung). Die Bilder zerfallen und zerfließen, und die Information darin geht verloren. Das Analysieren ist deshalb erst nachher zweckmäßig, wenn das Erlebnis vorüber ist.

Dem Kopflastigen kann vielleicht die folgende Empfehlung von Eckhart Tolle helfen. Er hörte auf, sich mit dem Denken zu identifizieren, und kam fast sofort aus einer tiefen Depression heraus. »Der Kopf gebraucht dich … es ist fast, wie wenn du … [vom Denken] besessen wärest. Die Befreiung besteht in der Einsicht, dass du nicht … der Denker bist. Wenn du das weißt, kannst du … *den Denker beobachten* und ein höheres Bewusstsein wird aktiviert. Fange an, der Stimme in deinem Kopf zuzuhören. Beachte besonders sich wiederholende Muster, die alten Schallplatten, die vielleicht jahrelang in deinem Kopf gespielt haben. Höre unbeteiligt zu … urteile nicht … weil dann die gleiche Stimme durch die Hintertür hereinkäme. Dann wirst du bald erkennen: Die Stimme ist *dort*, hier *bin ich* und höre zu. Dieses *Ich-Bin*-Erlebnis … entsteht jenseits vom Denken. Das ist der Anfang vom Ende des zwanghaften Denkens. Wenn das Denken nachlässt, kommt es zu einem Abbruch im Gedankenfluss – ein Moment von ›Nicht-Denken‹. Zuerst werden diese Momente kurz sein, dann werden sie länger … du empfindest in dir eine besondere Stille und einen Frieden.« [5]

Bettye Binder [6] beschreibt folgendermaßen den Unterschied zwischen Intuition und Logik. Die Intuition kommt aus »einem Gefühl im Bauch« mit einem tieferen Gefühl von Wissen, ohne dass man dies sich vorher ausgedacht hat. Die Logik geht durch einen Ablauf von analytischem, intellektuellem, linearem Denken hindurch. Bei der Intuition »weiß man es einfach«, und weiß nicht, wie. Was sich aus Logik ergibt, hat mit Fakten zu tun und ergibt sich aus deren Auswertung. Die Intuition ist mit Emotion und Gefühl verbunden, die Logik nicht. Die Intuition ist auf einmal da, ohne dass man es sich vorher gedacht hat. Die Logik erarbeitet es schrittweise und in sprachlichen Begriffen heraus. Die Intuition ist oft von physischen Reaktionen begleitet (z. B. Muskelspannung), die Logik nicht.

Zweifel und Angst

Zweifel können einerseits verständlich, andererseits Ausdruck eines unbewussten Widerstandes sein: »Ich weiß nicht, ob es stimmt« bedeutet in Wirklichkeit eher: »Ich weiß nicht, ob ich es sehen will.« – »Ich glaube, ich bilde es mir nur ein« ist die Ausdrucksweise des Kopfes, um zu sagen: »Ich will es nicht wahrhaben.« Denn wenn der Kopf sich etwas wirklich nur eingebildet hätte, dann hätte er sich die auftauchende Situation sicher viel angenehmer und den eigenen Wünschen entsprechend gestaltet. Hat der Verstand die volle Freiheit zu phantasieren, so wird man lieber ein Märchenprinz als ein Bettler sein. Der Kopf will gerne den »Batzen und das Brötchen« haben: Er will das Problem ohne die dazugehörigen unangenehmen Einsichten gelöst bekommen, was aber nur zum Selbstbetrug führen kann. Nachher hat er nur, um bei den Sprichwörtern zu bleiben, für diese Sitzung »die Butter verkauft und das Geld verloren«, und der Verstand hat sich wieder einmal erfolgreich für die Aufrechterhaltung der Problematik eingesetzt.

Ist die Person nach dem Ausschalten noch nervös und ängstlich, obwohl sie das Erlebnis ja haben will, können wir ihr sagen, dass sie sich einen Schalter am Nabel vorstellen und ihn ausschalten kann. Dies dämpft aber wahrscheinlich auch die *erwünschten* Gefühle, die ja später noch kommen sollen, sodass ich diese Variante nur im Ausnahmefall durchführen würde. Besser ist es in so einem Fall, sie zuerst zum höchsten Stockwerk fahren und hinausschauen zu lassen. Sie soll dort ein Licht finden, in das sie hineinsteigen kann. Wie bei der Einhüllung in Licht durch den Helfer soll sie die Liebe des Lichtes fühlen und seine Energie in sich aufnehmen. »Nun atmen Sie einige Male tief durch. Geben Sie mit dem Ausatmen die Angst (oder Nervosität) in das Licht ab und ersetzen Sie sie beim Einatmen mit noch mehr Lichtenergie. Sagen Sie mir, wenn Sie bereit sind weiterzumachen.«

Danach geht sie wieder in den Aufzug und fährt in das Stockwerk ihres früheren Lebens oder vielleicht zuerst zum Helfer.

Einstieg durch Gefühl oder Leitsatz

Will nach dem Ausschalten partout nichts kommen, oder geschieht dann nach dem Aussteigen auf dem Stockwerk nichts weiter, so können wir den Einstieg über ein Gefühl versuchen (vgl. [7]). Wir greifen dann das Gefühl auf, das die Person meistens hat, wenn sie mit ihrem Problem konfrontiert wird. Sie geht in ihrer Erinnerung zum letzten Mal zurück, in dem sie wieder mit dem Problem konfrontiert wurde – oder zu einem solchen Ereignis, an das sie sich besonders gut erinnert. Was fühlt sie?

»Nun gehen Sie in dieses Gefühl hinein. Lassen Sie es stärker werden. Wir wollen durch dieses Gefühl hindurch, zurück zu einem früheren Erlebnis, wo Sie es schon einmal hatten, vielleicht sogar zum ersten Mal. Es ist, als ob Ihnen das Gefühl zeigt, womit es angefangen hat. Gehen Sie in das Gefühl, und sagen Sie, was kommt.«

Es kann sich auch um ein Gefühl handeln, das in der Rückführung ohne Bild spontan auftaucht, eventuell sogar ein Schmerz im Körper. Im letzteren Fall sagen wir, dass er nur so stark zu werden braucht, wie es noch gut erträglich ist.

Man kann auch einen Leitsatz aufgreifen [7, 8] und ihn wiederholen lassen. Dieser Satz kann etwas ausdrücken, was nur in ein paar Worten auf die Problemsituation Bezug nimmt. Besonders geeignet ist ein typischer Ausdruck, den die Person selbst gerne oder auffallend oft verwendet. Man kann den Satz auch daraus ableiten, wie sie in ein paar Worten das Problem selbst umschreibt oder auch daraus, wie es sich eben im Moment ergibt.

Ich hatte einmal einen Fall, der ganz ähnlich auch bei Hans Ten Dam [7] beschrieben ist. Die Bilder wechselten sich ab, als ob die Klientin sie nicht festhalten könnte. So war auch das Gefühl meiner Klientin dabei. Ich sagte ihr: »Wiederhole nun fünfmal laut: ›Ich kann es nicht festhalten!‹« Sie kam nun direkt in eine Situation hinein, in der sie sich auf einer vereisten Wasserfläche befand. Ihr Kind war im Wasser, und sie konnte es mit ihren steif werdenden Fingern nicht mehr festhalten.

Innere Bilder

Fast alle sehen innere Bilder und erleben in erster Linie visuell, was kommt. Manche sehen sogar schon die Schalter auf dem Körper, aber die Mehrheit wird eher eine Art von gedanklicher Vorstellung davon haben. In dem Fall kommt das visuelle Erleben erst mit der Frage nach dem Aufzug.

Einige wenige Menschen haben Schwierigkeiten mit inneren Bildern. Dies schließt nicht das Rückführungserlebnis aus; man kann es dann allerdings nur in nicht-visueller Form haben. Irgendwie *weiß* man dann, was da ist – zum Beispiel wie man selbst und wie die Umgebung aussieht oder was man dort tut –, ohne es aber als Bild in sich zu sehen. Menschen, welche die Rückführung eher nicht-visuell erleben, sind manchmal etwas enttäuscht, da andere innere Bilder haben und sie es selbst auch gerne so haben möchten. Wir versuchen dann, diese Klienten zu trösten, denn Bilder sind wirklich nicht notwendig, und es geht ohne sie im Prinzip genauso gut. Es ist allerdings wahr, dass das visuelle Erlebnis meistens lebhafter erinnert wird. Nimmt man das Erlebnis ohne Bilder an, kann dies der erste Schritt zum Bilderlebnis in einer späteren Rückführung werden. Außerdem hat man die Gelegenheit, den Helfer darüber zu befragen, weshalb es so ist.

Wenn jemand (noch) keine inneren Bilder sieht, könnte er dann im früheren Leben blind gewesen sein? Das ist meistens nicht die richtige Erklärung. Wer blind war, sieht den Aufzug und zum Beispiel einen Flur auf seinem Stockwerk. Er sieht etwas später eine Szene aus der Vergangenheit und entdeckt erst dann, wenn er in den damaligen Körper hineingekommen ist, dass er nichts mehr sieht.

Aufzug oder nicht?

Der Aufzug macht relativ selten Probleme. Meistens ist es ein Aufzug, den die Person nie in der Wirklichkeit gesehen hat; es darf aber auch einer sein, den man aus dem heutigen Leben kennt. Steht die Kabine nicht bereit, drückt man den Knopf, und sie wird sicher kommen.

Es kommt in seltenen Fällen vor, dass die Person meint, einen Aufzug in sich selbst, in ihrem Körper, sehen zu müssen. Wir erklären dann, dass es so gemeint ist, als ob man vor einem Aufzug stehe.

Eine Alternative zum Aufzug ist eine Treppe. Vielleicht sieht die Person spontan eine. Ist kein Aufzug da, oder gibt es damit Probleme, fragen wir: »Sehen Sie dann eine Treppe?«

»Ja.«

»Dann nehmen wir diese.«

Hier lasse ich die Frage nach dem höchsten Stock aus, da man das unten an der Treppe meistens nicht feststellen kann.

Hat die Person Klaustrophobie, frage ich natürlich gleich nach einer Treppe.

Eine Rolltreppe taucht sehr selten auf und wird wie eine gewöhnliche Treppe behandelt. Ein paar Personen sahen einfach das Ende eines Seils, hielten sich daran fest und ließen sich hochziehen.

Alles Konstruieren oder Sich-Ausdenken ist Gift für den Kontakt mit den Tiefenschichten der eigenen Persönlichkeit. Es geht nicht darum, sich etwas vorzustellen, sondern es sich vom unbewussten Ich zeigen zu lassen. Alles andere führt am Wesentlichen vorbei. Auch das Bild vom Aufzug erscheint normalerweise spontan und ist nicht vom Klienten konstruiert.

Hindernisse im Aufzug

Im unbewussten Ich wissen wir, was auf unserem Stockwerk kommen soll und dass dies kein Zuckerschlecken sein wird. (Es geht ja um alte Traumata und darum, sich von ihnen zu lösen.) Deshalb gibt es manchmal einen Widerstand oder ein Zögern. Wir sind auf der halbbewussten Ebene sehr erfinderisch darin, Hindernisse zu erzeugen, die das Vorangehen verzögern. Das kann schon mit dem Aufzug anfangen: Die Kabine ist nicht da und kommt nicht. Oder es ist nicht möglich, die Tür zu öffnen – sie klemmt oder hat keinen Griff. Dann fragen wir stattdessen nach einer Treppe und wählen diese. Auch in der Kabine kann es Hindernisse geben. Sind keine Knöpfe da, überwinden wir diesen unbewussten Verzögerungsversuch: »Wie schön, Sie haben einen automatischen Aufzug! Er startet von selbst. Bitten Sie Ihr Höheres Selbst, ihn zum Stockwerk für ein früheres Leben zu bringen und ihn dort anzuhalten.«

Es gibt manchmal auch recht lustige Situationen. Ein Mann drückte die Ruftaste und sagte dann: »Ich kann nicht hinein. Der Aufzug ist voll!« Wir ließen ihn abfahren und noch einmal kommen. Dieses Mal war er leer.

Auch wenn Knöpfe da sind, können Hindernisse erfunden werden. Der Aufzug startet nicht: »Öffnen Sie die Tür, und sehen Sie zu, dass sie wieder gut geschlossen wird. Dann drücken Sie noch einmal.«

Geht es auch dann nicht, soll die Person aussteigen und eine Treppe finden.

Oder sie drückt den Knopf, und ich warte auf Bescheid, dass sie angekommen ist. Sie sagt lange nichts, und ich frage schließlich: »Wie weit sind Sie jetzt?« Sie hat einen Aufzug mit Schneckentempo und ist nur ein paar Stockwerke höher gekommen. »Drücken Sie den Knopf noch einmal. Vielleicht geht es dann schneller.« Wenn nicht, müssen wir Geduld haben und die nötige Zeit abwarten.

Wie erwähnt kommt es vor, dass das Zielstockwerk höher liegt als der höchste Stock auf der Knopftafel. Der höchste Stock ist der 8., aber die Person soll in den 14. Stock. Sie sagt dann vielleicht: »Jetzt sehe ich einen Knopf mit der Zahl 14, den ich vorher nicht gesehen habe«, aber dies ist eher ungewöhnlich [9]. Meistens würden wir in diesem Fall erst zum 8. Stock fahren müssen und dann schauen, wie sie weiterkommen kann – vielleicht über eine Treppe oder mit einem anderen Aufzug.

Es kommt selten vor, dass anstelle von Knöpfen ein Schalthebel zum Starten und Stoppen (wie in ganz alten Aufzügen) da ist. Ist keine Stockwerksanzeige vorhanden, muss die Person dann die Stockwerke abzählen. Ein paar Personen hatten es sehr bequem: Im Aufzug war ein Liftboy!

Woher weiß die Person die Stockwerkszahl? Meistens kommt sie ihr spontan in den Sinn. Es kann selten einmal vorkommen, dass ein Knopf aufleuchtet oder von vornherein anders aussieht.

Auf die Frage nach der Stockwerkszahl kommen in seltenen Fällen zwei Zahlen. Wir fragen die Person, welche davon zuerst kam, und nehmen dann diese, oder wir lassen das Höhere Selbst befragen, welche davon sie wählen soll. Dass keine Zahl kommt, ist ungewöhnlich. Wir fragen dann: »Welchen Knopf möchten Sie drücken?«

Alles ist möglich. Man kann einen Paternosterlift sehen. Dann fragen wir nicht nach dem höchsten Stock, weil man das unten wahrscheinlich kaum sehen wird. Die Person soll nach ihrem Stockwerk fragen, bevor sie einsteigt und dann sofort dort aussteigen, denn sonst fährt sie vorbei. Manche sahen einen Korb an einem Seil hängen, setzten sich hinein und wurden vom Höheren Selbst zu einer anderen Ebene hochgezogen.

Der Aufzug hat in seltenen Fällen enorm viele Stockwerksbezeichnungen, Hunderte oder gar Tausende, im Extremfall unendlich viele. Ausnahmsweise stehen bei den Knöpfen auch Jahrhunderte statt Stockwerkszahlen. Sollte der Aufzug unterwegs verschwinden, ist dies der unbewusste Versuch, sich dem Erlebnis zu entziehen. Wir finden den Aufzug wieder oder gehen einen anderen Weg.

Es ist selten, dass der Aufzug zwischen zwei Stockwerken stehen bleibt oder dass die Treppe verbarrikadiert ist oder einfach verschwindet. Einmal versperrte ein großer Hund den Weg auf der Treppe! Dies bedeutet nicht, dass wir nicht weitergehen sollen, es stellt lediglich einen besonderen Ausdruck von Widerstand dar. Bleibt der Aufzug nicht stehen, kann man wieder hinunterfahren und dann die Treppe nehmen – oder vielleicht einen Stock höher als das Zielstockwerk fahren und die Treppe wieder hinuntergehen.

Andere Barrikaden können meistens auch überwunden werden. Da die Person nicht physisch dort ist, kann sie abheben und darüber hinwegschweben oder sich so klein machen, dass sie irgendwo hindurchschlüpfen kann. Im Fall mit dem Hund schwebte sie so hoch über die Stufen hinauf, dass er sie nicht erreichen konnte. Sollte dies nicht funktionieren, lassen wir das Höhere Selbst fragen, wie man weiterkommt.

Andere Wege

Es geht meistens irgendwie hinauf und woanders hinaus oder hinunter, und man ist dann im früheren Leben. Befindet sich die Person am Anfang, wenn wir mit den Schaltern fertig sind, im Freien anstatt vor einem Aufzug (es ist sehr ungewöhnlich, dass sie gleich nach dem Ausschalten in einem früheren Leben ist), kann sie vielleicht auf einem

Pfad einen Berg hinaufgehen. (Es kann auch eine Seilbahn da sein.) Im Tal auf der anderen Seite wird dann der Ort sein, wo sie einmal gelebt hat. Es kann allerdings sein, dass auf der Wiese ein Aufzug steht. Was im wirklichen Leben nicht vorkommt, kann es hier durchaus geben.

Geht die Fahrt hinunter, wird sie vielleicht in einem Keller aus dem Aufzug steigen und den Weg hinauf finden. Oder sie ist dort unten schon in der Vergangenheit – in römischen Katakomben oder in der Kindheit, wenn sie im Keller hat Kohlen holen müssen. Selten steigt man in ein Flugzeug oder einen Luftballon und landet dann in der Vergangenheit.

Ein alternativer Weg für den Fall, dass die Person sich zuerst im Freien sieht, gar nichts sieht oder technische Dinge wie Schalter und sogar Aufzüge nicht gerne hat, ist folgender:

»Stellen Sie sich vor, dass Sie schwerelos sind. Sie beginnen zu schweben und steigen zum Himmel hinauf. Sagen Sie Bescheid, wenn Sie über den Wolken schweben.« (vgl. [10,11]) (…)

»Bitten Sie nun Ihr Höheres Selbst, Sie zu einer Öffnung in der Wolkendecke zu führen, die über Ort und Zeit einer Situation in der Vergangenheit ist, die mit Ihrem Problem zu tun hat. Sagen Sie, wenn Sie dort sind.« (…)

»Was sehen Sie, wenn Sie hinunterschauen?«

Sie sieht eine Landschaft, Hausdächer oder gar nichts (Dunst, Nebel, Dunkel – in dem Fall wird sie es sehen, wenn sie unten ist).

Ob sie nun etwas sieht oder nicht, ich fahre fort: »Nun schweben Sie durch diese Öffnung hinunter, wie eine Feder zu Boden sinkt, und Sie werden irgendwo da unten weich landen. Sagen Sie, wenn Sie dort sind.«

Es ist selten, dass sie keine Öffnung zwischen den Wolken findet. Sie kann dann allerdings oft eine Stelle über den Wolken finden, wo sie weiß oder fühlt, dass sie über einem Ort der Vergangenheit ist, oder sie sinkt dort, wo sie sich zuerst über den Wolken befindet, wieder zu Boden und sieht dieses Mal eine Szene.

Auch wenn das Hinaufschweben eine angenehme Alternative ist, hat der Aufzug doch einen wichtigen Vorteil: Man muss nichts tun! Nur einen Knopf drücken und es geschehen lassen. Der Rest kommt von selbst. Das Geschehenlassen ist wichtig, und das beginnt bei dieser Variante schon im Aufzug.

Es kommt selten einmal vor, dass man nicht erst irgendwo hinauf muss. Der Klient sagt zum Beispiel: »Ich sehe eine Pforte.«

»Machen Sie sie auf. Was sehen Sie, wenn Sie hindurchschauen?«

Die Person steigt direkt in die Vergangenheit hinein. Manchmal sieht sie den Eingang zu einem Tunnel: »Gehen Sie hindurch, und sagen Sie mir, wenn Sie am anderen Ende sind. (…) Was sehen Sie, wenn Sie hinausschauen?«

Sie steigt in eine Szene hinein. Oft öffnet sich jedoch das Tunnelende viele Meter über dem Boden wie in einer senkrechten Bergwand, und sie meint, nicht aussteigen zu können.

»Wenn Sie da hinaussteigen, können Sie nicht fallen. Sie sind schwerelos. Sie können nur hinunterschweben, so wie eine Feder zu Boden sinkt, und werden dann unten weich landen. Möchten Sie das tun?«

Die meisten wagen es gleich.

»Dann steigen Sie hinaus, lassen Sie sich hinabsinken, und sagen Sie, wenn Sie gelandet sind.«

Wenn die Person es nicht wagt, soll sie erst im Tunnel vom Boden abheben und darin schweben. Sie wird dazu in der Lage sein. »Nun sehen Sie ja, dass Sie schweben können! Schweben Sie hinaus und lassen Sie sich hinabsinken …«

Auch wenn sie nicht sieht, was da unten ist, soll sie gleichwohl hinaussteigen oder -schweben und sinken. Sie wird es dann schon sehen, wenn sie gelandet ist.

Hilft das alles nichts – es ist gleich am Anfang nur Dunkel oder Nebel da –, kann man sie allerdings doch darum bitten, sich irgendeinen Aufzug vorzustellen, eventuell auch einen, den sie aus dem täglichen Leben kennt. Dies funktioniert oft ebenso gut wie mit einem spontan erscheinenden Aufzug. Die Vorstellung geht dann nach dem Aussteigen in Bilder über, die von selbst kommen. Man kann aber auch versuchen: »Gehen Sie durch das Dunkel (durch den Nebel) hindurch, und sagen Sie, wenn Sie aus ihm heraus sind.«

Verschiedene Rückführungen mit derselben Person gehen oft jedes Mal einen neuen Weg. Der Aufzug kann das nächste Mal der gleiche sein oder ein ganz anderer. Die Stockwerkszahl und das, was dort auftaucht, wird mit noch größerer Wahrscheinlichkeit anders kommen.

Auf dem Stockwerk

Wenn der Aufzug angekommen ist, gibt es selten Hindernisse. Wenn ausnahmsweise im Zielstockwerk die Aufzugstür klemmt, bitten wir, den Knopf noch einmal zu drücken. Vielleicht geht es dann. Oder es gibt einen speziellen Knopf zum Öffnen der Tür, oder man kann zum Beispiel durch die Türspalte hindurchgleiten. Wir können auch das Höhere Selbst bitten, die Tür zu öffnen. Ist der Aufzug nicht ganz auf der Stockwerksebene angelangt, lassen wir den Knopf noch einmal drücken, oder die Person kann trotzdem aussteigen.

Selten steht sie nach dem Öffnen der Tür vor einer Mauer oder einem Brettverschlag, sodass sie nicht aussteigen kann. Dies ist wiederum eine unbewusste Art, sich zu sträuben. Ist es ihr unmöglich, auszusteigen, kann sie vielleicht noch ein Stockwerk weiterfahren, um dann auf der Treppe wieder einen Stock zurückzukehren. Fährt sie von selbst am Stockwerk vorbei, soll sie ebenfalls auf der Treppe (oder auf irgendeinem anderen Weg) zurückkehren.

Hilft alles nichts, gehen wir zum Helfer, um wegen dieses Hindernisses nachzufragen. Es ist sehr selten, dass es nicht so sein soll, dass die Person in die Vergangenheit kommt. Meistens bedeutet die Blockade nur, dass die Person irgendwo im Inneren nicht will.

Auf dem Stockwerk gibt es gelegentlich eine offensichtliche Symbolik. Ist das Haus dort oben kaputt, ist auch etwas im Leben der Person zerstört. Wir lassen später den Helfer darüber befragen. Ist das Haus nicht fertig gebaut, ist auch etwas im Leben noch unvollendet. Ist es verfallen oder in auffallender Unordnung, kann man dies auch vom Leben des Betreffenden sagen.

Vor dem Aufzug kann *alles* Mögliche sein. Das Üblichste ist ein Flur oder ein Gang. Die Person steigt aus und beschreibt, was zu sehen ist. Gibt es in dem Flur zum Beispiel drei Türen, dann fordere ich sie auf: »Fragen Sie Ihr Höheres Selbst, durch welche Sie gehen sollen.« Ein Fenster ist meistens eine Abkürzung! Erwähnt sie keines, frage ich deshalb gerne: »Ist da auch ein Fenster?«

Sie kann hindurchschauen, das Fenster öffnen und –

ähnlich wie am Tunnelende – hinaussteigen und hinunterschweben. Wagt sie es nicht gleich, kann sie sich sicher zuerst vor dem Fenster von der Möglichkeit des Schwebens überzeugen, oder wir gehen einen anderen Weg.

Der oft vorkommende Gang

Ein Gang kommt oft vor. Die Person geht bis zu seinem Ende und beschreibt, was zu sehen ist. Vorkommen können eine Tür, eine Pforte, ein Fenster – oder gar nichts wie bei einer Sackgasse. Im letzteren Fall lassen wir sie zurückgehen und durch eine Tür im Gang treten: »Fragen Sie Ihr Höheres Selbst, welche Tür Sie öffnen sollen.« Fällt ihr unterwegs etwas auf, ist es vielleicht eine Tür, die auffallend anders ist, ein Fenster oder ein Seitenausgang. Ein Fenster ist eine willkommene Abkürzung. Bei einer auffallenden Tür oder einem Seitenausgang fordere ich die Person auf: »Fragen Sie Ihr Höheres Selbst, ob Sie da hindurch- oder weitergehen sollen.« Die Person soll meistens hindurchgehen.

Sollte der Gang so aussehen wie einer, den sie aus dem heutigen Leben kennt, muss dies nicht viel ausmachen. Auch dort findet sie meistens weiter. Eventuell kann man sie zu einer Tür führen, durch die sie im wirklichen Leben nie gegangen ist.

Der Gang kann sich verzweigen, oder sie steigt mitten im Gang aus dem Aufzug. Dann soll sie das Höhere Selbst fragen, ob sie nach links oder nach rechts gehen soll. Wählt sie selbst, nimmt sie sicher die Richtung, die angenehmer erscheint, aber die andere führt vielleicht eher zur Ursache des Problems. Selten gehen viele Gänge strahlenförmig von einem Zentrum aus: Auch hier sollte das Höhere Selbst befragt werden. Es ist sehr ungewöhnlich, dass hinter einer Tür am Ende eines Gangs ein neuer Gang ist. Zieht sich dies wiederholt in die Länge, lassen wir die Person durch eine Seitentür gehen.

Am Ende vom Gang oder im Flur kann ein Treppenhaus sein. Soll sie die Treppe nehmen oder einen anderen Weg? Wenn es über die Treppe weitergeht: Soll sie hinauf oder hinunter? Sie geht hinunter zum Erdgeschoss und verlässt das Haus, oder sie geht hinauf und kommt zu einem Fenster, einem Balkon, einer Terrasse oder steigt auf das Hausdach.

Hinunterschweben

Die Person kann auch direkt aus dem Aufzug auf einen Balkon, auf eine Terrasse oder auf das Hausdach steigen. Wir sagen in so einem Fall: »Gehen Sie zum Geländer (oder zum Dachrand) und schauen Sie hinunter.« Wir möchten wieder, dass sie hinaussteigt und hinunterschwebt.

Etwas häufiger kommt es vor, dass vor dem Aufzug kein Boden ist. Die Person schaut hinunter und sieht eine Landschaft – oder nur Dunst. Vor ihr sind Wolken und Himmel. Auch hier soll sie hinaussteigen und hinabsinken. Auch dann, wenn sie erst nicht sieht, was unten ist. Unten angekommen wird sie sehen, was da ist. Selten einmal geht es vom Aufzug aus direkt in den Weltraum. Sie steigt aus und schwebt. Um sie herum sind Sterne und Planeten. Sieht sie die Erde? Dann geht sie dorthin, sinkt hinunter und landet. Sonst lassen wir das Höhere Selbst bitten, sie dorthin zu führen, wohin sie soll.

Steigt man durch eine Tür in eine Wohnung, und sieht diese wie in früheren Zeiten aus, so ist die Person vielleicht schon in einem früheren Leben. Sieht sie sich in einem anderen Körper als dem heutigen, kann dies wohl als sicher gelten. Ist sie in ihrem *heutigen* Körper (oder in überhaupt keinem Körper) oder sieht die Wohnung zu modern aus, lassen wir sie zu einem Fenster gehen und hinunterschweben. Ist es aber der Körper ihrer heutigen Kindheit, bleiben wir erst dabei.

Sie steigt vielleicht aus dem Aufzug in einen Saal hinein, in eine Höhle oder in unterirdische Katakomben. Dies kann bereits der Ort eines früheren Lebens sein, oder sie findet von dort aus den weiteren Weg in eine Szene aus der Vergangenheit. Steigt sie direkt auf eine Wiese, in einen Wald oder auf eine Straße aus, ist sie wahrscheinlich schon da.

Nur Dunkel

Es scheint auf den ersten Blick schwierig zu sein, damit umzugehen, wenn außen vor dem Aufzug nur schwarzes Dunkel herrscht. Vielleicht sieht sie von weitem Licht, geht hin und befindet sich an einem Lagerfeuer in der Nacht. Meistens ist es aber total schwarz. Ich sage dann: »Fühlen Sie mit dem Fuß nach, ob draußen ein Boden ist oder nicht.« Ist ein Boden da, soll die Person ihn betreten.

Sieht sie jetzt etwas um sich herum? Wahrscheinlich nicht. »Dann schauen Sie die Aufzugtür an. Da sind Sie ja ausgestiegen, und deshalb werden Sie sie sehen. Sehen Sie nach, ob sich an der Wand neben der Tür ein Lichtschalter befindet!«

Die meisten finden tatsächlich einen Schalter, schalten das Licht ein und sehen etwas. Bleibt es trotzdem finster (oder ist kein Schalter da), müssen wir einen anderen Weg finden. Sie kann zuerst in den Aufzug zurückgehen und das Höhere Selbst noch einmal nach dem Stockwerk fragen.

Bekommt sie ein anderes Stockwerk genannt, ist es vielleicht dort nicht schwarz. Ist es aber wieder so oder bekommt sie wieder den Stock gesagt, wo sie schon ist, müssen wir uns weiter mit dem Dunkel auseinander setzen:

»Gehen Sie auf die andere Seite vom Dunkel!«

Kann sie das, wird sie etwas sehen, sonst wäre sie nicht dort. Oder: »Lassen Sie sich durch den Boden hinuntersinken und weitersinken, bis Sie irgendwo weiter unten gelandet sind.« Eventuell auch: »Bitten Sie Ihr Höheres Selbst, einen Wegführer kommen zu lassen, der Ihnen weiterhilft.«

Vielleicht erscheint jetzt jemand, oder sie spürt einfach eine Hand.

Ist im Dunkel kein Boden vorhanden, ist es meistens einfacher. Wie am Tunnelende sinkt sie, landet und sieht dort etwas. Es kommt dann allerdings oft vor, dass sie im Dunkel schwebend verharrt. Das bedeutet meistens, dass sie im Mutterleib am Anfang der Schwangerschaft ist. Wir sagen ihr das und: »Fragen Sie ihr Höheres Selbst, ob es so ist, oder nicht.« Der Fall, dass sich jemand im Mutterleib befindet, wurde schon in Kapitel 8 behandelt. Dies ist die häufigste Art, wie man spontan in die Schwangerschaft hineinkommt. (Selten sieht man die Mutter mit einem dicken Bauch und geht da hinein.)

Landehindernis und Nebel

Sieht sie unter sich eine Landschaft, bleibt aber darüber schweben, ist es sicher deshalb, weil etwas in ihr nicht landen möchte.

»Gehen Sie mit jedem Ausatmen etwas tiefer, bis Sie unten sind.«

Wir können sie auch das Höhere Selbst bitten lassen, ihr hinunterzuhelfen. Geht dies immer noch nicht, müssen wir versuchen, den Widerstand mit einem Trick zu überwinden: »Bitten Sie das Höhere Selbst, Ihnen in dieser Landschaft das Haus zu zeigen, in dem Sie damals wohnten.« Die Person geht hinein, schaut auf den Boden und sieht jetzt doch noch ihre Füße.

Ist vor dem Aufzug nur Nebel, liegt der Fall im Prinzip genauso wie beim Dunkel. Sie sinkt und landet, oder es ist ein Boden da: »Gehen Sie durch den Nebel, und sagen Sie mir, wenn Sie aus ihm heraus sind.«

Man kann die Person auch hinaufschweben lassen. Wenn sie sich über dem Nebel befindet, können wir wie beim Schweben über den Wolken weitermachen.

Manchmal sagt der Klient nur: »Ich sehe nichts!« Wir fragen: »Ist es draußen hell oder dunkel?« Dann werden wir wohl erfahren, ob es sich um Dunkelheit, Nebel oder Luft hoch über der Erde handelt.

Es kann einmal vorkommen, dass die Person irgendwohin kommt und dort nur sich selbst sieht, wenn sie hinunterschaut, aber keine Umgebung.

»Wie sieht der Boden aus, auf dem Sie stehen?«

Nun sieht sie ihn wahrscheinlich, kann ihn mit dem Blick verfolgen und fängt an, die Umgebung wahrzunehmen. Ein oft schwierigerer Fall liegt vor, wenn Bilder zusammenhanglos abwechseln. Sobald die Person ein Bild beschreiben soll, ist ein neues da, das gleich darauf auch wieder weg ist. Sie kann dann das Höhere Selbst bitten, ein Bild stehen zu lassen oder die sich abwechselnde Bilderfolge anzuhalten.

Suggestion und Steuerung?

Einige Fragen des Therapeuten mögen suggestiv erscheinen, zum Beispiel die, ob sich der Klient im Mutterleib befinde, wenn er im Dunkel schwebt. Selbst wenn diese Frage ihn in den Mutterleib hineinsteuern sollte, ist dies aber in Ordnung, denn er war ja mit Sicherheit einmal darin. Es kann also dadurch nichts suggeriert werden, was es nie gegeben hat. Oder die Person kommt aus dem Gang in ein Zimmer. Wir lassen sie durch das Fenster steigen und auf die Straße hinabsinken. Vielleicht war es aber doch das Zimmer, in dem sie in einem früheren Leben schon einmal gelebt hat, und wir haben dies nur nicht erkannt. Auch dies ist nicht tragisch, denn in dem Fall war sie mit Sicherheit unzählige Male auch auf der Straße vor ihrem Haus!

Manchmal ahnen wir einen Zusammenhang. Erkennt die Person diesen selbst nur zögernd, können wir auch gezielt fragen und sagen, was wir vermuten. Haben wir uns geirrt, wird es sich zeigen, dass es in Wirklichkeit anders war. Die Erfahrung zeigt, dass wir bei dieser nicht-hypnotischen Rückführungsmethode kaum etwas suggerieren können, das nicht wirklich da war. Das zeigt sich schon bei ganz einfachen Dingen. Die Person geht zum Beispiel auf ein entferntes Haus zu, und ich sage: »Sagen Sie, wenn Sie vor dem Haus stehen.«

»Ich komme nicht dorthin …«
Dafür kommt dann, was wirklich geschah.

Zeitnutzung und Leistungsdruck

In manchen Fällen kommen Antworten sehr zögernd und mit langen Pausen zwischen Frage und Antwort. Die Person will dann nicht so gerne annehmen, was auftaucht. In solchen Fällen sollte man manchmal durch wiederholtes Fragen sowie durch Aufforderung ruhig ein wenig »drängeln«, genau hinzuschauen oder dem Helfer zuzuhören. Sie kann in einem solchen Fall vielleicht einen Leistungsdruck empfinden, aber dieser Kompromiss mag notwendig sein, da sie sonst wertvolle Zeit verschwendet, die für die Problemklärung genutzt werden sollte. Sie hat ja schließlich nichts von einer Rückführung, die keine konkreten Antworten bringt, sondern größtenteils aus Zögern, Zweifeln und Warten besteht – außer vielleicht, dass sie dadurch eine Seite ihres eigenen Selbst kennen gelernt hat, die wahrscheinlich bei ihrer Problematik eine nicht unwesentliche Rolle spielt.

Literatur und Anmerkungen

1. Chakras sind seelische Zentren in uns, die in der indischen »Geistigen Anatomie« beschrieben werden. Das Wort kommt aus dem Sanskrit, wird »Tschákra« ausgesprochen und bedeutet »Rad«. Es ist in wissenschaftlicher Literatur in westlichen Sprachen üblich, bei indischen Wörtern die englischen Mehrzahlformen, also hier: »Chakras«, zu verwenden, da für uns die indischen fremd wirken und die Kombination mit Mehrzahlendungen anderer Sprachen oft konstruiert und umständlich erscheint. Die richtige Transliteration

ist *Cakra*. Hier wird eine populärwissenschaftliche Schreibweise verwendet. Das Scheitelzentrum wird in Indien nicht zu den eigentlichen Chakras gerechnet, sondern als *Padma* (Lotusblüte) bezeichnet. Vgl. auch: Hinze, Oscar Marcel: *Tantra Vidyā,* Aurum, Freiburg, 1983. Darin: Sigdell, Jan Erik: »Anatomischer Nachweis einer körperlichen Erscheinungsform der Cakras«, S. 102–110 + Anm. S. 269–271.

2. Die Schuldzuweisung ist sonst eher ein Merkmal der *Hysterie,* jedenfalls vordergründig. Mir scheint aber, dass die depressive Person unbewusst oft dieses Verhalten an den Tag legt.

3. Mehringer-Sell, Isolde (= Erika Isolde Schäfer): *Reinkarnationstherapie mit Kindern*, Schirner, Darmstadt, 2001. Die erste Ausgabe im gleichen Verlag erschien 1997 nur unter dem Pseudonym und hieß: *Mama, glaub mir, ich habe schon einmal gelebt.*

4. Samuels, Mike und Bennet, Hal: *Das Körperbuch,* Bodymind, Berlin, 3. Aufl. 1979, S. 8–9.

5. Eckhart Tolle: *The Power of Now*, New World Library, Novato CA, 1999.

6. Binder, Bettye: *Past Lives Present Karma Workbook*, Reincarnation Books, Culver City CA, 1992.

7. Ten Dam, Hans: *Een ring van licht,* Bd. 2 (s. Kapitel 4).

8. Netherton, Morris und Shiffrin, Nancy: *Bericht vom Leben vor dem Leben,* Heyne TB, München, 1981.

9. Man mag deshalb zunächst über die Zahlendiskrepanz hinwegsehen und die Person, ohne darauf einzugehen, einfach auffordern, den Knopf zu drücken. Sie sagt dann Bescheid, wenn doch noch keiner da ist.

10. Buletza, G., Schaa, J. und Bukay M.: »Die Erfahrung der Reinkarnation«, 3. Teil: »Ein Gruppenversuch«, in: *Crux Rosae* Nr. 55, Baden-Baden, 1982, S. 111–115.

11. Haller, Michael: »Wir steigen in den Himmel auf«, in: *Der Spiegel,* Hamburg, 41/1983, S. 268–272, 274–279.

12 | Hürden und außergewöhnliche Erlebnisse in der Rückführung

In diesem Kapitel werden eine ganze Menge von Hürden und besonderen Situationen beschrieben. Dies mag manchem Leser teilweise mühsam erscheinen, ist aber als wichtiger Hinweise für den praktischen Gebrauch der Technik von Bedeutung. Wer nämlich damit arbeiten will, wird mit der Zeit auf die meisten solcher Fälle stoßen und muss dann damit zurechtkommen. Deshalb die lange Aufzählung von vielen Hürden und besonderen Fällen, wie ich damit umgehe. Dieses Buch ist ja schließlich auch ein Handbuch für Rückführungen. Wer damit arbeitet, findet natürlich mit der Zeit auch eigene Wege, um mit solchen Fällen in der Rückführung weiterzukommen.

In der ersten Szene

Wenn die Person in der ersten Szene ist, fragen wir, ob sie die Füße sieht – sonst die Hände oder ihre Kleider. Dies fragen wir, um indirekt herauszufinden, ob sie sich in einem Körper erlebt oder nicht. Was tun wir, wenn sie keinen Körper sieht? Wir fragen, was sie um sich herum sieht. Vielleicht stehen Menschen herum.

»Fragen Sie Ihr Höheres Selbst, ob Sie eine dieser Personen waren.«

»Ja.«

»Wer?«

»Ein Mann, der dasteht.«

»Gehen Sie auf ihn zu und in seinen Körper hinein. Sagen Sie, wenn Sie darin sind.«

Gelingt ihr das nicht so einfach, sagen wir: »Stellen Sie sich erst hinter den Mann, und sagen Sie, wenn Sie dort stehen. (...) Atmen Sie tief durch, gehen Sie mit dem Ausatmen in seinen Körper hinein und schauen Sie durch die Augen des Körpers. Sagen Sie, wenn Sie darin sind.« Es kommt vor, dass sie trotzdem nicht hineinkommt. Dann haben wir uns wahrscheinlich geirrt: »Fragen Sie noch einmal Ihr Höheres Selbst, ob Sie dieser Mann waren.«

»Nein. Es steht eine Frau an seiner Seite, ich glaube, dass ich *sie* war.« Nun kommt sie hinein. Es ist nicht nur bemerkenswert, sondern auch ein weiteres Indiz für die Reinkarnationshypothese, dass es normalerweise nicht gelingt, einen Menschen in einen falschen Körper hineinzuversetzen!

Nur in Ausnahmefällen geschieht es, dass die Person sich als jemand erlebt, der sie nicht war. Dann handelt es sich um Empathie, also um eine besonders intensive Form der Einfühlung.

Sehr selten erlebt eine Person die gleiche Szene zuerst als Opfer und dann als Täter – oder umgekehrt –, weil sie auch die Gefühle des anderen zur Kenntnis nehmen sollte. Die Gefühle sind aber nicht besonders stark, wenn sie in den anderen hineinversetzt ist. Zweimal erlebte sich eine Person als ihr heutiger Ex-Partner. Es waren in beiden Fällen zufällig Frauen (es hätte ja genauso gut einem Mann geschehen können), die sich als ihre geschiedenen Männer erlebten. Der Helfer erklärte: »Du solltest erkennen, wie weh du ihm damit getan hast, dass du ihn verlassen hast.«

Kommt die Person in den Körper des Mannes hinein, hat aber Mühe, darin zu bleiben, ist dies eine unbewusste Abwehr. Sie möchte sich nicht in der Rolle dieses Mannes erleben; vielleicht stößt ihm gleich etwas Schreckliches zu, vielleicht hat er etwas Schlimmes getan.

»Es kann kein Zufall sein, dass Sie in dieser Szene sind. Wenn das Höhere Selbst Sie hier haben will, wird hier ein Schlüssel zur Lösung Ihres Problems liegen. Wie schlimm es möglicherweise auch kommen mag: Es geschieht ja nicht jetzt, sondern gehört zu einer Vergangenheit, von der Sie sich nun lösen können.«

Gelingt es ihr immer noch nicht gut, im Körper des Mannes zu bleiben, fahren wir fort: »Gut, dann bleiben Sie erst mal draußen, und schauen Sie sich das als Beobachter(in) nur an.«

Kann sie im Körper bleiben, mag aber nicht weitergehen, liegt der Fall ähnlich. Sie möchte am liebsten wieder aus der Szene heraus und aufhören. Vielleicht deutet sich hier schon ein schlimmes Ereignis an, und sie will aufgeben. Wir sagen auch hier dasselbe wie oben und fügen hinzu: »Was es auch ist: Sie haben es offenbar als Seele überlebt. Sonst könnten Sie ja jetzt nicht hier bei mir sein! Wenn Ihr Höheres Selbst sie hierher geführt hat, kann es ja nur deshalb sein, weil hier etwas Wichtiges für die Lösung Ihres Problems zu finden sein wird. Darum wollen wir nun in dieser Szene weitergehen.«

Der Widerstand ist nämlich fast nie zum Schutz da, sondern ist nur eine Form von Nicht-Wollen, das die Problemlösung vereiteln kann. Wir versuchen deshalb mit sanften Mitteln, sie zum Weitermachen zu bringen. Sollte es dennoch nicht gelingen, lassen wir sie zum Helfer gehen, der sie mit ziemlicher Sicherheit zum Durchleben jener Situation auffordert. Sonst: »Fragen Sie den Helfer, was sich in Ihrem Leben ändern würde, würden sie es durchleben und die auftretenden Gefühle auflösen.« Der Helfer sagt, dass sie frei und das Problem gelöst würde. »Und wenn Sie es nicht tun?« Dann bleibt alles beim Alten und das Problem bleibt ungelöst. »Was wollen Sie nun tun?«

Doch noch Widerstand

Eine Möglichkeit, um ihr Mut zum Weitergehen zu geben, ist die folgende: »Gehen Sie direkt dorthin, wo alles vorbei ist, und sagen Sie, wenn Sie dort sind.«

Nun ist alles wieder gut, und sie sieht, dass es für sie – zumindest als Seele – gut endete. Vielleicht schwebt sie nun in der Luft, sieht den hingerichteten Körper da liegen und fühlt sich dennoch wohl und von allen schlimmen Gefühlen befreit. Vielleicht ist sie aber noch im Körper und ist der Gefahr entkommen.

Nun wird sie viel eher dazu bereit sein, noch einmal zum Anfangsbild zurückzukehren, um es dieses Mal zu erleben. Auch wenn es schlimm ist, ist die Bereitschaft größer, wenn man weiß, was es ist, als wenn man es nur erahnt. Eine weitere Möglichkeit ist, zu sagen: »Gut, dann gehen Sie wieder aus jenem Körper heraus und schauen sie erst als Beobachter(in) zu.«

Sie sieht sich erst an, was geschieht, aber ziemlich unbeteiligt. Es ist nun viel leichter, zum Anfangsbild zurück- und in den Körper des Mannes hineinzugehen, um es dieses Mal zu erleben. Was nicht mehr unbekannt ist, ist eben weniger unheimlich.

Ist der Widerstand gegen ihre eigene Befreiung immer noch zu groß, hören wir für dieses Mal auf und raten ihr, später noch einmal zu kommen.

Nach dem Tod »gelandet«

Sieht sie sich in der ersten Szene, in die sie hineinkommt, nicht in einem Körper, aber dieses Mal völlig alleine (es sind keine Menschen herum), ist sie ziemlich sicher in einer Zeit *nach* dem Sterbeerlebnis gelandet. Wir sagen: »Das bedeutet wahrscheinlich, dass Sie in diesem Moment bereits einen Körper verlassen haben. Gehen Sie zurück zu einer Stunde, bevor Sie jenen Körper verließen«, oder auch: »Gehen Sie ungefähr 24 Stunden zurück, zum Tag vorher, und sagen Sie mir, was kommt.«

Nun ist sie hoffentlich in einem Körper, in diesem Fall kurz vor dem Sterbeerlebnis.

Findet sie immer noch keinen Körper, haben wir vermutlich wieder einen Fall von unbewusstem Widerstand.

»Bitten Sie Ihr Höheres Selbst, Ihnen zu zeigen, wo der Körper in diesem Moment ist.«

Findet sie einen, der noch lebt, soll sie hineingehen. Ist er tot (oder steht sie vor einem Grab): »Bitten Sie das Höhere Selbst Ihnen den Körper zu zeigen, wie er eine Stunde vor dem Tod war.« Sie soll dann da hineingehen.

Findet sie dann immer noch keinen Körper, können wir den Widerstand zu überwinden versuchen, indem wir ihr durch das Höhere Selbst das Haus zeigen lassen, in dem sie damals lebte. Wenn sie darin ist, sieht sie wahrscheinlich doch ihre Füße.

Sieht sie in der ersten Szene Menschen um sich herum,

ohne jemand davon gewesen zu sein, verfahren wir in der gleichen Weise.

Es kommt vor, dass die Person zwar nach dem Sterben in einem früheren Leben landet, jedoch meint, sich in einem Körper zu sehen. Ist dieser durchsichtig oder schleierartig oder schwebt er über dem Boden, so ist die Sache klar. Scheint er ihr aber wie ein physischer Körper vorzukommen, können wir noch nicht wissen, um was es sich handelt. In diesem Fall merken wir es erst beim Weitergehen.

Es ist dann meistens so, dass alles ringsherum völlig menschenleer ist. Sie sieht nicht einmal Tiere. Es ist, als sei sie die einzige Person auf der Welt. Es kommt dann auch vor, dass etwas in der materiellen Welt »Unmögliches« geschieht. Vielleicht fängt sie an zu schweben oder begegnet Lichtgestalten. Wenn dadurch der Verdacht aufkommt, dass sie doch in einer Zeit *nach* ihrem Tod gelandet ist, so lassen wir sie das Höhere Selbst befragen, ob es auch wirklich so ist. Wenn ja, soll sie zur Stunde vor dem Sterben zurückgehen.

Wenn sich die Person als völlig allein erlebt, dürfte dies ein Ausdruck davon sein, dass sie als Seele ohne Körper keinen Kontakt mehr mit den Verkörperten hat.

Merkwürdigerweise sieht sich die Person in der Situation nach dem Sterben oft barfuß. Wenn dies nicht in die Szene passt (zum Beispiel barfuß im Schnee), lässt uns das an die Möglichkeit denken, dass die Person nach dem Tode »gelandet« ist. Ein weiterer Hinweis darauf ist der Umstand, dass sich die Person in der Nacht nicht zum Schlafen legt, sondern umherwandert. Oder sie setzt sich hin und wartet hellwach auf den Sonnenaufgang. Die körperlose Seele braucht offensichtlich keinen Schlaf, ja sie scheint nicht einmal schlafen zu können.

Eine meiner Klientinnen sah weder Füße noch Hände oder Kleider. Es blieb dabei, trotz der oben erwähnten Versuche. Da fiel mir die Frage ein: »Wo hast du dann deine Hände?«

»In den Taschen.«

»Und wo sind die Taschen?«

»In den Hosen.«

Nun war sie also doch in dem Körper, wo sie vorher lieber nicht sein wollte.

Nicht mehr im Körper

Ein solches Herausgleiten aus dem Körper, wie es in den vorhergehenden Abschnitten beschrieben wurde, kann aber auch irgendwann im Durchgang durch ein früheres Leben spontan auftauchen. Gleitet die Person aus dem Körper jener Person, die sie einmal war, merken wir es nicht immer sofort, denn sie wird es selten selbst sagen. Man mag es daran merken, dass auf einmal keine Gefühle mehr da sind, obwohl sie zu erwarten wären. Die Person erlebt die Geschehnisse wie ein Beobachter. Ich frage dann: »Sind Sie noch im Körper?«

»Nein.«

»Dann gehen Sie wieder hinein!«

Wieder ist dies als eine unbewusste Flucht vor den befreienden, aber zunächst unangenehmen Gefühlen zu deuten. Man merkt es manchmal an der Ausdrucksweise: »Ich gehe durch das Dorf.«

»Wie geht es weiter?«

»*Er* kommt zu einem Wald.«

Wenn die Person nicht mehr »ich«, sondern »er« oder

»sie« sagt, wird sie nicht mehr im Körper sein. Wir fragen trotzdem explizit: »Sind Sie im Körper?«

Sie sagt dann sicher »nein«, und wir bitten sie, wieder hineinzugehen. In diesem Fall können wir erwarten, dass etwas im Wald geschehen wird, wovor sie unbewusst, aber »vorsorglich« aus dem Körper flüchtet (denn sie weiß ja im unbewussten Ich, was kommen wird).

Keine Gefühle

Die Person kann aber auch im Körper sein und die Gefühle trotzdem nicht zulassen. Wir fordern sie dann dazu auf. Geht es immer noch nicht, lassen wir es erst einmal dabei bewenden, um später die Frage nach den Gefühlen an den Helfer zu stellen. Warum hat sie diese nicht zugelassen? Wäre es wichtig, es zu tun?

Der Helfer wird dann vermutlich sagen, dass die Person von jenem Erlebnis in ihrer Vergangenheit nicht frei wird, wenn sie die Gefühle nicht zuvor wieder erlebt und bewusst werden lässt. Daraufhin lassen wir die Person noch einmal in die Szene hineingehen.

Wenn die Person Gefühle nicht zulässt, verfällt sie manchmal ins Rationalisieren. Alles wird nur vom Kopf her beschrieben und bewertet, aber nicht wirklich erlebt. Verharrt die Person in dieser unbewussten Abwehrhaltung, können wir versuchen, die Ursache beim Helfer zu klären. Wir können ihn auch fragen, was der Klient davon hätte oder was sich in seinem heutigen Leben ändern würde, wenn die Gefühle herauskämen, und was geschehen würde, wenn sie nicht herauskämen.

Ausblenden

Das Bild, das der Klient aus einem früheren Leben sieht, kann unterwegs verschwinden. Er sieht dann auf einmal nichts mehr. Das kommt besonders häufig dann vor, wenn er selbst »der Schurke im Drama« war, denn mit so etwas möchte man noch weniger konfrontiert werden. Es gibt aber keinen unter uns, der niemals etwas Gemeines oder Grausames getan hat, denn sonst müsste er sich sicher nicht mehr inkarnieren!

»Gehen Sie zurück zum letzten Bild, und sagen Sie, wenn Sie wieder darin sind.«

Dann gehen wir wieder vorwärts auf der Zeitachse. In einem solchen Fall kommt es vor, dass man mehrmals einen Schritt zurück und zwei vorwärts machen muss, bis man hindurch ist.

Die Person hat vielleicht Mühe, in der Szene weiterzukommen. Das Bild bleibt stehen. Dann interveniere ich folgendermaßen:

»Bitten Sie Ihr Höheres Selbst, Ihnen zu zeigen, wie es weitergeht.«

Stockt der Verlauf der Handlung dennoch: »Gehen Sie eine Stunde weiter, und sagen Sie mir, was kommt.«

Oder wir gehen zum Abend des gleichen Tages. Wo ist die Person zu diesem Zeitpunkt? Und am nächsten Tag? Ein Jahr später? Oder sogar zehn Jahre später? Man muss aber mit der Möglichkeit rechnen, dass sie vielleicht nicht mehr so lange gelebt hat.

Gibt es immer noch oder wiederholt Schwierigkeiten, gehen wir zu der Situation eine Stunde vor dem Sterben und schauen nach dem Todeserlebnis auf das Leben zurück. Springt sie aus der Situation heraus zu einer anderen und kann nicht (das heißt *will* nicht) in die vorherige zurückkehren, bitten wir das Höhere Selbst um Hilfe, um zu erreichen, dass sie sich diese doch ansieht. Oder wir schauen *nach* dem Todeserlebnis auf jene Situation zurück. Es ist meistens leichter, nach dem Sterben auf etwas Unangenehmes zurückzuschauen, als es zu sehen, wenn man in der Situation ist. Ähnlich verfahren wir, wenn die Person offensichtlich in Unwesentliches ausweicht. Wir können auch erst zum Helfer gehen, der dann zeigt, *was* die Person nicht erleben wollte.

Eine weitere Situation des Zögerns ist diese: Die Person wartet irgendwo, und niemand kommt. Sie verharrt im Warten. »Gehen Sie nun dorthin, wo das Warten vorbei ist. Wie ist es dann?«

Jemand ist gekommen, oder sie hat das Warten aufgegeben.

Durchatmen und wieder schauen

Der Klient erkennt etwas nicht, was er hätte sehen sollen: Auch hier ist ein Widerstand im Spiel. Ich rege an: »Atmen Sie tief durch, und schauen Sie es noch einmal an«, oder: »Bitten Sie Ihr Höheres Selbst, Ihnen zu zeigen, was da ist.«

Wenn dies nicht hilft, sollte man das Problem später beim Helfer aufklären lassen.

Verändert sich beim Weitergehen alles derart, dass die Person kaum mehr im gleichen Leben sein kann (oder vermuten wir diese Möglichkeit), so lassen wir sie das Höhere Selbst fragen, ob es noch die gleiche Inkarnation wie vorher ist (was sich natürlich erübrigt, wenn der Wechsel offenbar ist, wenn sich zum Beispiel das Geschlecht geändert hat). Wenn nicht: »Dann gehen Sie in das Leben zurück, in dem wir gerade waren. Wir wollen erst dieses abschließen, und danach können wir immer noch das andere erleben.«

Körperschmerzen treten nicht selten im Zusammenhang mit der damaligen Situation auf. Es ist sehr ungewöhnlich, dass diese heftig auftreten. Sollten sie offensichtlich intensiv sein, fordern wir die Person auf, Bescheid zu sagen, falls es zu schlimm wird. In einem solchen Fall können wir zum Beispiel sagen: »Nun atmen Sie einige Male tief durch, und atmen Sie mit dem Ausatmen den Schmerz aus sich heraus.« Dies ist erstaunlich hilfreich. Ansonsten ist anzunehmen, dass die Person das Ausleben der Schmerzen braucht, auch wenn sie einmal stark sein sollten.

Daten erfahren

Manchmal können Situationen in der Vergangenheit genutzt werden, um an Informationen heranzukommen. Er (der Klient im früheren Leben) liest zum Beispiel eine Zeitung.

»Wie heißt sie?« Der Klient nennt den Namen. »Welches Datum steht darauf?«

Oder er schreibt einen Brief, und wir fragen: »Welches Datum schreiben Sie? (...) Und welche Unterschrift?«

Sieht er es nicht, kann er tief durchatmen und noch einmal nachsehen oder das Höhere Selbst fragen. Er kommt zum Beispiel zu einer Stadt, und ich frage: »Wie heißt sie?«

»Ich weiß es nicht!«

»Fragen Sie Ihr Höheres Selbst, wie sie heißt.«

Nun fällt ihm ein Name ein. Ich frage nach der Jahreszahl. Vielleicht weiß er sie spontan, sonst kann er das Höhere Selbst fragen.

Lebte der Klient in einer Kultur, in der man Grabsteine verwendete, kann man nach dem Sterben sein Grab aufsuchen. Die Seele wird höchstwahrscheinlich wenigstens einmal nach dem Sterben am Grab gewesen sein und kann deshalb den Stein in der Rückführung wieder sehen. Auf dem Stein werden wahrscheinlich sein Name, sein Geburts- und sein Todestag stehen.

Wir können generell in jeder Situation, in der etwas unklar ist, das Höhere Selbst fragen, es bitten, uns etwas zu zeigen oder die Person weiterzuführen.

Rückblick nach den Sterbeerlebnis

Wenn zum Beispiel die nächste Szene nicht von selbst kommt, legen wir dem Klienten nahe: »Bitten Sie Ihr Höheres Selbst, Sie in die nächste wichtige Situation hineinzuführen.«

Gelingt dies immer noch nicht, gehen wir zu der Situation eine Stunde vor dem Tod, um nach dem Sterbeerlebnis zurückzuschauen. Sollte auch jetzt noch ein Abschnitt jenes Lebens im Dunkeln liegen, dürfte der Klient unbewusst immer noch etwas darin nicht sehen wollen. Wir gehen dann zum Helfer, um darüber Auskunft zu erhalten.

Wie bereits erwähnt kann ein unbewusstes Ausweichen vor dem Todeserlebnis vorkommen, und wir gehen dann direkt zu der Situation eine Stunde vor dem Sterben. Wenn die Person dazu neigt, im Todesmoment zu verharren, »zählen wir sie durch«, wie in Kapitel 6 beschrieben. Oder wir lassen sie direkt zu der Situation eine Minute *nach* dem Sterben gehen.

Die Silberschnur

Nach dem Verlassen des Körpers ist die Seele manchmal noch mit ihm wie durch eine »Silberschnur« verbunden und hat deshalb immer noch Körperempfindungen. Ich sage dann: »Sagen Sie, wenn die Verbindung gerissen ist.« Sollten wir dann nicht zu einer Ablösung vom Körper kommen, wird es sich doch nicht ums Sterben handeln. Die Verbindung zieht dann die Seele wieder in den Körper. Es handelt sich dann um einen Zustand wie beim »vorübergehenden klinischen Tod« oder einfach um eine Bewusstlosigkeit mit kurz andauerndem Seelenaustritt. Selten einmal war es ein Scheintodzustand, der zur Bestattung des Körpers und damit zu einem schwer wiegenden Trauma führte. (Vielleicht kam die Seele kurz in den Körper, der sich bereits im Sarg oder auf der Verbrennungsstätte befand, zurück.)

Eine weitere Möglichkeit ist die eines Todeswunsches. Die Person wollte sterben, verließ den Körper vorübergehend als Folge von Krankheit, einem Selbstmordversuch oder sogar nur aufgrund eines sehr starken *Wunsches* zu sterben. Für einen Moment glaubte sie dann selbst, sie hätte es geschafft. Sollten wir in der Rückführung dann irrtümlich vom Eintritt des Todes ausgehen, wird sich dies sicher beim Helfer klären.

Lebenswechsel und Erkennen einer anderen Seele

Eine Person erlebt den Tod bereits in der ersten Szene, geht in die Kindheit zurück und wieder vorwärts durch das Leben. Nun kommt am Schluss ein anderes Todeserlebnis. Was ist geschehen? Meistens war sie in die Kindheit einer anderen Inkarnation ausgewichen, und wir lassen den Helfer die zum zuerst aufgetauchten Leben gehörende Kindheitssituation zeigen. In gewissen Fällen weicht die Person auch in die heutige Kindheit aus, was sich dann aber bald zeigt. (Eine ungewöhnlichere Möglichkeit bestünde darin, dass man zunächst ein Ereignis im Laufe des Lebens irrtümlich für den Tod gehalten hat.) Beim Hineingehen in eine andere Kindheit dürfte es sich oft anhand auffallend anderer Verhältnisse (zum Beispiel Land, Kultur, Geschlecht) bald zeigen, dass sie nicht im gleichen Leben ist.

Sieht sie im früheren Leben einen Menschen, der wie eine ihr heute bekannte Person aussieht (oder deren Gesicht hat), kann dies daher rühren, dass sie jene Seele von damals heute wieder kennt und sie deshalb in der heutigen Gestalt sieht. Um das auseinander zu halten (wir werden ja dann den Helfer näher dazu befragen), regen wir an: »Bitten Sie Ihr Höheres Selbst, die Person so zu zeigen, wie sie damals wirklich aussah.« Das Gleiche machen wir bei Personen ohne Gesicht.

Erlebt die Person etwas, will aber nicht sagen, was es ist, lasse ich dies im Prinzip zu, sofern ich sicher bin, dass *sie* es selbst wirklich weiß. Aber ich kann natürlich mit der Person besser durch die Situation hindurchgehen, wenn auch *ich* weiß, was genau geschieht. Deshalb versuche ich meistens, es – ohne zu drängeln – in Erfahrung zu bringen. Kann die Person ein Gefühl nicht beschreiben (sie kann dem Gefühl keinen Namen geben), muss sie das auch nicht unbedingt tun, wenn mir nur klar ist, dass sie es wirklich fühlt.

Was die Person auch tut, *wir richten nie*! Auch nicht über andere Menschen, die in der Szene vorkommen und der Person vielleicht etwas antun. Wir bleiben stets neutral. Es kann einmal vorkommen, dass die Person spontan hyperventiliert (stark und tief atmet). Dann können manchmal die Finger krumm, steif, kalt und gefühllos werden. Dies ist eine normale Reaktion beim Hyperventilieren und ungefährlich. Trotzdem sagen wir der Person, dass sie nicht so fest und tief atmen muss.

Ausweichphantasie

Wir merken in gewissen Fällen, dass das Erlebte nicht gut stimmen kann. Vielleicht geschehen sogar irreale Dinge, die in einer »physischen Wirklichkeit« nicht möglich sind. Wir lassen diese Erzählung aber so weiterlaufen, bis wir zu einem Punkt kommen, wo uns das Geschehen nicht mehr wichtig erscheint. Dann gehen wir zum Helfer mit der Frage: »Was war das? Stammte es aus einem früheren Leben, oder war es etwas anderes?«

Vielleicht war es dann tatsächlich etwas aus einem früheren Leben, aber die Person hatte etwas hineinprojiziert, was nicht dorthin gehörte. Zum Beispiel reiste einmal eine Adelsdame im 18. Jahrhundert von England nach Österreich und meinte, sie fahre mit dem Zug. Der Helfer sagte, es sei in Wirklichkeit eine lang dauernde Reise mit der Kutsche gewesen, aber die Person wollte die mühsame Fahrt nicht erleben und setzte aus Bequemlichkeit einen

Zug dafür ein. Es kann auch vorkommen, dass man zwei frühere Leben durcheinander bringt, die einander ähnlich sind oder einen Zusammenhang haben.

Ebenso kann es passieren, dass man unbewusst eine Geschichte erfindet, sodass man die unangenehme Wirklichkeit im vergangenen Leben nicht sehen muss. Diese unbewusste Konstruktion kann manchmal aber auch eine symbolische Bedeutung haben und zumindest zeigen, was sich die Person damals eher gewünscht hätte.

Eine Frau erlebte sich als Pferdehändler im amerikanischen Westen. Am Ende seines Lebens kamen »Pferdediebe«, stahlen die Pferde und hängten ihn auf. Sie kam nach dem Erlebnis zum Helfer und sagte, er schüttle den Kopf.

»Warum?«

»Er sagt, es sei nicht so gewesen, wie ich es sah. Ich hätte geschummelt.«

Es stellte sich heraus, dass in Wirklichkeit *sie* ein Pferdedieb war. Am Schluss kamen die rechtmäßigen Besitzer und hängten ihn auf.

Eine andere Frau erlebte eine Liebesgeschichte mit einem Mann in Frauenkleidern, der sich angeblich so kostümiert hatte, um durch diese Tarnung Verfolgern zu entgehen. Beim Helfer erfuhr sie dann, dass es in Wirklichkeit kein Mann war. Sie hatte eine damals erlebte lesbische Liebe heute nicht wahrhaben wollen.

Symbolerlebnis

Sagt der Helfer jedoch, dass das Erlebnis *nicht* aus einer früheren Inkarnation stamme, wird es sich um ein Symbolerlebnis handeln. Ein solches ist ebenfalls wichtig und hat eine Aussage, die wir im Anschluss klären wollen. Deshalb brechen wir ein vermutetes Symbolerlebnis nicht gleich ab, sondern lassen es bis zu einem geeigneten Punkt weiterlaufen und gehen erst dann zum Helfer. Erweist sich das Erlebnis dann auch tatsächlich als symbolisch, gehen wir das Erlebnis mit dem Helfer durch und klären die Bedeutung von jedem Element darin, das offenbar symbolischen Charakter hat.

Der Helfer soll die symbolische Botschaft dieses Erlebnisses in Klartext übersetzen. Es kommen hierin sowohl übliche als auch individuelle Symbole vor. Ein Wasser – Meer, See, Teich – ist zum Beispiel meistens ein Symbol für das unbewusste Ich. Kommt die Person an ein Wasser, geht hinein und kann problemlos unter Wasser bleiben, ist sie in symbolischer Weise gewissermaßen ins unbewusste Ich hineingetaucht.

Symbolerlebnisse erkennen wir oft an irrealen Details, daran, dass Dinge geschehen, die in der »wirklichen« Welt nicht möglich sind. Oder wir erkennen sie an den Rollen der anderen Menschen in den Szenen, wenn diese nicht den Eindruck von realen Personen machen. Ein Mangel an echten Gefühlen kann manchmal auf ein Symbolerlebnis hindeuten. Dasselbe gilt für Gefühle, die irgendwie nicht in die Situation passen. Mit zunehmender Erfahrung spürt der Rückführende allmählich auf intuitive Weise immer besser, wann Symbolerlebnisse auftauchen (ohne dass er immer genau erklären kann, woran er das merkt).

Szenen aus dem heutigen Leben

Es mag bei der Rückführung als erstes eine Szene aus dem heutigen Leben auftauchen. Wir lassen diese weiterlaufen, wenn es eine Kindheitsszene ist, denn es kann dann sehr gut sein, dass es um ein mehr oder weniger vergessenes Kindheitstrauma geht. Stammt die Szene aber aus dem Erwachsenenleben, hat die Person darin wahrscheinlich nichts Wichtiges erlebt, wovon sie heute nichts mehr weiß. Vielleicht ist die Szene doch wichtig, wenn sie Jahrzehnte zurückliegt, aber eher nicht, wenn sich das Geschehen erst vor ein paar Jahren abspielte. Im letzteren Fall ist es meistens so, dass sie sich unbewusst an bekannte, vertraute Bilder klammert, weil sie sich damit sicherer fühlt. Wir können dann zunächst von der wohl bekannten Szene aus einen Schritt ins Unbekannte tun. Ist sie in einem Haus, findet sie vielleicht eine Tür, durch die sie in Wirklichkeit nie ging, und wir lassen sie hindurchtreten. Oder wir lassen sie auf die Straße gehen: »Da wird es von den Häusern um Sie herum auch einige geben, wo Sie nie drin waren. Häuser, die Sie nur von außen gesehen haben. Wählen Sie sich so ein Haus, und sagen Sie, wenn Sie davor stehen. (...) Nun gehen Sie in jenes Haus hinein!« In diesem unbekannten Gebäude kann sie nun noch einmal Aufzug fahren oder die Treppe hinaufgehen und wird dieses Mal vermutlich in ein früheres Leben kommen.

Eine Person gelangte einmal mit einem ihr bekannten Aufzug auf ein ihr ebenfalls bekanntes Stockwerk. Dort hing aber ein ihr unbekanntes Bild an der Wand, auf dem sie ein Segelschiff an einem von Palmen bewachsenen Strand sah. Ich ließ sie ins Bild hineinsteigen und auf das

Schiff gehen, und sie kam in ein Leben als Pirat in Westindien hinein.

Es kann natürlich vorkommen, dass ein Erlebnis des Erwachsenenalters in diesem Leben zum Beispiel aufgrund einer Amnesie vergessen worden ist. Man kann die Person dann zu diesem Erlebnis zurückführen. Es ist auch möglich, in Situationen von Bewusstlosigkeit zurückzugehen, zum Beispiel wenn diese durch einen Unfall hervorgerufen wurden. Das unbewusste Ich registrierte damals, was das bewusste Ich nicht aufnehmen konnte. Die Seele war ja dabei, als Beobachterin vorübergehend außerhalb des Körpers, jedoch noch mit ihm verbunden. Die Seelenerinnerung wird nun auch bewusst.

Auf diese Weise führte ich einmal einen Mann um nur ein Jahr zurück. Er erlebte einen Autounfall wieder, an dessen genaue Umstände er sich nicht mehr bewusst hatte erinnern können. Er erlebte wieder, was dann mit seinem bewusstlosen Körper geschah, bis er nach einer Notfalloperation im Krankenhaus wieder aufwachte. Es wurde ihm bewusst, wie es zum Unfall gekommen war, und er sah, wie die Operation ausgeführt wurde.

Entführungserlebnisse

In der Literatur wird von einem Phänomen berichtet, mit dem ich selbst noch keine Erfahrung habe, nämlich von der Rückführung in vom bewussten Ich vergessene Entführungen durch Außerirdische [1,2] – jedenfalls wurde dies in einer Reihe von Fällen angeblich so erlebt. Dies sei interessehalber hier auch erwähnt.

Andere Welten

Es kommt vor, wenn auch selten, dass die Person sich auf einem anderen Planeten sieht. Kann das wirklich so gewesen sein? Gibt es Leben auf anderen Planeten?

Während ich das Manuskript für die erste Auflage dieses Buches schrieb, war in den USA soeben ein Forschungsprogramm zur Suche nach Radiosignalen von fremden Zivilisationen angelaufen (vgl. [3]). Manche Wissenschaftler sind von der Existenz anderer Zivilisationen überzeugt. Nach Schätzung eines Astronomen [4] existieren (als Größenordnung) etwa 600 Millionen Planeten im Universum, welche die Voraussetzungen für biologisches Leben erfüllen. (Man beachte, dass hier nur biologisches Leben gemeint ist, *wie wir es kennen*. Wenn wir die Möglichkeit von uns ganz fremdartigen Lebensformen mit völlig anderen biologischen Grundlagen erwägen, könnte die Zahl der »verdächtigen« Planeten erheblich wachsen.) Es ist eigentlich naheliegend, dass von 600 Millionen bewohnbaren Planeten nicht bloß ein einziger tatsächlich bevölkert sein kann! Es *muss* demnach dort draußen Tausende von Zivilisationen geben! Etwas anderes zu glauben, ist einfach naiv …

Warum sollte dann eine Seele nicht einmal auch woanders inkarniert gewesen sein? Ist das wirklich unmöglich? Kommt ein solches Erlebnis in der Rückführung, lassen wir es bis zu einem geeigneten Punkt weiterlaufen – meist auch bis zu einem Todeserlebnis –, um dann den Helfer darüber zu befragen. Er wird wahrscheinlich sagen, dass die Person *wirklich* einmal in einer anderen Welt gelebt hat. Wo im Weltraum? Mehrere Klienten gaben zur Antwort, es sei auf einem Planeten nahe dem Stern Sirius (die

Astronomie kennt sogar zwei Riesenplaneten dort) oder im Sternbild der Plejaden gewesen.

Dagegen spricht jedoch die Lichtgeschwindigkeit! Diese Planeten sind vielleicht Tausende von Lichtjahren entfernt ... Nun ist aber die Lichtgeschwindigkeit zwar ein Grenzwert für die Fortbewegung *physischer* (materieller) Strukturen, aber ist sie dies auch für eine *immaterielle* Seele? Das scheint nicht so zu sein! Und außerdem: Was sind schon tausend Jahre für die *Seele*? Diese Zeit erscheint nur im Maßstab der Lebensdauer einer Verkörperung als zu lang!

Ein Kursteilnehmer erwähnte, dass sein damals fünfjähriger Sohn am Frühstückstisch aus heiterem Himmel sagte: »Den Papa kenne ich vom Raumschiff!«.

Ich hatte dann die Gelegenheit, den Vater zurückzuführen. Er erlebte sich vor 10 000 Jahren als Mitglied einer Forschungsexpedition von einer anderen Zivilisation her, deren Mitglieder nach einer Bruchlandung auf der Erde hier bleiben mussten. Das Raumfahrzeug war zerstört. Sie inkarnierten dann wieder hier. Der Sohn wäre nach Aussage des Helfers dabei gewesen.

Eine Person erlebte sich auf einem der Planeten der Plejaden. Nach dem Tod in jenem Leben kam sie auf die Erde. Der Helfer bestätigte dieses Erlebnis. Warum musste sie dann überhaupt hierher kommen? Sie war im Leben auf jenem Planeten der Versuchung verfallen, Macht zu missbrauchen, und wurde deshalb auf die Erde verbannt! Dieser Vorgang entbehrt nicht einer gewissen Logik: So wie es auf unserem Planeten zugeht, mag man auch – übertrieben formuliert – leicht den Eindruck von einer Strafkolonie für »missratene« Seelen haben. Leben wir vielleicht *hier* in einer Art von »Hölle«?

Befinden wir uns vielleicht schon jetzt an einem Ort, von dem viele Menschen fürchten, dass sie nach dem Tod erst hinkommen würden? Besteht umgekehrt die Chance, dass wir – sofern wir endlich unsere Fähigkeit zu Liebe und Mitgefühl haben weiterentwickeln können – eines Tages wieder von hier entlassen und in eine schönere Welt versetzt werden – ein Ereignis, das möglicherweise den Charakter einer Heimkehr zu einem vor langer Zeit »verlorenen Paradies« hätte?

Jedenfalls zeigen diese seltenen Rückführungserlebnisse, in denen wir ein Leben auf anderen Planeten annehmen können, dass unsere Erde im direkten Vergleich meistens schlecht abschneidet. Den unfassbaren Wahnsinn einer egoistischen, machtlüsternen, habgierigen, kriegerischen, naturvernichtenden und mordenden Menschheit gibt es auf keinem der Planeten, von dem meine Klienten in diesen seltenen Fällen erzählten.

Gewisse esoterische Quellen [5] erwähnen zwar, dass es im Universum fast tausend Planeten mit »luziferischen« Zivilisationen geben soll, aber ich habe bisher keine eigene Erfahrung mit einem entsprechenden Rückführungserlebnis machen können. Solche Informationen stammen aus Quellen, die weder wissenschaftlich noch logisch oder spirituell in irgendeiner Weise nachprüfbar sind, weshalb es sich hier eher um eine Glaubensfrage handeln kann. Andererseits zweifle ich nicht an der Existenz des luziferischen Prinzips als Ergebnis einer Absonderung von Gott.

Ein wertvolles Werk über Rückführungen und die Befreiung von störenden Seelen und Wesenheiten [6] behandelt ziemlich ausführlich die dem Phänomen »Besessenheit« vergleichbaren Einwirkungen von dunklen Wesenheiten, die als »Außerirdische« bezeichnet werden. Sie kommen angeblich aus Regionen außerhalb unserer Erde, in die das Christusbewusstsein noch nicht hat durchdringen können. Vielleicht liegt unser Planet ja in einem Grenzbereich zwischen Dunkel und Licht.

Erlebnisse als Tier

Es kommt fast nie vor, dass sich jemand als Tier erlebt. Solche Erlebnisse sind so extrem selten, dass wir zu wenig Erfahrungsmaterial besitzen, um darüber urteilen zu können. Wir können dazu nur sagen: Falls es möglich ist, auch als Tier zu inkarnieren, wird dies eine seltene Ausnahme sein. In jenen seltenen Fällen hat allerdings der Helfer manchmal die Echtheit des Erlebnisses bestätigt. Eine andere Möglichkeit ist allerdings gerade hier die eines Symbolerlebnisses.

Eine Frau erlebte sich als einen weiblichen schwarzen Panther. Nach einer Liebesgeschichte mit einem männlichen Panther hatte sie sechs Junge zu füttern. Bei der Jagd wurde sie einmal gefangen und in einen Käfig gesteckt. Sie weigerte sich zu fressen, sodass sie in der Gefangenschaft starb. Den Tod erlebte sie so, dass ein eiförmiges Gebilde aus dem Maul rollte, das aufbrach, und daraus stieg ihre Seele empor. Auf meine zweifelnde Frage antwortete der Helfer, dass sie tatsächlich jener Panther gewesen sei.

»Warum denn?«

Sie sei im Leben davor ein kopflastiger Gelehrter gewesen, war die Auskunft. Dieser Mensch hatte, von Gefühlen und Intuition abgeschnitten, nur im Verstand gelebt. Deshalb hätte diese Seele – als »Gegenpol« sozusagen – ein Leben ohne Verstand, das ausschließlich von Instinkt und Gefühlen beherrscht war, erleben müssen. Das macht ja auf jeden Fall einen Sinn …

Abschluss

Es gibt fast nie Probleme mit dem Abschluss des Erlebnisses. Selten hört die Person spontan auf. Sie öffnet vielleicht einfach die Augen und will nicht mehr mitmachen. Sollte dies in einer traumatischen Szene geschehen, fordern wir sie auf: »Machen Sie die Augen zu, und gehen Sie zurück! Wir wollen diese Szene erst abschließen, und dann können wir aufhören.« Macht die Person dies zunächst mit, so ist sie oft doch noch zum Weitermachen bereit, wenn jene Szene vorüber ist. Macht sie nicht mit, muss sie sich eventuell damit abfinden, nachher noch einige Stunden ein unangenehmes Gefühl zu haben. Es kann dann sein, dass sie ihre Problematik in den nächsten Tagen noch stärker als vorher erlebt. Etwa eine Woche später ist dann wieder alles beim Alten.

Wenn jemand von selbst aus der Rückführung aussteigt, sollten wir ein plötzliches Aufstehen verhindern, denn es könnte ihm sonst schwindelig werden. Auch dann sollte der Klient möglichst noch etwas liegen bleiben.

Drängt es mit dem Abschließen – ich merke vielleicht erst jetzt, dass es eilt, weil die Person noch ihren Zug erreichen muss – gehe ich, falls die Szene dramatisch ist, erst rasch zu ihrem Ende. Dann genügt es, tief durchzuatmen und die Augen zu öffnen, ohne erst mit dem Aufzug hinunterzufahren und die Schalter wieder einzuschalten. Die Person wird vielleicht nicht so schnell wieder ganz »da« sein, aber auch nicht den Zug verpassen …

Besser ist es allerdings, wenn wir uns die Zeit nehmen können, um die Schalter wieder einzuschalten.

Sollte die Person nicht mit einem Aufzug gefahren sein, geht sie auf die gleiche Weise zurück, wie sie am Anfang irgendwo hingegangen ist. Schwebte sie zuerst zum Himmel hinauf, sollte sie nun wieder zum Ausgangspunkt hinunterschweben. Alternativ dazu kann man sie so herunterschweben lassen, dass sie auf der Liege beim Rückführenden »landet«.

Ich kenne keinen Fall, in dem die Person nicht die Schalter wieder einschalten konnte. Ich würde sie in einem solchen Fall ohne Einschalten bitten, nach einem tiefen Atemzug die Augen zu öffnen, eine Weile liegen zu bleiben und dann langsam aufzustehen.

Eine weitere Möglichkeit bestünde darin, ihren Zustand in Schlaf übergehen zu lassen, sodass sie nach dem Aufwachen wieder »hier« wäre. Damit meine ich aber nicht etwa Schlafsuggestionen. Es bedeutet nur, sie in Ruhe zu lassen und ihr die Möglichkeit zum Einschlafen zu geben. Dass jemand aus dem Vergangenheitsbewusstsein nicht zurückkäme, scheint mir bei dieser Methode unvorstellbar und ist bisher nie geschehen. Auch bei einer psychotischen Person wäre dies sicher nicht wesentlich anders, als wenn sie sonst einen Schub bekäme, der irgendwann wieder vorübergeht.

Das Lichterlebnis, das wir der Person meistens vor dem Hinunterfahren vom Helfer vermitteln lassen, bietet selten Schwierigkeiten. Fast jeder sieht das Licht; sonst wird man mindestens die angenehme Energie davon um sich herum fühlen können. Ist immer noch ein unbewusstes Schuldgefühl da, kann es allerdings zunächst hinderlich sein, da dann etwas in der Person glauben mag, das Licht nicht zu verdienen. Sollte sich also ein Schuldgefühl als Grund erweisen, sich dem Licht zu entziehen, greifen wir dieses sofort auf, um es mit dem Helfer zu klären.

Toilettenbesuch

Trotz vorbeugender Maßnahmen kommt es vor, dass der Klient während der Rückführung zur Toilette muss. Wir lassen hier die Schalter nicht erst wieder einschalten, sondern sagen nur: »Dann stehen Sie nun langsam auf, und gehen Sie hinaus.« Wenn er zurück ist: »Legen Sie sich wieder hin, und machen Sie die Augen zu. (...) Gehen Sie zurück in die Situation, in der wir zuletzt waren (oder zum Helfer), und sagen Sie, wenn Sie dort sind.«

Muss der Rückführende selbst hinaus, so verlässt er selbstverständlich die Person nicht mitten in einem dramatischen Geschehen, sondern erst, wenn die Situation vorüber ist: »Bleiben Sie nun in diesem Moment. Ich muss kurz hinaus und komme gleich wieder.«

Ist sie beim Helfer, lassen wir sie in Licht hüllen, damit sie sich in der Zwischenzeit dort aufgehoben fühlen kann.

Es ist offensichtlich, dass ein Toilettenbesuch des Klienten in vielen Fällen unbewusst als »willkommene Gelegenheit« genutzt wird, um sich für eine Weile dem Geschehen entziehen zu können. Das macht auch nichts, denn wir machen ja bald wieder weiter ...

Literatur und Anmerkung

1. Fiore, Edith: *Encounters,* Ballantine, New York, 1989.
2. Mack, John E.: *Abduction,* Charles Scribner's Sons, New York

und Maxwell MacMillan, Toronto, 1994. Deutsche Übersetzung: *Entführt von Außerirdischen,* Bettendorf, Essen.

3. Sobel, Dava: »Is Anybody Out There?«, in: *Life*, Vol 15, Nr. 9, New York, September 1992, S. 60–64, 67–68.

4. Ponnamperuma, Cyril: »Is there anyone out there?«, *Indian Express,* Wochenendbeilage. S. 1 und 4, Cochin, 10. 2. 1990. Eine konservative Schätzung: Da hier die Anzahl der Sterne auf 10^{20} geschätzt wird, könnte die Zahl der Planeten mit Lebensbedingungen auch bei etwa einer Milliarde liegen. Ähnliche Zahlen wurden in einem Radiointerview mit dem Leiter des erwähnten Forschungsprogramms genannt (BBC, 27.12.1992). Im Jahr 2002 wurde in den Medien berichtet, dass die Astronomie ungefähr 100 Planeten bei verschiedenen Sternen gesichtet habe. Eine neuere Schätzung der Anzahl der Sterne beträgt $7 \cdot 10^{22}$ (Meldung in *Deutsche Welle*, Juli 2003), womit die Anzahl der Planeten mit Möglichkeiten für biologisches Leben auf mindestens eine Milliarde gestiegen sein wird – wenn nicht sogar zehn oder gar hundert Milliarden! Bei einer erneuten Schätzung im Jahr 2004 war die Zahl der Sterne sogar auf 10^{24} gestiegen. Damit müsste man mit noch mehr bewohnbaren Planeten rechnen…

5. *The Urantia Book,* Urantia Foundation, Chicago, 1955.

6. Baldwin, William J.: *Regression Therapy. Spirit Releasement Therapy. A Technique Manual.* Bethel Publications, Enterprise FL, verbesserte Auflage 1992.

13 | Helfergestalten. Widerstände. Befreiung von negativen Gefühlen. Spezielle Probleme

Auch in diesem Kapitel müssen wir uns mit einer ganzen Reihe von möglichen Fällen befassen – wiederum an erster Stelle für diejenigen gedacht, die mit dieser Technik arbeiten wollen.

Verschiedene Helfer

Die Begegnung mit dem Helfer ist eine Begegnung mit dem eigenen unbewussten Ich, das jene Gestalt annimmt, um sich als inneres Bild sichtbar zu machen.

Kann es sich bei dieser Begegnung auch um einen geistigen Helfer mit vom Bewusstsein des Klienten unabhängiger Identität handeln? Ich halte dies für möglich, und es scheint in einigen Fällen tatsächlich so gewesen zu sein. Hat man in diesem Fall gute Gefühle, und empfindet man von der Gestalt Liebe und Geborgenheit, wird dies in Ordnung sein. Im Zweifelsfall lasse ich fragen, ob er in Christi Namen komme (vgl. Kapitel 16 – eigentlich wäre die Frage immer angebracht; wenn man den Eindruck von einer Erscheinung hat, die allem Anschein nach nicht einfach das unbewusste Ich des Klienten verkörpert). Bei anderer Glaubensrichtung des Klienten lasse ich dementsprechend fragen.

In der großen Mehrzahl der Fälle wird es sich nach meiner Erfahrung aber wirklich um die Begegnung mit dem eigenen unbewussten Ich handeln. (Der seltenere Fall einer unangenehmen Helfererscheinung wurde bereits vorher beschrieben.)

Wenn die Person auf dem Stockwerk des Helfers angekommen ist, sieht sie oft auch wieder einen Boden oder Fußboden vor dem Aufzug. Sie steigt aus und lässt sich durch das Höhere Selbst weiter zum Ort der Begegnung führen. Es kommt aber auch hier vor, dass vor dem Aufzug kein Boden ist, die Tür also »in die Luft hinaus« führt.

In diesem Fall sollte die Person nicht hinuntersinken, da sie sehr gut den Helfer in der Luft schwebend finden kann. Wir sagen stattdessen zu ihr: »Wenn Sie nun da hinaussteigen, können Sie nicht fallen. Sie sind schwerelos und werden in der Luft schweben.«

Man sieht den Helfer oft in einer menschlichen Gestalt. Sie kann männlich oder weiblich sein und ist selten geschlechtslos. Man kann sogar ein Kind als Helfer sehen, aber das ist ungewöhnlich. Die Gestalt sieht meistens nicht aus wie jemand, den man heute kennt. Sollte es doch einmal so sein, bedeutet dies meistens, dass das unbewusste Ich diese Gestalt aus irgendeinem Grund so gewählt hat (es sei denn, dass jene Person inzwischen verstorben ist, s. u.).

Ein Klient sah seinen Freund David als Helfer und fragte: »Du, David, sag mir …«, worauf der Helfer antwortete: »Ich bin nicht David, ich sehe nur wie David aus.«

Wir fragen ihn in diesem Fall nach dem Grund für diese Erscheinung. Was will er damit zeigen? Auf welche Eigenschaft von oder Beziehung mit jener Person will er anspielen?

Es kommt vor, dass man das Gesicht des Helfers nicht deutlich sieht. Mir scheint dies oft wie ein Ausdruck von Neutralität zu sein. Der Helfer möchte eine neutrale Gestalt haben und nicht wie eine bestimmte Person aussehen. Möglicherweise trägt er eine Kopfbedeckung, zum Beispiel eine Kapuze, die das Gesicht verhüllt. Wir lassen ihn dann bitten, sein Gesicht zu zeigen.

Ich möchte jedenfalls, dass die Augen des Helfers für den Klienten zu sehen sind, denn er soll gütige Augen haben. Eine andere ungewöhnliche Erscheinungsweise ist die, dass man *nur* seine Augen (oder nur das Gesicht) sieht. Wir bitten ihn dann, seine ganze Gestalt zu zeigen. Tut er es nicht, und fühlt sich die Person auch mit seinen gütigen Augen (oder dem Gesicht) allein wohl, genügt das.

Sehr selten kommt es vor, dass der Helfer wie ein Doppelgänger oder ein Spiegelbild der Person selbst aussieht.

Manchmal gehen wir als Erstes zum Helfer, ohne zuvor in die Vergangenheit zu gehen.

Andere Erscheinungsformen

Sollte er wie jemand erscheinen, der gestorben ist und den man im heutigen Leben kannte, zum Beispiel ein Elternteil, könnte dies allerdings eine Erscheinung der Seele jener Person sein. Dies ist ziemlich ungewöhnlich, und es ist dann anzunehmen, dass jene Seele nicht so gut helfen kann, wie sie es wahrscheinlich möchte, da sie nicht alles wissen dürfte, worum es hier geht. Außerdem zeigt bei einem Elternteil diese Erscheinung höchstwahrscheinlich nur, dass ein gründliches Abnabeln von ihm schon längst überfällig ist. Denn schließlich ist es nicht sinnvoll, wenn sich jene Seele an ihr Kind noch nach dem Ende ihrer gemeinsamen Inkarnation (so gut ihre *subjektive* Absicht vielleicht auch sein mag) klammern und vielleicht beeinflussen will.

Wir verabschieden uns deshalb freundlich von ihr und finden den wahren Helfer, der *wirklich* das unbewusste Ich verkörpert. Ein verwandter Fall ist, dass eine störende, aber fremde Seele sich als Helfer ausgeben will, obwohl es gar nicht ihre wahre Absicht ist zu helfen. Sie will nur versuchen, uns irrezuführen, und hofft, dadurch nicht entdeckt zu werden. Dann ist aber das Gefühl nie besonders gut, und schon das veranlasst uns weiterzusuchen.

Weniger ungewöhnlich ist wiederum die Erscheinung einer Jesus- oder Mariengestalt als Helfer. Bei entsprechender Glaubensprägung kann es auch zum Beispiel der Buddha sein, der ebenfalls ein Botschafter Gottes war. Ein Sufi sah den islamischen Heiligen Mevlana. Wer Anhänger eines indischen Gurus ist, sieht manchmal diesen als Helfergestalt. Dies kann eine Wunschprojektion sein, kann aber auch von einer unbewussten Verbindung zu jenem Guru zeugen, die durch starke Einflussnahme entstanden ist.

Sehr selten sieht man als Helfergestalt eine Person, die in einem früheren Leben eine Rolle spielte.

Eine Lichtgestalt ist ziemlich häufig. Diese kann sogar wie ein Engel erscheinen. Sie strahlt fast immer Liebe und Güte aus. (Wenn sie das nicht tut, was sehr selten ist, handelt es sich um eine Erscheinung, die wir wegschicken oder verlassen sollten.) Ein Lichtschein ohne Gestalt ist im Prinzip das Gleiche wie ein Lichtwesen.

Tiergestalten sind ungewöhnlich. Eine Person hatte ein Eichhörnchen auf der Schulter. Ein anderer Klient, der

Hunde über alles liebte, hatte natürlich einen Hund, mit dem er sprechen konnte. Eine Frau begegnete im Wald einem Elch, der sie in ein Indianerleben führte. Vögel kommen in diesem Fall ziemlich oft vor.

Kommt die Person zu einem großen, schönen Baum, bitten wir sie, den Stamm anzufassen und so mit ihm in Kontakt zu treten. Sie kann dann telepathisch mit dem Baum kommunizieren. Auch eine schöne Blume auf der Wiese kann die Helferin sein. Einmal setzte sich jemand in eine riesengroße Lotosblüte.

Symbolerscheinungen wie ein großes Auge oder ein leuchtendes Dreieck können ebenfalls vorkommen. Eine Frau sank zum Meeresgrund. Sie fand dort eine Riesenmuschel mit einer fußballgroßen Perle. Sie hob die Perle heraus, und diese war ihre Helferin. Eine andere stand vor einem zwei Meter hohen Kristall.

Unsichtbare Helfer können ebenfalls auftreten. Fühlt man die Anwesenheit, und ist das Gefühl deutlich gut, genügt das. Aber ich lasse dann lieber den Helfer bitten, sich zu zeigen.

Orte der Begegnung

Ein Arzt kam während einer Rückführung in eine Bibliothek, von der er viele Einzelheiten beschrieb: Bücher im Gestell, Blumen am Fenster, ein Telefon auf dem Tisch, Bilder an der Wand usw.; aber kein Helfer war zu sehen.

»Frag dein Höheres Selbst, ob er hier sein soll.«

»Ja!«

Nach vergeblichem Suchen ließ ich ihn ans Telefon gehen, und da war sein Helfer in der Leitung.

Der Ort der Begegnung mit dem Helfer kann sich irgendwo befinden: hinter einer Tür im Gang, auf einer Wiese, in einer Hütte oder Lichtung im Wald, auf einem Berg oder einer Wolke, im Inneren dieser Wolke oder in der Luft schwebend, in einer Höhle, in einer Kirche oder einem alten Tempel … Bei einem außergewöhnlichen Ort lassen wir den Helfer fragen, was er bedeutet.

Es kommt selten einmal vor, dass der Helfer nicht gleich dort ist. Wir lassen dann das Höhere Selbst fragen, ob die Person warten oder weitergehen soll. Soll sie warten, bitten wir sie, Bescheid zu sagen, wenn der Helfer kommt.

Ist die Person am Anfang zum Himmel hinaufgeschwebt, statt mit dem Aufzug zu fahren oder auf der Treppe hinaufzugehen, sollte sie wieder über die Wolken hinaufsteigen, um nun den Helfer dort oben zu finden – oder, je nachdem wie sie vom Höheren Selbst weitergeleitet wird, woanders wieder landen. Findet sie keinen Helfer auf dem Stockwerk (oder nachdem sie aus dem symbolischen Haus hinausgetreten ist), so lasse ich die Person erst zum Himmel hinaufschweben.

Selten einmal kommt man in ein anderes früheres Leben statt zum Helfer. Dann machen wir entweder – wenn es wichtig erscheint – mit jenem Leben zunächst weiter, oder wir lassen die Person wieder in den Aufzug steigen und sagen: »Wir können nachher wieder in jenes frühere Leben gehen, wollen aber zuerst zu Ihrem Helfer. Fragen Sie Ihr Höheres Selbst, zu welchem Stockwerk Sie fahren sollen, um dieses Mal zum Helfer und nicht wieder in ein früheres Leben zu kommen.« Alternativ dazu kann sie aus jenem Leben heraus vom Boden abheben und über die Wolken hinaufschweben.

Unterschiedliche Helfer

Machen wir verschiedene Rückführungen mit der gleichen Person, kann der Helfer jedes Mal eine andere oder immer die gleiche Gestalt wählen. Der Aufzug, der Ort der Begegnung usw. können ebenfalls wechseln. Um diese Möglichkeit offen zu lassen, gehen wir auch in einer neuen Rückführung für die erste Begegnung mit dem Helfer in den Aufzug und fragen nach dem Stockwerk. Nur wenn die Zeit drängt, wählen wir eine Abkürzung: »Gehen Sie zum gleichen Helfer wie das letzte Mal.« Dann geht es zwar schneller, aber dem Helfer wird dadurch die gleiche Gestalt vorgegeben.

In ziemlich seltenen Fällen können verschiedene Helfer in der gleichen Rückführung vorkommen. Einer kann möglicherweise irgendwann nicht weiterhelfen, und man sucht dann einen neuen auf. Eine Gruppe von Helfern kann zwar auftauchen, aber in den meisten Fällen hat man nur einen als Ansprechpartner zur Verfügung. Wir lassen in diesem Fall alle befragen; die Person wendet sich an einen, den sie bevorzugt, oder sie fragt das Höhere Selbst, wen sie ansprechen solle.

Kommunikation mit dem Helfer

Die Fragen an den Helfer müssen nicht laut gestellt werden. Es genügt, es in Gedanken zu tun. Seine Antwort kommt meistens wie durch Gedankenübertragung, wie telepathisch, aber manchmal, als ob die Person seine Stimme hört. Einmal schrieb der Helfer sogar auf einer Tafel. Manchmal zeigt er Bilder oder möglicherweise Sym-

bole als Antwort, und wir bitten ihn dann, diese zu erklären. Ist die Kommunikationsweise zuerst unklar, lassen wir den Helfer bitten zu zeigen, wie er antworten möchte. Gibt es danach immer noch Kommunikationsschwierigkeiten, können wir zunächst den Helfer bitten lassen, ein Zeichen zu zeigen, das »ja«, und eines, das »nein« bedeutet, um dann auf diese Weise erste Antworten auf Fragen zu bekommen.
Die ersten Fragen, die Ort und Zeit betreffen, sind für die Seele und in Bezug auf die Problemlösungen an und für sich unwichtig; sie dienen aber der Kontaktaufnahme. Es zeigt sich auf diese Weise, wie der Helfer antwortet, bevor man zu vielleicht emotional schwierigeren Fragen übergeht.

Widerstände

Sigmund Freud soll einmal geschrieben haben, dass ein wesentlicher Teil der Arbeit des Therapeuten darin besteht, die Widerstände des Patienten zu überwinden. In Rückführungen ist es manchmal auch so. Dies kann sich so äußern, dass die Kommunikation mit dem Helfer abbricht. Auf einmal hört man nicht mehr, was er sagt; er schweigt oder dreht sich weg. Vielleicht will er sogar weggehen, oder er verschwindet einfach. Im letzteren Fall bitten wir ihn wiederzukommen. Diese »Fluchttendenzen« des Helfers sind immer ein Zeichen für unbewussten Widerstand. Die Person will unbewusst nicht mehr auf ihn hören! Irgendwo in ihrem Inneren weiß sie, dass ihr seine Antwort nicht gefallen würde, und so verschließt sie sich.

Eine Möglichkeit, um diese Hürde zu überwinden ist,

Folgendes zu sagen: »Es ist möglich, dass er etwas sagen möchte, was Ihnen nicht gefallen wird. Aber es steht Ihnen frei, ob sie es annehmen. Das ist Ihre freie Wahl. Diese Wahl können Sie allerdings erst treffen, wenn Sie wissen, worum es geht! Sonst können Sie ja nicht einmal wählen ... Also fragen Sie noch einmal, lassen Sie ihn antworten, wie er will, und dann können Sie wählen.«

Wir können auch darauf hinweisen, dass gerade das, was uns am wenigsten gefällt, eher der Schlüssel zur Lösung unserer Problematik sein dürfte. Wäre es einfacher, wäre wohl das Problem schon längst überwunden... Eine Möglichkeit, um hier die Kommunikationsschwelle zunächst durch Zeichen zu überwinden, besteht darin, den Helfer zu bitten, ein Zeichen für »ja« und eines für »nein« zu geben (vgl. oben).

Denkbar ist auch eine Zeichengebung durch Fingersignale [1, 2], die dann der Rückführende beobachtet.

»Bitten Sie den Helfer, einen Ihrer Finger zu bewegen, der ›ja‹ bedeutet. (...) Und nun einen, der ›nein‹ bedeutet.« (Vielleicht kann man auch einen Finger wählen, der »ich weiß nicht« oder »ich möchte nicht antworten« bedeutet; die zweite Alternative entspricht meistens eher der wahren Bedeutung, oder jenes Signal heißt in Wirklichkeit: »Ich möchte es nicht wissen« ...)

Erfolgen Antworten nur mühsam, fordern wir den Klienten auf, immer das Erste zu nehmen, was ihm in den Kopf kommt, was es auch sein mag. Charakteristisch für eine richtige Antwort des Helfers ist, dass sie dem Klienten sofort in den Sinn kommt, noch fast bevor die Frage zu Ende gesprochen ist. Es kommt dann vor, dass der Intellekt diese Antwort nicht mag und etwas anderes daraus machen will. Eine solche Scheinantwort erfolgt dann immer erst später. Bei nicht sofort kommenden Antworten kann diese Selbstmanipulation mehr oder weniger unbewusst mit hineinspielen.

Den Widerstand abgeben

Ist der Widerstand doch noch vorhanden – entweder dagegen, die Antwort zu hören, oder dagegen, ein Bild aus der Vergangenheit zu sehen oder darin weiterzugehen –, können wir wie folgt vorgehen: »Dies bedeutet wahrscheinlich, dass ein unbewusster Teil von Ihnen die Antwort nicht hören möchte.« Oder: »… es nicht sehen will«. Oder: »… nicht wissen will, was damals geschah«.

Lassen wir den Helfer anfragen, ob es so ist, so wird er dies bejahen – oder er antwortet immer noch nicht (was wir auch als eine Bestätigung deuten). »Bitten Sie den Helfer, den Teil von Ihnen, der nicht zuhören (oder nicht sehen oder es nicht wissen) will, aus Ihnen herauszuholen und neben Ihnen hinzustellen. Sagen Sie, wenn Sie jenen Teil von Ihnen dort sehen. (…) Wie sieht er aus?«

Vielleicht wie ein bockiges Abbild der Person selbst, wie ein Schatten, ein Holzklotz oder eine graue Masse. Auch ein Kind, ein Kobold, ein Gegenstand oder eine symbolische Gestalt können hier vorkommen. Selten einmal steht da die Gestalt, die der Klient in einem früheren Leben hatte. (Auch hier kann es in besonderen Fällen eine fremde Seele oder eine Wesenheit sein, vgl. Kapitel 16.)

»Fragen Sie diesen Teil, warum er es nicht wissen will.« Er hat Angst, er könnte dadurch etwas aufgeben müssen oder gar, es könne dadurch schlimmer werden, lautet die Antwort. Oder er fürchtet schmerzliche Gefühle, die kom-

Abgabe eines Widerstandes

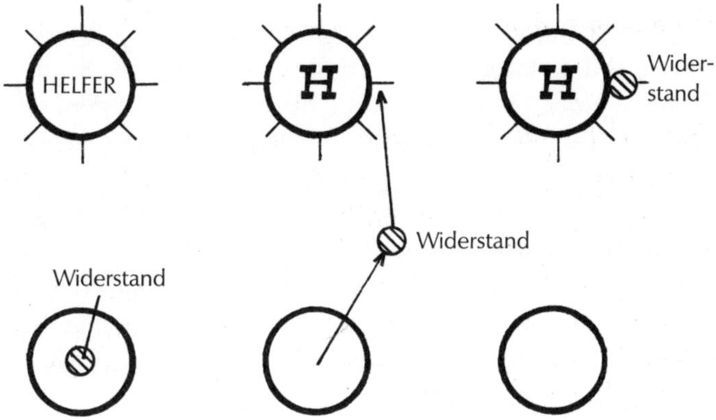

men könnten. »Er weiß aber, worum es geht, und fürchtet eigentlich die Veränderung! Fragen Sie den Helfer, ob er Recht hat.« Natürlich hat jener »Schatten« nicht Recht. Oft gibt der herausgeholte Teil keine Antwort.

»Bitten Sie den Helfer, diesen Teil zu sich (in seine Obhut) zu nehmen, und sagen Sie, wenn er es getan hat. (...) Nun stellen Sie dem Helfer wieder die Frage.« Nun kommt die Antwort, die der Klient vorher unbewusst nicht hören wollte.

Dieses Verfahren ist meistens erstaunlich effektiv.

Wenn am Schluss alles vorüber ist, fragen wir, vor oder nach dem Lichterlebnis, den Helfer, was mit jenem Teil (bzw. jenen Teilen) zu tun ist. Darauf kommen verschiedene Antworten. Manchmal sagt der Helfer, dass jener Teil besser bei ihm bleiben solle, manchmal soll die Person den Teil wieder in sich aufnehmen, da er nun nichts mehr zu verhindern und sich wahrscheinlich gewandelt hat.

Es kommt vor, dass man den Teil beseitigen soll. Einen Holzklotz kann man ins Feuer legen, einen Stein zum Beispiel vergraben oder irgendwo hinwerfen. Ist der sich sträubende Teil gestalthaft – zum Beispiel ein bockiges Kind –, bitten wir den Helfer, ihn ins Licht zu geben. In einem Fall war der Teil durch einen Sessel dargestellt, der die Bequemlichkeit der Person symbolisierte. Der Helfer setzte sich hinein. Nachher warfen die Person und der Helfer zusammen den Sessel durch das Fenster hinaus.

Sollte man am Ende einer langen Rückführung vergessen zu fragen, was man mit jenem Teil tun soll, macht dies nicht viel aus. Er bleibt ja dann beim Helfer, und das ist eine gültige Alternative.

Es kommt vor, dass man dieses Heraustretenlassen eines sich sträubenden Teils wiederholen muss. Manchmal kommt nämlich nicht alles davon auf einmal heraus, sondern »portionsweise«, oder es ist noch ein anderer unbewusster Widerstand der Person vorhanden.

Die anfängliche Furcht vor dem, was sich in einem Rückführungserlebnis andeutet, kann sich als unbegründet erweisen. Eine Person wurde dabei Zeugin einer Tötung von kleinen Kindern durch eine grausame Frau und blockierte, weil sie fürchtete, jene Frau gewesen zu sein. Als sie schließlich doch in die Situation hineingekommen war, stellte sich heraus, dass sie eines der Kinder gewesen war. Das war schlimm genug, aber der andere Fall wäre schlimmer gewesen.

Ingrid Vallieres [3] schlägt als Antwort auf den Abwehrsatz »Ich weiß es nicht« vor, dass der Therapeut sagen solle: »›Wenn Sie es wüssten, was glauben Sie, wäre es?‹ Das durchbricht die Abwehr.«

Marcia Moore [4] empfiehlt: »Was wäre das Letzte in der

Welt, an das Sie normalerweise je denken würden?« Auf die Antwort darauf wäre man wohl nicht gekommen, wenn es nicht auch das gewesen ist …

Oppenheim gibt in einem Beispiel die Anwendung eines vorübergehenden Rollenwechsels (der Klient wechselte in der Szene vom Opfer in die Person des Täters über) als eine weitere Möglichkeit an [5]. Allerdings gelingt es nicht immer, in einen anderen Körper hinüberzugehen, den man damals nicht wirklich hatte.

Der Widerstand ist manchmal besonders groß, wenn es darum geht, eine eigene Täterrolle zu erkennen. Wenn wir den Klienten den Helfer fragen lassen, weshalb er jenes Opfererlebnis haben sollte, kommt manchmal gar nichts. Es wäre nach dem Gesetz des Karma jedoch zu erwarten, dass das Erlebnis die Folge einer Form von direktem oder indirektem Tätersein ist. Wir können dann oft auf einem Umweg dorthin gelangen. Wir lassen den Helfer anfragen, was die Person aus dem Opfererlebnis hat lernen sollen. Zum Beispiel: »Das man seine Kinder lieben soll.« Dann gab es also ein Leben davor, in dem sie das noch nicht konnte! Denn was man schon kann, muss man ja nicht lernen … Der Helfer soll nun ein Bild aus jenem Leben zeigen.

Oder ich lasse fragen, wenn das Bild nicht gleich kommt: »Waren Sie in jenem Leben ein Mann oder eine Frau?« »Ein Mann.« – »Dann bitten Sie den Helfer, Ihnen diesen Mann zu zeigen. (…) Gehen Sie nun in seinen Körper hinein.« Diese einfache Frage hilft oft weiter.

Die Antwort auf die Frage danach, was man lernen sollte, steht also in einer Beziehung zum Tätersein. Man spricht zum Beispiel von Geduld, Verantwortung oder Demut, die man lernen sollte. Geht man dann zurück in das entsprechende Leben, so zeigt sich, dass man sich ähnliche Taten geleistet hatte, wie man sie später als Leidtragender erleben sollte. Der Kern der Lektion war natürlich, Mitmenschen so etwas nicht anzutun.

Weitere Möglichkeiten, um Widerstände zu überwinden, sind: Erst ablenken und Unwichtiges in der Situation anschauen, dann wieder zum Wesentlichen übergehen. Oder die schwierige Situation erst aussparen, um dann nach dem Sterbeerlebnis darauf zurückzuschauen oder den Helfer zu fragen.

Hartnäckige Widerstände

Es kommt vor, dass der Widerstand einfach *zu* groß ist. Man will die eigene Befreiung nicht um einen Preis erreichen, der in diesem Moment als zu hoch erscheint (obwohl dies immer eine falsche Rechnung ist). Es ist dann, wie wenn in einer Zwischenschicht zwischen dem bewussten und dem unbewussten Ich ein Teil sitzt, der sagt: »Wenn ich da hindurch muss, dann lassen wir es lieber. Dann verzichte ich auf die Lösung meines Problems.« Kommen wir dieses Mal nicht weiter, raten wir der Person dann, später wiederzukommen. Es ist in diesem Fall gut, den Helfer darum bitten zu lassen, die Person innerlich für ein nächstes Mal vorzubereiten (da ja der Helfer ihr eigenes unbewusstes Ich ist).

Lässt die Person einen sich sträubenden Teil des eigenen Selbst nicht aus sich heraussteigen, können wir es folgendermaßen in Schritten versuchen: »Bitten Sie den Helfer, Ihnen erst einmal zu zeigen, wo im Körper jener Teil von Ihnen sitzt, der es nicht hören (nicht sehen) will.«

Die Antwort kann zum Beispiel lauten: »Im Magen«.

»Bitten Sie ihn, Ihnen zu zeigen, was darin sitzt und sich sträubt. Wie sieht es aus?« Der nächste Schritt ist dann, jenen Teil herauszuholen. Mit diesem schrittweisen Vorgehen kann es dann doch gelingen, dass der Helfer den »bockigen« Persönlichkeitsanteil herausholt.

In einem Fall war im Bereich des Magens eine Wunde festzustellen. Die Person sah dort nichts, *wollte* nicht hinschauen. Wir ließen erst den Helfer die Wunde heilen. Sie wollte aber immer noch nicht sehen, was im Bauch war.

»Was hat den Bauch verletzt?«

»Ein Pfeil.«

»Bitten Sie ihn, den Pfeil zu zeigen.«

Nun sah sie ihn im Bauch stecken, und es tat weh. Sie war auf einmal eine Indianerin, die heimlich von einem Mann getötet wurde, da sie aus einem anderen Stamm eingeheiratet hatte. Sie hatte in ihrem eigenen Mann den Mörder vermutet und dachte, er liebe sie nicht und hätte andere Frauen. Er war nämlich sehr schweigsam und zeigte seine Gefühle nicht. Nun musste sie erkennen, dass sie ihn (bis heute) in ihrer Seele zu Unrecht beschuldigt hatte: Er liebte sie wirklich, der Mörder war ein anderer gewesen. Eine wichtige Erkenntnis, die ihr die Versöhnung mit einer Seele ermöglichte, die sie auch im jetzigen Leben wieder kannte.

Bei einer anderen Person saß die Verletzung im Herzen. Sie weigerte sich nachzusehen, was darin war. Lieber wollte sie von diesem »Unbekannten« ihr Leben bestimmen lassen, als die Verantwortung für ihr Leben zu übernehmen. Wo und wann hatte sie Angst vor Verantwortung bekommen? Es war in einem Leben, das wir schließlich nach einigen Widerständen doch entdeckten. Sie konnte in ihr Herz schauen und fand dort Geld für ein in jenem Leben schwer bereutes Geschäft. Statt sein Haus (sie war damals ein Mann) den Kindern zu vererben, hatte er es zu ihrer Enttäuschung aus Gier verkauft, und vom Geld war bei seinem Tod kaum etwas übrig. Sie holte das Geld aus ihrem Herzen heraus und warf es in ein Loch (s. u.).

Loslassen und Auflösen von Gefühlsenergien

Eine sehr wichtige Funktion für die therapeutische Rückführung hat das Loslassen von Gefühlen und das Auflösen ihrer Energien. Es ist oft schon viel damit erreicht, das Gefühl in der Situation der Vergangenheit deutlich zu erleben. Viel wirksamer ist jedoch das folgende Vorgehen.

Wir lassen den Helfer bitten, ein Feuer zu zünden. Steht man beim Helfer nicht auf einem Boden, schwebt dann das Feuer in der Luft. Wir gehen nun zurück in die Situation und dort zum Höhepunkt des Gefühlserlebens. »Nun nehmen Sie das Gefühl mit zum Helfer, und sagen Sie, wenn Sie mit diesem Gefühl wieder bei ihm sind. (…) Der Helfer hilft Ihnen nun, die Energie dieses Gefühls aus Ihnen herauszuholen und sie dem Feuer zu übergeben. Sagen Sie, wenn es verbrannt ist.«

Das Feuer ist in vielen Mythologien ein Symbol für *Wandlung*. Was wir ins Feuer tun, wird nur scheinbar vernichtet. In Wirklichkeit wird es in neue Energieformen gewandelt. Dies ist ein positiver Aspekt vom symbolischen Verbrennen der negativen Gefühlsenergien. Es werden natürlich nur die negativen Gefühle zum Helfer getragen und verbrannt. Positive Gefühle soll der Klient behalten. Man kann gleichzeitig auftretende Gefühle (zum Beispiel Wut und Angst) zusammen zum Helfer bringen und dort auflösen.

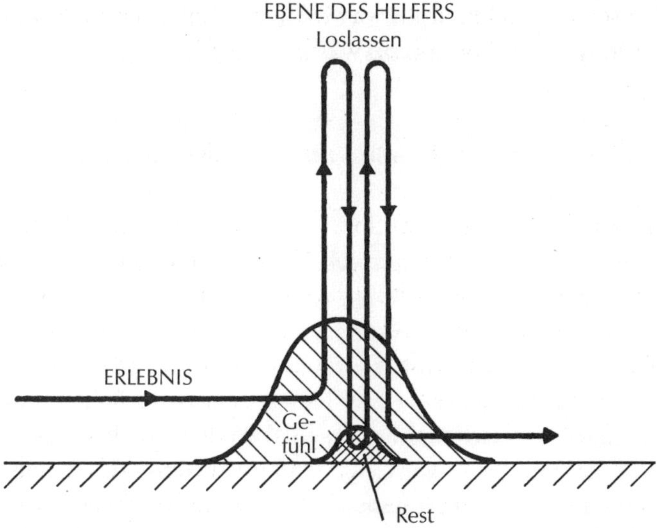

Eine Alternative zum Feuer, die ich heute selten verwende, ist die folgende. Steht der Helfer auf einem Boden (oder Fußboden), sagen wir: »Bitten Sie den Helfer, dort ein lichterfülltes Loch im Boden zu machen und damit einen Lichtschacht entstehen zu lassen, der tief in die Erde hineinführt. Sagen Sie, wenn er es gemacht hat.« Man lässt dann die Gefühlsenergien dort hineinfallen.

Steht die Person auf einem Berg, kann man die Gefühle von dort hinunterwerfen. Ist derjenige in einem Zimmer, wirft man sie aus dem Fenster. Steht er auf einer Wolke oder schwebt er in der Luft, lässt man sie einfach fallen. Diese Alternativen verwende ich heute kaum.

Dann geht man wieder zurück in die Situation. Kommt das Gefühl wieder?

Wenn noch ein Rest da ist, wird auch dieser zum Helfer getragen und aufgelöst. Man macht dies so lange, bis alles weg ist. Dann kommen eventuell noch andere Gefühle in anderen Situationen dazu, die auch auf diese Weise losgelassen werden.

Schließlich sind keine negativen Gefühle mehr da. Das Gleiche machen wir mit Körperschmerzen, die wir aus dem betreffenden Körperteil herausholen und auflösen lassen.

Sollte das Gefühl »festkleben« oder nicht ganz weggehen, fragen wir den Helfer, warum dies so ist. Vielleicht will die Person es doch nicht loslassen (vgl. Kapitel 10). Ein Schuldgefühl lässt sie glauben, dass sie es nicht tun dürfe, oder sie meint, einen Nutzen davon zu haben. Die Aufforderung des Therapeuten ist: »Fragen Sie den Helfer, was Sie damit tun sollen« oder »Bitten Sie den Helfer, Ihnen zu helfen, es loszulassen«.

Manchmal muss die Person erst noch in eine andere Situation hineingehen, in der sie auch noch jenes Gefühl hatte.

Wenn sie ein Gefühl loslassen sollte, und dies kein Schuldgefühl ist, können wir den Helfer fragen lassen: »Wofür brauchen Sie das Gefühl noch?« Oder: »Wem wollen Sie zeigen, dass Sie es haben?« Vielleicht auch: »Welchen Vorteil verschafft Ihnen das Gefühl im Leben?«, oder etwas Ähnliches. Der nächste Schritt besteht dann darin, einzusehen, dass man jenes Gefühl doch nicht braucht. Die vermeintlichen Vorteile erweisen sich als trügerisch.

Eine weitere Alternative ist die folgende. Man lässt die Person in Licht gehüllt werden: »Atmen Sie das Licht ein, füllen Sie sich damit auf. Mit dem Ausatmen geben

Sie nun alle negativen Gefühlsenergien, die auftauchten, ins Licht. Beim Einatmen ersetzen sie diese durch Lichtenergie. Sagen Sie, wenn Sie fühlen, dass das geschehen ist.«

Verwandlung der Situation

Wenn wir wieder in die Situation hineingehen, um zu sehen, ob noch Gefühle da sind, kann sich diese wandeln, wenn die betreffenden negativen Emotionen verschwunden sind. Vielleicht verläuft die ganze Geschichte nun anders: Man wird zum Beispiel nicht umgebracht, sondern arrangiert sich mit seinem Gegenspieler. Dies zeigt, wie die Situation *hätte sein können.* Sie war natürlich nicht so, sondern entsprach ganz dem, was wir beim ersten Durchgang erlebt haben. Andernfalls wäre doch das Problem nicht daraus entstanden. Auch ist es uns nicht gegeben, rückwirkend unsere Vergangenheit zu ändern; was wir jedoch tun können, ist, ihre *Auswirkungen* auf die Gegenwart zu ändern. Zusätzlich kann es allerdings befreiend und lehrreich sein, die bessere Version zu sehen. Es kommt vor, dass eine solche Wandlung von selbst eintritt, wir können die Person aber auch gezielt zum Durchspielen einer besseren Alternative auffordern. Wegen der Möglichkeit einer spontanen Wandlung der Situation tragen wir die auftretenden Seelenschmerzen nicht sofort zum Helfer, sondern erleben zuerst die Situation und meistens auch den Rest des Lebens (bis zum Körperaustritt) durch. Danach gehen wir in die gefühlsgeladenen Erlebnisse zurück und bringen nun die Gefühle zum Helfer.

Ein Beispiel einer spontanen Wandlung: Eine Frau lebte im früheren Leben alleine auf dem Lande. Sie war die Geliebte eines Bauern, der immer wieder zu ihr kam und ihr zum Beispiel einen Schinken für ein »Schäferstündchen« brachte. Eines Tages wollte sie es nicht mehr und weigerte sich. Der Bauer gab ihr eine Ohrfeige und ging zornig weg. In ihrer Wut griff sie eine Axt und schleuderte sie hinter ihm her. Sie traf ihn in den Rücken, er fiel hin und verblutete schnell. Dann hatte sie solche Schuldgefühle, dass sie sich umbrachte.

Wenn die Wut beim Helfer verbrannt war und sie wieder in die Szene kam, fragte ich: »Was fühlst du nun, wenn du die Axt greifst?«

»Die greife ich nicht!«

»Warum?«

»Ich habe ja keine Wut mehr! Ich will ihn nicht töten.« Ich sagte ihr, dass sie ja in Wirklichkeit die Axt doch gegriffen hat, und forderte sie auf, es zu tun. Da spürte sie noch ein bisschen Wut, die wir dann auch dem Feuer übergaben.

Die Gefühle sind, wenn man in die Situation zurückkommt, um sie herauszuholen, manchmal schon weg oder weniger stark ausgeprägt. Das bedeutet in vielen Fällen, dass sie beim ersten Durchgang schon ganz oder teilweise aufgelöst wurden. In einigen Fällen kann es aber daran liegen, dass man sie nicht gerne wieder zulässt (und daher auch nicht ausreichend loslassen kann). Vermuten wir eine solche Ursache, lassen wir den Helfer befragen: »Ist das Gefühl weg, oder haben Sie es nicht wieder zugelassen?«. Im letzteren Fall fordern wir sie auf, den Rest vom Gefühl zu erleben.

Kein *rescripting*, kein *reframing*!

Die Aufforderung zum Durchspielen der Situation in einer neuen, positiven Gestaltung weist Ähnlichkeit mit den psychologischen Techniken von *rescripting* und *reframing* auf (für Anwendungen im Zusammenhang mit Rückführungen: vgl. [6]). Die konventionelle Anwendung dieser Verfahren besteht oft eher in einer Form von Manipulation der Vergangenheit (vgl. »rückwirkende Halluzinationen« nach Bernheim, siehe Kapitel 3). Wenn die Vergangenheit also nicht wirklich so war, wie es suggeriert wird, ist diese Vorgehensweise meines Erachtens nicht unproblematisch. Man gibt dann der Person doch eine Lebenslüge mit!

Dies fordert geradezu zum Selbstbetrug auf, vielleicht auch zum »Schwänzen« einer Lektion. Bei der Anwendung im Rahmen der Rückführungstherapie geht es im Gegensatz dazu eher darum, die *anderen Möglichkeiten* in der aufgetauchten Situation zu sehen. Eine Möglichkeit, die man damals nicht sah (oder nicht sehen wollte). Dem Klienten wird bewusst, wie er es auch anders hätte tun können. Was er damals nicht wagte, wusste oder wollte, kann er heute tun. Daher braucht er solche Situationen in der Zukunft nicht mehr zu fürchten.

Schuldgefühle

Es ist in der Rückführung besonders wichtig, Schuldgefühle aufzugreifen (vgl. [7]). Ist das Vorhandensein solcher Gefühle aufgrund der Umstände zu vermuten, lassen wir den Helfer danach fragen.

Schuldgefühle haben oft etwas von einem »Teufelskreis« an sich. Eben *weil* man sie hat, meint man zunächst, sie nicht loslassen zu dürfen. Es kommen grundsätzlich drei Arten von Schuldgefühlen vor:

1. *Begründete Schuldgefühle:* Man war früher Täter, hat aber meistens das darauf folgende Opfererlebnis bereits hinter sich; die alte Geschichte ist dann erledigt, die Lektion ist gelernt, und man hat sich oft schon mit den beteiligten Seelen versöhnt. Dennoch trägt man noch das alte Schuldgefühl mit sich herum.
2. *Eingeredete Schuldgefühle:* Man war nicht schuldig, aber die Umwelt klagte einen an, und man glaubte schließlich selbst daran – zumindest unbewusst.
3. *Irrtümliche Schuldgefühle:* Man hielt sich selbst aufgrund der Umstände für schuldig, obwohl man es nicht war. Zum Beispiel bei einem Unfall, den man nicht verhindern konnte.

Ein Beispiel für ein irrtümliches Schuldgefühl ist das folgende. Eine Mutter sieht ihr Kind ins Wasser fallen und läuft so schnell wie möglich hin, kommt aber zu spät. Sie hat alles getan, was in ihrer Macht stand, aber es war unmöglich, das Kind zu retten. Trotzdem macht sie sich große Schuldgefühle. Dies ist den Umständen nach zwar verständlich, aber gleichwohl ein Irrtum.

Das unerwünschte Kind im Mutterleib hat beispielsweise ziemlich oft Schuldgefühle dafür, dass es überhaupt da ist. Völlig grundlos natürlich, denn die Seele des Kindes hat ja nicht die Mutter geschwängert …

Sogar das sexuell missbrauchte Kind leidet oft unter unbewussten Schuldgefühlen. Dies hat verschiedene Gründe: Erstens fühlt es instinktiv, dass etwas Falsches geschieht, zweitens wird es vielleicht noch mit Drohungen zum Schweigen gezwungen. Aber das Kind konnte ja nichts dafür! Insofern ist dieses Schuldgefühl irrtümlich.

Allerdings ist es wahrscheinlich, dass seine Seele sich dieses Opfererlebnis gesucht hat, weil sie selbst einmal etwas Entsprechendes getan hat (zum Beispiel selbst ein Kind missbraucht oder nicht eingegriffen, wo sie solches hätte verhindern können – Unterlassungstat). Ein Aspekt dieses zunächst irrtümlichen Schuldgefühls mag also auch sein, dass eine früher vorhandene *tatsächliche* Schuld durch das Erlebnis reaktiviert wurde.

Eine Frau, die abgetrieben hat, trägt dafür meiner Erfahrung nach immer ein zumindest unbewusstes Schuldgefühl in sich. Bei der Abklärung mit dem Helfer stellt sich dann heraus, dass sie es loslassen kann. Es hilft weder ihr noch der Seele des Kindes, sich dies weiter nachzutragen. Erst recht nicht, wenn ihr klar wird – und das geschieht ohnehin in den meisten Rückführungen spontan –, dass sie es nie wieder tun würde. Wir finden immer wieder, dass die Seele des Kindes vor Eintritt in den Mutterleib wusste, dass sie mit einer Abtreibung zu rechnen hatte – es war die von ihr gewählte Erfahrungsmöglichkeit (möglicherweise deshalb, weil sie selbst in einem früheren Leben mit sich selbst oder mit anderen dasselbe getan hatte) [8].

Ein Schuldgefühl führt manchmal zu einer Art von Selbstbestrafungsmuster im heutigen Leben. Man erlaubt sich nicht, Erfolg zu haben, eine glückliche Partnerschaft oder Ähnliches, weil man im unbewussten Ich meint, es nicht verdient zu haben. Manche Widerstände bei der Rückführung haben auch mit solchen Schuldgefühlen zu tun.

Zwar will das bewusste Ich eine Lösung des Problems erreichen, aber auf einer tieferen Ebene glaubt man, dass man die Hilfe nicht verdiene. (Diese Ebene scheint wie in einer Zwischenschicht zwischen dem bewussten und dem unbewussten Ich zu liegen, denn im eigentlichen unbewussten Ich weiß man ja, dass es nicht so ist.) Oder man kann einen Seelenschmerz beim Helfer nicht loslassen. Er »klebt fest«, weil man in jener Schicht glaubt, man dürfe ihn nicht fallen lassen.

Erwarten oder vermuten wir ein Schuldgefühl, so klären wir es beim Helfer: »Fragen Sie ihn, ob Sie von jenem Leben (oder von jener Situation) her heute noch ein Schuldgefühl im unbewussten Ich haben.«

»Ja.«

»Fragen Sie ihn dann, ob Sie es heute noch haben *müssen.*«

»Er sagt nein.«

Nun lässt sich die Person davon oft noch nicht so leicht überzeugen. Deshalb sagen wir: »Bitten Sie den Helfer, Ihnen zu erklären, warum Sie es nicht mehr zu haben brauchen.«

Es kommt nun eine Erklärung, die wir bekräftigen. Wir sagen zum Beispiel, es sei ja so lange her, dass sie es offenbar schon in dazwischen liegenden Leben geklärt habe. Außerdem habe sie ja ihre Lektion bereits gelernt, sodass sich das Schuldgefühl schon längst erübrigt habe. Vermutlich ist das daraus folgende Opfererlebnis schon vorher in der Rückführung aufgetaucht, und wir weisen darauf hin, dass die Schuld damit getilgt ist. Die Person wäre ja heute gar nicht mehr fähig, so etwas zu tun wie damals, als sie zum Täter geworden war. Damit hat das Schuldgefühl schon seine Aufgabe erfüllt.

War das Schuldgefühl nur eingeredet oder irrtümlich, geht dies leichter.

»Bitten Sie den Helfer zu zeigen, in welchem Körperteil von Ihnen die Energie des Schuldgefühls sitzt. (…) Bitten Sie den Helfer nun, die Energie dieses Schuldgefühls von dort herauszuholen. Es wird dann sichtbar, wie wenn es sich materialisiert. Wie sieht es aus?«

Zum Beispiel ein schleimiger Klumpen.

Wir sagen der Person, sie solle den Klumpen ins Feuer werfen und Bescheid sagen, wenn er verbrannt ist. (Alternativ kann man ihn in ein Loch fallen lassen, fallen lassen oder etwas anderes tun, je nach dem was an dem speziellen Ort, wo der Helfer sich befindet, naheliegend ist.) Es kann ein Stein sein, den man wegwirft oder vergräbt, oder ein Stück Holz, das man verbrennt. Wird es ein Gegenstand aus Ton oder Glas, kann man ihn zerschlagen und die Scherben beseitigen.

Ein wichtiger Aspekt ist hierbei, dass die Person *selbst* aktiv etwas tut, um das zu einem Gegenstand verdichtete Schuldgefühl zu vernichten. Es kann selten einmal ein schöner symbolischer Gegenstand daraus entstehen. Ein schöner Kristall, ein goldenes Herz oder eine Rose. Welche Bedeutung hat in diesem Zusammenhang nun ein so positives Symbol?

Der Helfer sagt sicher, dass in jenem symbolischen Gegenstand keine Energie von Schuldgefühlen mehr enthalten sei. Sie hat sich in Liebe oder Vertrauen umgewandelt – vielleicht auch in Lebensfreude. Was soll die Person nun mit dem Gegenstand tun? Sie kann ihn zum Beispiel in ihr Herz hineinnehmen, in das Herzchakra, oder in eine andere Stelle am Körper. Ein goldenes Herz kann sie vielleicht an einer Goldkette um den Hals hängen.

Befreiung von einem Schuldgefühl

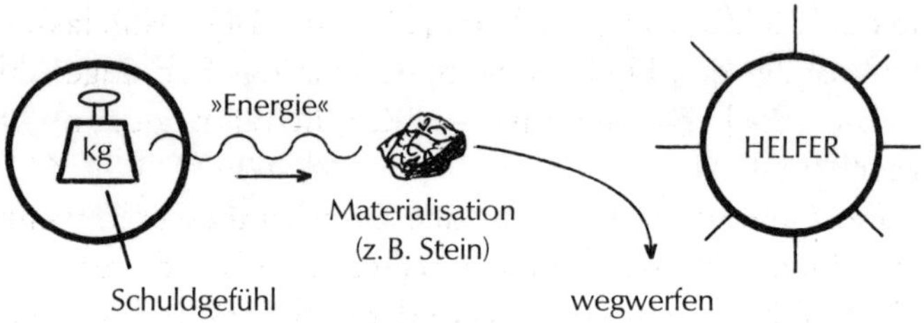

In ein paar Fällen war der Gegenstand ein Kelch mit einer Flüssigkeit darin, wie ein Trunk, der Liebe und Stärke spendete. Die Person trank den Inhalt oder verteilte ihn an andere, somit symbolisch an ihre Mitmenschen. Was sollte sie dann mit dem Kelch tun? Oft ließ sie ihn dann beim Helfer stehen.

Nur selten sagt der Helfer, das Schuldgefühl könne noch nicht losgelassen werden. Man muss dann die Möglichkeit in Betracht ziehen, dass die Person eventuell von sich aus antwortet und nicht wiedergibt, was der Helfer sagt.

Ein Beispiel: »Frag den Helfer, ob du das Schuldgefühl noch haben musst.«

»Ja.«

Ich fragte erstaunt: »Wirklich? Frag ihn dann, warum!«

»Er sagt zwar ›nein‹, aber ich glaube ihm nicht.«

»Wenn er aber ›nein‹ sagt, bitte ihn zu erklären, weshalb nicht.«

So ließ sie sich schließlich überzeugen.

Wenn der Helfer aber wirklich meint, man müsse das Schuldgefühl noch haben, wollen wir wissen, was erforderlich ist, um es möglichst bald loslassen zu können. Vielleicht muss man erst umdenken und etwas im Leben ändern. Oder vielleicht muss man sich erst mit einer anderen Seele versöhnen. Dies werden wir nachher bereits in der Rückführung erledigen (s. Kapitel 14). Dann lassen wir wieder den Helfer fragen, ob man das Schuldgefühl immer noch haben muss – wahrscheinlich jetzt nicht mehr.

Ein Gefühl von Hass auf den Täter (unbewusst, wenn aus einem früheren Leben, bewusst, wenn aus diesem Leben) stellt ein wesentliches Hindernis für das Loslassen alter Schuldgefühle dar. Ist die Zeit also noch nicht gekommen, um das Schuldgefühl loszulassen, liegt dies oft daran, dass vorher noch eine Versöhnung nötig ist.

Diese muss nicht durch ein offenes Gespräch mit der anderen Seele vonstatten gehen. (Der frühere Täter würde Geschichten von früheren Leben wahrscheinlich nicht ernst nehmen.) Das Wesentliche daran ist vielmehr, dass dies in unserem Inneren in Form einer Wandlung der Einstellung zu jener Seele geschieht. Hierbei ist die im nächsten Kapitel erwähnte Methode von Phyllis Krystal sehr hilfreich.

Hat die Person in diesem Leben ein Art von Selbstbestrafungsmuster entwickelt, affirmieren wir mit ihr, dass sie dieses unbewusste Spiel mit sich selbst nun beenden kann. Wir können auch den Helfer fragen lassen, wie dies am besten geschieht.

Es ist natürlich möglich, dass die Person gerade *heute* die entsprechende Lektion erteilt bekommt und vielleicht gegenwärtig eine Art von Opfererlebnis durchläuft. In diesem Fall wollen wir wissen, wie dies am besten und so bald wie möglich absolviert werden kann.

Hindernis vom Anfang an

Ein sehr starkes (und doch unbewusstes) Schuldgefühl kann die Rückführung schon von Anfang an blockieren. Gelingt es gar nicht, in die Vergangenheit zurückzukehren, können wir oft wenigstens die Begegnung mit dem Helfer herbeiführen. Wir fragen dann, ob womöglich ein Schuldgefühl im unbewussten Ich die Person von vornherein hindert, sich helfen zu lassen (obwohl man im bewussten Ich die Hilfe sucht).

Sagt der Helfer »ja«, haben wir es also mit einem Schuldgefühl zu tun, dessen Ursache noch unbekannt ist. Auch hier ist die Frage angebracht, ob die Person das Gefühl heute noch haben muss. Die Antwort ist sicher »nein«.

Weshalb nicht? Wenn sich die Person von der Unnötigkeit dieses Gefühls hat überzeugen lassen, lässt sie hoffentlich das Schuldgefühl sozusagen »unbesehen« los (denn wir wissen ja noch nicht, worum es hier geht).

In einem Fall wurde daraus ein riesiger Felsbrocken, den die Person mit dem Helfer gemeinsam ins Meer fallen ließ. Dann kam sie in das frühere Leben hinein. Man soll es nicht beim unbesehenen Loslassen bewenden lassen, denn dies ist doch nur eine »halbe Sache« und keine vollständige Befreiung. Wir erstreben in diesem Fall immer, hinterher (vorher ging es ja noch nicht) noch die Ursache herauszufinden. Man wird dann sicher herausfinden, dass zwar der größere Teil vom Schuldgefühl weg ist, aber nicht alles. Den Rest können wir nun auch auflösen.

Es gibt manchmal einen besonderen Widerstand gegen das Loslassen eines Schuldgefühls. Obwohl der Helfer überzeugend erklärt, dass man es *wirklich* nicht mehr haben muss, will man es dann doch nicht glauben. Dies kann zu einem Zustand ausarten, den ich als »masochistischen Narzissmus« bezeichnen möchte: Alle Welt scheint zu sagen: »Wir haben dir schon längst verziehen. Jetzt verzeih dir doch endlich auch selbst! Wir haben deine demonstrative Selbstquälerei wirklich satt!« Die Selbstbestrafung ist zu einer Art von Selbstbefriedigung geworden.

Der Extremfall ist der so genannte Therapeutenkiller. Er geht von einem Therapeuten zum anderen und verlässt jeden mit dem Gefühl: »Der taugt auch nichts, der konnte mir auch nicht helfen!« In ihm sitzt aber ein kleines Teufelchen, das sagt: »Nun habe ich wieder einen Therapeuten ausgetrickst und erfolgreich mein Problem verteidigt!«.

Scham und Schande. Der Tod auf dem Scheiterhaufen

Diese Gefühle haben oft eine gewisse Verwandtschaft mit Schuldgefühlen. Ein Beispiel: Eine Frau fühlte sich immer unwohl und wurde rot, wenn sie vor anderen dastehen musste. In einer Rückführung stellte sich heraus, dass sie im Mittelalter als so genannte Hexe auf den Scheiterhaufen gebracht wurde. Vorher zog man sie vor der grölenden Menge nackt aus, und sie schämte sich furchtbar. Nach der Rückführung ist sie nie mehr rot geworden.

Verbrennungen auf dem Scheiterhaufen tauchen übrigens gar nicht so selten auf. Man hat geschätzt, dass im Laufe der Kirchengeschichte etwa sechs Millionen Frauen auf diese Weise einem zutiefst antichristlichen Verhalten zum Opfer fielen (die Kirche selbst schätzt hier viel niedriger ...) – Menschenopfer eines von Grund auf pervertierten Kirchentums, im Grunde vergleichbar mit dem

Opferwahn der Azteken. Rückführungen zeigen, dass der Tod im Feuer nicht ganz so schlimm ist, wie man meinen könnte. Die meisten erleben nämlich, wie sie wegen Sauerstoffmangels (denn der Sauerstoff wird vom Feuer verbraucht) bewusstlos werden, bevor das Feuer sie wirklich erreicht.

Dann kann es zunächst merkwürdig erscheinen, wenn man beim Helfer die schrecklichen Gefühle vom Scheiterhaufen ausgerechnet in ein Feuer geben soll … Wir sagen dann, dass es sich hier um ein ganz anderes Feuer, um ein symbolisches und erlösendes Feuer handelt.

Selbstvertrauen

Viele Klienten haben wenig Selbstvertrauen (keinen Glauben an sich selbst, keine Selbstsicherheit), oder sie haben gar Minderwertigkeitsgefühle. Wir wenden uns in solchen Fällen an den Helfer: »Wann haben Sie das Selbstvertrauen verloren? In diesem oder in einem früheren Leben oder vielleicht im Mutterleib?«

Wir gehen in jene Situation, holen die dort entstandenen Gefühle zum Helfer und lösen sie auf.

Nicht selten hörte eine solche Person als Kind immer wieder Sätze wie: »Das kannst du nicht!«, »Das weißt du doch nicht!«, »Kannst du denn gar nichts?«, »Du bist ja zu nichts zu gebrauchen!«, »Lass das, sonst machst du noch etwas kaputt!« Nach dem Loslassen der dabei entstandenen Gefühle und der Versöhnung mit den beteiligten Personen lassen wir dann den Helfer fragen, wie sie ihr Selbstvertrauen wiederfinden kann. Sie wird es jetzt wieder in sich fühlen können.

Sich selbst mögen

Sich selbst zu lieben wird vielfach negativ bewertet. Dies geschieht zu Recht, wenn diese Selbstliebe vom Ego herkommt, wenn sie nur auf Vorteile und Gewinne ausgerichtet ist, ohne Rücksicht auf andere. Sich selbst als Wesen gern zu haben ist aber etwas anderes. Es ist gar nicht so ungewöhnlich, dass man sich selbst nicht mag.

Es heißt: »Liebe deinen Nächsten wie dich selbst.« Wie soll man aber die anderen lieben können, wenn man sich selbst nicht mag? Fehlende positive Selbstliebe kann ihre Ursachen u. a. in Schuldgefühlen oder in einer Ablehnung haben, die man als Kind von den Eltern erfuhr. Wir fragen dann: »Wann haben Sie aufgehört, sich selbst zu lieben?«

Wer als Kind nicht geliebt wurde, hört fast wie automatisch auf, sich selbst gern zu haben. Irgendwo in sich fängt es an zu meinen, dass es nicht liebenswert sei.

Macht

Manche Menschen haben heute noch die Tendenz, über andere Macht ausüben zu wollen. Sie hatten in früheren Leben manchmal eine Machtposition, die sie ausnützten. Wir wollen, dass solche Personen (in diesem Fall handelt es sich oft um Personen im zweiten Lichtkreis, vgl. Kapitel 14) einsehen, wie sehr Macht einsam und abhängig macht. Keiner ist freiwillig mit einem mächtigen Menschen zusammen; dies geschieht immer nur gezwungenermaßen. Für den Mächtigen gibt es dann mit niemandem eine echte Gemeinsamkeit oder ehrliche Nähe. Die Angst, man könne die Macht wieder verlieren, macht abhängig wie eine Droge, und man gerät in einen Teufelskreis.

Macht steht in einem Gegensatzverhältnis zur Liebe und schließt sie aus. Wer auf Macht beharrt, wird keine Liebe haben können.

Stolz

Stolz ist das »Recht-Haben-Wollen« des Egos. Er verletzt andere und damit letztendlich auch das Selbst. Beharrt das Ego auf dieser Haltung, wird die Seele Situationen herbeiführen, die den Stolz brechen sollen.

Harte Männer und weiche Frauen

Die traditionelle Erziehung betont bei der Frau eher das Gefühl (und das auch nicht immer), beim Mann dagegen leider nur den Verstand. Viele Männer hörten in ihrer Kindheit Sätze wie: »Du bist doch kein Mädchen!«, »Jungen weinen nicht!« und Ähnliches. Der Junge wird zum Erfolgsmenschen erzogen, der Gefühle unterdrückt und nur aus dem Kopf heraus handelt. Somit wird er im Extremfall Arbeitsroboter und kennt keine wahren Gefühle. Er ist somit im Grunde nur ein halber Mensch, ein Gefühlskrüppel. Mit jener Härte und Durchsetzungsfähigkeit, die man ihm beigebracht hat, panzert er sich gegen Gefühle.

In der Berufswelt wird diese Pervertierung des eigentlichen Menschseins auch noch verstärkt und gefördert. Die Firma »braucht« harte Männer, die sich im Geschäftsleben durchsetzen. Ein Mann, der mehr Mensch und weniger

Kopfroboter ist, wird nicht so schnell befördert. Manche Männer merken mit der Zeit, dass etwas mit ihnen nicht stimmt. Sie haben zwar Erfolg im Beruf, sind aber »irgendwie« nicht glücklich. Sie haben eine elegante Frau, erleben aber dennoch keine Liebe. Alles wird nur zur Fassade, zu einer materialistischen Scheinwelt, in der sich ein wesentlicher Teil von uns nicht wahrhaft zu Hause fühlen kann.

Manche Ehefrau solcher Männer kennt dies von zu Hause her auch nicht anders. Vielleicht hat auch sie gelernt, Gefühle nicht zu zeigen, oder sie hat kein anderes männliches Vorbild erleben dürfen. So verödet das Leben, wenn auch vielleicht im Luxus.

Es kann dann zu einer *midlife-crisis,* einem »Schicksalsschlag« oder zu einer Gesundheitsstörung kommen. In den beiden letzteren Fällen handelt es sich um einen Anstoß zur Veränderung, der vom unbewussten Ich herkommt. Es kann auch sein, dass die Person dann ein Rückführungserlebnis oder etwas Ähnliches sucht, auch wenn sie so etwas früher völlig abgelehnt hat.

Eine wichtige Aufgabe in der Rückführung ist es dann, die Person wieder in Kontakt mit ihrer Gefühlsseite zu bringen, damit sie lebendiger wird. Oder ihr den Mut zu geben, ihre Gefühle zu zeigen, die sie bisher glaubte, zurückhalten zu müssen. Vielleicht fehlt es ihr auch an dem Gefühl, angenommen und geliebt zu sein, weil sie eine(n) ebenfalls gefühlsmäßig verkrüppelte(n) Partner(in) hat. Wie kann sie das aus Angst vor Gefühlen verschlossene Herzchakra wieder öffnen? Wie kann sie dem Partner bei seiner Angst vor Gefühlen helfen? Wie kann sie ihm ihre Gefühle so zeigen, dass er es wagt, sie anzunehmen?

Was hier gemeint ist, sind »weiche« menschliche Gefühle. In einer pervertierten Arbeitswelt werden hingegen beim Mann oft aggressive Gefühlsäußerungen gefördert. Er soll sich ja durchsetzen, Erfolge erzielen, kämpferisch sein. In manchen Jugendcliquen ist dies extrem ausgeprägt: Da wird die Rohheit zum Ideal erhoben. Der Feinfühlige wird lächerlich gemacht und brutal unterdrückt. Um »dazuzugehören«, vergewaltigt man sich selbst und macht mit, denn sonst wäre man ja einsam! Mit Menschen außerhalb des Kreises kann man dann schon gar nicht mehr umgehen, da man es nie gelernt hat.

Also doch Gefühle?

Wie reimt sich das oben Gesagte mit dem Loslassen von Gefühlen zusammen, das in diesem Kapitel so ausführlich dargestellt wurde? Wenn man Gefühle erst gar nicht zulässt, braucht man sie doch nicht loszulassen oder …?

Nun, Gefühle hat man so oder so, die Frage ist lediglich, ob man sie zur Kenntnis nimmt oder unterdrückt. Tut man das Letztere – und das tun wir viel zu oft –, häufen sie sich im unbewussten Ich an, wo dann der Druck unangenehmer Gefühle wächst. Sie nicht zuzulassen bedeutet nicht, dass sie dann gar nicht mehr da sind; es bedeutet lediglich, »den Deckel darauf zu legen« – so lange, bis sich die eingesperrten Gefühle in anderer Weise ausdrücken, nämlich durch Probleme, die auch gesundheitlicher Natur sein können.

Gefühle zuzulassen bedeutet, sie zu spüren und damit zur Kenntnis zu nehmen, zu akzeptieren, dass es sie gibt. Dies heißt nicht etwa, dass Aggressionen so hemmungslos ausgelebt werden sollen, dass damit andere verletzt werden. Dadurch entstehen nur neue Probleme und Karma. Aber es ist wichtig, sich bewusst zu machen, *dass* sie da sind, und infolgedessen nach einem sinnvollen Weg zu suchen, um sie abzureagieren oder damit fertig zu werden, *ohne* dass dies auf Kosten anderer geschieht.

Wenn negative Gefühle unterdrückt werden, scheint es, dass dadurch allzu leicht auch die eigentlich gewünschten positiven in Mitleidenschaft gezogen werden. Wie soll man wirklich Liebe, Mitgefühl und Wohlwollen empfinden, wenn unter den Teppich gekehrte negative Gefühle fortwährend indirekt »die Atmosphäre vergiften«.

Viele haben in ihrer Kindheit nie solche positiven Gefühle zu zeigen gelernt, da die Eltern diesbezüglich bereits selbst verkrüppelt waren. Die Ängste der Eltern vor Nähe und Zärtlichkeit wurden dann auf die Kinder übertragen.

Partnerschaftsprobleme

Beziehungsprobleme haben viele Ursachen. Die bereits erwähnte Angst vor Gefühlen führt dazu, dass die Partner eher nebeneinander als miteinander leben. Sexuelle Probleme sind sehr oft vorhanden, wenn es Eheprobleme gibt. Hier kann auch ein Keuschheitsgelübde in einem früheren Leben Einfluss haben. Öfter aber handelt es sich um eine negative sexuelle Erfahrung in der Vergangenheit. Die Frau ist zum Beispiel in einem früheren Leben vergewaltigt worden, oder sie hat nicht selbst den Partner wählen dürfen, sondern musste nach Verfügung der Eltern heiraten. Im letzteren Fall gab es keine Liebe, und die Sexualität war nur eine leidvolle Pflicht. Ein sexueller Missbrauch in der Kindheit wirkt logischerweise erst recht destruktiv in die Ehe ein. Sehr oft wirkt eine negative Haltung zur Sexualität im Elternhaus zerstörerisch auf die spätere Ehe des Kindes. Sexualität und Nacktsein war Tabu, die Geschlechtsteile seien »schmutzig«, man dürfe sich »unten« nicht anfassen und ähnliche Dinge. Man hat indirekt mitbekommen, wie die Mutter die Sexualität widerwillig erduldete und vielleicht auch noch der Vater gerade deswegen (weil die eheliche Sexualität dadurch freudlos war oder möglichst ausgeklammert wurde) seine Befriedigung bei anderen Frauen suchte und es darum zu Hause Streit gab.

Manche empfinden eine unbewusste »Angstsehnsucht« (in Analogie zur »Hassliebe«) nach einer Partnerschaft. Wegen früherer schlechter Erfahrungen geht man unbewusst jede neue Partnerschaft mit einer »Rückzugsklausel« ein, die den späteren tatsächlichen Rückzug oft geradezu »vorprogrammiert«. Man öffnet sich dem Partner (der Partnerin – hier gilt natürlich durchgehend die Bezeichnung »Partner« für beide Geschlechter) nicht oder nur teilweise, und so wird es mit der Beziehung nur eine halbe Sache.

Die Sehnsucht nach Zweisamkeit ist dann mit einer Angst vor dem Scheitern oder Verlassenwerden verbunden. Lässt man die Nähe nicht ganz zu, öffnet man sich dem anderen nicht ganz, tut es weniger weh, wenn man auseinander geht; gerade dadurch treibt man die Beziehung aber auseinander. Dies wird zu einem Teufelskreis. Die unbewusst eingenommene Grundhaltung »Nur so nahe, aber nicht mehr« signalisiert dem Partner: »Nur eine Zeit lang, dann kannst du wieder gehen«. Dementsprechend kommt es dann oft tatsächlich so, dass der Partner nach einer Zeit geht, und beide wissen eigentlich nicht warum. Die Ausrede des Verstandes, man benötige eine Privatsphäre (in welcher der Partner keinen Platz hat), ist im Prinzip destruktiv. Hat der Partner dafür wirklich Verständnis, kann dies in Ordnung sein, aber allzu leicht fühlt er oder sie sich zumindest unbewusst dadurch ausgegrenzt, verletzt und von einem Teil des Lebens des anderen ausgeschlossen.

Viele fürchten unbewusst, ausgenutzt oder betrogen zu werden. Sie haben dies in der Vergangenheit (vielleicht in einem früheren Leben) auch erlebt. Es gibt dann ein grundsätzliches Misstrauen. Angst zieht allzu leicht gerade das an, was man fürchtet. Wer fürchtet, einen untreuen Ehemann zu bekommen, ist unbewusst auf gerade solche Männer fixiert und »sieht« die treuen nicht … Wer fürchtet, eine Frau zu bekommen, die nur Geld will und nicht liebt, »sieht« nur diese Frauen und geht an den anderen vorbei.

Manche reden sich ein, dass man überhaupt keine Partnerschaft brauche, weil man das Alleinsein für seinen »geistigen Weg« brauche. Das ist ein wenig mit dem berühmten Spruch vom Fuchs und den Weintrauben vergleichbar. Es ist sicher nicht so leicht, einen Partner zu finden, mit dem man einen geistigen Weg zusammen gehen kann, aber es ist möglich und sicher sehr viel besser, als den Weg allein zu gehen.

Es gibt Menschen, die ein Leben lang vergeblich nach einem Partner suchen, der eine Reihe von Bedingungen erfüllen soll und keine Fehler haben darf. Wenn man nicht bereit ist, einen Partner so zu nehmen, wie er ist, und zusammen auf diesen Grundlagen aufzubauen, wird man wohl noch ein paar Leben weitersuchen müssen, bis man einsieht, dass der Idealpartner nicht existiert. Es geht darum, ihn mit allen seinen Fehlern lieben zu können – man hat ja sicher selbst nicht weniger (die man bei sich nur nicht sehen will) …

Ändern-Wollen und Verlustangst

Manche versuchen den Partner zu ändern. Das ist nicht selten der Anfang vom Ende der Beziehung – wenn nicht äußerlich, dann innerlich. Das kommt natürlich ebenso bei weiblichen Partnern vor, aber ich schreibe einfachheitshalber in männlicher Form.

Man kann den Partner nicht ändern! Er zieht sich nur innerlich zurück und man kann höchstens erreichen, dass er anfängt, eine Rolle vorzuspielen. Dann hat man nicht mehr eine Beziehung zu einem Menschen, sondern zu einer gespielten Rolle … Sich in Liebe und Toleranz mit den Fehlern des Partners auseinander zu setzen – und mit den eigenen, die vom Partner gespiegelt werden –, gehört zu den wichtigsten Lernprozessen des Lebens und trägt besonders zum Seelenwachstum bei! Was uns beim Partner am meisten stört, sind normalerweise die Fehler, die wir auch selbst haben, aber bei uns nicht sehen wollen.

Es kann aber sein, dass sich der Partner von sich aus ändern möchte. Dann gilt es, dies mit Liebe zu unterstützen, aber nicht fordernd, mit Bedingungen oder nörgelnd, da es sonst leicht zu einem Rückschlag kommen kann und sein Vorhaben vereitelt wird.

Umgekehrt bekommen viele Angst, die Partnerin zu verlieren, wenn sie sich ändert. Sie fängt zum Beispiel an, sich für Geisteswissenschaften und Esoterik zu interessieren. Da dies öfter bei Frauen als bei Männer vorkommt, wechsle ich nun zur weiblichen Form. Der Mann will ihr diesen »Unsinn« ausreden, ist eifersüchtig, wenn sie Kurse oder Vorträge besucht und sich Büchern und Übungen widmet. Ist er selbst nicht zu einem spirituellen Entwicklungsschritt bereit (oft weil er zu fest in eine Berufsrolle eingebunden ist), muss er zumindest Toleranz und wohlwollendes Interesse walten lassen, sonst wird er wirklich seine Partnerin verlieren – zumindest innerlich!

Eine Ursache für das unbewusste Errichten einer Grenze gegen zu viel Nähe kann die mangelnde Liebe zu sich selbst sein. Man kann dann nicht alles annehmen, was der Partner geben will, sondern misstraut ihm. Unbewusst spielt man dieses Spiel: »Niemand darf mich mehr lieben, als ich mich selbst liebe, sonst muss er gehen«, und das tut der Partner dann meistens mit der Zeit.

Die Angst vor Verletzung durch Verlassenwerden führt nicht selten dazu, dass man den Partner unbewusst geradezu von sich wegtreibt, etwa nach dem Prinzip: »Besser jetzt als später, weil es dann noch mehr wehtäte.« Oder man verlässt ihn aus eigenem Antrieb und versteht eigentlich gar nicht warum, denn das Spiel ist unbewusst. Hier ist das Prinzip: »Besser *ich* verlasse *ihn* als *er mich*.«

Die Angst vor Bindung führt nicht selten dazu, dass man sich unbewusst Partner sucht, die nicht frei sind oder sich selbst nicht binden wollen. Ist der Mann schon verheiratet, ist er ja schon gebunden. Viele Frauen geraten deshalb in Beziehungen mit verheirateten Männern, auch wenn das nicht ihre bewusste Absicht war.

Eine echte und entwicklungsfähige Partnerschaft erfordert bedingungslose Nähe und Zärtlichkeit. Das beinhaltet die Bereitschaft, Gefühle zu zeigen und alles miteinander zu teilen, auch das Körperliche: eine erfüllende Sexualität als höchste und edelste Form der Zärtlichkeit. Jede Bedingung, die daran geknüpft wird, jede Einschränkung ist Gift für die Beziehung.

Der Extremfall einer beiderseitig vereinbarten *platonischen* Beziehung (oder eine so genannte Josefs-Ehe) ist meist nichts anderes als eine Zweckgemeinschaft zweier emotional blockierter Menschen – welche Ausreden auch immer dafür gefunden werden –, denn die Sexualität in Liebe ist wahrhaft göttlich!

Abbrechen der Mauer

Wir können den Helfer fragen lassen, ob der Klient um sich herum eine unsichtbare Mauer hat. Ist die Antwort »ja«, bittet man den Helfer, diese sichtbar zu machen. Es erscheint dann um die Person herum zum Beispiel eine Steinmauer, ein Zaun, ein Käfig, eine Glasglocke, eine Dornenhecke usw. Wir fragen die Person, ob sie diese Mauer noch haben will. Sie wird normalerweise »nein« sagen. Wir bitten dann den Helfer, ihr ein Werkzeug zum Abbrechen der Mauer zu geben. Er gibt ihr zum Beispiel einen Schlaghammer. »Schlagen Sie die Mauer ringsherum ab, und sagen Sie, wenn es getan ist.« Dann übergeben wir die Reste dem Feuer oder vergraben sie, oder legen sie sonst irgendwie weg.

»Wie fühlen Sie sich ohne die Mauer?« Die meisten fühlen sich frei und können nun richtig durchatmen. Jemand mag sich aber ein wenig unsicher fühlen. Weshalb?

»Nun habe ich keinen Schutz mehr!« Wogegen? Gegen Verletzung.

»Sind sie dann nie verletzt worden?« Ja, doch. Also hat die Mauer nicht viel genützt! Aber sie hatte eine andere Auswirkung, deren man sich nicht bewusst war: Sie ließ die Liebe größtenteils draußen vor der Mauer! Sie hat über die Person bestimmt, dass niemand ihr nahe kommen soll, und so konnten andere sie auch nicht richtig erreichen mit Liebe, Freundschaft und Anerkennung. Es kam nur so viel an sie heran, wie durch die Mauer sickern konnte. Nun aber bestimmt die Person selbst, wer nahe kommen darf und wer nicht. Wer nahe kommen darf, kann sie nun wirklich erreichen mit Liebe, Freundschaft und anderen guten Gefühlen.

Wir sagen ihr auch, dass es dann theoretisch möglich ist, dass man sich eines Tages von einer Person verletzt fühlen könnte, die man an sich heranlässt. »Falls dies tatsächlich geschehen sollte: Fragen Sie den Helfer, wie sie dann damit fertig werden, ohne eine neue Mauer zu errichten.« Der Klient bekommt entsprechende Ratschläge, die ich gerne folgendermaßen ergänze:

»Es wäre in dem Fall sinnvoll, sofern es sich machen lässt, sich mit jener Person auszusprechen, sonst wird sie ja nicht einmal wissen, dass sie Sie verletzt hat! Man wird dann normalerweise feststellen, dass die Person uns nicht hat verletzen wollen, sie hat es nur nicht besser verstanden. Oder sie konnte nicht über den eigenen Schatten springen aufgrund von Verstrickungen, Mustern oder Problemen, die sie mit sich selbst hat. Je mehr wir das verstehen, umso weniger brauchen wir uns verletzt zu fühlen.«

Ich erkläre auch, dass das kleine Risiko, einmal verletzt werden zu können, der Preis für die Liebe ist! Will man das nicht riskieren, bleibt ja die Liebe draußen vor …

Will jemand die Mauer erst nicht abbrechen, geschieht dies, weil sie meint, dass sie ihn gegen Verletzung schütze. Ich stelle auch dann die Frage: »Sind Sie denn nie verletzt worden?« Natürlich… Was nützt also die Mauer? Nichts… Sie lässt aber viel eher die Liebe draußen – ob sie das will? Das will sie sicher nicht … In diesem Fall ist die Mauer aus einer Verletzung in der Vergangenheit entstanden – zum Beispiel von einem früheren Partner, in einer lieblosen Kindheit oder in einem anderen Leben.

Statt einer Mauer kann man einen Panzer oder eine Rüstung haben. Selten sitzt der Panzer nur um das Herz.

Manchmal entstand die Mauer deshalb, weil man sich selbst nicht liebt. Dann lässt man nicht zu, von anderen mehr geliebt zu werden, als man sich selbst liebt (s. o.). Wir gehen der Situation nach, in der man aufhörte, sich selbst zu lieben. Vielleicht aufgrund von Schuldgefühlen aus einem anderen Leben. Vielleicht erlebte man als Kind keine Liebe und meinte irgendwann, nicht liebenswert zu sein. So hörte man auch auf, sich selbst gern zu haben.

Hat man eine unsichtbare Mauer, zieht man sehr oft einen Partner an, der ebenfalls eine hat. Dann »prallen zwei Mauern aufeinander« und die Beziehung hat dementsprechend ihre Probleme …

»Christustherapie«

Rolf Kretschmann hat einen an sich interessanten Ansatz mit einer speziellen Variante von Helfer eingeführt. Er lässt dem Patienten Christus als Helfer erscheinen [9, 10]. Dies ist im Prinzip das Gleiche, was wir hier tun, nur spezifisch christlich orientiert.

Referenzen

1. Fiore, Edith: *You have been Here Before,* Ballantine, New York, 1979, S. 12 (9. Druck 1987).
2. Ten Dam, Hans: *Een ring van licht,* Bd. 2, S. 154, s. Kapitel 4.
3. Vallieres, Ingrid: *Praxis der Reinkarnationstherapie,* Hannemann, Steimbke, 1987.
4. Moore, Marcia: *Hypersentience,* Crown, New York, 1976.

5. Oppenheim, Garrett: »Overcoming Resistance to a Past-Life Scene«, *The Journal of Regression Therapy,* APRT, Riverside CA, Vol. III, Nr. 2, 1988, S. 43–46.
6. Verschiedene Artikel in: *The Journal of Regression Therapy,* APRT, Riverside CA, Vol. III, Nr. 1, 1988.
7. Verschiedene Artikel in: *The Journal of Regression Therapy,* APRT, Riverside CA, Vol. III, Nr. 2, 1988.
8. Jameison, Bryan und Bothby, Lee: *Abortion & Reincarnation,* Driftwood, San Diego CA, 1990.
9. Kretschmann, Rolf: »Christustherapie«, *Christ in der Gegenwart* 31/92, S. 252–253.
10. Kretschmann, Rolf: *Christustherapie, Das Glück des Geliebtseins erfahren,* Herder, Freiburg, 1993.

14 | Versöhnung mit anderen Seelen. Negative Einflüsse. Schwüre. Missbrauch. Traumdeutung

Abnabelung und Versöhnung

Für den Prozess der Abnabelung von und der Versöhnung mit anderen Seelen habe ich das von Phyllis Krystal beschriebene Prinzip auf meine Weise der Rückführungssituation angepasst und will es nun – nach Rücksprache mit ihr – in vereinfachter Form darstellen [1–3].

Ist eine Person, die man im heutigen Leben kennt, in einem früheren Leben unser Opfer oder Täter gewesen – oder gab es sonst eine schwierige oder konfliktvolle Beziehung zu ihr in der Vergangenheit –, suchen wir in der Rückführung nun die Versöhnung mit jener Seele. Geht es um eine problematische Beziehung im heutigen Leben – zum Beispiel mit einem Elternteil oder einem jetzigen oder früheren Partner –, tun wir das Gleiche. Wir lassen den Klienten den Helfer bitten, um ihn herum (so wie er beim Helfer steht) auf dem Boden einen Lichtkreis entstehen zu lassen, sodass er in der Mitte davon zu stehen kommt. Dann soll vor ihm ein zweiter Kreis entstehen, sodass die beiden Kreise sich berühren und eine 8 bilden. Anschließend bittet er den Helfer, jene andere Person in den zweiten Kreis hineinzustellen, und zwar wie sie im heutigen Leben aussieht (sollte es sich um einen Konflikt in einem früheren Leben handeln). Schwebt der Klient beim Helfer, lassen wir auf Fußhöhe schwebende Kreise entstehen.

»Nun gibt es zwischen Ihrem Körper und dem jener Person Verbindungen, zum Beispiel wie Seile, Stricke, Fäden, Bänder oder etwas anderes. Sehen Sie sie?«

Auch Ketten, Stahlseile, Stangen, Spinnengewebe, Netze, Nabelschnüre und andere Dinge kommen vor. Die meisten sehen sie. Wenn nicht, lassen wir den Helfer fragen, ob unsichtbare Verbindungen da sind. Die Antwort ist meistens »ja«. Wir lassen dann den Helfer bitten, sie sichtbar zu machen. Wenn man die Verbindungen nicht gleich sieht, liegt es meistens daran, dass man keine Verbindungen zu jener Person haben mag. Sie nicht sehen zu wollen ist dann eine Selbsttäuschung! Man kann sie ja nicht wegnehmen und so bleibt man doch heimlich mit jener Seele verbunden …

»Nun bitten Sie den Helfer, Ihnen ein Werkzeug zu geben, um diese Verbindungen zu durchtrennen. Was bekommen Sie?« Eine Schere, ein Messer, eine Säge, ein Beil … Die Verbindungen sind in der Vergangenheit aus *negativen* Empfindungen füreinander entstanden, und zwar in Situationen, wo sich die eine Seele von der anderen verletzt fühlte. »Nun trennen Sie alle diese Verbindungen durch, jeweils an beiden Enden, und werfen Sie sie ins Feuer. Sagen Sie, wenn das erfolgt ist. (…) Fragen Sie nun den Helfer, ob noch mehr Verbindungen da sind, die weggenommen werden sollen.«

Es kommt vor, dass eine entfernte Verbindung neu entsteht: »Bitten Sie den Helfer, sie auf beiden Seiten sozusagen mit den Wurzeln zu entfernen, sodass sie nicht wieder entsteht.«

Wenn es keine solchen Verbindungen mehr gibt, frage ich: »Schauen Sie nun Ihren Körper an. Gibt es darauf Wunden oder Narben von diesen Schnitten?« Wenn ja:

»Dann heilen Sie sie mit Ihren Händen, und sagen Sie, wenn das geschehen ist.«

Das Gleiche geschieht mit eventuellen Wunden oder Narben bei der anderen Person. Der Klient soll auch diese mit seinen Händen heilen. Gibt es zum Beispiel fransige Reste von einem Seil, übergeben wir auch diese dem Feuer. Wir fahren fort: »Können Sie jener Person für … verzeihen?« Hier wird etwas aus der Vergangenheit eingesetzt, das einem angetan wurde. »Dann sagen Sie es ihr. Wie nimmt sie das auf?« Und/oder, wenn zutreffend: »Bitten Sie jene Person, Ihnen für … zu verzeihen. Tut sie es?« Normalerweise gibt es in beiden Richtungen einiges zu verzeihen.

Die Umarmung

Wir bitten dann den Klienten, die Person im anderen Kreis zu umarmen. Diese Umarmung ist gleichzeitig ein Test: Fühlt sich der Klient frei, fühlt er vielleicht sogar Liebe oder Freundschaft, zeigt das, dass er verziehen hat. »Was scheint die andere Person zu fühlen?« Sie fühlt es ähnlich, wenn auch sie verziehen hat. Sind die Gefühle des Klienten aber nicht gut, oder will er die andere Person nicht umarmen, hat man mehr aus dem Kopf als aus dem Herzen verziehen. Das ist nur eine halbe Sache.

Ich gehe vom Prinzip aus: Hat man die Sache und die Zusammenhänge richtig verstanden, kann man verzeihen. Kann man nicht verzeihen, hat man es noch nicht richtig verstanden. Dies kann auch daran liegen, dass es einen weiteren Konflikt in der Vergangenheit gibt, der noch nicht aufgedeckt ist. Ich lasse dann fragen: »Fragen Sie den

Helfer, ob sie auch ein anderes früheres Leben mit jener Person gehabt haben, das wir noch nicht kennen.« Kommt hier Neues hervor, das ebenfalls Versöhnung verlangt und in aufschlussreicher Beziehung zu den bereits erkannten Konflikten steht, sieht man es nun anders. Man sieht die Zusammenhänge noch klarer und kann dann verzeihen. Kann man es immer noch nicht: »Bitten Sie den Helfer, ihnen die Zusammenhänge klar zu machen.«

Es geht natürlich darum zu erkennen, dass es nicht von »ungefähr« ist, was mir angetan wurde. Vielmehr war dies eine karmische Lektion, die meine Seele nötig hatte. Etwas kam auf mich zurück, was ich früher anderen (oder gar jener Seele) getan habe. Versteht man dies schließlich, kann man verzeihen.

Will die Person im anderen Kreis sich nicht umarmen lassen oder will sie nicht verzeihen, geht es um das Gleiche. Wir lassen den Helfer fragen, weshalb sie es damals hat erleben müssen, was der Klient ihr antat. Es war natürlich auch für sie ein Karma. Woher hatte sie dieses Karma? Der Helfer kann es erzählen. War der Klient auch damals mit jener Seele zusammen, lassen wir die Situation erleben. Wenn nicht: »Bitten Sie Ihren Helfer, der Person den Zusammenhang klar zu machen, weshalb ihr das damals geschah.« Hoffentlich kommt nun jene Person auch zur Einsicht und ist bereit zu verzeihen.

Selten einmal bleibt die andere Person hartnäckig. Gelingt es nicht, sie zur Einsicht zu bringen, sage ich zum Klienten: »Nun haben Sie alles getan, was Sie Ihrerseits können. Damit ist es nicht mehr Ihr Problem, sondern nur noch das Problem jener Person. Fühlen Sie das?«

Wenn die Versöhnung erreicht ist (zumindest so weit wie möglich): »Lassen Sie nun die Person wieder gehen, und sagen Sie, wenn sie gegangen ist.« Dann kann eventuell eine andere Person an ihrer Stelle in den zweiten Kreis gestellt werden, um mit ihr das Gleiche zu tun.

Ist die andere Person inzwischen verstorben, kommt sie in den anderen Kreis wie sie aussah, als sie noch lebte. Nach dem Versöhnungsritual ist es dann angebracht, fragen zu lassen, wo die Seele jener Person heute ist. Vielleicht ist sie im Licht, vielleicht sogar wieder reinkarniert. Im letzteren Fall: »Fragen Sie den Helfer, ob sie ein Kind ist, das sie heute kennen?« (Ist es nicht sehr lange her, wird sie wohl heute ein Kind sein.) Sollte es sich aber herausstellen, dass sie weder ins Licht gegangen noch reinkarniert ist, wollen wir ihre Seele in die Lichtwelt bringen (s. Kapitel 16).

Manchmal zögert die Person, zum Beispiel eine Schnur zwischen zwei Herzen abzutrennen, da sie diese für Liebe hält. Eine materiell erscheinende Verbindung zwischen den Herzen drückt aber keine wahre Liebe, sondern eher eine *besitzergreifende Liebe* aus. Im Zweifelsfall lassen wir den Helfer fragen, ob die Verbindung weg oder bleiben soll.

Immaterielle Verbindungen in der Form von Lichtstrahlen oder zum Beispiel ein Stück Regenbogen sind hingegen positiv. Diese haben mit Liebe zu tun und sollen bleiben.

Seelenverbindung

Die Erfahrung deutet darauf hin, dass wir bei diesem Vorgang mit der Seele der Person im anderen Kreis eine Verbindung herstellen. Im Verstand weiß jene Person nicht, was hier abläuft, aber auf der Seelenebene bekommt sie es mit. Es zeigt sich immer wieder, wenn der Klient später jene Person trifft, dass sie sich auffallend anders verhält. Sie ist freundlicher und angenehmer. Dies kommt zum Teil daher, dass der Klient dann eine andere »Ausstrahlung« auf die Person hat, aber das scheint nicht die ganze Erklärung zu sein.

Phyllis Krystal erzählte in einem Kurs ein erstaunliches Beispiel: Eine Frau hatte seit acht Jahren nichts von ihrem Sohn gehört, der sie nach einem Streit verlassen hatte. Sie führte den Prozess durch und »schnitt die Bänder« zum Sohn. Am gleichen Abend rief er vom Ausland aus an: »Ich wollte nur wissen, wie es dir geht …« Da wir ja auf einer anderen Ebene alle miteinander verbunden sind, merkt das unbewusste Ich der anderen Person, dass etwas Positives geschehen ist.

Dieses Abtrennen von Verbindungen ist nicht nur bei problematischen Beziehungen sinnvoll, sondern auch bei guten und liebevollen. Das Fesselnde wird dadurch losgelassen, und man öffnet sich noch mehr füreinander.

Was tun wir aber, wenn die Person sagt, der andere sei ihr jetzt egal, sodass ihrer Meinung nach ein Verzeihen überflüssig wäre? Sie *will* in einem solchen Fall nicht verzeihen! Wenn zwei Menschen in irgendeiner Form eine Beziehung gehabt und zusammengelebt haben, *kann* der andere einem nicht gleichgültig geworden sein; es handelt sich vielmehr offensichtlich um eine Art von Verdrängung oder unbewusster Ausrede. Geht es um eine Partnerschaft, die nicht funktioniert hat, ist niemals nur der andere Teil allein daran schuld. Die Person will dann den eigenen Anteil nur nicht einsehen.

Es hat sich auch als hilfreich erwiesen, diejenige Person, die man in einem Täterleben *selbst* war, in den zweiten

Kreis hineinstellen zu lassen. Dies ist eine Form, *sich selbst zu verzeihen*. Das Verzeihen – nicht nur von anderen, sondern auch oder vielleicht noch mehr von sich selbst – hat eine wichtige therapeutische Funktion.

Zurück zu einer problemfreien Situation

Eine weitere Möglichkeit, um den ganzen Vorgang »abzurunden« – ich verwende sie allerdings aus Zeitgründen eher selten –, besteht darin, eine Situation ähnlicher Art in einem anderen früheren Leben aufzusuchen, in der diese ohne jenes Problem erlebt wurde. Geht es – um ein einfaches Beispiel zu nennen – um Höhenangst, so bestand sicher vor jenem »Urtrauma«, das für die Entstehung der

Angst verantwortlich war, auch einmal eine Situation, in der man die Höhe angstfrei erlebt und vielleicht eine wunderbare Aussicht genossen hat.

Hat man heute zum Beispiel als Folge von Missbrauch oder Gewalt (im heutigen oder einem früheren Leben) Schwierigkeiten, die Sexualität als eine beglückende Erfüllung in der Partnerschaft zu genießen, gab es sicher vorher einmal ein Leben, in dem man ohne Angst oder Ablehnung echte Freude daran empfand.

Gelingt es nicht, zu einem »Urtrauma« für jene Problematik zurückzugehen, so wird dies bedeuten, dass ein unbewusster Widerstand vorhanden ist. Gäbe es kein solches traumatisches Erlebnis irgendwo in der Vergangenheit, woher wäre sonst das Problem entstanden? Es kann sich natürlich nur um eine Form von Prägung oder Übertragung handeln, aber es ist erfahrungsgemäß unwahrscheinlich, dass das alles ist.

Lässt sich ein derartiger Widerstand noch nicht entlarven und überwinden, können wir die Person zunächst *nur* eine problemfreie Situation erleben lassen. Es wäre aber in diesem Fall zu empfehlen, bei einer späteren Gelegenheit einen weiteren Vorstoß zu machen. Ein mir bekanntes Buch [4] basiert ausschließlich auf Therapie durch glückliche Erlebnisse in der Vergangenheit. Sind jedoch noch unentdeckte Traumata da, so besteht die Gefahr, dass sie mit dieser Methode nur noch weiter in den Hintergrund gedrängt und tiefer verschüttet werden. Sie werden dann wahrscheinlich irgendwann später doch wieder »herumspuken«, solange sie nicht wirklich losgelassen sind, sodass ein solches Vorgehen eher den Charakter einer symptomatischen Therapie hat.

Eide, Gelübde, Schwüre und Versprechen

Es kommt vor, dass ein in einem früheren Leben abgelegtes Gelübde heute noch aus dem unbewussten Ich nachwirkt. Es ist nicht einmal ungewöhnlich, dass ein als Mönch oder Nonne geleistetes Keuschheitsgelübde im heutigen Leben zu sexuellen Schwierigkeiten führt. In solch einem Fall wird es der Person im Gespräch mit dem Helfer klar, dass Gott dies nicht verlangt hat, sondern dass lediglich *Menschen* dieses Gelübde gefordert haben. Die Vereinigung zweier Menschen in Liebe ist ja in Wahrheit etwas Göttliches. Man erkennt das Gelübde als einen Irrtum, der auf ausschließlich menschlichen Erfindungen begründet ist. Selbst wenn es seinerzeit für die Entwicklung der Person möglicherweise einen sinnvollen Zweck erfüllt hat, ist es doch heute nur noch zu einem überflüssigen Ballast geworden.

Ein Schweigegelübde zum Zweck der Geheimhaltung in einer mittelalterlichen spirituellen oder politischen Organisation kann ebenfalls noch heute nachwirken. Man hat zum Beispiel das Gefühl, dass man über manche Dinge nicht sprechen solle und ist mit Äußerungen und Informationen zurückhaltend. Der Helfer klärt den Klienten dann darüber auf, dass dies heute kein Geheimnis mehr und das Schweigegelübde überholt ist.

Manche Schwüre hat man auch nur sich selbst geleistet. Man entschied damals: »Ich werde nie mehr …«, seltener: »Ich werde immer …« Eine Frau hatte einige gescheiterte Beziehungen hinter sich und wollte eine bestehende Beziehung erreichen. Sie erlebte sich als eine Nonne, die von einem Priester geschwängert wurde. Die anderen Nonnen hatten eine eigenartige Auffassung von der christlichen

Liebe zum Mitmenschen, denn sie verlangten, dass sie sich umbringe, damit die Schande aus dem Kloster sei. In der letzten Szene stand sie auf einem Felsvorsprung mit den Nonnen im Halbkreis herum, sie finster anschauend. Es blieb ihr nur der Sprung übrig, wobei sie sich versprach, sich nie wieder mit einem Mann einzulassen. Heute blockierte sie dadurch noch immer unbewusst mögliche Beziehungen; oder diese Partnerschaften gingen immer sehr bald schief. Leider geschieht es sehr oft, dass wir so etwas verallgemeinern. Sie hatte das, was sie sich selbst schwor, auf *alle Männer* in der Welt bezogen!

Die Person kann nun in der Rückführung den Schwur rückgängig machen. Dafür bitten wir den Helfer, ihr den Schwur auf einem Blatt geschrieben zu geben. Sie soll das Blatt zerreißen und es ins Feuer werfen. Anschließend fragen wir den Helfer, ob sie noch etwas braucht, um davon frei zu sein. Meistens reicht das.

Ähnlich verfahren wir mit Racheschwüren. Man schwor sich damals zum Beispiel, sich an seinem Mörder oder Übeltäter zu rächen. Heute ist man vielleicht sogar mit jener Seele verheiratet und vollzieht die geschworene Rache an dieser Person unbewusst in »kleinen Portionen«. Oder man kämpft ständig gegen Impulse an, dieser Person etwas anzutun. Es kann auch sein, dass man deshalb dem Kontakt mit jenem Menschen aus dem Weg geht, da man unbewusst fürchtet, man könne etwas tun, was man später bereuen müsste.

Manche Frauen, die sich für unfruchtbar halten, haben sich einmal geschworen, nie wieder ein Kind zu haben, da sie in einem früheren Leben unter schmerzlichen Umständen eines verloren hatten oder beim Gebären wegen Komplikationen qualvoll gestorben waren.

Ähnlichkeiten mit Selbstversprechen der genannten Art haben auch negative Affirmationen, die dann auch meistens verallgemeinert werden. Zum Beispiel: »Mir gelingt nie etwas«, »Männer sind untreu« oder »Frauen wollen nur Geld«.

Deprogrammierung von subliminalen Einflüssen

Die Möglichkeit, das unbewusste Ich durch Subliminalbotschaften (unterschwellige Beeinflussung) direkt zu manipulieren, ist bekannt. Dasselbe Prinzip wird in positiver Weise anhand von Musikkassetten mit unterlegten, für das bewusste Ich unhörbaren Affirmationen verwendet. Es kann aber auch in der gleichen Weise zu unerwünschter Manipulation missbraucht werden. Ich hatte bisher drei Fälle (vgl. [5]) dieser Art. In einem Fall wurden von einer seinerzeit sehr beliebten Kursorganisation Meditationen mit Musik durchgeführt. Es stellte sich heraus, dass die Teilnehmer dabei mit Botschaften berieselt wurden, die sie dahingehend beeinflussten, sich zum Beispiel gleich für den Fortsetzungskurs anzumelden. Der Helfer kann diese Beeinflussung entlarven.

Bösartiger ging es in einer anderen Organisation zu, in der man mit einer beträchtlichen Eigeninvestition esoterisches Lernmaterial vertreiben sollte. Im inneren Kreis wurden auch musikbegleitete Meditationen durchgeführt. Eine Aussteigerin, die im inneren Kreis der Organisation gewesen war, erlitt nach ihrem Bruch mit jener Organisation auffällige finanzielle Verluste und Misserfolge und beobachtete Ähnliches auch bei anderen Aussteigern. Einige Zeit nach dieser Frau kam auch ein Mann wegen einer Rückführung zu mir, dem auch als Aussteiger aus jener Organisation (auch aus dem inneren Kreis) das Gleiche widerfahren war. Zu den Meditationsstunden zurückgeführt entdeckten beide – unabhängig voneinander – mithilfe des Helfers die gleiche unterschwellige Botschaft in der Musik: »Gemeinsam sind wir stark. Wer aussteigt, stürzt ab.«

In diesen Fällen ließ ich die Meditation im Zeitablauf rückwärts wieder erleben, sodass auch die Kassette so gehört wurde, als liefe sie rückwärts. Ich sagte der Person, dass damit auch die Botschaft der Kassette im Unbewussten Ich gleichsam zurückgenommen wurde. Vom Helfer bekamen wir dann weitere Instruktionen zur Befreiung von diesem Einfluss. Der wesentlichste Schritt dabei besteht darin, dass die Subliminalbotschaft bewusst wird, wodurch sie schon viel von ihrer Wirkung verliert.

Sexueller Missbrauch

Dies ist heute ein Thema, über das viel geschrieben und gesprochen wird (vgl. [6]). Es sind meistens Mädchen, die so etwas an sich erfahren, aber manchmal auch Jungen – im letzteren Fall nicht nur durch Männer. Der sexuelle Missbrauch des Sohnes durch die Mutter oder Spiele älterer Mädchen mit jüngeren Buben kommen durchaus vor. In einem Fall hatte ein Mann starke sexuelle Hemmungen. Als er klein war, hatte die Mutter beim Baden seinen Penis in den Mund genommen und dabei masturbiert. Er erlebte dies als etwas Beängstigendes. Ein anderer Mann erlebte sich als Säugling. Die Mutter zog sich nackt aus, legte sich ins Bett mit dem Kind an ihre Brüste gedrückt und masturbierte. In einem dritten Fall wurde der kleine Junge von einer Tante und der Mutter ausgezogen, um neue Kleider zu bekommen. Die Tante nahm dann den Penis in den Mund, was er als eine ungeheuerliche Verletzung seiner Privatsphäre erlebte. Die Mutter schaute zu, ohne einzugreifen. Nachher, als die Tante gegangen war, hat sie in ihrer Hilflosigkeit den Jungen dafür geohrfeigt, als ob es seine Schuld wäre ... Auch hatte ich einen Fall, in der eine Frau mit einem Mädchen sexuelle Spiele machte. Es kommen offensichtlich alle denkbaren Kombinationen vor ...

Gewöhnlicherweise ist es aber einer Frau geschehen, als sie Kind war. Wissen wir aus dem Vorgespräch schon Bescheid, wollen wir natürlich in jenes Trauma hineingehen. Es kann aber sein, dass eine solche Situation unerwartet auftaucht, wenn man in die Kindheit hineinsteigt. Wir gehen damit um, wie mit jedem Trauma in der Vergangenheit. Das Wiedererleben und das symbolische Verbrennen der Gefühle (Angst, Wut, Ekel, Hass, vielleicht auch Schmerzen) hat sich hier als sehr hilfreich erwiesen, um sich von dieser seelischen Verwundung zu lösen.

Zusätzlich können wir nachher folgenderweise vorgehen: »Nun gehen Sie wieder in die Situation hinein, aber als die heutige Person und nicht in den Körper des Mädchens. Nur das Mädchen sieht Sie, der Mann (bzw. die anderen Anwesenden) nicht. Sagen Sie, wenn Sie beim Mädchen sind. (...) Was möchten Sie dem Mädchen nun sagen, um es zu trösten und ihm durch das Erlebnis durchzuhelfen?« Die heutige Frau begleitet das Mädchen tröstend durch das Erlebnis.

Die Mutter kann bei Missbrauch an Mädchen auch indirekt beteiligt sein, wenn sie nämlich schweigt und nicht eingreift, obwohl sie weiß oder zumindest ahnt, was der Tochter geschieht. Ich hatte mehrere Fälle, in welchen die Mutter (oder gar die Großmutter) es mit Selbstausreden geschehen ließ: »Dann lässt mein Mann mich damit in Ruhe« und »Das Mädchen versteht es ja nicht und wird es bald vergessen.« Das kam so im Zwiegespräch in den Lichtkreisen heraus. Damit opferte sie die Tochter für ihre selbstsüchtige Sexualabwehr … In einem ziemlich extremen Fall schickte die Mutter sie immer wieder zum Vater für ein »Mittagsschläfchen«, wohl wissend, was dann geschehen würde. Als das Mädchen es einmal der Mutter erzählen wollte, sagte sie: »Ach, das hast du nur geträumt!« Eine solche Mutter ist wirklich eine Mittäterin! Ähnlich ist es, wenn die Mutter erst nichts davon weiß und, als es das Mädchen erzählt, ihm die Schuld geben will (wohl in ihrer Angst, sich mit der Sache zu konfrontieren oder den Mann zu verlieren).

Ein Grund für die Häufigkeit solcher Auswüchse liegt sicher in der sexuellen Frustration, die viele Menschen in ihrer Partnerschaft erleben. Will die Frau von der Sexualität nichts wissen, drängt sie den Mann in eine Sexualnot. Wenn er schließlich ausrastet und sich an dem Mädchen vergreift (möglicherweise sogar als unbewusste Rache auf die Mutter), ist dieser Umstand natürlich in keiner Weise eine Entschuldigung für seine Tat, aber immerhin ein Stück Erklärung. Keine Frau hat das Recht, vom Mann zu verlangen, dass er wegen ihr wie ein Mönch leben solle, sondern sie muss wohl oder übel in einem solchen Fall akzeptieren, dass er seine sexuellen Bedürfnisse außerhalb der Ehe befriedigt, und damit einverstanden sein! Auch zum potenziellen Schutze der Tochter … Hier hat die Sexualitätsfeindlichkeit der Kirchen vielen Ehen sehr viel Übles angetan!

Auch hier: Verzeihen!

Auch hier ist, wie immer, das Verzeihen wichtig und heilsam. Fragen wir nach der Ursache, weshalb man den Missbrauch hat erleben müssen, kommt praktisch immer eine Täterrolle in einem anderen Leben dabei heraus. Man war vielleicht ein Mann, der so etwas tat, oder manchmal auch eine Mutter, die nicht eingriff, sondern als Unterlassungstat beide Augen zudrückte. Somit hatte es die Seele nötig, verstehen zu lernen, was sie damals eigentlich angerichtet hatte. Hat man diese Zusammenhänge erst einmal begriffen, fällt das Verzeihen viel leichter [7]. Der Täter wird aber auch im zweiten Lichtkreis (s. o.) zur Rede gestellt. Vielleicht bestreitet er erst alles und verschanzt sich hinter einer Maske der Abwehr. Wir bitten dann den Helfer, ihm diese Maske abzunehmen und zu zeigen, wie er dahinter wirklich aussieht. Nun steht er wahrscheinlich voller Schuldgefühle da, die Tat verzweifelt bereuend. Aber niemand hat es wissen dürfen, was geschah, weshalb er diese Gefühle energisch verdrängt hat. Ihn so zu sehen, hilft auch, um zu verzeihen.

Das sexuell missbrauchte Mädchen hat sich dafür oft unbewusste Schuldgefühle gemacht, die offensichtlich falsch sind. Das Mädchen konnte ja nicht schuld daran sein und verstand (beim ersten Mal, sofern es mehrere gab) auch gar nicht, worum es ging. Jedoch fühlte es natürlich instinktiv, dass etwas Falsches geschah. Zusätzlich wurde es oft nachher vom Täter durch Drohungen zum Schweigen gebracht. Es kommt allerdings vor – sofern es nicht zu mehr als Berührungen kam –, dass das Erlebnis dem Kind auch angenehm war, und dass es sich deshalb Schuldgefühle machte. Wir klären dann mithilfe des Helfers darüber auf, dass die angenehmen Gefühle eine natürliche Reaktion des Körpers waren und an sich nicht falsch. Falsch war, dass es der Onkel oder der Vater tat. Diese Frau hat wahrscheinlich auch in der Ehe nicht mehr die angenehmen Gefühle zugelassen, wenn sie vom Partner berührt wurde. Mit dem Loslassen dieser Schuldgefühle wird sie das nun hoffentlich tun können, da ja heute die Umstände richtig sind. Es kommt vor – wenn man sonst keine Zuwendung der lieblosen oder gefühlsverkrüppelten Eltern bekam –, dass man die unpassende Berührung als Zuwendung angenommen hat. Wenn nicht anders, dann zumindest das ... Auch das kann zu verkehrten Schuldgefühlen führen.

Eine damals 35–jährige Frau verneinte ihre Weiblichkeit derart, dass sie seit 16 Jahren nicht mehr menstruierte. Sexualität war für sie mit viel Angst verbunden. Das Wiedererleben einer völlig verdrängten Vergewaltigung durch den Vater in der heutigen Kindheit war der erste Schritt zur Befreiung; der Rest wurde durch Szenen aus früheren Leben geklärt. Im letzten Vorleben war sie eine Gefangene in einem Lager gewesen, die von Soldaten sadistisch missbraucht wurde. Warum das alles? Diese Frage führte in ein Leben als Mann im alten Rom. Er passte als Wächter auf Christen auf, die in die Arena sollten, und zögerte nicht lange, manchmal auch eine Christin erst zu vergewaltigen. »Das macht ja nichts, sie wird ja bald von den Löwen gefressen« war seine Ausrede. Daher also dieses Karma!

Die Menstruation kam gleich nach der ersten Rückführung wieder, und die Frau konnte sich innerlich mit ihrem Vater versöhnen. Sie ist heute, noch Jahre später, ein ganz neuer und fröhlicher Mensch mit einer gesunden Einstellung zur Sexualität.

Man sollte aber auch bedenken, dass nach einer nicht so gravierenden, einmaligen sexuellen Belästigung eines Kindes (Exhibitionismus, eventuell Betasten) die ganze Aufregung wesentlich traumatischer wirken kann als das eigentliche Geschehen. Hierzu die Geschichte einer Klientin. Eine Frau mit sexuellen Problemen und unterentwickeltem Unterleib (*uterus infantilis*) ging als Mädchen ins Kino. Ein Mann neben ihr holte den Penis hervor und forderte sie auf, ihn anzufassen, was sie nicht tat. Er schimpfte und ging dann weg. Sie erzählte den Vorfall zu Hause. Große Aufregung! Sie wurde dann bei der Polizei lange ausgefragt. Der Täter wurde natürlich nie gefasst, und die Quälerei des Mädchens war umsonst. Die Erlebnisse zu Hause und bei der Polizei richteten bei ihr den größeren Schaden an, konnten in der Rückführung aber dann losgelassen werden, nachdem diese Frau ihr Leben lang entsprechende Albträume hatte.

Eine katastrophale Auswirkung der Geschehnisse nach Aufdeckung eines derartigen Vorfalles wird in einem empfehlenswerten Buch von Lorly Zihlmann geschildert [8].

Wir kennen von Medienberichten im Jahr 1994 den Fall eines amerikanischen Vaters, der wegen eines von der Tochter in der Therapie entdeckten mutmaßlichen sexuellen Missbrauchs vor Gericht kam. Er zog dann, im Gegenzug, den Therapeuten mit einer Schadensersatzklage vor Gericht, da ihr alles angeblich suggeriert worden sei.

Vielleicht war es beim Vorgehen jenes Therapeuten tatsächlich möglich, dass so etwas suggeriert wurde (obwohl es nach meiner Erfahrung kaum »Rauch ohne Feuer« gibt). Wie auch immer, dieser Therapeut hat auf jeden Fall einen Fehler gemacht! Das Ergebnis einer Analyse darf nicht Hass und Anklage, es sollte immer Loslassen und Versöhnung sein. Dem Vater verzeihen zu können hätte in jenem Fall die endgültige Befreiung der Klientin bedeutet.

Was jedoch hier geschah, hat offensichtlich nur ihr Trauma verhärtet. Dies gilt ebenso für den Fall, dass das Erlebnis möglicherweise eher symbolhaft für einen andersartigen, aber ebenfalls traumatischen Konflikt stand, den sie auf ihren Vater projizierte.

Wie kommt ein Mensch dazu, einem Kind so etwas anzutun? In den USA scheint es eine Theorie zu geben, der zufolge der Täter in seiner Kindheit selbst Opfer von Missbrauch (*incest* oder *abuse survivor*) gewesen sei. Dies scheint mir zu sehr verallgemeinert und nicht sehr glaubhaft. Eher haben solche Fälle häufig mit Liebesentzug in der Kindheit des Täters zu tun, zu dem später noch Hemmungen in Gegenwart (potenzieller) erwachsener Partner hinzukamen.

Nichtsexueller Missbrauch

Ein Kind kann natürlich auch ohne sexuelle Übergriffe missbraucht werden. Es ist nicht ungewöhnlich, dass eine geschiedene Mutter mit allen Mitteln versucht zu verhindern, dass der Vater mit den Kindern Kontakt hat und zu ihnen schlecht über ihn spricht. Die Kinder so für die Rache an den Exmann zu missbrauchen, schädigt meistens ihre Seelen und raubt ihnen ihr natürliches »Geburtsrecht« an ihrem Vater.

Die Kinder gezielt als »Altersfürsorge« zu erziehen und sie mit Schuldgefühlen zu manipulieren, sodass sie dann für ihre Eltern sorgen sollen, ist ein anderes Beispiel für solchen

Missbrauch. Erzieht man sie in Freiheit und Liebe, werden sie von sich aus sich gerne um die Eltern kümmern!

Kinder auf dem Bauernhof als kostenlose Arbeitskräfte einzusetzen überschreitet in gewissen Fällen eine Grenze des Anstandes und wird dann zum Missbrauch. Kinder brauchen auch Freizeit und genügend Gelegenheit zu spielen und Kind zu sein.

Auswertung von Träumen

Bei Träumen kann der Helfer eine individuelle Deutung geben. Wir kennen zwar verallgemeinerte Interpretationen von Traumsymbolen, aber sie haben oft auch individuelle Bedeutungen, die deshalb in keinem psychologischen Buch zu finden sind.

Es kommt vor, dass der Trauminhalt mit einem früheren Leben zu tun hat, aber dies scheint nicht sehr häufig zu sein. Er wird in einem solchen Fall meistens umgestaltet und mit Symbolen oder Situationen aus dem heutigen Leben vermischt. Hat eine Person einen besonders eindrücklichen oder häufig wiederkehrenden Traum gehabt, gehen wir direkt zum Helfer, um ihn darüber zu befragen.

Die erste Frage wäre sinnvollerweise, ob das Traumerlebnis mit einem früheren Leben (oder vielleicht einer Kindheitssituation) zu tun hat oder nicht. Ist es so, bitten wir den Helfer, ein Bild aus jenem Leben zu zeigen, und machen eine Rückführung dorthin. Danach fragen wir nach einer eventuellen Symbolik, die ebenfalls im Traum enthalten sein mag.

Sagt der Helfer jedoch, dass der Traum nichts mit einem Vorleben zu tun habe, so können wir ihn der Person das

Anfangsbild des betreffenden Traumerlebnisses zeigen lassen. Die Person steigt in den Traum hinein und erlebt ihn wieder. Dies ist oft deshalb sinnvoll, weil sie vielleicht nicht alles an diesem Traum in Erinnerung hat, sondern möglicherweise nur noch Fragmente.

Eingreifen können wir nur in ein tatsächliches Traumerlebnis, nicht aber in ein Erlebnis, von dem wir annehmen, dass es sich früher einmal tatsächlich so abgespielt hat, denn was war, lässt sich nicht mehr ändern. Wir können uns lediglich von den Auswirkungen jenes Ereignisses lösen und eventuell zusätzlich sehen, wie es noch hätte sein können.

Handelt es sich jedoch um einen Traum, können wir die Person dazu auffordern, etwas zu tun, was sie im tatsächlichen Traum nicht tat. Sie fühlte sich zum Beispiel von etwas Dunklem hinter ihr bedroht, versuchte wegzulaufen, kam aber nicht davon. Vielleicht wachte sie in diesem Moment auf.

Nun können wir sie beim Wiedererleben auffordern, sich umzudrehen und anzuschauen, was da hinter ihr ist. Vielleicht sieht sie etwas Wesenhaftes. Sie kann das zunächst bedrohlich erscheinende Wesen fragen, was es will bzw. wer oder was es ist. Vermutlich verwandelt es sich dann und ist nicht mehr so bedrohlich. Wir können auch den Traum fortsetzen, wo er durch das Aufwachen abbrach, und ihn zu einem Ende führen. Danach gehen wir den Traumablauf zusammen mit dem Helfer durch. Wie bei einem Symbolerlebnis in der Rückführung lassen wir den Helfer alle offenbar symbolischen Elemente erklären und die Traumbotschaft in Klartext übersetzen.

Schwarze Magie

Wer sich in einem früheren Leben mit schwarzer Magie befasst hat, dem hängt in der Regel ein besonders zähes Karma an. Es kann sein, dass diese Person später mehrere Leben lang von negativen Wesenheiten belästigt wird oder für negative Einflüsse sehr empfänglich ist. Wir wollen in diesem Fall vom Helfer oder vom Höheren Selbst erfahren, wie sie sich nun endgültig von jenen finsteren Kräften lösen und sich ganz dem wahren Licht zuwenden kann. Die oben erwähnten Formen von subliminaler Beeinflussung stellen bereits einfachere Formen von schwarzer Magie dar – wie eigentlich jede Art von egoistischer Beeinflussung anderer Menschen.

Ist der Klient heute Opfer von schwarzer Magie, hat dies entsprechende karmische Gründe. Wir wollen vom Helfer wissen (sofern der Klient es nicht schon weiß), wer dahintersteckt. Vielleicht sind es sogar zwei, wenn eine Person einen Magier dafür bezahlt hat. Dann gehören nacheinander beide in den zweiten Lichtkreis, um Verbindungen zu schneiden und Versöhnung anzustreben. Vorher wollen wir aber klären, weshalb das geschieht. Wahrscheinlich waren Klient und Ausübender (bzw. Auftraggeber des Magiers) in einem früheren Leben auch schon zusammen.

Hass und Gegenmagie kann die Sache nur schlimmer machen. Hierzu möchte ich eine Geschichte aus Schweden erzählen. Ein Ingenieur wurde von seiner Firma nach Afrika versetzt. Er und ein afrikanisches Mädchen verliebten sich, und sie verließ deshalb den Mann, der bis dahin ihr Freund war. Nach einiger Zeit wurde der Schwede krank und lag schließlich im Krankenhaus. Die

Ärzte rätselten über seinen Zustand. Da kam ein Mann und sagte ihm, dass es sich um schwarze Magie handele. Der Exfreund seiner Freundin habe einen Magier damit beauftragt. »Schicke dem Magier Licht und Liebe!« Zum Glück begriff das der Ingenieur und er tat es auch. Es ging ihm immer besser und er konnte schließlich das Krankenhaus verlassen. Da erfuhr er, dass der Magier gestorben sei! Woran? Natürlich nicht an Licht und Liebe! Aber seine Energien kamen nicht mehr an das Opfer heran, sondern zu ihm zurück, und davon ist er schließlich gestorben!

Was ist Magie? Man kann sie als gezielte Nutzung der Kräfte und Energien von Natur und Kosmos ansehen. Die positive oder negative Färbung dieser Technik hängt zunächst von Ziel, Absicht und Motivation ab. Verfolgt man egoistische Ziele, oder ist man durch Gier, Machtstreben oder Rachegefühle (oder auch Kompensation von Minderwertigkeitsgefühlen!) motiviert, ist sie »schwarz«. Dies gilt erst recht, wenn dabei dunkle Kräfte und Wesenheiten zur »Hilfe« herangezogen werden, die nie etwas umsonst geben, sondern nachträglich stets einen hohen Preis dafür verlangen. Der Magier fühlt sich durch diese Wesen in einem trügerischen Gefühl von Macht. Er sieht gar nicht ein, dass er in Wirklichkeit zu ihrem »Hampelmann« geworden ist und selbst von ihnen manipuliert wird.

Die Energien der Natur sind an und für sich neutral; es kommt hier eben auf die Motivation an. Die Technologie unserer heutigen Zivilisation, die gegen die Schönheit und das Überleben der Natur gerichtet ist und auf egoistischem Materialismus basiert, ist gemäß dieser Definition auch eine Form von schwarzer Magie! Bei der Militärtechnologie kann man sogar von »höllenschwarzer Magie« sprechen. Nur eine Technik, die *mit* der Natur geht, kann »weiß« sein. Hier trägt die ganze Menschheit eine Karmalast in ihre Zukunft.

Literatur und Anmerkung

1. Krystal, Phyllis: *Cutting the Ties that Bind.* Deutsche Übersetzung: *Die inneren Fesseln sprengen,* Walter, Heitersheim, 1989. Neuausgabe als Econ Taschenbuch 2000.
2. Krystal, Phyllis: *Cutting More Ties that Bind.* Deutsche Übersetzung: *Frei von Angst und Ablehnung,* Walter, Heitersheim, 1991. Neuausgabe als Econ Taschenbuch 2001.
3. Krystal, Phyllis: *Arbeitsbuch zur Phyllis-Krystal-Methode,* Rywellus, Seeshaupt, 1993. Neuausgabe als Econ Taschenbuch 2000.
4. Dubuc, Pierre: *Vies passées heureuses,* Louise Corteau, Saint-Zenon (Québec, Kanada), 1994.
5. Sigdell, Jan Erik: »Negative Programmierung«, *esotera,* Freiburg, 7/92, S. 94. (Hierin wurde der Abschluss durch Missverständnis der Redaktion falsch umgeschrieben; es geht natürlich nicht um das Zurückzahlen des dadurch betrügerisch gewonnenen Geldes, denn das wird man niemals freiwillig tun, sondern darum, dass das *Karma* irgendwann unvermeidlich zur Zurückzahlung in irgendeiner stellvertretenden Form zwingen wird, wie man es bei solchen Organisationen hätte wissen müssen – nähme man ernst, was man selbst lehrt! – vgl. Leserbrief in: *esotera* 10/92, S. 12.)
6. Hansen, Paul A.: *Survivors & Partners. Healing the Relationships of Sexual Abuse Survivors,* Heron Hill, Longmont CO, 1991.
7. Es ist bemerkenswert, dass die dem Missbrauchserlebnis entsprechende Tätersituation sich besonders in unserer kirchlich geprägten Kultur abspielte. Aber während eines Aufenthaltes in

Israel bin ich auch auf zwei Fälle von sexuellem Missbrauch in der Kindheit gestoßen – obwohl ich aufgrund der höheren Familienethik im Judentum dies nicht erwartet hätte. Man bekommt den Eindruck, dass das Phänomen hauptsächlich in Kulturen mit weitgehender sexueller Repression vorkommt.

8. Zihlmann, Lorly: *Durch Dunkel zum Licht,* Selbstverlag, 1986 (damals: L. Zihlmann, Oberer Graben 8a, CH-6210 Sursee, Schweiz).

Allgemeiner Verlauf einer Rückführung

Körper ruhig stellen (»ausschalten«)

↓

Aufzug (Treppe o. ä.)

↓

Zurück zur Vergangenheit (Stockwerk)

↓

→ ERLEBNIS

1. Früheres Leben	2. Kindheit	3. Im Mutterleib	4. Symbolisches Erlebnis
Stationen im Leben Tod	Nur die aktuelle Situation	Stationen im Mutterleib Geburt In Armen der Mutter	Bis der wesentliche Teil vorüber ist

(Ist die Erbebnisart unklar. Zum »Helfer«, fragen, zurück ins Erlebnis, weiter, oder Höheres Selbst fragen)

↓

Aufzug

↓

Zum »Helfer« (anderes Stockwerk) — Zurück zum »Helfer«

↓

BEIM »HELFER«

1. – 3.: Allgemeine Daten (wo?, wann?) Zurück zum Gefühlserlebnis Gefühle zum »Helfer« bringen und loslassen Wenn nötig: wiederholen Zusammenhang mit dem Problem? Weitere Ursachen für das Problem? Wiederbegegnungen heute? ← Wenn nötig, zurück zu anderer Situation im Leben	4.: Symbolik auswerten Wo liegen hauptsächliche Problemursachen? (Kindheit?, Mutterleib? Früheres Leben?) ← Zurück zur Vergangenheit

↓

Warum sollte man diese Erlebnisse haben? (Warum das Opfererlebnis?)
Wenn nötig, zurück zu anderem Erlebnis i. d. Vergangenheit; i. d. Kindheit, im Mutterleib oder in anderem früheren Leben, ggf. als Täter (Ursache des Karma)

↓

Schuldgefühle? Loslassen!

↓

»Fesseln« zu Personen lösen, die beteiligt waren; Versöhnung

↓

In Licht hüllen; losgelassene emotionale Energien durch Licht ersetzen

↓

Zurück in den Aufzug (in die Treppe …), zurück zum Erdgeschoss

↓

Körper wieder »einschalten«, tiefer Atemzug, Augen auf

15 | Der Innere Arzt und das Höhere Selbst. Unser Ursprung im göttlichen Licht

Der Innere Arzt

Der Innere Arzt oder die Innere Ärztin – wir können auch vom Inneren Heiler sprechen – ist eine Manifestation von jenem Teil des unbewussten Ichs, in dem wir über Ursachen von Gesundheitsstörungen Bescheid wissen. (Über verwandte Konzepte informieren einige empfehlenswerte Bücher [1–3]). Ich persönlich bin der Meinung, dass es *keine* Gesundheitsstörung gibt, die nicht zumindest *auch* eine psychische Ursache hätte. Diese kann durchaus auch in einem früheren Leben liegen (vor allem bei Leiden, die schon von Geburt an bestehen). Auch eine Ursache aus der Zeit im Mutterleib ist möglich. Der Innere Arzt weiß darüber Bescheid. Es gilt, sich dieser psychischen Ursache bewusst zu werden, sich davon zu lösen und damit auch eine Änderung im Denken oder Verhalten herbeizuführen, die für das Gesunden notwendig ist.

Die Ursache für eine Krankheit kann auch in einem unterdrückten Gefühl liegen: in einem unnötigen Schuldgefühl, einer Angst oder Wut (die man nicht wirklich haben muss). Eine weitere Möglichkeit ist, dass man die Notwendigkeit von Veränderungen nicht wahrhaben will. Wenn das unbewusste Ich nicht anders »durchdringen« kann, versucht es oft, über den Körper etwas zu erreichen, wogegen der Kopf sich wehrt. Wird dies schließlich doch erkannt und angenommen, dürfte dies der Wendepunkt in der Krankheitsgeschichte sein.

Selbstverständlich gibt es in vielen Fällen einen Punkt der Entwicklung, an dem eine Umkehr nicht mehr oder nur noch begrenzt möglich ist. Um es drastisch zu formulieren: Ein verlorenes Bein wird nie durch eine Rückführung wieder nachwachsen. In einem solchen Fall geht es darum, wie man mit diesem Körperzustand besser leben und ihn am sinnvollsten annehmen kann. Sicher sind aber manche Entwicklungen noch rückgängig zu machen, welche die Schulmedizin (bislang noch) nicht für reversibel hält.

Man gelangt zum Inneren Arzt auf die gleiche Weise wie zum Helfer. Nach Befragen des Höheren Selbst geht es zum angezeigten Stockwerk, wo man sich nach dem Aussteigen zum Ort der Begegnung mit dem Arzt führen lässt. Dieser hat meistens eine menschliche Gestalt, die in selteneren Fällen wirklich wie ein Arzt im weißen Kittel und mit Stethoskop aussehen kann. Häufiger handelt es sich aber einfach um eine neutrale, freundliche, männliche oder weibliche Gestalt. Eine Lichtgestalt ist auch hier nicht ungewöhnlich. Eine Person hatte sogar einmal einen lieben kleinen grünen Tintenfisch, der über den Körper kroch und ihn mit sanften Fühlarmen abtastete. Man kann sich von jenem Arzt untersuchen lassen. Auf diese Weise können auch Veränderungen im Vor- und Frühstadium erkannt werden, die man sonst noch nicht bemerkt hätte. Das unbewusste Ich bzw. der Körper selbst weiß ja schon, was im Gange ist!

Man fragt sich vielleicht zuerst, ob sich da nicht eher eine Befürchtung (des Klienten) ausdrücken mag, anstatt etwas, das wirklich nicht in Ordnung ist. Ich meine aber, es verhält sich eher umgekehrt: Eine Befürchtung, ist sie einmal vorhanden, wird sich meistens früher oder später im Körper tatsächlich manifestieren. Man zieht oft gerade das an, wovor man Angst hat!

Körperliche Probleme können ihren Grund aber auch in einer Körperverletzung in einem früheren Leben haben, meistens im letzten Vorleben. Wurde man damals tödlich verletzt, hat nicht selten der heutige Körper an dieser Stelle ein Muttermal, eine Schwachstelle (die krankheitsanfällig ist) oder im Extremfall sogar eine Missbildung.

Ein Mann hatte am Rücken seit Jahren ein Lipom (gutartiges Fettgeschwulst). An jener Stelle hatte ihn in einem früheren Leben ein tödlicher Stockhieb getroffen, der ihm das Rückgrat brach.

Eine Woche nach der Rückführung war das Lipom verschwunden! Interessanterweise war es im heutigen Leben in einer Zeit entstanden, in der er eine Bekanntschaft mit einer Frau hatte. Es zeigte sich, dass jene Frau damals der Mann war, der ihn zur Prügelstrafe verurteilt hatte. Man schlug mit Bambusstöcken auf ihn ein. Der letzte Schlag brachte ihm den Tod, obwohl das nicht die Absicht war.

Eine besonders grausame Ursache stellte sich bei einer Frau heraus, die nur ein Ohr hat. Auf der rechten Seite fehlten von Geburt an sowohl das äußere Ohr als auch der Gehörgang. Die Rückführung ergab, dass sie im Vorleben von den Schergen grausamer Machthaber zum Opfer von medizinischen Experimenten gemacht wurde. Dabei schnitt man dem zwölfjährigen Mädchen das rechte Ohr, mitsamt dem Innenohr, heraus, um dann Elektroden ins Gehirn zu stecken. Glücklicherweise starb sie danach schnell und musste nicht weitere Qualen erdulden. Zwei Jahre später wurde sie mit nur einem Ohr wiedergeboren.

Ein anderer Extremfall wurde mir von Bryan Jameison erzählt. Eine Frau war ohne Scheide geboren. In der Jugend wurde diese operativ rekonstruiert. Warum? In einem früheren Leben wurde sie von mehreren Männern grausam vergewaltigt. Unbewusst entschied sie sich, dieses Mal keine Scheide zu haben, sodass so etwas nicht mehr geschehen könne.

Der Fall mit dem Lipom ist eigentlich Ausdruck einer anderen, sonderbaren Reaktionsweise auf eine ehemalige (meistens tödliche) Körperverletzung. Aus der unbewussten Erinnerung heraus reagieren wir im Körper manchmal so, dass der damals verletzte Körperteil – und nur dieser – stärker ausgebildet ist oder (wie im erwähnten Fall) zum Beispiel durch eine Fettschicht geschützt wird.

Diese Reaktionsart ist merkwürdig unlogisch, denn es ist doch sehr unwahrscheinlich, dass ausgerechnet jener Körperteil heute wieder verletzt würde! Eine solche Erklärung für ein Lipom fand ich auch in einem anderen Fall, in dem es sich ebenfalls um einen tödlichen Stockhieb handelte.

Ein Mädchen empfand es als störend (andere bemerkten es kaum), dass ihr rechter Oberschenkel dicker als der linke war. Sie war in einem Vorleben unter der Folter gestorben, wobei kurz vor ihrer Erlösung durch den Tod das Gewebe am rechten Oberschenkel schmerzlich aufgerissen wurde. Heute ist das Gewebe nun gerade dort stärker ausgebildet.

Es ist auch nicht ungewöhnlich, dass Personen mit Übergewicht früher einmal verhungert sind und jetzt unbewusst eine Reserve aufbauen, damit dies nicht mehr so leicht geschehen kann. Übergewicht kann natürlich auch andere Ursachen haben, die dann oft in diesem Leben liegen.

Ein Mann erlebte in der Rückführung eine enorme Wut wegen großen Ungerechtigkeiten, die ihm in einem früheren Leben angetan worden waren. Diese Wut wurde aufgelöst. Ich traf ihn ein Jahr später, und er berichtete, dass er seither keine Gicht mehr habe!

Der Vater einer Kursteilnehmerin hat die Alzheimer-Krankheit. Sie erlebte in ihrer Kindheit einen sexuellen Missbrauch durch den Großvater. Der Vater kam herein, sah es, drehte sich um und ging wieder, denn er hatte nicht den Mut, gegen seinen eigenen Vater einzugreifen. Der Vater wurde schließlich auch in den zweiten Kreis gestellt. Es stellte sich heraus, dass er voller Schuldgefühle dieses Ereignis total verdrängen und völlig vergessen wollte, weshalb bei ihm die Alzheimer-Krankheit entstand. Es muss natürlich nicht immer so sein, aber ein möglicher psychosomatischer Zusammenhang könnte demnach darin bestehen, etwas Schlimmes »zu jedem Preis« vergessen zu wollen.

Beim Inneren Arzt oder Heiler können wir psychische Ursachen von körperlichen Problemen erfahren. Er gibt auch Auskunft über die Ernährung. Gibt es in der heutigen Kost der Person etwas, das sie reduzieren oder weglassen sollte? Braucht sie etwas Neues oder von etwas, das sie schon zu sich nimmt, noch mehr? Braucht sie ein Vitamin, ein Mineral oder ein Kraut? Trinkt sie genug Flüssigkeit, oder soll sie mehr oder weniger trinken? (Die meisten sollen mehr trinken.) Welche Flüssigkeiten sind gut, welche soll sie meiden? (Viele erfahren, dass sie zu viel Kaffee trinken!)

Eine weitere psychische Ursache für Gesundheitsstörungen liegt in einem inneren Konflikt oder Kompromiss. Es kommt vor, dass man im Inneren fühlt, dass man etwas tun sollte oder möchte, es dann aber doch nicht tut, weil man glaubt, dass die Umwelt etwas anderes erwartet. Der Innere Arzt sagt in solchen Fällen immer, dass man solche Bedürfnisse ernst nehmen und sich nicht von einer oft eher egoistischen Umwelt »vergewaltigen« lassen soll. Ein innerer Konflikt kann darin bestehen, dass der eine Teil von uns etwas will, der andere Teil aber etwas anderes.

Eine interessante, neu entdeckte psychische Ursache einiger Fälle von Krebs [4] ist die einer nicht genutzten Fähigkeit. Erlaubt man dieser Fähigkeit endlich, sich zu entfalten, kann dies zu einem entscheidenden Wendepunkt führen. Ich hatte selbst einen Fall von metastasierendem Hirntumor, der völlig verschwand, als die Person ihre geistige Fähigkeit und Aufgabe als Heilerin annahm, die sie bis dahin nicht hatte wahrhaben wollen. Während einiger Wochen nach dem Rückführungserlebnis fühlte sie etwas in ihrem Kopf geschehen, und es lief wie Schleim durch die hinteren Nasenöffnungen herab. Als das aufhörte, war der Tumor weg. Der Arzt sprach verdutzt von einem »Wunder«.

Wenn man geheilt ist, ist es wichtig, seine neu gewonnene Gesundheit auch wirklich *anzunehmen*. Zweifel wirken wie negative Affirmationen, die in gewissen Fällen die Krankheit zurückholen können. Jameison erzählte mir von zwei Fällen dieser Art. Eine Person wurde frei von allen diagnostizierbaren Zeichen von Leukämie. Die Ärzte freuten sich über den »ungewöhnlichen Erfolg ihrer Therapie« und sagten: »Nun sollten wir zur Sicherheit noch eine Chemotherapie machen, damit der Krebs *nicht zurückkommt.«* Der Patient akzeptierte das – und die Leukämie kam zurück.

In einem Fall von Knochenkrebs, der nicht mehr medizinisch feststellbar war, wollten die Ärzte noch eine Nachbehandlung durch Bestrahlung durchführen, »… damit er *nicht zurückkommt«*. Auch hier akzeptierte der Patient das – und der Krebs kam zurück.

Ich traf einmal eine Frau, die mir von einer erstaunlichen Wirkung positiver Affirmation erzählte. Sie hatte Metastasen gehabt und sagte sich jedes Mal, wenn sie irgendwo einen Schmerz oder ein komisches Gefühl fühlte: »Da heilt wieder etwas!« Ihr Krebs war schon restlos verschwunden, als sie mir ihre Geschichte berichtete.

Über sein Verhalten in einer solchen Situation muss der Patient selbst entscheiden. Die psychosomatische Abklärung durch den Inneren Arzt stellt eine *Ergänzung* dar, die eine medizinische Behandlung nicht ersetzen, sondern lediglich vervollständigen soll. Jede Änderung von medizinischen Maßnahmen seitens des Patienten liegt in dessen eigener Verantwortung. Der Rückführende hat hierzu keine Empfehlungen zu geben (es sei denn, er ist Arzt oder Heilpraktiker). Wenn aber der *Innere Arzt* solche Empfehlungen gibt, ist es etwas anderes, denn diese kommen dann von einer höheren Ebene des eigenen Selbst des Patienten.

Man kann der Person eine Heilbehandlung durch den Inneren Arzt zukommen lassen, ähnlich wie beim Handauflegen: »Bitten Sie ihn, seine Hände an …« (die betroffene Körperstelle) » …zu legen und Ihnen dort Heilkraft zu geben.«

Man hat dann dort meistens ein wärmendes Gefühl, aber es kann auch kühlend sein – wie beim wirklichen Handauflegen. Das wärmende Gefühl entspricht meistens dem Zuführen von heilender Energie, das kühlende dem Wegfließen von schädlicher Energie aus dem feinstofflichen Körper. Wird eine psychische Ursache aufgedeckt, wollen wir vom Arzt wissen, was damit zu tun ist. Wie kann man davon frei werden oder den Prozess umkehren? Es gibt wichtige Bücher über psychosomatische Zusammenhänge [5–10], die ergänzend hilfreich sind. Bemerkenswert sind auch die umstrittenen Arbeiten von R. G. Hamer [11–13].

Begegnung mit dem Höheren Selbst

Das Höhere Selbst ist das höchste Geistige in uns, die höchste Ebene im unbewussten Ich. Es kann vielleicht mit der Buddhi-Ebene im Schöpfungsplan der indischen Sāṃkhya-Philosophie verglichen werden. In uns ist es jene Ebene, auf der wir in der Erleuchtung erwachen. (Deshalb wird ein dort Erwachter ein Buddha genannt.)

Bisher kennen wir als Kontaktmöglichkeit mit dem Höheren Selbst das Stellen einer Frage, ohne das Höhere Selbst zu sehen, worauf der Person meistens »irgendwie« eine Antwort in den Kopf kommt. Hier geht es nun um die *Begegnung* mit ihm (über eine Form von indirektem Kontakt, vgl. [14]).

Um diese Begegnung zu haben, lassen wir im Aufzug fragen: »Fragen Sie Ihr Höheres Selbst, zu welchem Stockwerk Sie fahren sollen, um zur Begegnung mit ihm zu kommen.« Dies ist oft ein Stockwerk hoch oben, nicht selten das höchste, aber es kann auch schon der 1. Stock sein. Ist dort vor dem Aufzug kein Boden, wird die Person in der Luft schweben. Dann fordern wir sie auf: »Bitten Sie Ihr Höheres Selbst, Sie nun zum Ort der Begegnung mit ihm zu führen.« Wir bitten um eine Beschreibung des Ortes. »Ist da eine Gestalt oder Erscheinung, die Ihr höheres Selbst sein könnte? (...) Gehen Sie dorthin.« Nun kommt eine wichtige Frage: »Fragen Sie, ob dies schon Ihr Höheres Selbst ist oder erst eine Begegnung auf dem Weg zu ihm.«

Manchmal, nicht oft, muss man auf dem Weg an jemandem vorbei, den wir vielleicht als »Hüter der Schwelle« bezeichnen können. Ist es also noch nicht das Höhere Selbst: »Fragen Sie, wie Sie weitergehen sollen.«

Es kann sein, dass diese ihr zuerst begegnete Gestalt oder Erscheinung mitkommt und die Person hinführt; oder der Klient geht selbst weiter in die Richtung, die ihm gezeigt wurde. Dann kommt es schließlich zur gesuchten Begegnung.

Die Art, wie sich das Höhere Selbst sichtbar macht, ist die einer sehr gütigen und lichtvollen Erscheinung. Sie ist meistens beeindruckend. Die Gestalt kann die eines Lichtwesens oder eines Engels sein – oder auch nur Licht, vielleicht ohne deutliche Konturen, oder auch gleich einer Sonne oder Lichtkugel.

Eine Jesus-Gestalt ist nicht sehr ungewöhnlich. Symbolische Erscheinungen wie ein schwebendes Auge oder das christliche Symbol vom Auge im Dreieck können vorkommen. Die Erscheinung kann aber auch die einer sehr gütigen menschlichen Gestalt sein. Es ist vorgekommen, dass diese Gestalt auf einem Thron saß. Einmal war die Erscheinung wie ein Lichtfeuer ohne sengende Hitze.

Wann führen wir den Klienten zum Helfer und wann zum Höheren Selbst?

Wenn der Klient eine ziemlich profane Problematik hat, führe ich ihn meistens zur Begegnung mit dem Helfer. Vielleicht hat er sich kaum mit geistigem Gedankengut befasst und sich insofern noch keinen Begriff vom Höheren Selbst gemacht. Es könnte ihn dann sogar ein wenig überfordern oder befremden, gleich zur Begegnung mit jener höchsten Ebene des eigenen Wesens zu gehen, wenn er an deren Existenz sogar zweifeln mag.

Zwar stellen wir im Aufzug und manchmal in Szenen aus der Vergangenheit Fragen an ein unsichtbares Höheres Selbst, aber dies mag auch eher wie eine »technische« Angelegenheit aufgefasst werden, wie eine Art von »Hilfsvorstellung«. Jeder weiß aber heute, dass der Mensch ein unbewusstes Ich hat, und kann sich deshalb vorstellen, seinem eigenen unbewussten Ich in einer mehr oder weniger symbolischen Erscheinungsweise als Helfer zu begegnen.

Hat aber der Klient eher spirituelle Fragen, führe ich ihn hingegen gerne zum Höheren Selbst, da ihm dann diese Vorstellung sicher nicht fremd sein wird. Oft ist der Unterschied aber unwesentlich.

In Fällen, in denen jemand sowohl dem Helfer als auch dem Höheren Selbst begegnete, ließ ich den Klienten manchmal das Letztere fragen, was eigentlich der Unterschied zwischen beiden sei.

Manchmal war die Antwort etwa: »Der Helfer bin ich *auch*, nur in anderer Gestalt.« Manchmal erfolgte sie eher in dem Sinne, dass das Höhere Selbst eben die *höchste* Ebene im geistigen Bereich des Menschen sei, der Helfer jedoch eher eine allgemeine Manifestation des unbewussten Ichs.

Wir lassen beim Höheren Selbst wie beim Helfer Fragen über die jeweilige Problematik und ihre Zusammenhänge stellen. Weitere Fragen, die wir gerne dem Höheren Selbst stellen lassen, sind: »Warum sind Sie dieses Mal inkarniert?«, »Was sollen Sie im heutigen Leben lernen, tun oder erfahren?«, »Was ist Ihre Aufgabe?«, »Was will Ihnen Ihr Höheres Selbst über Ihren weiteren (geistigen) Weg in diesem Leben sagen?«, »Gibt es mögliche Hindernisse auf jenem Weg, die Sie beachten sollten? Hindernisse, die in Ihnen selbst begründet sind, in äußeren Umständen oder in Ihrer Umgebung?«, »Falls solche Hindernisse auftreten sollten, was sollen Sie dann tun, um sie zu überwinden und Ihren Weg weiterzugehen?«

Wir lassen auch hier die Person durch das Höhere Selbst in Licht hüllen. Es ist sinnvoll, fragen zu lassen, wie der Klient nachher selbst mit seinem Höheren Selbst wieder Kontakt aufnehmen kann, wenn er es wünscht oder braucht. Es kommt dann vor, dass er ein Symbol oder ein Wort mitgeteilt bekommt, das die Kontaktaufnahme erleichtert.

In diesem Fall ist es besser, das für sich zu behalten. Spricht man zu viel über solche sehr persönlichen Symbole oder Kontaktworte, können sie an Wirksamkeit verlieren (schlimmer noch: sie könnten möglicherweise missbraucht werden, sollte jemand die Person magisch angreifen wollen).

Was war vor der ersten Inkarnation?

Wir können den Helfer oder das Höhere Selbst anfragen lassen, wie viele Inkarnationen in menschlichen Körpern die Person schon gehabt hat (die statistische Häufigkeit liegt zwischen etwa zwanzig und einigen Hunderten). Daraufhin können wir uns ein Bild aus der ersten Inkarnation zeigen lassen und in diese einsteigen.

Die erste Verkörperung war fast immer eine als Mensch, offenbar nur ausnahmsweise als Tier oder als eine andere Lebensform. Eine meiner Klientinnen war offenbar vor dem ersten Menschsein eine Art von Naturwesen, da sie in der ersten menschlichen Verkörperung solche Wesen sah und mit ihnen spielen wollte. Sie sagten aber: »Geh weg, du gehörst nicht mehr zu uns!«

Bei manchen anderen Rückführungsmethoden und zum Beispiel in den von Stanislav Grof beschriebenen LSD-Erlebnissen sollen sich die Personen vor dem ersten Menschsein häufig als Tier und, zeitlich noch weiter zurückversetzt, als Pflanze und anschließend als Mineral erlebt haben.

Warum kommt dergleichen bei unserer Vorgehensweise der nicht-hypnotischen Rückführung fast nie vor? Ich vermute, dass wir zwei Spuren zurückverfolgen können: eine biologische Spur, die mit dem *Körper* zu tun hat und deshalb in eine eher darwinistisch anmutende biologische Entwicklungsgeschichte zurückführt (irgendwie ist wohl eine Erinnerung daran im feinstofflichen Bereich unserer Physis gespeichert), und eine geistige Spur, die mit der *Seele* zu tun hat und ab einem bestimmten Punkt, wenn man rückwärts geht, in eine andere Richtung führt.

Unsere Seele scheint sich in den meisten Fällen tatsächlich das erste Mal in einen Menschenkörper inkarniert zu haben, der aber schon damals eine Art von biologischer Geschichte hinter sich hatte.

Befindet sich nun die Person in der ersten Inkarnation ihrer Seele, so können wir zuerst zur Geburt zurückgehen, oder besser: zum Zustand gerade nach der Geburt. Von hier aus können wir nun *ein Jahr* weiter zurückgehen. Da ein Jahr mehr als neun Monate umfasst, kommen wir also zum Zustand vor dem ersten Eintritt in einen Mutterleib. Was war zu diesem Zeitpunkt?

Die Erlebnisse dieser Art sind erstaunlich gut reproduzierbar! Fast jeder erlebt es ähnlich, auch wenn er nie von den Erlebnissen anderer in diesem Zustand gehört hat. Diese Beobachtung erscheint mir als ein bedeutendes Indiz für die Echtheit des Erlebten. Fast jeder erlebt sich als ein bewusstes, aber körperloses, immaterielles Ich (oft wie ein Energiebündel oder kleines Lichtlein), das sich nicht vorstellen kann, wie es ist, einen Körper zu haben (denn dies hat jenes Wesen ja noch nie erlebt).

Man weiß aber meistens schon, dass man sich inkarnieren wird. Die Gestalt ist zunächst eher rund, fast kugelförmig; dann scheinen sich oft vor der Verkörperung Glieder auszubilden, wie man sie dann im späteren Körperzustand haben wird. Man sieht von einem gewissen Moment an Menschen auf der Erde und weiß, dass man selbst so ein Mensch werden soll. Dieses Erlebnis wird als beinahe spannend beschrieben. Fast wie bei einem Kind, das den ersten Schultag beginnt. Es geht in der Regel gerne und mit froher Erwartung zur Schule und glaubt, es würde Spaß machen. Eine Woche später will es das Kind nicht mehr – es macht ja gar keinen Spaß! Aber dann ist es zu spät: Es muss diese zunächst endlos erscheinende Wegstrecke durchlaufen. So ähnlich ging es uns allen damals auch: Nach der ersten Verkörperung wollten wir nicht wieder inkarnieren, aber wir hatten uns bereits auf jener »Seelenschule« eingeschrieben, und wir konnten nicht mehr aussteigen.

Fragen wir dann: »Woher bist du gekommen?«, kommt meistens als Antwort: »Aus einem großen Licht« (vgl. [15]!).

»Warum bist du da herausgegangen?«

»Um mich durch die Erfahrung des Menschseins zu entwickeln.« Und wie kam es, dass die Seele aus dem Licht heraustrat? Meistens geschah es einfach, und man wusste nicht genau, wie. Oder man wurde wie sanft »herausgeschoben«. Eine Person drückte es folgendermaßen aus:

»Ich war neugierig und wollte wissen, was außerhalb des Lichts war. Ich ging hinaus, um nachzusehen, und konnte dann nicht mehr zurück.«

Selten hatte die Person vor dem Menschwerden eine Aufgabe im geistigen Bereich. Eine Person sah sich als eine Art von Geistwesen mit einer Schutzhülle aus Licht, das irgendeine Arbeit an der Materie verrichtete. Das Wesen meinte, diese Hülle sei ihr im Wege, und legte sie ab. Da kam auf einmal etwas Dunkles wie ein Pfeil in es hineingeschossen, und es stürzte herab.

Die These, dass wir »gefallene Engel« seien, wird durch Erlebnisse des Zustandes vor der ersten Inkarnation stark gestützt. Somit erscheinen die Inkarnationen zwangsläufig als Reinigungsweg, um dann wieder ins Göttliche Licht zurückkehren zu können. Darin dürfte das Ziel bestehen. In jenem Licht erlebte man einen unbeschreiblichen Zustand der Einheit, ein Einssein mit allen Wesen und mit dem Göttlichen. Das Erlebnis, aus dieser Einheit »herauszufallen«, ist *das* Urtrauma des Menschen.

Bei einer Person kam dies besonders deutlich zum Tragen. Sie hatte damals, durch das Herausfallen aus dem Licht, ihr Vertrauen verloren: das Urvertrauen in Gott, zur Lichtwelt zu gehören und dorthin einmal wieder zurückkehren zu dürfen. Da die im unbewussten Ich verborgene Erinnerung daran durch die Rückführung bewusst wurde, konnte sie dieses Vertrauen und damit ihren Gottesglauben wiederfinden.

Das Ziel des Inkarnationszyklus, dereinst ins Göttliche Licht zurückzukehren, vermittelt uns eine heilsame Hoffnung: Selbstverständlich lässt Gott keine Seele verloren gehen – wäre er sonst ein Gott der Liebe? –, sondern jede Seele findet früher oder später zurück, wenn sie sich genügend entwickelt hat und zur Einsicht gekommen ist. Selten nach weniger als hundert Inkarnationen, andere nach mehreren hundert oder gar über tausend Verkörperungen. Es gibt keine ewige Verdammnis! Die verlorenen Söhne und Töchter kommen alle irgendwann wieder nach Hause.

Referenzen

1. Samuels, Mike und Bennet, Hal: *Das Körperbuch,* s. Kap. 11.
2. Bry, Adelaide: *Visualization,* s. Kap. 7.
3. Simonton, Carl O.: *Getting Well A gain,* s. Kap. 7.
4. Hinze, Oscar Marcel: Mitteilung über astrologische Forschungsergebnisse an der Generalversammlung der Phänomenologischen Gesellschaft, Zürich, 15. 5. 1993.
5. Dethlefsen, Thorwald und Dahlke, Rüdiger: *Krankheit als Weg,* Bertelsmann, München, 1983. 9. Auflage: Goldmann TB, München, o. J.
6. Dahlke, Rüdiger: *Krankheit als Sprache der Seele,* Bertelsmann, München, 1992.
7. Dahlke, Rüdiger: *Herz(ens)-Probleme,* Knaur TB, München, 1990.
8. Dahlke, Rüdiger und Hößl, Robert: *Verdauungsprobleme,* Knaur TB, München, 1990.
9. Dahlke, Rüdiger: *Gewichtsprobleme,* Knaur TB, München, 1989.
10. Dahlke, Rüdiger und Margrit: *Die Psychologie des blauen Dunstes,* Knaur TB, München, 1989.
11. Hamer, Ryke Geerd: *Kurzfassung der Neuen Medizin,* Amici di Dirk, Köln, 1994.
12. Hamer, Ryke Geerd: *Vermächtnis einer Neuen Medizin,* Band I, Amici di Dirk, Köln, 3. Aufl. 1991.
13. Schwarzenberg, Therese von: *Krebs, heilende Krankheit? Konfliktlösung statt Chemo und Skalpell,* Ibera, Wien, 2001.

14. Gawain, Shakti (Elizabeth): *Creative Visualization,* s. Kap. 7; »Contacting Your Higher Self«, S. 55–58.

15. Cabobianco, Flavio M.: *Vengo del Sol,* Manrique Zago, Buenos Aires, 3. Ausg. 1992. Deutsche Übersetzung: *Ich komm' aus der Sonne,* Ch. Falk, Seeon (Ein höchst empfehlenswertes Buch!).

16 | Fremdeinflüsse. Seelenaustausch

Störende Seelen

Es kommt vor, dass Seelen Verstorbener sich an Menschen klammern. Dies muss nichts mit Besessenheit zu tun haben, also damit, dass fremde Seelen einen Körper in mehr oder weniger böswilliger Absicht übernehmen oder den Menschen manipulieren möchten. Es handelt sich normalerweise eher um ängstliche Seelen, oft in einem Zustand der Verwirrung, die Zuflucht suchen (vgl. [1]). Man spricht in diesem Fall auch von »Umsessenheit«.

Es kann sich in der Rückführung zeigen, dass eine solche Seele bei dem Klienten ist. Sie versucht dann manchmal, ein Rückführungserlebnis zu verhindern, da sie nicht erkannt werden will. Es gelingt dann aber doch meistens, bis zum Helfer vorzudringen. Es kommt dann oft so, dass man auf dem Weg zuerst einer Gestalt begegnet, die sich als Helfer ausgibt, mit der man sich aber nicht wohl fühlt. Wir gehen weiter und finden schließlich den richtigen Helfer. Wir fragen ihn dann, was für eine Figur diejenige war, der man zuerst begegnete: ein Teil vom Klienten selbst oder etwas außerhalb von ihm, ein fremder Einfluss? Wird das Letztere bejaht, fragen wir, ob es sich um eine Seele oder eine Wesenheit handelt. Eine Seele hat einen physischen Körper durch dessen Tod verlassen, eine Wesenheit war noch nie inkarniert. Der letztere Fall wird weiter unten behandelt.

Eine fremde Seele versucht nämlich oft, sich als Helfer auszugeben. Sie hofft, uns irreführen zu können, um nicht entdeckt zu werden. Dann stimmt aber das Gefühl nicht. Es kann vorkommen, dass sie dies ein paar Mal in neuer Gestalt versucht, bis wir den richtigen Helfer gefunden haben.

Die Vorgeschichte solcher »verirrter Seelen« ist oft die folgende: Wenn ein Mensch stirbt und auf dieses Ereignis (und darauf, was danach kommt) in keiner Weise vorbereitet ist, kann dies für die betreffende Seele in gewissen Fällen verwirrend und verunsichernd sein (vgl. [1]). Vielleicht war sie vorher »Materialist« gewesen und hatte geglaubt, dass mit dem Tod alles aus sei. Sie war einfach nicht darauf gefasst, danach immer noch zu existieren. Nun stellt sie mit Staunen und Verwirrung fest, auch ohne Körper immer noch da zu sein. Sie sieht den toten Körper und kann nicht begreifen, dass sie immer noch existiert. Geschah der Tod plötzlich und unerwartet oder auch aus einem Zustand von Bewusstlosigkeit heraus, dann weiß sie vielleicht zuerst nicht einmal, *dass* sie »tot« ist.

Ist kein Körper mehr da (wurde er im Extremfall zum Beispiel durch eine Explosion schlagartig vernichtet), kann die Seele lange brauchen, bis sie versteht, dass sie »tot« ist. Sie befindet sich dann oft erst in einer Art von Schockzustand. Sie versucht, mit Menschen Kontakt aufzunehmen, und begreift nicht, warum man sie weder hört noch sieht. Dann wird es ihr langsam dämmern, in was für einem Zustand sie sich befindet. Irgendwo ist ein Licht, das sie jedoch fürchtet. Einerseits zieht es sie dorthin, andererseits denkt sie, wenn sie da hineingeriete, wäre es mit ihr endgültig aus. Sie entdeckt dann bald, dass sie viel leichter auf dieser irdischen Ebene bleiben kann, wenn sie sich an einen Körper klammert. Dies ist ein bisschen mit dem Gefühl zu vergleichen, das jemand hat, wenn er sich im Meer an einen Holzbalken klammert, um nicht zu ertrinken. Dass die Seele dadurch die Person stört, an der sie sich festhält, ist ihr gar nicht so richtig bewusst. (Sollte es ihr aber doch bewusst werden, ist es für sie trotzdem ein zunächst unvermeidlicher Kompromiss, eine Notlösung, um noch auf dieser Ebene bleiben zu können. So, meint sie, bleibe sie immerhin noch am Leben. Ließe sie sich ins Licht treiben, würde sie, wie sie glaubt, endgültig sterben oder in die ewige Verdammnis eingehen.)

Im Einflussbereich jener Kirchen, die sich auf das Christentum berufen, es aber nicht mehr in seiner ursprünglichen, wahren Form vertreten, ist es leider größtenteils so, dass man die Menschen unvorbereitet sterben lässt. Diese fehlgeleitete Ideologie hat Scharen von verwirrten Seelen auf ihrem Schuldenkonto. Das Wissen darum, was der Tod ist und was danach folgt, wurde unterdrückt. Stattdessen wurden das Schreckgespenst der Höllendrohung und die Lüge von der ewigen Verdammnis heraufbeschworen, um die Menschen dadurch besser kontrollieren zu können. Eine Angstmacherei aus Machtgier, die denkbar weit von der christlichen Liebe entfernt ist.

Dabei muss es doch jedem Denkfähigen klar sein, dass ein guter Gott niemals eine ewige Hölle erschaffen würde. Das Gerede von der ewigen Verdammnis ist nichts anderes als Gotteslästerung, da es Seiner Liebe Hohn spricht und ihn geradezu als unfähig zu einer sinnvollen Weltschöpfung darstellt. Ist es denkbar, dass Er sich mit seiner Schöpfung verkalkuliert hätte, dass Ihm die meisten Seelen in die Hölle verloren gingen und am Ende eine Riesenhölle einem winzigen Himmelchen für wenige

Auserwählte gegenüberstünde? Diese Idee ist vollständig absurd. Aber allein durch diese von den Kirchen propagierte *Vorstellung* sind leider sehr viele Seelen in eine »Hölle« geraten, da sie nach ihrem Tod in jenem Licht, das ihre Befreiung wäre, das endgültige Aus oder die ewige Bestrafung befürchten. Manche Seelen sehen ein, dass ihr Leben nicht immer so gut war, und denken: »Wenn ich ins Licht gehe, werde ich vielleicht in die Hölle geschickt« und klammern sich gerade deshalb lieber an einen Menschen.

Wenn sich eine Seele an eine Person geklammert hat, gibt es dafür manchmal gewisse Anzeichen. Es kann ab und zu so etwas wie ein Energieschwund eintreten, da jene Seele Energie von der Person entnimmt (nicht unbedingt in bösartiger Absicht, denn sie braucht diese Energie und weiß nicht, woher sie diese sonst nehmen könnte). Es können auch Impulse auftreten, welche die Person dazu verleiten, etwas zu tun, was sie eigentlich gar nicht möchte. In seltenen Fällen kann dies zu Verhaltensstörungen führen, vielleicht zu einem Suchtverhalten wie Alkohol, Drogen, Pornographie und Ähnlichem.

Ein Extremfall wurde als Beispiel von Edith Fiore erzählt [2]: Ein Mann, der nie Alkohol anrührte, wurde über Nacht zum Trinker. Die Seele eines verstorbenen Alkoholikers war zu ihm gekommen.

Es ist ungewöhnlich, dass die Person die Stimme der Seele hören kann. Sie wird dann meistens nicht verstehen, woher diese kommt, sondern möglicherweise sogar um ihre geistige Gesundheit fürchten. In seltenen Fällen weiß die Person Bescheid und ist sich der Anwesenheit jener Seele bewusst. Eine Frau kam einmal zu mir und sagte, dass ihr Vater bei ihr sei und nicht gehen wolle. Sie spräche immer wieder mit ihm. Auch der verstorbene Bruder sei bei ihr gewesen, aber sie habe ihn schon überreden können, ins Licht zu gehen.

Sie legte sich nun bei mir im Sprechzimmer auf eine Liege und war bald dazu in der Lage, mit ihrem Vater Kontakt aufzunehmen: »Nun sagt mein Vater: ›Hör nicht auf ihn! Steh auf und geh nach Hause!‹« Aber sie blieb. Ich wollte wissen, ob es dem Vater klar sei, dass er in ihr Leben eingreife?

Ja, schon, aber es gehe ihm ja so gut bei ihr. Er könne mit ihr Fernsehen schauen und vieles andere miterleben ... Ob er denn ein Licht sähe? Da wollte er nicht hinschauen. Auf einmal sagte er: »Deinen Bruder hast du umgebracht!«

»Wieso?«

»Ihn hast du ins Licht geschickt. Jetzt ist er wirklich tot!«

»Vielleicht können wir den Bruder bitten, aus dem Licht hierher zu kommen?«

Er kam, und der Vater wurde sehr nachdenklich. Der Bruder war ja gar nicht tot! Im Gegenteil, es schien ihm viel besser als vorher zu gehen, und er erzählte ein bisschen von der Lichtwelt. Der Vater wollte aber noch immer nicht dorthin gehen. Ein paar Wochen später kam die Frau wieder. Dieses Mal ließ der Vater von Anfang an viel offener mit sich sprechen und war schließlich bereit zu gehen. Wir wünschten ihm viel Glück, und der Helfer bestätigte dann auch, dass er gegangen war.

Dieser Fall war außergewöhnlich. Der Vater konnte Spukphänomene erzeugen. Er schaltete manchmal das Licht oder den Fernseher ein, bewegte Gegenstände und sagte dann: »Schau, was ich machen kann!«

Seelen, die sich an eine Person klammern, sind also normalerweise ängstlich und verwirrt. Sie verstehen ihren neuen Zustand nicht. Wir fragen sie dann, ob sie ein Licht sehen, aber sie wollen nicht dorthin. Wir klären sie über ihren Zustand auf (vgl. [2, 3]). Sie haben irrtümlicherweise ein Übel gewählt statt des Friedens und der Seligkeit, die sie in der Lichtwelt erwarten.

Es mag zwar sein, dass die betreffende Seele einiges zu verantworten hat, was ihr Grund zur Furcht vor »Bestrafung« gibt, aber diese Last wird nicht dadurch leichter, dass sie es auf diese Weise vor sich her schiebt. Im Gegenteil: Das »Schuldkonto« vergrößert sich nur noch mehr! Denn mit ihrem jetzigen Verhalten greift sie in das Leben eines noch »lebenden« Menschen ein und wird sich auch für dieses Unrecht einmal verantworten müssen. In der Lichtwelt ist ihr zunächst eine Ruhepause vergönnt. Dann kann sie wahrscheinlich selbst wählen (jedenfalls auf der Ebene ihres Höheren Selbst), in welcher Weise sie das wiedergutmachen will, was sie zu erledigen hat, um es so endgültig hinter sich zu bringen.

Nun hat sie keinen Körper mehr und versucht mithilfe eines fremden Körpers, die Illusion des Verkörpertseins aufrechtzuerhalten, was ein Selbstbetrug ist, denn jener Körper gehört ihr nicht, und sie kann dadurch nicht wirklich erleben, was sie erleben möchte. Sie versucht irrtümlicherweise und ohne wirklichen Erfolg, körperliche Erlebnisse von jener Person zu »stehlen«, und macht dadurch ihre eigene Situation nur noch schlimmer.

Dabei wäre es ihr durchaus gegeben, einen neuen und eigenen Körper zu haben: Zunächst einen Lichtkörper in der Lichtwelt, in dem sie ungeahnte, in menschlichen Körpern unmögliche herrliche Erfahrungen machen wird. Später wird sie wieder einen eigenen menschlichen Körper bekommen und kann dann wirklich und legitimerweise erleben, was sie sich jetzt wünscht, auf diese Weise jedoch nicht wirklich haben kann.

Wir lassen die Seele anfragen, ob sie das Licht sieht. Kann sie es der Person zeigen? Sonst bitten wir den Helfer, den beiden das Licht zu zeigen. Was hält die Seele davon ab, dorthin zu gehen? Wahrscheinlich wagt sie es immer noch nicht. Wir können dann darum bitten, dass eine Lichtgestalt, die oft einem Engel gleicht, aus der Lichtwelt erscheint und die verirrte Seele über diese informiert. Dieses Lichtwesen wird ihr gewiss sagen, dass es viel besser wäre, mit ihm dorthin zu gehen. Vielleicht kann sie das Lichtwesen sogar an der Hand fassen. Nun ist die Seele hoffentlich bereit mitzugehen.

So weit ist ein eher »klassisches« Vorgehen beschrieben, wie es in Büchern ähnlich dargestellt wird und ich es früher selbst tat. Wir wollen damit der Seele Mut machen, um den Schritt ins Licht zu wagen. Es ergab sich dann eine neue Weise, mit diesen Fällen umzugehen.

Einmal war eine Frau bei mir, die – wie wir vom Helfer erfuhren – die Seele ihrer ein paar Jahre früher verstorbenen Freundin Maria bei sich hatte. Maria wollte nicht so gerne ins Licht gehen, da sagte die Frau: »Aber *ich* kann ja mit ihr ins Licht hinein!«

»Gut, dann tun Sie es, und sagen Sie, wenn Sie darin sind.« Maria wunderte sich über die schöne Lichtwelt und fühlte sich auf einmal dort so wohl, dass sie bleiben wollte. Lichtgestalten waren um sie herum und begrüßten sie. Wir wünschten Maria viel Glück, und die Frau ging wieder aus dem Licht heraus, in dem sie Maria zurückließ. Dieses Vorgehen habe ich dann aufgegriffen und in späteren Fällen mit Klienten das Gleiche getan, was jene Frau spontan tat. Dieses Verfahren erwies sich immer wieder als erfolgreich.

Wir bitten den Helfer erst, die Seele zu zeigen. Nun können wir uns mit ihr unterhalten und fragen, weshalb sie beim Klienten ist, ob sie sich kannten, als die Seele verkörpert war, und ähnliche Dinge. Dann lassen wir den Helfer bitten, ein Licht zu zeigen, das wie ein Eingang zur Lichtwelt ist. Wenn man da hindurch geht, kommt man nämlich in die Lichtwelt hinein.

»Nehmen Sie nun die Seele mit und gehen Sie mit ihr durch dieses Licht in die Lichtwelt hinein. Sagen Sie, wenn Sie zusammen dort sind.« Wie geht es jener Seele? Sie staunt. Dass es dort so schön ist, hat sie nicht gewusst. Ob sie bleiben will? Die Antwort ist sicher »ja«.

»Sehen Sie Lichtwesen, vielleicht wie Engel, die dort sind?« Wenn nicht, soll der Klient sie rufen. Wir übergeben nun die Seele jenen Lichtwesen, und der Klient kehrt zum Helfer zurück.

Selten sträubt sich die Seele und will nicht gerne ins Licht. In einem Fall ließ ich fragen: »Erinnerst du dich, dass du verkörpert warst?« Sie erinnerte sich.

»Erinnerst du dich an deine Geburt?« Sie hat das etwas zögernd bejaht. Ob sie sich dann auch erinnere, vorher im Mutterleib gewesen zu sein? Sie bejahte das nach noch längerem Zögern, denn sie musste sich erst in diese Erinnerung hineinversetzen.

»Wo warst du vorher?« Nun wurde sie erst für einen Moment still. Vorher?

»Ja, da war ich ja schon im Licht!« Nun hatte sie keine Angst mehr vor dem Licht. Sie hatte es nur vergessen.

Es kann vorkommen, dass zwei bis drei Seelen (selten sogar mehr) bei der Person sind, die wir dann alle ins Licht bringen.

Spukende Seelen

Manche Seelen, die auf der irdische Ebene bleiben, treiben sich am Ort herum, wo sie verkörpert waren. Sie hängen sich dann nicht direkt an einen lebendigen Körper. Empfindliche Personen können dann im Haus ihre Anwesenheit fühlen, und es kommt vor, dass die Seele sogar Spukphänomene verursachen kann: Klopfgeräusche, Schalter betätigen, Gegenstände bewegen u. Ä. Eine Frau hatte von ihrem Vater ein Haus geerbt und wollte es verkaufen. Der verstorbene Vater war ganz dagegen und störte sie deshalb dauernd mit Klopfgeräuschen und anderen Dingen. Er hatte herausgefunden, wie er das Telefon zum Klingeln bringen kann, und ließ das besonders in der Nacht geschehen. Als sie aufstand und den Hörer nahm, war niemand zu hören. Nach einer Aussprache mit ihm in den Lichtkreisen wurde die Seele des Vaters ins Licht begleitet. Ein paar Wochen danach bekam ich von jener Frau eine Postkarte, wo doppelt unterstrichen stand: »Der Telefonterror hat aufgehört!«.

Negative Wesenheiten

Viel ungewöhnlicher ist die Präsenz einer bösartigen Wesenheit (vgl. [4]). Ein Mann hatte im Drogenrausch – er war schon seit langem aus der »Szene« ausgestiegen – versucht, sich umzubringen. Da kam eine Wesenheit zu ihm, die er als eine sehr unangenehme Erscheinung mit roten Augen sah. Ich ließ fragen, ob dieses Wesen sich bewusst sei, dass es so in sein Leben eingriff, ihn störte und Schuld auf sich lud. Die Wesenheit lachte hämisch: »Ich habe schon so viel Übles getan. Das macht gar nichts mehr!«

Da fiel mir folgende Frage ein: »Wovor hast du denn so viel Angst?«

Da änderte sich das Verhalten der Wesenheit auf einmal. Sie hatte wirklich viel Angst, die sie durch ihr zynisches Verhalten nur überspielte! Angst vor der »ewigen Verdammnis«!

Auch dieses Wesen sah ein Licht, das es fürchtete. Wir ließen von dorther ein Engelwesen kommen, das es aufklärte. Ja, es hatte viel Übles getan, aber das sei ja alles wiedergutzumachen! Gott sei Liebe und könne deshalb selbstverständlich keine ewige Hölle zulassen. Jede Seele, jede Wesenheit werde einmal frei, wenn sie die Wiedergutmachung hinter sich habe. Jenem Wesen stehe nun dieser Weg ebenfalls offen. So fasste das Wesen Mut und ging mit dem Engel ins Licht.

William Baldwin (1937–2004) [5] erwähnt in seinem Buch etwas, was ich davon unabhängig auch selbst beobachtet habe: Negative Wesenheiten widmen sich Tätigkeiten, die für sie mit der Zeit sehr *langweilig* und *eintönig* geworden sind! Spricht man dies an, so werden sie es meistens widerwillig zugeben. Im Grunde haben sie selbst genug davon und wünschen sich etwas anderes, wagen aber nicht, den entscheidenden Schritt zu tun. Weshalb eigentlich nicht? Sie könnte ja in der Lichtwelt ganz neue Dinge entdecken und noch unbekannte Erlebnisse haben.

Ich habe das Vorgehen von Baldwin aufgegriffen und es hat sich sehr gut bewährt.

Baldwin erwähnt zwei Lügen, die jenen Wesenheiten von den Mächten der Finsternis erzählt werden und die sie deshalb vor dem Licht zurückschrecken lassen. Erstens hat man ihnen gesagt, sie hätten kein Licht in sich und könnten nur in der Finsternis existieren. Niemand kann aber jemals existieren, ohne zumindest ein Fünkchen des göttlichen Lichts in sich zu tragen! Aufgefordert, tief in sich hineinzuschauen, wird die Wesenheit ein kleines Lichtlein entdecken (vielleicht erst nach einer Weile) und darüber staunen. Damit ist die erste Lüge entlarvt!

Die zweite Lüge besteht in der Behauptung, dass das Licht sie verbrennen würde. Sie könne nur in der Dunkelheit überleben. Brennt das Licht in ihr?

Natürlich nicht!

Die zweite Lüge ist damit ebenfalls entlarvt. Wir bitten nun den Helfer (oder das Höhere Selbst), einen Lichtengel zu rufen, der aus der Lichtwelt kommt. Die Wesenheit kann nun das Licht des Engels vorsichtig berühren. Brennt es? Nein, es blendet höchstens am Anfang.

Noch ein drittes Motiv wird von Baldwin erwähnt. Eine auf diese Weise entdeckte Wesenheit der Finsternis fürchtete Bestrafung, denn ihr ist gesagt worden, sie dürfe nicht erkannt werden, da sie sonst zur Strafe an einen qualvollen Ort gebracht würde. Als Motivation, um das Wesen zu jenem entscheidenden Schritt ins Licht zu bewegen, kann man ihm erzählen, dass es dort vor dem Zugriff jener Bestrafung sicher wäre.

Nun fragen wir die Wesenheit, was sie davon hält, mit dem Engel ins Licht zu gehen. Die meisten nehmen die Gelegenheit etwas zögernd an.

»Bitten Sie nun den Engel, die Wesenheit ins Licht zu bringen und dann ohne sie zurückzukommen«, denn vielleicht brauchen wir noch seine Hilfe. Sollte das Wesen massiven Widerstand leisten, kann jenes Lichtwesen die Wesenheit zuerst in ein Licht hüllen wie in einer Lichtkapsel (Baldwin schreibt von einem Lichtnetz), sodass sie mitgehen *muss.* »Bitten Sie den Engel, die Lichthülle mit dem Wesen in die Lichtwelt zu bringen …« Ich hatte Fälle, in welchen das Wesen in dieser Hülle schrie: »Lass mich heraus!« …

Ist das dann nicht ein Verstoß gegen den freien Willen des Wesens? Das Wesen selbst hat aber lange Zeit massiv gegen den freien Willen vieler Menschen verstoßen! Das muss ein Ende haben … Außerdem weiß es ja nicht um sein Glück, das es im Licht erwartet! Einmal dort, wird es sicher darüber froh sein! Es gibt dort auch keinen Zwang. Es kann, wenn es will, jeder Zeit das Licht wieder verlassen. Das wird es aber kaum wollen, wenn es dort ist!

Oft sträubt sich die Wesenheit, ist überheblich und nicht dazu zu bewegen, in Richtung Licht zu gehen. Davon will sie gar nichts wissen. Dann können wir Folgendes tun (dies ist nicht mehr nach Baldwin). Ich kam einmal auf die Idee, weil ich an jene Seele dachte (s. o.), die sich erst erinnern musste, dass sie vor dem Eintritt in den Mutterleib schon einmal im Licht war. Auch die dunklen Wesenheiten sind »gefallene Engel«, die aber eine Stufe tiefer fielen, als wir Menschen.

»Fragen Sie die Wesenheit, ob sie sich erinnert, dass sie vor langer Zeit auch einmal im Licht war.« Manche fangen an sich zu erinnern, andere wollen nichts davon wissen. Im letzteren Fall bitten wir den Engel, sie daran zu erinnern. Nun dämmert es der Wesenheit, dass sie tatsächlich auch aus dem Licht gefallen ist. Sie mag sich dann sogar sichtbar wandeln, wird heller und freundlicher. Vielleicht bittet sie sogar um Verzeihung. Durch die aufsteigende Erinnerung geht die Ablehnung oder die Angst vor dem Licht weg. Sie ist jetzt wahrscheinlich bereit, mit dem Engel dorthin zu gehen.

Heute mache ich es fast durchgehend so und nicht mehr nach Baldwin. Das Vorgehen funktioniert so gut, dass ich es weiterhin so praktiziere.

Nach Eva Herrmann [6] scheint noch eine weitere Motivation des negativen und überheblichen Verhaltens solcher Wesenheiten darin zu bestehen, dass sie für das, was sie tun, mit Wonnegefühlen belohnt werden.

Es ist auch so, dass sie sich von unseren negativen Energien ernähren. Haben wir eine wahnsinnige Wut oder eine enorme Angst, setzen wir entsprechende Energien frei, die solche Wesenheiten an sich nehmen können. So wie die Pflanze sich von unserem Kot ernähren kann, ernähren sich solche Wesenheiten von unserem »geistigen Kot« und versuchen bei uns starke negative Emotionen zu schüren, die solche Energien freisetzen.

Hegt eine Person starke Hass- oder Rachegefühle gegen einen anderen Menschen, kann sie dadurch negative Astralwesen entsprechender Art an sich ziehen [7]. In so einem Fall ist es besonders wichtig, diese Gefühle loszulassen und sich innerlich mit jener Person zu versöhnen.

Befreiung einer anderen Person von solchen Einflüssen

Wenn im zweiten Lichtkreis eine andere Person steht (s. Kapitel 14), entdeckt man manchmal, dass sie eine Seele oder gar eine Wesenheit bei sich hat. Es ist dann möglich – oder jedenfalls den Versuch wert, diese Person davon zu befreien! Das geht dann in der gleichen Weise vor sich.

Nun mag man fragen, ob uns dies erlaubt ist. Wir tun es auch erst, wenn wir den Helfer bzw. das Höhere Selbst gefragt haben, ob es geht und wir es dürfen. Das wird praktisch immer bejaht.

Ich sehe es etwa so: Gehe ich durch den Wald und sehe, dass im Gebüsch ein Mann im Begriff ist, ein Kind zu missbrauchen, *ist es meine Pflicht einzugreifen* – auch auf die Gefahr hin, dass mich der Mann zusammenschlagen oder gar ein Messer in meinen Bauch stoßen würde. Hier feige wegschauen, wäre wirklich eine *Unterlassungstat*, wodurch ich nur eigenes Karma ernten würde! Es wird sich natürlich für die Seele des Kindes um Karma handeln, aber wenn diese erlebt, wie jemand hilfreich eingreift, und sie dieser Tat glimpflich entkommt, dürfte das die Lektion nur umso hilfreicher machen. Sie erlebt dann etwas, wozu sie selbst früher nicht fähig war: dass jemand den Mut hat, sie zu retten. Wahrscheinlich hätte sie früher selbst eher feige weggeschaut …

Ich habe es in ein paar solchen Fällen mit der Person im zweiten Lichtkreis gemacht, und es wurde mir nachher von auffallend positiven Veränderungen bei jener anderen Person berichtet.

Das Gleiche mache ich oft, wenn die andere Person – z. B. der Partner – eine Mauer um sich hat. Der Helfer macht die Mauer für beide sichtbar. Ich lasse fragen, ob die Person die Mauer noch haben will. Wahrscheinlich nicht. Der Helfer gibt ihr dann ein Werkzeug, um sie einzureißen.

Es kann in solchen Fällen sinnvoll sein, den Helfer oder das eigene Höhere Selbst zu bitten, auch das Höhere Selbst jener Person herbeizuholen.

Unsichere Begegnungen

Es kann vorkommen, dass wir uns nicht sicher sind, ob die Begegnung wirklich der richtige Helfer oder das Höhere Selbst ist. Man fühlt noch Zweifel, ob es sich nicht doch um ein Spiel einer Seele oder einer Wesenheit handelt.

In solchen Fällen sage ich dem Klienten: »Fragen Sie die Gestalt, ob sie in Christi Namen kommt!« Sagt sie darauf »ja«, akzeptiere ich sie. Selten sagt sie »nein«, sondern weicht sonst eher aus: »Warum fragst du das?« und Ähnliches. Aber damit wissen wir ja schon Bescheid …

Die Frage soll sich natürlich nach der Glaubensrichtung des Klienten richten. Bei einem Buddhisten würde ich fragen lassen, ob die Gestalt in Buddhas Namen komme. Bei einem Juden, ob sie in Gottes Namen komme (denn man soll im Judentum den Namen Jahwe nicht aussprechen). Bei einem Muslim, ob sie in Allahs Namen komme.

Schwachstellen in der Aura. Umgang mit Seelen und Wesenheiten

Eine Seele oder eine Wesenheit bekommt »Zutritt« zu einer Person und bei ihr Halt durch eine Schwachstelle in deren Aura (vgl. [1]). Diese kann wie ein Loch oder wie eine »dünne« Stelle aussehen. Wir lassen deshalb nachher den Helfer (bzw. das Höhere Selbst) fragen, ob und an welcher Stelle dies der Fall ist, und bitten dann, die Aura dort zu heilen – sie wieder »ganz« zu machen. Es ist zu empfehlen, dass sich der Rückführende sich selbst in Licht gehüllt vorstellt, und vielleicht dabei auch die Hände auf den Solarplexus legt, damit die Seele nicht an ihm selbst möglicherweise einen neuen Halt sucht!

Es gibt einige wenige Bücher [2, 5, 8–11] über den Umgang mit anhaftenden Seelen (und gegebenenfalls Wesenheiten). Als Grundprinzip gilt allgemein, dass man liebevoll mit der Seele oder der Wesenheit umgehen sollte. Wir wollen keinen Exorzismus [10, 11] betreiben, die Seele also nicht mit Gewalt »austreiben«, wodurch sie nur noch mehr Angst bekommen und sich noch verlorener fühlen würde, bis sie sich an jemand anderen würde klammern können! Nicht nur Seelen in Körpern, sondern auch die Körperlosen sowie alle anderen Arten von Wesenheiten sind unsere Mitgeschwister innerhalb der Schöpfung und verdienen unser Mitgefühl.

Ein wichtiges Wort in der Bibel ist: »*Was ihr getan habt einem unter diesen meinen geringsten Brüdern, das habt ihr mir getan.*« (Mt 25,40; 25,45) Es gibt kein Wesen in der ganzen Schöpfung, das nicht Christi und deshalb auch unser Bruder oder unsere Schwester ist. (Das Wort *Brüder* im Bibelzitat ist natürlich richtiger als *Geschwister* zu verstehen.) Was wir einem nicht verkörperten Wesen antun, tun wir Ihm ebenfalls an. Am Ende wird sogar Luzifer selbst ins Göttliche Licht zurückkehren, wenn er alles wiedergutgemacht hat. Da er aber mehr zu verantworten hat als alle anderen Seelen und Wesenheiten zusammen, wehrt er sich immer noch dagegen …

Anhaftende Seelen wissen manchmal selbst nicht recht, wie sie dazu kamen, bei jener Person zu sein. Es kann dann vorkommen, dass die Person in der Rückführung zuerst die Geschichte jener Seele wie ihre eigene Vergangenheit erlebt. Dann merken wir meistens bald, dass etwas nicht stimmt: zum Beispiel, wenn die wie in einem zurückliegenden Leben erlebte Person *nach* der Geburt der heutigen Person starb. Oder wir haben intuitiv das Gefühl, dass etwas nicht stimmt.

Eine 59-jährige Frau erlebte sich als ein krankes Kind in einem Heim, das etwas am Kopf hatte und manchmal so etwas wie Krämpfe erlebte. Es starb mit neun Jahren im Bett. Ich fühlte, dass etwas daran nicht stimmte. Man kann ja ein intuitives Gefühl nicht immer erklären, aber ich denke, dass es vor allem deshalb so gewesen sein wird, weil die Frau nie deutliche Gefühle zu haben schien, so als ob sie an dem Erlebnis eigentlich unbeteiligt war. Es erschien der Person oft schwierig, im Erlebnis weiterzugehen und sich wirklich im Körper jenes Kindes zu erleben. Wir wollten dann zur Begegnung mit dem Helfer. Da sah die Frau ein Kind, das sich daraufhin schnell versteckte.

»Fragen Sie es, warum es sich versteckt!«

»Es darf ja nicht hier sein.«

»Wo ist es denn jetzt?«

»In mir.«

»Fragen Sie es, was es will.«

»Es will wachsen. Es will Liebe haben.«

»Sagen Sie ihm, dass es eine Lichtwelt gibt, in der es Liebe bekommen wird und wachsen kann. Wir können einen Engel bitten, von dort zu kommen und darüber zu berichten. Möchte es das?«

»O ja!«

Der Engel kam und sagte: »Du gehörst zu uns, in unsere Welt. Dort kannst du wachsen und Liebe erhalten. Hier bist du am falschen Ort.« Er klärte das Kind liebevoll über die Lichtwelt auf. Das Kind hüpfte vor Freude, ging sofort zum Engel und fasste ihn an der Hand. Dann gingen sie zusammen ins Licht.

Es war dieses Kind, das im Heim gestorben war, und zwar zum selben Zeitpunkt, als die Frau – damals $2\frac{1}{2}$ Jahre alt – im Krankenhaus in Narkose lag. Seine Seele schlüpfte in den Körper des für die Operation narkotisierten Mädchens hinein, ohne eigentlich zu verstehen, was geschah. Vielleicht wollte es einfach wieder in einen Körper hinein, der in einem Bett lag, und glaubte, es sei ihr Körper. So hatte die Frau dann fast 58 Jahre lang diese Seele bei sich. Da diese Seele gar nichts Übles wollte, sondern nur ein Hilfe suchendes Kind war und auch die ganze Zeit über im Zustand eines Kindes blieb, war die Frau fast traurig, als sie wegging; aber sie sah ein, dass es nur so richtig war. Seine Anwesenheit hatte gewisse Probleme verursacht, die nun gelöst werden konnten.

Hier lockerte sich die Aura also durch die Narkose auf. Es ist aber zum Glück selten, dass man im Krankenhaus in solcher Weise eine fremde Seele aufnimmt. Die Aura lockert sich auch auf und kann beschädigt werden, wenn man starke Drogen nimmt oder derart von Alkohol berauscht wird, dass man nachher nicht mehr weiß, was man getan hat. Dasselbe geschieht unter Umständen bei extrem starke Gefühlen – einer enormen Wut oder einer riesengroßen Angst –; möglicherweise auch bei Unfällen oder schweren Verletzungen in Verbindung mit Bewusstlosigkeit.

Seelenaustausch – *»Walk-in«*

Ein besonderes Phänomen, das im Englischen *walk-in* (etwa: »Einsteiger«) genannt wird, kann auftreten, wenn jemand vorübergehend klinisch tot ist. Die bisher den Körper bewohnende Seele geht in der Folge des Todeserlebnisses weg. Nun kann es vorkommen, dass eine neue Seele den Körper übernimmt und ihn somit doch wieder zum Leben erweckt.

Solche Fälle kenne ich bisher fast nur vom Hörensagen, aber ich hatte einen Klienten, von dem ich vermute, dass er mit einem solchen Phänomen zu tun hatte. Das Höhere Selbst der Person sagte aber, es sei noch zu früh, um danach zu fragen, was in jener Nacht geschehen war. So ließen wir es bleiben. Der Mann hatte sich über Nacht vom aggressiven Trinker zum liebevollsten Menschen gewandelt, der seither nie mehr betrunken war. Seine Umgebung konnte nur über die für sie unfassbare Wandlung staunen. Früher mied man ihn, nun spürte man eine liebevolle Ausstrahlung und kam instinktiv mit den eigenen Problemen zu ihm. Er wird wohl damals im Alkoholrausch gestorben sein, aber eine neue Seele übernahm dann den Körper. Er begegnete dem Höheren Selbst oben am Himmel schwebend, wo es hinter einer Wolke hervorschaute. Von da oben schaute er auf die Erde hinunter und sagte: »Schrecklich! In diesen Dreck muss ich hinunter! Zu jenen Menschen, die da so übel leben!« Das war wohl das Gefühl, das er vor dem Hineinsteigen hatte.

Bryan Jameison hat nur wenige solche Fälle gehabt. Einer davon betrifft einen homosexuellen Mann, der sich wie eine Frau im falschen Körper fühlte. Er sehnte sich nach einem Kind im Bauch, ein unerklärliches und für ihn unmögliches Gefühl. Auf die Frage nach der Ursache sagte der Helfer, es sei ein Irrtum geschehen! Der Mann erlebte sich dann als ein Mädchen in Frankreich, das Liebesgeschichten mit verschiedenen jungen Männern hatte. Jenes Mädchen wurde im Alter von 17 Jahren schwanger und heiratete den Vater des Kindes. Auf der Hochzeitsreise liebten sie sich in einem Boot auf einem See. Offenbar recht wild, denn das Boot kenterte, sie fiel ins Wasser und ertrank mit ihrem Kind im Bauch. Minuten später zog man in den USA einen 5-jährigen Jungen aus dem Wasser, der ertrunken war. Ohne Hoffnung versuchte man doch, ihn ins Leben zurückzuholen, und es gelang. Aber nun war die Seele jenes Mädchens in seinem Körper – die des Jungen war schon fortgegangen. Die Seele des Mädchens hatte verzweifelt nach einem Körper im Wasser gesucht, um wieder hineinzugehen, und dabei den falschen erwischt! Der Junge wuchs nun zu jenem schon erwähnten homosexuellen Mann heran, mit dem »unmöglichen« Gefühl, sich nach einem Kind im Bauch zu sehnen. Gewissermaßen eine Reinkarnation innerhalb von Minuten.

Es gibt einige wenige Bücher über *Walk-ins* [12, 13]. Es scheint, dass es sich dabei oft um entwickeltere Seelen handelt, die eine Chance nützen können, um eine Aufgabe, die sie auf der materiellen Ebene erfüllen wollen, schnell und ohne Umschweife zu ergreifen. Wenn sie sozusagen einen gebrauchten erwachsenen Körper übernehmen, der ja sonst gestorben wäre, können sie sich die lange Zeit ersparen, die es erfordern würde, von neuem geboren zu werden und erst einmal um die 20 Jahre heranzuwachsen.

Der *Walk-in* wird erst nicht wissen, dass er eine andere Seele im gleichen Körper ist. Er fühlt sich zwar anders, aber erinnert sich ganz gut an das Leben des Körpers vor dem Unfall oder vor dem Zustand des klinischen Todes. Die Erinnerung daran ist ja im Gehirn noch gespeichert, und das bewusste Ich hält sich an diese Erinnerung, da es zu jener der »hereingegangenen« Seele keinen Zugang hat. Er versteht nur nicht, wie er vorher so hatte sein können, wie er war. Nun hat er ja auf einmal ganz andere Interessen! Er will ein völlig neues Leben führen.

Die Familie versteht ihn nicht mehr. Manchmal wird sie sich auch über die Veränderung freuen, wenn sie zum Besseren erfolgt ist. Oft aber herrscht wenig Begeisterung. Die Ehe eines *Walk-ins* scheitert dann oft. Es sind ja nun doch nicht mehr die Seelen zusammen, die einmal heirateten. Beide werden es nicht bewusst wissen, aber sie fühlen es. Andererseits ist es auch möglich, dass eine Ehe, die vorher schwierig war, auf einmal gut wird.

Diese manchmal totale Persönlichkeitsveränderung kann natürlich auch durch das Erlebnis während eines klinischen Todes verursacht worden sein und muss nicht bedeuten, dass man ein *Walk-in* ist. Die Person kann, während sie vorübergehend den Körper verließ, etwas erlebt haben, was ebenfalls eine Wandlung hervorrief, auch wenn sie sich nicht mehr klar daran erinnert.

Homosexualität

An dieser Stelle sei nun sinnvollerweise die Frage nach Homosexualität aufgegriffen, auch wenn dies ein wenig vom eigentlichen Thema des Kapitels abweicht. Man mag nämlich den Gedanken haben, dass es sich bei allen Homosexuellen ähnlich wie bei dem oben erwähnten *Walk-in* verhalte. Viele vermuten einen Geschlechtswechsel seit der letzten Inkarnation, vergleichbar etwa einem *Walk-in* einer Frauenseele in einen männlichen Embryo (oder umgekehrt), aber so ist es fast nie. Wer in der vorigen Inkarnation ein kräftiger Mann war, kann heute zu hundert Prozent Frau sein!

Die Ursache liegt meistens in einem schmerzlichen Erlebnis mit dem anderen Geschlecht in einem früheren Leben. Etwa nach dem Prinzip »Gebranntes Kind scheut das Feuer«. Man hatte eine gegengeschlechtliche Person sehr geliebt, wurde von ihr aber nur gequält, ausgenutzt oder lächerlich gemacht. Die Liebe wurde zum Leid, und irgendwo im Inneren glaubt man heute, dass das andere Geschlecht einem nur wehtun würde. Infolgedessen fühlt man sich sicherer beim gleichen Geschlecht. Ein Extremfall wird nachfolgend berichtet.

Ein homosexueller Mann erlebte sich als Jüngling im Mittelalter auf einem Landgut, das einer noch recht jungen Frau gehörte. Er verehrte diese Frau. Er wusste es nicht in seinem bewussten Ich, jedoch natürlich im unbewussten Ich, dass sie seine Mutter war. Die Frau hatte ein uneheliches Kind dem Gärtner zum Erziehen gegeben.

Der Jüngling wollte immer mit dieser Frau zusammen sein, was sie als zunehmend lästig empfand. Schließlich gab sie aber nach und führte ihn in ihr Schlafgemach. Da liebten sie sich auf dem Bett. Sie saß dabei oben auf ihm, und als er zum Orgasmus kam, erwürgte sie ihn! Kein Wunder, dass er heute homosexuell ist! Frauen sind ja lebensgefährlich, sie bringen die Männer im Bett um …

Zu den Hintergründen kann auch gehören, dass man Homosexuelle in einem früheren Leben diskriminiert hat, sodass man heute etwas Ähnliches an sich selbst erleben muss. Der Täter ist dann zum Opfer von Diskriminierung geworden. Die Seele muss lernen, dass auch solche Menschen unsere Geschwister sind!

Ich hatte auch einen solchen Fall. Eine lesbische Frau stammt aus einer Familie, wo ihre Veranlagung ihr sehr übel genommen wurde. Dies war für die Familie *die* Katastrophe, und sie musste erst darunter leiden, bis sie sich von der Familie gelöst hatte. In einem früheren Leben war sie ein homosexueller Mann, und zwar im Mittelalter, als Homosexualität mit dem Tod bestraft wurde. Jener Mann wurde hingerichtet. Warum das alles? Im alten Rom war sie ein Mann, der Homosexuelle hasste. Er lockte sie in Fallen und brachte sie um.

Wird sich eine homosexuelle Person nach einer Rückführung »umpolen«? Damit ist nicht zu rechnen. Im Gegenteil wird es meist so kommen, wie es der Helfer einmal einer lesbischen Frau sagte: »Das sollst du akzeptieren. Das ist die Erfahrung, die du in diesem Leben zu machen hast. Kümmere dich nicht darum, was die Leute sagen. Sie können es einfach nicht verstehen und sind im Irrtum verhaftet, es sei krankhaft oder schlecht. Die Liebe ist rein, wenn sie echt ist, egal ob sie einer Person vom gleichen oder vom anderen Geschlecht gilt.« Man lernt durch die Rückführung, mit seiner Veranlagung besser zu leben und sich aus Intoleranz und Lieblosigkeit der Umwelt (übrigens eine sehr unchristliche Haltung) möglichst nichts zu machen.

Referenzen und Anmerkung

1. Ritchie, George G. und Sherill, Elizabeth: *Rückkehr von Morgen,* Francke, Marburg, 7. Aufl. 1985.

2. Fiore, Edith: *The Unquiet Dead,* Ballantine, New York, 1979.

3. Chaplin, Annabel: *The Bright Light of Death,* Kapitel 11: »The Act of Severance«, DeVorss, Marina del Rey CA, 3. Druck 1988.

4. Peck, M. Scott: *People of The Lie,* Rider, London, 1988.

5. Baldwin, William J.: s. Kapitel 12.

6. Herrmann, Eva: *Von drüben,* Bd. II, Kapitel II: »Miniaturen der Hölle«, Otto Reichl, Remagen, 1999.

7. Es ist einmal angedeutet worden, dass solche durch den Hass angezogene Astralwesen zu den Grausamkeiten in Bosnien-Herzegowina animiert hätten. Vortrag von Oscar Marcel Hinze in Moos-Weiler am 14./15. 12. 1991.

8. Naegeli-Osjord, Hans: *Besessenheit und Exorzismus,* Der Leuchter (Otto Reichl), Remagen, 1983.

9. Naegeli-Osjord, Hans: *Umsessenheit und Infestation,* R. G. Fischer, Frankfurt/M., 1994.

10. Schaffner, Franck: *L'Exorcisme, Médecine de l'Âme,* Jacques Grancher, Paris, 1991.

11. Spinardi, Franco: *Esorcismo,* Armenia, Milano, 1994.

12. Montgomery, Ruth: *Strangers Among Us,* Fawcett Crest, New York, 1979.

13. Mezra (= Joseph A. Madera): *Morning Star,* Triad Communications, Sedona AZ, 1989.

17 | Erlebnisse zwischen den Leben. Vorausführung in die Zukunft

Der Seelenzustand nach dem Sterbeerlebnis

Es wurde schon erklärt, welche Bedeutung es haben kann, einen Klienten das Sterbeerlebnis eines früheren Lebens in der Rückführung erneut erleben zu lassen. Nach Eintritt des Todes erlebt sich die Person als eine Seele, die den damaligen Körper verlassen hat. Ist dies erreicht, gehen wir meistens zum Helfer, um die aktuelle Problematik weiter abzuklären.

Wir können die Person aber auch erleben lassen, wie es der Seele nach dem so genannten Tod weiter ergeht. Nur der Körper stirbt, denn die Seele ist unsterblich – und der Tod ist von der anderen Seite her gesehen wie eine Geburt in die Lichtwelt hinein. Das Geborenwerden in einen neuen physischen Körper hingegen erscheint von dort aus gesehen fast wie ein Sterben.

In jenem Zwischenzustand zwischen zwei Inkarnationen gibt es keine Traumata, die spätere Probleme verursacht haben könnten. Es kann aber wertvoll sein, sich an jenes Dasein ebenfalls zu erinnern, das wie Ferien von der »Reinkarnationsschule« anmutet.

Nach dem Verlassen des Körpers bleibt die Seele oft eine gewisse Zeit in der Gegend, in der sie gelebt hat – Minuten, Stunden, vielleicht Tage, seltener Wochen, selten Monate, ganz selten Jahre. Es ist nicht ungewöhnlich, von einer Lichtgestalt abgeholt zu werden. Im anderen Fall wird die Seele irgendwann von selbst ins Licht gehen oder von ihm angezogen werden – es sei denn, sie wehrt sich dagegen, wie ich es oben im Zusammenhang mit den verirrten Seelen beschrieben habe. Es kommt vor, dass sie in eine Art von Tunnel hineingerät, an dessen anderem Ende das Licht ist. Die Erlebnisse zwischen dem Verlassen des Körpers und dem Eintritt ins Licht sind von Fall zu Fall verschieden. Eine Person starb voller Hass auf ihre Mörder und blieb wegen dieses Gefühls eine lange Zeit im Dunkel, bevor sie wieder inkarnierte.

Es ist auch vorgekommen, dass die Seele auf der irdischen Ebene in der Luft herumschwebte, bevor sie in den neuen Mutterleib ging. Von einem friedlichen Schlaf, wie im Schwebezustand, ist ebenfalls berichtet worden.

Die meisten Seelen kommen jedoch erst einmal in die Lichtwelt und begegnen dort Lichtwesen. Oft wird man als Erstes auf die gewesene Inkarnation zurückblicken und zur Einsicht darüber gelangen, was in dieser alles gut oder weniger gut gewesen ist.

Nicht selten fängt die Einsicht in die eigenen Verfehlungen bereits nach dem Sterbeerlebnis in Form eines heranwachsenden Schuldgefühls an – vergleichbar etwa einem »bösen Erwachen«, schon bevor es nach Eintritt in das Licht zum Rückblick kommt. Hier gibt es dann aber kein »Gericht« und keine »Strafe«! Vielmehr *urteilt die Seele über sich selbst* nach Maßgabe ihrer Erkenntnis. Sie sieht dann selbst ein, ein entsprechendes Lernerlebnis auf der Opferseite oder eine Wiedergutmachung nötig zu haben. Sie tendiert sogar manchmal dazu, eine strengere Erfahrung zu wählen, als eigentlich nötig wäre!

Zuerst aber darf sich die Seele in der Lichtwelt erholen.

Es kann sein, dass sie dort wieder Seelen begegnet, die sie im letzten körperlichen Leben kannte. Diejenigen, die inzwischen wieder inkarniert sind, werden aber natürlich nicht dort sein. Der betreffenden Seele geht es dort so gut, dass sie gern bleiben möchte. Doch irgendwann wird es Zeit für eine neue Inkarnation. Sie mag dann so etwas wie einen Sog empfinden, der sie wieder auf die materielle Ebene zieht und dem sie vielleicht zu widerstehen versucht – was ihr aber nicht lange gelingen kann. Manche Seelen erleben, dass sie für die neue Inkarnation vorbereitet werden. Sie können in gewissen Fällen bewusst zwischen einigen Alternativen für die neue Verkörperung wählen. Eine Wahl treffen sie ja eigentlich immer, wenn auch nicht immer bewusst. Das Ego – das die Seele noch hat, aber es hat nicht mehr die gleiche Macht über sie – möchte sich nicht wieder inkarnieren, kann dies aber nicht verhindern. Es weiß oder ahnt, was in der neuen Inkarnation zu erwarten ist und will nicht dorthin. Hat die Seele dann wirklich gewählt?

Ich gebrauche hier gern den Vergleich mit dem Vater, der seinen Sohn zur Schule schickt. Der Junge will zwar nicht, *muss* aber. Der Vater wiederum weiß, dass der Sohn zur Schule gehen muss, damit »etwas aus ihm wird«. Der »Vater« entspricht in diesem Gleichnis unserem Höheren Selbst, das die neue Inkarnation tatsächlich gewählt hat. Der »Junge« entspricht dem Ego, das nicht zur »Schule« gehen möchte.

Auf der Ebene des Höheren Selbst haben wir die Wahl getroffen, so zu inkarnieren, dass die Möglichkeit für eine bestimmte Erfahrung geboten wird, aus der wir lernen sollen. Dabei haben wir uns oft auch mit dem Höheren Selbst einer anderen Seele, mit der wir uns versöhnen müssen, abgesprochen, so zu inkarnieren, dass wir wieder zusammenkommen. Vielleicht als Mutter und Kind. Vielleicht als Geschwister, vielleicht sogar als Ehepartner! Die Ehe ist tatsächlich eine besonders gute Gelegenheit für zwei Seelen, sich miteinander zu versöhnen.

Es kann in der Rückführung sinnvoll sein, den Klienten erleben zu lassen, *was sich die Seele vor dem Eintritt in den Mutterleib für das neue Leben vornimmt*. Nach der Geburt ist ihr dies nicht mehr bewusst und schon im Mutterleib nur noch wenig. Was ihr hinterher auch widerfahren mag, sie hat es gewählt! Sie hat vorher zugestimmt! Die Seele sucht sich ihren Täter für das gewünschte Opfererlebnis, sofern es darum gehen sollte. Hat sie nämlich ein Opfererlebnis gewählt, weil sie selbst einmal Täter war, *muss* sie schließlich einen Täter für sich selbst finden! Dies entlastet allerdings den Täter nicht, denn er tut es ja nicht für jene Seele. Da es in dieser Welt leider bei weitem noch keinen Mangel an potenziellen Tätern gibt, ist es für die Seele gar nicht schwer, unbewusst einen solchen zu finden. Es kommt auch vor, dass man unbewusst einen potenziellen Täter provoziert. Oder man wird Opfer von Umständen.

Andernfalls gibt es tatsächlich auch die Möglichkeit, dass die Seele sozusagen zum eigenen Täter wird. Sie kann sich dann unbewusst in Situationen hineinmanipulieren, in denen sie auch ohne einen konkreten Täter eine entsprechende Erfahrung macht. Bryan Jameison erzählte als Beispiel von einem *workaholic*, einem Arbeitssüchtigen, der sich keine Ruhe und keine Pause gönnte. Er war in einem früheren Leben ein Sklaventreiber gewesen, fand nun keinen geeigneten Chef, der mit ihm etwas Ähnliches veranstalten könnte, und so tat er es sich selbst an.

Gehen wir nun durch alle Stufen des Übergangs von der Lichtwelt zum Dasein im Mutterleib, so finden wir, dass die Seele ihrer Zeugung meistens beiwohnt. Es scheint dabei ein energetischer Prozess in Gang gesetzt zu werden, der sie in dem entscheidenden Moment anzieht. Danach bleibt sie für die erste Zeit in nächster Nähe der Mutter, in ihrer Aura oder manchmal über ihr schwebend, bis sie sich dann mit dem heranwachsenden Fötus immer mehr identifiziert. Dies fängt (als grober Durchschnittswert) etwa im zweiten Monat erst richtig an, es kann aber auch z. B. in der zweiten Woche oder im vierten Monat anfangen – der Zeitpunkt ist von Fall zu Fall sehr unterschiedlich.

Die Seele kann unter gewissen Umständen wieder aus dem Mutterleib heraus- und danach wieder hineingehen. Nach der Geburt ist sie jedenfalls ganz in ihren Körper eingetreten. Die ganze Zeit der Schwangerschaft über ist sie mit dem Fötus verbunden, wenn auch nicht unbedingt immer ganz darin. Sie erlebt sämtliche Gefühle und Gedanken der Mutter mit.

Es ist in seltenen Fällen vorgekommen, dass die Seele schon vorher zu den Eltern kam, um dann auf ihre Zeugung zu warten. Die Seele eines gestorbenen oder abgetriebenen Kindes bleibt manchmal bei der Mutter, bis diese später wieder schwanger wird, und kann dann wieder in den vertrauten Mutterleib hineingehen.

Die Zeit zwischen zwei Inkarnationen

Wie lange bleibt die Seele in jener Zwischenwelt, dem Zustand ohne Körper? Heutzutage nur wenige Jahre. Wer heute stirbt, kann schon fünf oder zehn Jahre später wieder inkarniert sein. Fast alle im Zweiten Weltkrieg Gefallenen sind schon wieder hier. Vor tausend Jahren war dies noch

Inkarnierte und exkarnierte Seelenmengen

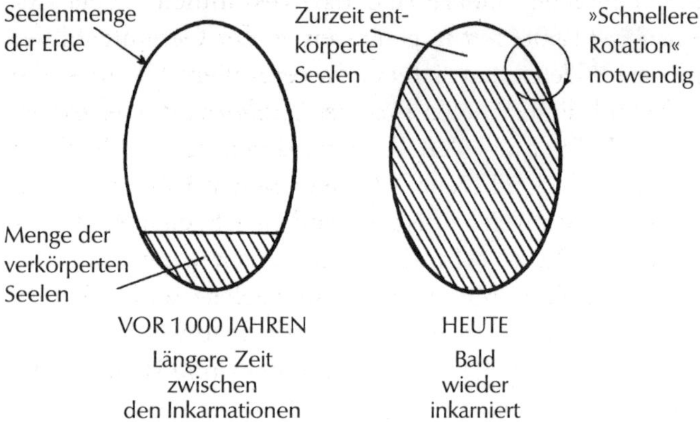

Die Anzahl Seelen auf dieser Erde scheint sich in den letzten Jahrtausenden nicht viel verändert zu haben. Einige haben den Kreislauf der Geburten verlassen können, aber dafür sind einige neue in den Kreislauf eingetreten.

anders. Da konnte man sich Zeit lassen und inkarnierte manchmal erst nach hundert oder zweihundert Jahren.

Einige esoterische Quellen sprechen von einer Zeit von 144 Jahren. Rückführungserlebnisse aus jener Zeit bestätigen jedoch nicht, dass dieser Zeitraum immer der gleiche war, aber er lag früher etwa in dieser Größenordnung. In diesem Jahrhundert hat sich das drastisch geändert. Warum?

Die vordergründige Ursache ist offenbar die Bevölkerungsexplosion. So viele Kinder wie heute wurden in unserer Welt noch nie geboren – jede Sekunde gibt es auf dieser Erde sieben Menschen mehr. Andererseits sieht es so aus, als ob sich die Anzahl der Seelen, die zu diesem Planeten gehören, im letzten Jahrtausend nicht sehr geändert hätte. (Einige durften gehen, weil sie nicht mehr reinkarnieren müssen, andere sind dazugekommen.) Aber der *Anteil der Verkörperten*, gemessen an der Gesamtzahl der irdischen Seelen, hat sich enorm vergrößert. Heute ist die Mehrzahl dieser Seelen *gleichzeitig inkarniert*. Der exkarnierte »Rest« muss den »Bedarf« durch eine »schnellere Rotation« decken! Denn die vielen neuen Kinder können nur leben, wenn sich entsprechend viele Seelen wieder inkarnieren. Die »Nachfrage« geht zurzeit exponentiell in die Höhe, aber das »Angebot an Seelen« wird langsam knapp. Deshalb muss man heute sehr bald wieder »antreten«. Man könnte fast von Geburtennot und Reinkarnationsstress sprechen.

Man darf dies aber nicht als Modell für die Reinkarnation überhaupt nehmen. Im kosmischen Zusammenhang sieht es anders aus. Es geht hier nur um eines: die besonderen Verhältnisse auf unserer Erde zu verstehen. Hier lässt die Empirie aus Rückführungen für die heutige Zeit jenes Modell als Hypothese aufstellen.

Man mag sich fragen, weshalb es diese Bevölkerungsexplosion gibt. Die Ursachen dürften vielfältig sein, aber eine wichtige besteht sicher darin, dass wir auf der Schwelle zu einem neuen Zeitalter stehen (vgl. [1]). Es ist vielleicht heute eine der letzten Gelegenheiten, diese Welt in ihrem bisherigen Zustand noch zu erleben und entsprechende Erfahrungen zu machen. Zudem haben wir – die ganze Menschheit – noch ein Karma mit der Natur dieser Erde abzutragen (dazu später mehr)!

Michael Newton hat die Erlebnisse sehr vieler Klienten im Seelenzustand zwischen den Inkarnationen sehr eingehend studiert und kommt zu sehr interessanten Ergebnissen [2, 3].

Vorausführung in die Zukunft

Es ist über Versuche berichtet worden [4–10], Personen in der gleichen Weise wie bei einer Rückführung auch in die Zukunft, sogar in ein zukünftiges Leben, zu führen. Kann das, was dabei herauskommt, wirklich der Wahrheit entsprechen? Ist ein solches Vorgehen überhaupt sinnvoll und verantwortbar? Sicher hat niemand heute Höhenangst, weil er im *nächsten* Leben hinunterfallen wird! Dagegen erlebt man immer einen kausalen Zusammenhang zwischen einem heutigen Problem und einem Trauma aus der Vergangenheit. Aus therapeutischer Sicht wäre der Nutzen einer Vorausführung also zweifelhaft.

Es existieren Theorien über Parallelwelten (vgl. Anhang 3) und darüber, dass es eigentlich gar keine Zeit gäbe. Sicher ist unser Wissen von der Zeit unvollständig. Sie ist wahrscheinlich gar nicht der einfache lineare Ablauf, als den wir sie uns meistens vorstellen. Dies muss aber noch lange nicht bedeuten, dass es Vergangenheit und Zukunft nicht gäbe. Es bedeutet eher nur, dass wir das Phänomen Zeit noch nicht gut verstehen.

Aufgrund meiner bisherigen Erfahrung gehe ich davon aus, dass es die Zeit sehr wohl gibt. Ich kann nicht glauben, dass die Zukunft genau vorausbestimmt und unverrückbar festgelegt ist, weil dies sinnlos wäre. Dann bräuchte man sich ja nicht mehr zu bemühen, könnte das Bestreben, sich weiterzuentwickeln, aufgeben und sein Leben völlig »schleifen lassen«, denn man könnte ja doch nichts an seiner Zukunft ändern! Es gäbe dann die Wahlfreiheit nicht, die der Existenz und der Schöpfung einen Sinn gibt (vgl. [7, 8]).

Bei einer Vorausführung wird daher bestenfalls nur *eine mögliche Zukunft* zum Vorschein kommen können. Ich stelle mir die Zukunftsmöglichkeiten eines Menschen wie einen Baum mit immer mehr Verzweigungen vor, je weiter dieser in die Zeit vorausreicht. Es hängt von meinen eigenen Entscheidungen an gewissen Punkten ab, auf welchen Zweig ich mich weiterbewegen werde. Der Baumstamm, auf dem ich mich jetzt befinde, ist durch meine Handlungen in der Vergangenheit bestimmt; auf welchem Ast es dann weitergeht, wird durch meine Handlungen in der Gegenwart bestimmt. Danach gibt es eine stetig wachsende Anzahl von weiteren Möglichkeiten.

In einer Vorausführung könnte man sich höchstens auf einem einzigen Zweig irgendwo unter den vielen Alternativen am »Baum« der Zukunft niederlassen. Man würde sich durch Fixierung auf diese eine mögliche Zukunft sozusagen »blind starren«, ohne die anderen Alternativen zu sehen. Glaubt man aufgrund eines Vorausführungserlebnisses, dass es tatsächlich so eintreffen wird, wie man es gesehen hat, so wird man wohl enttäuscht werden – oder der Glaube daran entwickelt sich gewissermaßen zu einer »selbsterfüllenden Prophezeiung«, und man wählt schon deshalb einen Zweig, der es sonst nicht hätte sein müssen.

Viel sinnvoller erscheint es mir, einen Überblick über den ganzen Baum zu bekommen und über das, worauf es ankommt, um am besten und schnellsten in der Entwicklung vorwärts zu kommen und nicht auf Seitenzweigen Zeit zu verlieren.

Es wird zwar behauptet [5], dass das Erlebnis einer angeblichen Zukunft (nach meiner Meinung handelt es sich ja nur um eine von vielen möglichen oder gar um eine fiktive) therapeutisch hilfreich sein könne. Dies ist wohl so zu verstehen, dass ein mögliches Ziel erkannt wird und dass dieses Erlebnis Hoffnung und Vertrauen erzeugen kann. In diesem Fall halte ich es aber erst recht für außerordentlich wichtig, dass gründlich erkannt wird, worauf es ankommt, um jenes Ziel auch zu erreichen. Zu leicht hätte eine solche Vorausführung sonst Betrugscharakter, wenn sich der Klient leichtsinnig auf eine Zukunft verlässt, die er bereits »in der Tasche zu haben« meint. Was verlangt das Erreichen dieses Zieles von der Person? Worauf muss sie achten, um dieses Ziel nicht zu verspielen?

Wie nachfolgendes Beispiel deutlich macht, ist nicht nur bei Rückführungen, sondern erst recht bei vermeintlichen Zukunftserlebnissen die Möglichkeit zu erwägen, dass hier eine Dramatisierung unbewusster Vorgänge in symbolischer Form gegeben ist.

In einer Rückführung, die ich leitete, kam es spontan zu einer *science-fiction*-artigen »Zukunftsschau«. Der Mann flog infolge eines empfangenen Hilferufes mit einem UFO-ähnlichen Flugkörper über das Meer. Dies, nachdem andere die Hilfsaktion für zu riskant hielten und nicht mitmachen wollten. Er seilte sich im Taucheranzug zu einer Station unter Wasser ab und fand dort fremde Wesen vor, die diese Station besetzt hielten. Das Ganze erwies sich im Gespräch mit dem Helfer als ein reines Symbolerlebnis. Das Meer war sein unbewusstes Ich, das in Symbolerlebnissen oft als Wasser erscheint (Meer, See, Teich), und die Rettungsaktion stand symbolisch für eine Tat, die er an sich selbst vollbringen sollte, um etwas aus seinem Unbewussten loszulösen. Bei Vorausführungen dürften Symbolerlebnisse viel eher vorkommen als bei Rückführungen, die einen klaren Kausalzusammenhang mit der heutigen Problematik aufweisen und mit deutlichen Gefühlen verbunden sind.

Nur zweimal versuchte ich bisher eine Vorausführung als Experiment. Einmal um einen Tag. Es kam am nächsten Tag überraschenderweise genauso wie vorauserlebt. Einmal (1981) ging ich etwa um zehn Jahre voraus: Es kam alles ganz anders ...

Literatur

1. Cabobianco, Flavio M.: *Ich komm' aus der Sonne,* s. Kap. 15.
2. Newton, Michael: *Journey of souls,* Llewellyn, St. Paul MN, 1997.
3. Newton, Michael: *Destiny of the souls,* Llewellyn, St. Paul MN, 2002.
4. Rubenstein, Robert und Newman, Richard: siehe Kap. 3.
5. Goldberg, Bruce: » Your Problem may Come from Your Future A Case Study«, in: *The Journal of Regression Therapy,* APRT, Riverside CA, Vol. IV, No. 2, 1990, S. 21–29.
6. Wiesendanger, Harald: »Ein Mann erlebt sein nächstes Leben«, *esotera,* Freiburg, 12/90, S. 18–23.
7. Wiesendanger, Harald: »Zeitsprünge in die eigene Zukunft? Vorausführungen – ein fragwürdiges Spiel mit der Neugier«, in: *Wiedergeburt,* hrsg. v. Harald Wiesendanger, Fischer TB, Frankfurt a.M., 1991, S. 114–141.
8. Sigdell, Jan Erik: Leserbrief zu [6] in *esotera,* Freiburg, 3/91, S. 15–16.
9. »Massenträume von der Zukunft«, in: *Magazin 2000,* München, Okt./Nov. 1992, S. 46–52.
10. Snow, Chet B.: *Mass Dreams of the Future, featuring hypnotic Future-Life Progressions by Helen Wambach,* Deep Forest Press, Crest Park CA, 1993. Deutsche Übersetzung: *Zukunftsvisionen der Menschheit. Apokalypse oder spirituelles Erwachen,* Ariston, Genf, 1991.

18 | Inkarnationen als »Prominente«. Mediale Aussagen

Es kommt sehr selten vor, dass sich jemand im früheren Leben als eine historisch bekannte Person erlebt. Natürlich sind die damals berühmten Persönlichkeiten heute größtenteils wieder hier, und einige sind möglicherweise heute alles andere als berühmt. Wenn sich die Person als jemand erlebt, den oder die man im Lexikon finden kann, ist großer Zweifel angezeigt. Es zeigt sich fast immer, dass es sich hier um eine Identifikation handelt.

Eine Frau sagte zum Beispiel schon vor der Rückführung: »Ich weiß, dass ich Paracelsus gewesen bin!« Bald darauf erlebte sie sich als ein mittelalterlicher Arzt, der in einem alchimistischen Labor arbeitete. Ich stellte einige »Fangfragen« über etwas, was ich in einer Schrift von Paracelsus gelesen hatte, aber sie konnte diese nicht beantworten. Schließlich musste sie zugeben, der berühmte Mann doch nicht gewesen zu sein. Sie war ein englischer Arzt, der allerdings die Schriften von Paracelsus gründlich studiert hatte und danach arbeitete.

Eine andere Frau erlebte sich als eine französische Prinzessin. Auch sie wusste in bestimmten Szenen nicht, was sie hätte wissen müssen, und erlebte keine wirklichen Gefühle jener Prinzessin. Schließlich kam heraus, dass sie nicht die Prinzessin selbst, sondern deren Kammerzofe gewesen war. Da sie damals täglich mit der Prinzessin gelebt hatte, war die Identifikation nicht schwierig.

Hans Ten Dam [1] gibt für solche Fälle den Rat, die »berühmte Person« zuerst in eine Szene zu führen, in der sie von vielen Menschen umgeben ist. Wir fragen dann, ob ihr jemand von den Herumstehenden auffalle. Sie war dann sicher jene Person. Es wäre natürlich interessanter, der König selbst gewesen zu sein, statt nur ein Diener oder eine Köchin am Hof (die immer wieder vom König Rüge für das Essen bekam), und so wird manchmal die Identifikation unbewusst herbeigeführt. Hatte man fast täglich mit dem König zu tun, dann kannte man ihn damals gut genug, um eine solche Identifikation zu ermöglichen.

Was darüber hinaus in medialen Aussagen oft mitgeteilt wird, hat mir Anlass zu den folgenden Überlegungen gegeben.

Was nicht alles geglaubt wird …

Es fällt auf, dass vielen Menschen in medialen Sitzungen gesagt wird, dass sie in früheren Leben historisch bekannte oder gar berühmte Personen gewesen sein sollen. Angesichts der Menschenmassen, die seit Beginn der Menschwerdung auf diesem Planeten gelebt haben, hat es aber nur eine »Hand voll« berühmter Menschen gegeben. Eine aus der Geschichte bekannte Person auf diese Weise in ihrer heutigen Inkarnation anzutreffen ist so wahrscheinlich, wie eine Nadel im Heuhaufen zu finden.

Wie groß ist dann tatsächlich die Wahrscheinlichkeit dafür, die Seele einer ehemals historisch bekannten Person heute anzutreffen? Um dafür eine Schätzung anzustellen, müssen wir uns mit Bevölkerungsstatistik befassen. Wir benötigen zunächst eine Schätzung der Anzahl von »Menschenkörpern«, die jemals auf dieser Erde gelebt haben.

Die Bevölkerungskurve in einer Formel zu erfassen erweist sich als schwierig. Es handelt sich nicht um die einfache Exponentialfunktion, von der man heute oft spricht. Nach Angaben einer Enzyklopädie hat sich die Weltbevölkerung vor 9 000 Jahren im Laufe von 2 500 Jahren verdoppelt, zur Zeit von Christi Geburt verdoppelte sie sich innerhalb von 1 000 Jahren und heute in weniger als 30 Jahren.

Die durchschnittliche Lebensdauer können wir mit 30 Jahren ansetzen, um eine einfache Schätzung zu erreichen. Vielleicht erscheint dies als zu niedrig, aber wenn man Kindersterblichkeit, Seuchen, Katastrophen, Kriegsopfer und Hungersnot bedenkt, dürfte diese Zahl plausibel sein. Dadurch kommen wir – nur die letzten 9 000 Jahre gerechnet – durch numerische Integration auf eine Gesamtzahl von »Menschenkörpern«, die in der Größenordnung von 50 Milliarden liegen dürfte (bis 1995 gerechnet).

Dass diese Zahl weniger als das Zehnfache der heutigen Weltbevölkerung ausmacht, kommt daher, dass der enorme und beschleunigte exponentielle Zuwachs erst im 20. Jahrhundert stattgefunden hat und die Zahlen früherer Jahrhunderte im Vergleich dazu einen geringen Einfluss auf das Ergebnis haben. Die grobe Art der Schätzung wird nicht zu einer exakt richtigen Zahl führen können, wird aber in der Größenordnung stimmen, und nur auf diese kommt es hier an.

Nehmen wir an, dass die Anzahl historisch bekannter Personen, die man in Enzyklopädien und historischen Werken finden kann, in der Größenordnung von 1 000 liegt. In diesem Fall kommen wir auf eine Wahrscheinlichkeit von 1 : 50 000 000 dafür, dass eine solche Seele wiederverkörpert vor uns sitzt. Nehmen wir weiter an, dass davon etwa 100 *große* Berühmtheiten waren (wie Mozart oder Napoleon), so steht die Chance, heute eine Reinkarnation einer solchen Seele anzutreffen, nur 1 : 500 000 000. Wenn also gewisse mediale Personen häufig Menschen vor sich zu haben meinen, die einmal historisch bekannt wurden, ist das nicht nur unglaubwürdig, sondern statistisch einfach unmöglich. Dies könnte *höchstens ein einziges Mal* im Leben des Mediums geschehen! In ähnlicher Weise scheint mir Vorsicht geboten zu sein, wenn Medien Kontakte mit schon lange Verstorbenen vermitteln, die inzwischen wieder inkarniert sein müssten. Da ist die Möglichkeit eines Spiels von Foppgeistern in Betracht zu ziehen.

Es scheint auch bei einzelnen Medien eine gewisse Tendenz dazu zu bestehen, erstaunlich viele ihrer Klienten angeblich *selbst* in früheren Leben gekannt zu haben. Dies erscheint mir ebenso unwahrscheinlich.

Ich würde wohl schätzen, dass ich in den letzten 9 000 Jahren (also in der von meiner Statistik erfassten Periode) höchstens 100 Seelen (wenn auch einige davon wiederholt in verschiedenen Inkarnationen) gekannt habe, die im positiven oder negativen Sinne von *wesentlicher* Bedeutung für mich waren. Bei der heute auf der Erde anwesenden Menschenmasse von ungefähr 6,5 Milliarden ist zwar anzunehmen, dass fast jede dieser Seelen jetzt inkarniert ist. Die Chance jedoch, einer davon *zufällig* zu begegnen, stünde 1 : 65 000 000.

Nur wichtige Wiederbegegnungen sind relevant. Wenn mir gesagt wird, dass mir eine Seele wiederbegegnet sei, mit der ich früher nur ein paar flüchtige Begegnungen hatte, ist dies für mich nicht nur völlig irrelevant; mein Glaube sträubt sich auch gewaltig dagegen.

Eine andere rechnerische Überlegung für den letzteren Fall ist die folgende: Wie groß ist eigentlich die Wahrscheinlichkeit dafür, dass von jenen mir früher einmal wichtigen Seelen eine heute ein Medium ist? Von den etwa sechs Milliarden Menschen auf der Erde sind derzeit vielleicht 10 000 als Medium oder Hellseher tätig. Die Chance, dass eine bestimmte Person ein Medium ist, liegt dann höchstens bei 1 : 650 000. Die Chance, dass von jenen weniger als 100 Seelen, die mir einmal besonders wichtig waren, *eine* heute medial tätig ist, könnte immerhin bei 1 : 6 500 liegen. Diese scheinbar ermutigende Zahl relativiert sich jedoch wieder, wenn man sich fragt, wie wahrscheinlich es eigentlich ist, dass ich von allen 10 000 (hypothetischen) Medien der Erde gerade dasjenige aufsuche, das ich »von früher her kenne«. Hier läge die Chance wiederum bei 1 : 65 000 000, denn jene heute medial tätige Seele kann ja in diesem Fall genauso gut in Caracas leben …

Nun mag man einwenden, dass gerade die wichtigen Begegnungen keinesfalls zufällig sind. Wir werden ja zusammengeführt – oder besser: Wir haben uns auf der Ebene des Höheren Selbst entschieden, uns wieder zu begegnen. Gehe ich aber zu irgendeiner medial tätigen Person, und dies vielleicht nur einmal im Leben, dürfte diese Begegnung einiges mehr von Zufälligkeit an sich haben, als dies bei Menschen der Fall wäre, die für mich im Leben eine besondere Rolle spielen.

Es wäre zwar nicht erstaunlich, wenn das Medium drei oder vier seiner Klienten früher gekannt hätte, aber stellt es sich heraus, dass dies immer wieder so ist (mir ist so ein Fall bekannt), sodass das Medium vielleicht 50 oder mehr seiner Klienten früher einmal gekannt haben müsste, so ist wohl großer Zweifel angebracht, ob dies für bare Münze zu nehmen ist.

Bei Rückführungen ist es mir in äußerst wenigen Fällen passiert, dass eine mir fremde Person behauptete, mich im früheren Leben gekannt zu haben. In solchen Fällen kann es sich durchaus auch um eine Projektion handeln (es ist in der konventionellen Psychologie wohl bekannt, dass Projektionen auf den Therapeuten vorkommen). Dies ist natürlich etwas anderes mit Personen, die mich oder mein heutiges Leben wesentlich beeinflussen.

»Es gibt keine Zufälle«, sagt man ja. Wirklich nicht? Das ist ganz bestimmt für wichtige Ereignisse und Begegnungen wahr. Der Besuch bei einem Medium mag natürlich eine solche Begegnung sein – aber wohl kaum für fast alle Klienten! Bei unwichtigen, eher banalen Dingen fällt es mir allerdings schwer, nicht an Zufall zu glauben.

Ich saß einmal mit einer medial begabten Person, die ich – natürlich! – schon früher gekannt haben sollte, in einem Lokal. Die Kellnerin ließ uns warten. Daraufhin kam als »Durchgabe«, dass sie in einem früheren Leben eine Nachbarin von uns gewesen sei, die uns damals nicht wohl gesonnen war. Deshalb behandele sie uns – angeblich – unbewusst auf diese Weise. Die Vorstellung, dass diese wirklich einmalige und gänzlich unbedeutende »Begegnung« mit jener Kellnerin etwas anderes als ein reiner Zufall wäre, erscheint mir absurd. Welche »höhere Führung« hätte denn daran Interesse haben können, eine völlig irrelevante Wiederbegegnung dieser Art herbeizuführen?

Damit will ich *keinesfalls* behaupten, dass mediale Personen mit angeblichen historischen Berühmtheiten ein *absichtliches* Spektakel treiben würden, um sich interessant zu machen. (Obwohl natürlich auch dies vorkommen dürfte.) Die Medien glauben in solchen Fällen offensichtlich selbst, was sie sagen, und scheinen ehrlich weiterzugeben, was sie empfangen. Woher kommen dann solche offenbar unglaubwürdigen Informationen?

Kann es sein, dass da nicht-verkörperte Wesenheiten auf sich aufmerksam machen wollen? Oder gar, dass sie sich einen Scherz erlauben (»Foppgeister«)? Oder will man von dieser Seite dem Ego schmeicheln, um es besser beeinflussen zu können? *»Prüfet die Geister, ob sie von Gott sind«* (1 Joh 4,1)!

Eine plausible Möglichkeit besteht darin, dass das Medium die vor ihm sitzende Seele unbewusst mit einer berühmten Person identifiziert, in deren *Umgebung* jene Seele damals lebte (wie es in seltenen Fällen bei Rückführungen vorkommen kann, s. o.).

Hierzu noch eine weitere, beinahe erheiternde Geschichte. Sie ereignete sich während eines *Channeling*-Seminars mit etwa 20 Teilnehmern, von dem mir erzählt wurde. Die Seminarleiterin soll gesagt haben, dass alle Anwesenden in einem früheren Leben schon einmal als Gruppe zusammen gewesen wären. Die 20 Mitglieder einer heute verstreut (aber im gleichen Land) wieder inkarnierten ehemaligen Gruppe hätten demnach alle – ohne sich zu kennen – gleichzeitig die Idee gehabt, gerade jenes Seminar zu besuchen. Jedoch war keine Person darunter, die im damaligen Leben *nicht* zu jener Gruppe gehört hatte. Da wurde wohl mit sehr viel Leichtgläubigkeit gerechnet …

Angesichts des *Channeling-Booms*, den wir heute erleben, wird mit Sicherheit Wesenheiten jeglicher Herkunft und moralischen Integrität reichlich Gelegenheit zur Selbstdarstellung geboten (vgl. [2]) – vielleicht auch nur dem eigenen Astralkörper, der sich dabei aufbläht (vgl. [3]). Ich will *Channeling nicht grundsätzlich ablehnen*, aber es gilt hier ebenfalls, kritisch zu sein und die Spreu vom Weizen zu trennen. Dies ist nicht einfach! Es scheint hier viel mehr Spreu als Weizen zu geben ... Eine Möglichkeit, die Natur der auftauchenden Wesenheiten zu überprüfen, dürfte darin bestehen, die Frage zu stellen, ob die Wesenheit in Christi Namen komme. Bejaht sie dies nicht direkt, offen und klar, sondern weicht der Frage aus (zum Beispiel: »Warum fragst du das?«), würde ich nichts mehr von ihr hören wollen. Es scheint so zu sein, dass nur ganz starke negative Wesenheiten es wagen, als Antwort auf eine solche Frage zu lügen. Aber auch das mag vorkommen.

Ein weiteres Kriterium dürfte das der Liebe sein. Spricht das betreffende Wesen durch das Medium ohne Liebe, glaube ich nicht daran. Ich hörte einmal, wie die Prophetin einer größeren Organisation angeblich Christus durch sich sprechen ließ, und wunderte mich: keine Liebe, nur drohende Worte! Es sind ja ohnehin Zweifel darüber angebracht, ob eine derart hoch stehende Wesenheit durch ein Medium sprechen würde. Bei einer Wesenheit, die in der kosmischen Hierarchie der Ebene der Menschen näher ist, halte ich dies für wahrscheinlicher.

Ein weiteres Negativbeispiel ist eine mir vorliegende Videoaufnahme über ein Channeling einer besonderen Wesenheit durch ein dafür sehr bekannt gewordenes amerikanisches Medium. Die Art, zu sprechen und durch das Medium aufzutreten, zeichnet sich für mein Gefühl durch Härte und Kälte aus – mag das Gesagte auch noch so logisch und intellektuell einleuchtend erscheinen.

Es gibt sonderbare Erscheinungen im Zusammenhang mit Channeling. Eine »populäre« Wesenheit, die sich durch verschiedene Medien meldet, ist Ashtar Sheran. Liest man den Namen rückwärts, wird er »Naresh Ratsha«. Lautmässig entspricht das dem Sanskritausdruck »Menschengottkönig« – entweder ein »König«, der halb Mensch und halb Gott ist, oder einer, der sich als »Gott« für die Menschen ausgibt [4]. Warum dreht er seinen Namen um? Das scheint mir verdächtig …

Benjamin Creme gibt sich als Sprachrohr für einen Maitreya aus, welcher der wiedergekommene Christus sein soll. Es heißt seit den 70er-Jahren, dass er »bald« vor der Menschheit auftreten würde, worauf viele nun schon lange warten … Der Name ist Sanskrit und bedeutet »wohlwollend«. Grammatikalisch richtig wird er in Nominativform *Maitreyah* geschrieben. Transliteriert man diese Schreibweise in die hebräische Schrift (das in Sanskrit immer lange E durch Aleph als Verlängerungszeichen markierend) und wertet dies nach der biblischen Numerologie aus, kommt man auf 666 … [4].

Neben diesen m. E. negativen Beispielen sind mir auch andere bekannt, die mir vertrauenswürdig erschienen und mir ein positives Gefühl vermittelten. Ich will also weder Channeling noch Medialität pauschal abwerten. Mein Anliegen war es in erster Linie, bezüglich Durchsagen über *historische Berühmtheiten* vor Leichtgläubigkeit zu warnen. Die Vorstellung, eine »besondere« oder »ausgewählte« Seele zu sein, stellt für das Ego einen besonderen Reiz und eine gefährliche Falle dar. Es gibt Kräfte, die solche Fallen stellen, und offensichtlich auch Medien, die ahnungslos und im guten Glauben dabei mitwirken. In bestimmten Fällen kann eine solche Leichtgläubigkeit katastrophale Folgen haben. Ich weiß von einem Ehepaar, das sich eine Zeit lang ganz von selbst empfangenen Botschaften leiten ließ, bis es dadurch hoch verschuldet in den finanziellen Ruin getrieben wurde und aufgrund dieses Erlebnisses schmerzlich erkennen musste, dass es irregeführt wurde. Es hieß, sie sollten Kredite für ein bestimmtes Vorhaben aufnehmen, und das Geld würde dann vielfach zurückkommen. Damit war aber nichts …

Ich traf einmal ein Ehepaar, das nach anfänglichen Spielen mit dem Ouija-Brett später dazu überging, eine Wesenheit durch die Frau als Medium zu »channeln«. Einige folgenschwere Mitteilungen erwiesen sich mit der Zeit als unwahr. Darauf angesprochen redete sich die Wesenheit damit heraus, dass sie damit eine »Führung« des Ehepaares bezwecke, die es sonst nicht angenommen hätte. Sie verhielt sich also – ohne Rücksicht auf das geistige Gesetz des freien Willens – manipulativ.

Der Kontakt wurde in einer Rückführungssituation wieder herbeigeführt, und die Wesenheit verneinte die Frage, ob sie in Christi Namen gekommen sei. Sie hatte sich durch das Reden über Liebe zunächst in den Augen des Ehepaares glaubwürdig gemacht, obwohl sie offensichtlich ganz andere verborgene Absichten hatte.

Bevölkerungszahlen der Erde

Jahr	Millionen	Jahr	Millionen
7000 v. Chr.	5	900 n. Chr.	250
4500	15	1650	500
2500	25	1700	650
1000	50	1750	700
0	200	1800	920

Jahr	Millionen	Jahr	Millionen
1850	1200	1985	4850
1900	1650	1988	5102
1920	1860	1990	5275
1940	2300	1995	5685
1950	2500	2000	6078
1960	3039	2005	6450*
1965	3346	2010	6810*
1970	3708	2025	7835*
1975	4087		

(aus verschiedenen Quellen) * geschätzte Zahlen

Referenzen

1. Ten Dam, Hans: *Een ring van licht,* Bd. 2, S. 159 (s. Kapitel 4).

2. Herrmann, Eva: *Von drüben,* Bd. II, Kapitel II: »Miniaturen der Hölle« (s. Kapitel 16).

3. Leviton, Richard: »Die wahre Basis der Seherschaft«, in: *esotera* 2/93, S. 34–38.

4. Sigdell, Jan Erik: »Die Spreu vom Weizen trennen. Über 666, biblische Numerologie und Channeling«, *Wendezeit,* Interlaken, Nr. 2, 2000, S. 57–60.

19 | Das Kind im Mutterleib und nach der Geburt. Was ist Liebe?

Zuvor wurden bereits einige eher »rückführungstechnische« Aspekte bezüglich der Erlebnisse im Mutterleib besprochen. Da die hierdurch gewonnenen Erkenntnisse von großer Wichtigkeit für uns alle sind – nämlich für unser Verhalten als werdende Eltern und für den Umgang mit dem Kind im Bauch und nach der Geburt –, möchte ich diese Erlebnisse jetzt ausführlicher behandeln. Wir haben alle viel daraus zu lernen, und nicht wenige haben aus Unkenntnis Fehler gemacht, wodurch sie ihren Kindern, ohne es zu wissen, Seelenschmerzen zufügten.

Das Wissen um die hier angesprochenen Zusammenhänge ist deshalb auch für unsere Gesellschaft von großer Bedeutung. Man kommt auch in der konventionellen Psychologie allmählich dahin, sich der Wichtigkeit dieser Thematik bewusst zu werden [1–9].

Die beschriebenen Techniken für den Umgang mit Seelenverletzungen und Widerständen gelten selbstverständlich genauso für Traumata im Mutterleib und in der Kindheit. Für weitere Aspekte von Rückführungen in der Kindheit vgl. [10]. Ein holländischer Arzt hat außerdem Erlebnisberichte von Menschen zusammengestellt, die spontan den Eintritt der Seele ihres Kindes nach der Zeugung miterlebten wie in einem Moment von Hellsichtigkeit [11]. Dieses Erfahrungsmaterial unterstützt die hier mitgeteilten Erkenntnisse.

Wir betrachten üblicherweise das Kind im Bauch der Mutter als einen unentwickelten Fötus, der über keinen Verstand verfügt und dem daher seelische Verletzungen und belastende äußere Umstände nichts anhaben könnten. Viele Menschen haben jedoch in Rückführungen selbst erlebt, dass eine solche, den Fötus auf eine körperliche Existenz als »Schwangerschaftsgewebe« reduzierende Betrachtungsweise, in keiner Weise angemessen ist. Der Körper ist nur ein Vehikel für eine Seele, und die Seele des Kindes kann unter Umständen wesentlich älter und erfahrener sein als die der Mutter. Wir müssen bei einem Kind im Mutterleib zwischen seiner Seele (mit einer viele Leben umfassenden Entwicklungsgeschichte) und dem noch im Wachstum begriffenen Körperbewusstsein unterscheiden. Die Seele selbst, deren Herkunft ungleich weiter zurückreicht als bis zum Zeitpunkt der Zeugung, nimmt *alles* auf, was es an Signalen von der Umwelt empfängt, auch die Gefühle und Gedanken der Eltern. Auf der Ebene des *Seelenbewusstseins* versteht das Kind im Bauch vieles, was um es herum geschieht, sogar noch besser als seine Eltern, die durch die lange Zeit der Inkarnation in ihrem jetzigen Körper stark im Körperbewusstsein befangen sind (vgl. [12]).

Die Seele ist vielleicht zuerst nur teilweise mit dem Fötus verbunden – die Verbindung festigt sich allmählich im Laufe der Schwangerschaft –, aber sie befindet sich im Wesentlichen in der Aura der Mutter. Es ist tatsächlich unmöglich, dieser sich inkarnierenden Seele irgendetwas zu verheimlichen oder sie zu täuschen.

Durch die vollständige Verbindung mit der Mutteraura »hört« sie jeden Gedanken der Mutter und fühlt alle ihre Gefühle mit – auch die allerheimlichsten …

Wenn wir in der Rückführung in das Erlebnis der Zeit im Mutterleib einsteigen, befinden wir uns oft zu einem Zeitpunkt, in der die Mutter noch nicht weiß, dass sie schwanger ist. Der nächste Schritt ist in diesem Fall der Moment, in dem sich die Mutter ihrer Schwangerschaft bewusst wird. Wie reagiert sie?

Viele von uns haben hier das erste Trauma dieses Lebens erlebt. Eine ablehnende Reaktion in diesem Moment hinterlässt Spuren für das ganze Leben. Es ist dann sehr viel Zeit und Aufwand nötig, bis diese Beziehung wirklich wieder heilen kann – falls dies überhaupt gelingt. Auch die Reaktion des Vaters, wenn er von der Schwangerschaft erfährt, ist wichtig. Das Kind ist allerdings mit ihm nicht in gleicher Weise ständig in Kontakt wie mit der Mutter, da es den Vater hauptsächlich dann erlebt, wenn er in der Nähe ist. Die Nähe der Mutter ist nun einmal ununterbrochen und unausweichlich für neun Monate gegeben, weshalb ihre Rolle die wichtigere ist.

Eine meiner Klientinnen hatte immer eine starke Tendenz dazu, möglichst wenig auffallen zu wollen. Sie zog sich, wenn sie mit anderen Menschen zusammen war, geradezu körperlich in sich zusammen, um nicht bemerkt zu werden. Dies hatte folgenden biografischen Hintergrund: Als ihre Mutter entdeckte, dass sie schwanger war, wurde sie wütend, und das Kind tat seither alles, um möglichst nicht wahrgenommen zu werden. Es machte sich so klein, wie es nur konnte. Dieses im Mutterleib schon eingeübte Muster setzte sich noch im Erwachsenenleben fort.

Eine andere Person hasste ihre Mutter, ohne es zu wollen; das Gefühl war ihr einfach unerklärlich. Sie erlebte in der Rückführung, wie ihre Mutter bei einer »Engelmacherin« erfolglos eine illegale Abtreibung versuchte. Ein Erlebnis voll körperlichen und seelischen Schmerzes, das die Wurzel ihres Hasses war.

Eine dritte Person hatte ein wirkliches Abtreibungserlebnis. Sie ist heute eine Frau, erlebte sich aber als männlichen Fötus im Bauch der gleichen Mutter, die heute die ihre ist. Es wurde von Abtreibung gesprochen, und sie (als männlicher Embryo) fühlte Angst. Die Person erlebte mit noch mehr Angst, wie beim Arzt ein Antragsformular ausgefüllt wurde. Dem Gesuch wurde stattgegeben, und sie beschrieb danach ausführlich den Vorgang in der Klinik. Ihre (damals eigentlich noch *seine*) Seele ging aus dem Fötus heraus, als dieser noch im Mutterleib war, und sie schilderte mit Wut in der Stimme, wie dieser dann herausgezogen und in einen Kübel geworfen wurde. Ihre Seele blieb daraufhin dauernd in der Nähe der Mutter, bis diese wenige Jahre später wieder schwanger wurde, und schlüpfte noch einmal hinein. Dieses Mal war es ein weiblicher Fötus.

Das Problem ihrer Mutterbeziehung, das sie noch als Erwachsene belastete, war ein ihr unerklärlich starkes Misstrauen gegenüber der Mutter. Wir entdeckten, dass dieses Gefühl beim erneuten Eintritt in deren Körper entstanden war. Sollte sie dieses Mal ausgetragen werden? Sie konnte aber zum Zeitpunkt der Rückführung Verständnis für die finanziellen Nöte der Eltern aufbringen, die damals zum Abtreibungswunsch geführt hatten. Es gelang ihr, sich innerlich mit ihrer Mutter zu versöhnen, und das Misstrauen verschwand. Auf der Seelenebene war ihr damals die finanzielle Situation der Eltern unverständlich, denn solche materiellen Umstände sind auf jener Ebene ohne Bedeutung. Ihr heutiges Tagesbewusstsein konnte sich jedoch gut in die damaligen Existenzängste ihrer Eltern hineinfühlen. Das Ereignis hatte für deren Seelengeschichte außerdem die Funktion einer notwendigen Lektion, wie die Klientin heute einsieht.

Wir sind in solchen Fällen immer bestrebt, in der Rückführung alles herauszufinden, was zu einer Versöhnung führen kann. Wir wollen Verständnis für die Motivationen, die Probleme und Ängste der Eltern erreichen – auch für ihren damals noch nicht so fortgeschrittenen Entwicklungsstand. Dadurch soll ein innerliches Verzeihen erreicht werden.

Die Verzweiflung der unverheirateten Mutter war in einem traurigen Fall nicht schwer zu verstehen. Sie hatte eine große Angst davor, dem streng katholischen Vater ihre Schwangerschaft beichten zu müssen. Schließlich wurde dies unausweichlich. Der Vater schrie sie an: »Heraus aus meinem Haus! Du bist nicht mehr meine Tochter! Ich will keine Hure in meinem Haus!« Bei einem derart verstockten und im höchsten Maße scheinchristlichen Vater, der die christliche Liebe übelst verriet, kann man die Angst leicht verstehen und ihr für ihre Verzweiflung über das Kind im Bauch leicht verzeihen.

Typische Traumata im Mutterleib, die noch im Erwachsenenalter nachwirken, sind u. a. Ablehnung durch einen Elternteil oder beide, Abtreibungsversuche (manche springen aus diesem Grund von einem Baum, wenden Wechselbäder oder Einläufe im Unterleib an oder tragen schwere Sachen usw.), Streit zwischen den Eltern, Verlassenwerden durch den Vater sowie Unehrlichkeit der Gefühle (wenn die Mutter zum Beispiel mithilfe des Kindes nur den Vater an sich binden will [13] oder eine nicht wirklich empfundene Mutterfreude vorspielt). Ein weiteres Trauma kann der unsinnige Wunsch der Eltern nach einem Sohn sein, wenn das Kind schon weiß, dass es ein Mädchen ist. Die Erfahrung, fast neun Monate in diesem Bewusstsein zu leben und dann bei der Geburt auch noch Zeuge der lächerlichen Enttäuschung der Eltern zu werden, verursacht tiefe Wunden in der Seele. Wir sollten heute eigentlich über diese unzeitgemäße, naive Vorstellung von einem »Stammhalter« schon längst hinweg sein!

Es wurde hier das Thema »Abtreibungen« angeschnitten. Wenn eine Frau tatsächlich abgetrieben hat, hat sie immer zumindest unbewusste Schuldgefühle. Wir lassen den Helfer fragen, ob sie diese wirklich noch haben muss. Bisher haben alle sie loslassen dürfen. Weshalb? Die Frau verstand es damals nicht besser, sie war in einer verzweifelten Situation, sie wurde von anderen dazu gedrängt, oder sie wusste damals nicht, dass eine Seele involviert war. Viele Frauen sagten, als diese Sache mit dem Helfer besprochen wurde: »Ich werde es nie wieder tun! Werde ich wieder schwanger, wird das Kind ausgetragen.« Auch das ist ein Grund, um nicht mehr jene Schuldgefühle haben zu müssen. Außerdem zeigt es sich immer wieder, dass jene Seele vor dem Eintritt in den Mutterleib *wusste, dass sie eine Abtreibung zu erwarten hatte* (vgl. [14]). Auch diese Wahl, welche die Seele getroffen hatte, hat mit ihrem eigenen Karma zu tun. Es gibt in solchen Dingen keine Zufälle, aber es gibt immer die Wahlfreiheit und die Möglichkeit, es schließlich doch noch anders und besser zu machen, als man zuerst dachte.

Ich bin nicht grundsätzlich gegen die Abtreibung. Nach einer Vergewaltigung zum Beispiel wird sie durchaus sinnvoll sein (besser als dass das Kind gehasst auf die Welt kommt). Aber eine Abtreibung muss sehr gründlich überlegt sein!

Wie steht es dann um jene Kinder, die im Mutterleib ohne äußere Gewalteinwirkung sterben, also mit Tot- und Fehlgeburten? Auch dies dürfte auf ein Karma zurückzuführen sein, sowohl für die Eltern als auch für das Kind. Ein Leben muss nicht lange währen, um seinen Zweck zu erfüllen (nicht einmal neun Monate). Wenn ein Kind stirbt – auch wenn dies schon im Mutterleib geschieht –, hat auch das seinen Grund. Die Seele hat dann den Erfahrungsweg, der für sie vorgesehen war, schon abgeschlossen und ist wieder frei.

Nur für die Eltern ist ein solcher Tod wirklich traurig. Die Seele erlebt sich als erlöst, kann aber auch wegen der Trennung von den Eltern Trauer empfinden. Bei Fehlgeburten geschieht es manchmal, dass die Seele später bei den gleichen Eltern wiedergeboren wird.

Ist ein Kind unerwünscht, fühlt es sich im Mutterleib verständlicherweise nicht wohl. Es möchte dort nicht sein, und die Seele versucht manchmal sogar, von dort wieder wegzukommen, also mit voller Absicht zu sterben. Wird so etwas in der Rückführung erlebt, ist der Todeswunsch nicht zur Wirklichkeit geworden, denn die Person liegt ja vor uns, wurde somit offensichtlich geboren. Kann es aber sein, dass ein solcher »Selbstmord« manchmal auch gelingt? Vielleicht sind einige Fälle von Fehlgeburten so erklärbar.

Das unerwünschte Kind hat vor seiner Geburt meistens zwiespältige Gefühle. Es ist einerseits zwar nicht schön, im Mutterleib zu sein, aber es möchte andererseits auch nicht gern in die »raue« Welt hinaus. Es möchte am liebsten ganz von dort weg und gar nicht geboren werden. Das schon vor der Geburt geliebte Kind möchte dagegen oft am liebsten in der Geborgenheit im Mutterleib bleiben.

Andererseits kann es sich darauf freuen, bald »hinaus« zu kommen, um die Eltern richtig kennen zu lernen.

Schwierige Geburten ereignen sich nicht selten deshalb, weil sich das Kind dagegen sträubt – aus dem einen oder anderen Grund. Es kommt natürlich auch vor, dass sich die *Mutter unbewusst* dagegen wehrt, ein unerwünschtes Kind zur Welt zu bringen, sodass sie selbst für eventuelle Komplikationen bei der Geburt verantwortlich ist.

Es ist viel über das »Geburtstrauma« geschrieben worden, aber meistens in einer Art, die allzu sehr das körperliche Element betont (zum Beispiel [15]) und sich dann lediglich mit den seelischen Folgen jener intensiven oder gar schmerzlichen *körperlichen* Empfindungen des Kindes befasst. Ich möchte mich im Gegensatz dazu an erster Stelle mit den seelischen Erlebnissen vor, während und nach der Geburt auseinander setzen, die oft von Körperempfindungen ziemlich unabhängig sind oder sogar psychosomatisch verursachend für manche körperlichen Traumata verantwortlich sein können.

Wird das Körperliche in den Vordergrund gestellt, erreicht man meiner Meinung nach nur *eine* Schicht des mit der Geburt verbundenen Erlebniskomplexes. Geht man dagegen vom Seelischen aus, scheint man eine tiefere Schicht zu erreichen. Die Befreiung wird unmittelbarer erlebbar, wenn diese Gefühle losgelassen sind.

Die Geburt muss aber nicht zum Trauma werden. Auch nicht körperlich! In der Literatur wird darüber berichtet, dass Frauen die Geburt in seltenen Fällen als einen langen und intensiven Orgasmus erlebten. (Ich hatte selbst ein paar solcher Fälle.) Von der Mutter genussvoll geboren zu werden ist auch für das Kind ein wunderbares Erlebnis. In einem Fall erlebte die Person ihre eigene Geburt derart, dass sie nicht nur für die Mutter, sondern auch für das Kind zu einem Orgasmuserlebnis wurde. Dies war das schönste Geburtserlebnis, das ich je miterlebt habe. Wenn nicht eine menschenfeindliche und pervertierte Sexualmoral Schuldgefühle und fehlgeleitete Vorstellungen von »Sünde« erzeugt und eine Schmerzerwartung vor Geburten suggeriert hätte, könnten sicher viel mehr Geburten zu solchen Glückserlebnissen sowohl für die Mutter als auch für das Kind werden.

Dass Geburtsleid mit einer psychosomatischen Prägung in unserer Kultur viel zu tun hat, wird daraus ersichtlich, dass Frauen u. a. in den so genannten Naturvölkern es meistens anders erleben. Die Indianerfrau ging früher alleine in den Wald, grub ein Loch in die Erde, hockte sich darüber und gebar! Danach ging sie mit dem Kind wieder nach Hause.

Warum entscheidet sich eine Seele dafür, in einen Mutterleib hineinzugehen, wenn sie dort nur Ablehnung und Schmerz erwarten kann? Auf der Ego-Ebene will sie dies natürlich nicht, aber auf der Ebene des Höheren Selbst weiß sie, dass sie diese Erfahrung für ihre Entwicklung braucht. Vielleicht, weil sie selbst einmal Kinderseelen verletzt oder sogar abgetrieben hat. Oder vielleicht deshalb, weil zwischen ihr und der Seele der Mutter oder des Vaters eine »alte Rechnung« offen ist, die nach Versöhnung verlangt.

Es ist gar nicht so ungewöhnlich, dass Menschen, die uns in einem früheren Leben als Täter oder Opfer begegneten, heute zu unseren Kindern werden! Wie es Bryan Jameison formulierte: »Alles was du nimmst, wirst du zurückgeben müssen. Nimmst du jemandem das Leben, musst du ihm sein Leben zurückgeben.«

Das Versöhnungsbedürfnis beruht in solchen Fällen auf Gegenseitigkeit. Beide Seelen hatten vorher zu diesem Zweck auf der Ebene ihres Höheren Selbst eine Wiederbegegnung vereinbart. Oft wollen dies dann die Egos nicht mehr wahrhaben, und es entstehen leicht Ablehnungsgefühle während der Schwangerschaft.

Wie soll man sich auch richtig freuen können, wenn man tief in sich weiß, dass da die Seele eines ehemaligen Opfers oder Täters zu einem kommt? Gelingt nachher die Versöhnung doch nicht, werden die Seelen sich wohl in einem neuen Leben wieder begegnen müssen.

Es geht nicht immer um die Begegnung mit alten »Feinden«, aber diese scheint eine höhere Priorität zu haben. Solange es Versöhnungsbedarf gibt, werden wir offenbar eher mit jenen Seelen zusammenkommen. Wenn solche notwendigen Versöhnungen dann erfolgt sind, ist man freier für die Begegnungen mit denjenigen Seelen, die man früher schon einmal *geliebt* hat. Dies gilt erst recht dann, wenn wir das wesentliche Ziel der Seelenentwicklung erreicht haben: in dieser Welt in uneingeschränkter und vorbehaltloser Liebe als Brüder und Schwestern in Frieden zusammenzuleben. Ob weiß oder schwarz. Ob Einheimischer oder Fremder. Ob Katholik oder Moslem. Ob reich oder arm oder – was in dem Fall nicht selten umgekehrt gilt – ob *seelisch* arm oder reich …

Die heilsame Berührung

Die Berührung, der Körperkontakt – das Kind in die Arme nehmen, streicheln, halten (auch trösten, loben usw.) – nährt die Seele wie das Essen den Leib. Die Seele vieler wurde in der Kindheit unterernährt. Der Hautkontakt macht die Seele gesund [3–5, 8, 9]. Viele Fehlentwicklungen späterer Jahre haben ihren Grund in mangelndem Hautkontakt des Kindes mit den Eltern. Die seelische Unterernährung durch Berührungsmangel findet in gewissen Fällen sogar einen pervertierten Ausdruck darin, dass das Kind Bestrafungen provoziert. Schläge sind immerhin auch eine Art von Berührung! Bekommt das Kind die für die Seele lebenswichtige Nähe und Zärtlichkeit nicht, sucht manchmal das unbewusste Ich zumindest diesen Ersatz. Ein solches unbefriedigtes Bedürfnis kann in bestimmten Fällen sogar zu Masochismus und anderen Perversionen führen [16].

Ähnlich ist es mit »schwierigen Kindern«, sie brauchen nur Aufmerksamkeit. Ein wenig vereinfacht kann man sagen: Es gibt keine schwierigen Kinder, nur schwierige Eltern.

Die Berührungsverarmung in der Kindheit ist bei Männern viel häufiger als bei Frauen. Erstens herrscht oft die falsche Auffassung, dass ein Junge keine Zärtlichkeit brauche – er könnte ja »verweichlicht« werden – und zweitens schrecken Mütter manchmal vor Körperkontakt mit dem Sohn zurück, da die Berührung ihnen, wenn auch eher unbewusst, wie etwas Verbotenes mit einem Beigeschmack von Sexualität vorkommen mag, was sie aufgrund ihrer Erziehung fürchten oder ablehnen.

Die Folge ist bei vielen Männern dann ein Nachholbedürfnis im Erwachsenenalter, das sich allzu oft nur in einem rein körperlichen sexuellen Bedürfnis äußert. So verpassen diese Männer das Wesentliche an der Sexualität: Sie erfahren nie, dass sie in Wirklichkeit die höchste Form von Zärtlichkeit und eigentlich wie eine Krönung der partnerschaftlichen Liebe ist!

Solche Männer – manchmal auch Frauen – gehen oft von einem sexuellen Abenteuer zum nächsten (auch wenn sie verheiratet sind) und suchen unbewusst den Körperkontakt mit der Mutter, den sie nicht hatten. Da es ihnen nicht bewusst ist, was sie suchen, finden sie es natürlich nicht, und suchen weiter … [17]

Wie viel heiler wäre doch die Welt, wenn mehr Mütter sich erlauben würden, den Austausch von Berührung mit dem Kind zu genießen und dabei gegebenenfalls auch eine sexuelle Komponente in ihren Gefühlen gegenüber dem Kind zuzulassen (Dies wäre noch lange kein Inzest und sehr viel weniger schädlich für das Kind als zu wenig Berührung.)

Es kommt vor, dass ein kleiner Junge eine Erektion hat. Das ist eine normale Reaktion auf Liebesgefühle und hat im Kindesalter natürlich gar nichts mit Sexualität zu tun. Wenn so etwas geschieht, erschrecken viele Mütter und schieben das Kind von sich weg – und können grundlos dessen Seele verletzen.

Eine Psychiaterin bekam in der Rückführung dazu Folgendes von ihrem Höheren Selbst gesagt: Männer, die zu wenig von ihren Müttern geliebt wurden, haben sozusagen eine härtere Schale bekommen. Sie fühlen sich darum von verführerischen Frauen angezogen, die eher ihren körperlichen als den seelischen Anteil ansprechen.

Eine Klientin erlebte als Kind eine schmerzliche Seelentrennung vom Vater, als deren Folge die vorher sehr liebevolle Beziehung nie wieder zurückkam. Die Mutter hatte beide auseinander gerissen. Dieser Vater hatte vor dem Baden immer wieder mit seiner Tochter gespielt, nicht etwa »sexuell«, sondern nur zärtlich. Dabei hatte er sie auch oft gekitzelt. Das Mädchen hatte viel Freude an diesen Erlebnissen der Nähe. Eines Tages sagte die Mutter zum Vater: »Lass das! Es ist nicht gut für sie.« [18] Da hörte der Vater auf und tat es nie wieder. Es war für das Mädchen so, als wäre sie vom Vater verstoßen worden. Die pervertierte Moralauffassung der Mutter fügte der Seele der Tochter in diesem Fall großen Schaden zu.

Manche meinen – in Verdrehung der Tatsachen –, das Kind könne durch solche Erlebnisse von Körperkontakt später sexuell überaktiv werden. Die Eltern wollen dies vermeiden – und erreichen damit gerade das Gegenteil, da sie durch Zärtlichkeitsentzug einen Nachholbedarf und eine übersteigerte Sehnsucht nach Nähe erzeugen. Es kann auch vorkommen, dass sie die Beziehungsfähigkeit des Kindes schädigen (oder es in dieser Hinsicht gar »seelisch verkrüppeln«). Ich muss leider immer wieder mit Klienten erleben, wie der Entzug von Nähe und Zärtlichkeit im Kindesalter schwer wiegende Folgen im Erwachsenenleben hat.

Das Kind richtig heben

Im Juni 2003 nahm ich am 1. Internationalen Kongress für Rückführungstherapie in Rockanje in den Niederlanden teil. Ich besuchte dabei ein kurzes Seminar von der niederländischen Therapeutin Anja de Bruine über sexuelle Probleme bei Männern. Sie lehrte uns etwas, das ich als sehr wichtig empfand: Wie hebt man einen Säugling oder ein Kleinkind richtig hoch? Ihre Erkenntnisse basieren auf der Haptonomie des Psychologen Frans Veldman. Gewöhnlich fasst man das Kind an den Seiten des Brustkorbs unter den Armen. Man drückt dann beim Hochheben den

Brustkorb zusammen! Das Kind fühlt sich beengt, zusammengedrückt und spannt oder gar verkrampft sich. Es kann sich so nicht wirklich wohl fühlen! Physische Enge hat eine Verwandtschaft mit Angst. Hält man aber die eine Hand unter dem Gesäß (mit dem Arm hinter dem Rücken und den Fingern zwischen den Beinen), sodass das Kind auf der Hand sitzt, und stützt es gleichzeitig mit der anderen Hand, entspannt es sich und fühlt sich wohl und sicher. Leider schrecken viele Mütter und Väter vor dem Kontakt mit dem Unterleib des Kindes zurück (obwohl er ja normalerweise gut eingepackt ist) und quetschen es lieber am Brustkorb zusammen. Die ständig wiederholten Erlebnisse von Einengung, Spannung und Unwohlsein beim Hochheben können sogar Nachwirkungen im späteren Leben haben.

Ich habe keine Zeit!

Viele Mütter müssen arbeiten. Sie »haben keine Zeit«, um sich mehr mit ihren Kindern zu befassen, als es zu kleiden, ihm Essen zu geben und es zum Kindergarten oder zur Schule zu schicken. Viele Rückführungsklienten erleben es wieder, wie die Mutter zu beschäftigt war, um auch noch Nähe und Zärtlichkeit zu geben. In den anderen Lichtkreis gestellt (s. Kapitel 14) redet sich die Mutter heraus: »Ich hatte doch keine Zeit! Ich musste ja so viel arbeiten!« Das ist wirklich eine Ausrede! Denn es ist einfach nicht wahr, was sie sagt …

Wenn man sein Kind liebt, kann man *immer*, und *immer wieder*, sich zwischendurch ein *Minütchen* oder zwei Zeit nehmen, um das Kind zu streicheln, hochzuheben, es zu umarmen oder es wenn nötig zu trösten. Dazu ist *niemand* zu viel ausgelastet. (Sie hatte sich ja immerhin Zeit nehmen können, um schwanger zu werden …) Die Wahrheit ist, dass die Mutter, die sich so verhält, ihre zärtlichen Gefühle nicht zeigen (schimpfen kann sie viel leichter …) und mit Liebe nicht umgehen kann (oder vielleicht sogar keine hat). Statt sich damit zu konfrontieren, flüchtet sie lieber in die Arbeit.

Ist sie nach dem arbeitsreichen Tag »zu« müde, würde es sie sicher erfrischen, wenn sie sich dem Liebesaustausch mit ihrem Kind eine Weile widmen würde …

Ich wollte dich ja nicht!

War das Kind wirklich ungeliebt, spielt sich nicht selten ein Dialog wie im folgenden Beispiel ab, wenn die Mutter (in manchen Fällen der Vater) im anderen Lichtkreis steht (Kapitel 14). Die Fragen an die Mutter sind vom Rückführenden aufgefordert.

»Warum liebst du mich nicht?« – »Ich wollte dich ja nicht!« – »Bin ich denn schuld, dass ich geboren wurde?« – »Ja!« – »Wie stellst du dir das vor? Meinst du, dass ich dich geschwängert habe?« – »Nein …« – »Ja, was dann?« – »Du hättest nicht in meinen Bauch kommen sollen!« – »Glaubst du, dass ich freiwillig kam? Wenn du dich schwängern lässt, *muss* eine Seele kommen, ob sie will oder nicht! Wäre es nicht meine, wäre es eine andere gewesen. Du wärest gleichwohl schwanger.« – »Ich musste doch jemandem die Schuld geben!« – »Und so hast du jahrzehntelang bestraft, wer am wenigsten schuld war…« Die Mutter weint: »Warum weinst du?« Sie sagt nichts. »Findest du das gerecht?« – Sie weint wieder: »Nein!« – »Wenn du dich auf ungeschützten Sex eingelassen hast, wer ist dann wirklich Schuld?« – »Eigentlich ich … Kannst du mir verzeihen?« … Und so weiter.

Was ist Liebe?

Sehr viele Menschen haben Probleme mit der Liebe. Sie ist dass zentrale Entwicklungsziel der Seelenschule der Reinkarnation – und oft das schwierigste…

Die wahre Liebe ist bedingungslos. »Ich liebe dich, wenn …« oder »Wenn du … kann ich dich nicht mehr lieben« hat gar nichts mit Liebe zu tun, sondern ist nichts anderes als Erpressung.

Besonders Männer haben Schwierigkeiten, Liebe zu zeigen. Sie sagen: »Du weißt doch, dass ich dich liebe!« und meinen: »… dann muss ich es doch nicht auch zeigen«. Das ist wie ein leckerer Kuchen, der im Kühlschrank eingeschlossen steht und man darf ihn nicht kosten. Liebe muss natürlich auch gezeigt werden! Nicht gezeigte Liebe ist so gut wie gar keine.

Sie muss auch *direkt* gezeigt werden, und nicht auf Umwegen. Viele Eltern meinen, es sei Liebe, dem Kind Nahrung, Kleider, ein Heim und eine gute Ausbildung zu geben. Das ist aber nur die materielle Pflicht vom Elternsein und an sich noch keine Liebe. Manche Eltern suchen sich von direkten Liebesäußerungen durch materielle Dinge freizukaufen. Statt dem Kind Nähe und Zärtlichkeit zu geben, kaufen sie ihm Spielzeuge, eine tolle Stereoanlage, Computerspiele und manch andere Dinge, die als Liebesersatz das Ziel verfehlen.

Das Problem solcher Eltern ist oft, dass sie selbst in ihrer Kindheit keine Liebe erfahren haben. Sie haben die Unfähigkeit geerbt, Liebe zu zeigen. Es gibt drei Arten von Auswirkungen einer solchen Kindheit. Viele lieben tatsächlich ihre Kinder, bringen es aber nicht fertig, es auch zu zeigen. Dies ist wie mit dem oben genannten Kuchen im Kühlschrank. Manche reagieren unbewusst (selten einmal sogar bewusst) wie folgt: »Warum sollen meine Kinder Liebe haben, wenn ich keine hatte?« Somit rächen sie sich an ihren eigenen Kindern für die Lieblosigkeit ihrer Eltern – aber sie rächen sich an den Unschuldigen … Eine dritte, leider allzu seltene, Reaktionsweise ist: »Ich weiß, wie weh es tut, wenn man keine Liebe bekommt, deshalb sollen meine Kinder erst recht geliebt werden.« Wer so reagiert hat es geschafft, aus dem Teufelskreis auszubrechen und hat einen wichtigen Entwicklungsschritt geleistet!

Es ist nicht ungewöhnlich, dass Eltern von den Kindern Dankbarkeit erwarten. Sie sollen für die Eltern da sein, wenn diese alt sind. Sie haben doch den Kindern alles gegeben … Damit werden zur Manipulation Schuldgefühle geschürt. Oft haben sie wirklich sehr viel gegeben, nur gerade die Liebe nicht! Höchstens materiellen Liebesersatz. Und dafür soll man dankbar sein? Haben die Eltern keine echte Liebe mit Nähe und Zärtlichkeit gegeben, haben sie einen solchen Anspruch verwirkt! Es gibt Eltern, die ein Kind regelrecht erpressen. Eine Klientin hatte eine Mutter, die immer dann krank wurde, wenn die Frau in die Ferien gehen wollte. Sie wusste zu vereiteln, dass sie eine Beziehung mit einem Mann aufbaute. So fühlte sie sich gezwungen, auf ihre Ferien und auf eine Partnerschaft zu verzichten. Nicht selten gibt es verheiratete Geschwister, aber eine Tochter oder ein Sohn ist noch »übrig« und soll sich um die Eltern kümmern. Die verheirateten Geschwister haben natürlich keine Zeit und sind sehr damit sehr einverstanden … Das »übrig gebliebene« Kind wird regelrecht ausgenutzt und soll darauf verzichten, eine eigene Familie zu haben. Unbewusst geht es oft nach diesem Prinzip: »Ich habe wegen dir heiraten (oder verzichten) müssen, jetzt musst du für mich sorgen.«

Dies bedeutet natürlich nicht, dass wir unsere Eltern im Stich lassen sollen, aber wir sollen uns auch nicht derart aufopfern und ausnutzen lassen, dass wir auf unsere eigenen Bedürfnisse verzichten und das Recht auf ein eigenes Leben aufgeben. Eltern, die echt liebevoll waren, verlangen dies auch nicht – und dann sorgt man erst recht gerne und mit Liebe für sie –, sondern nur Eltern, die nicht lieben konnten und in ihren Kindern eher eine »Investition« für ihre Altersversorgung gesehen haben …

Der Körperkontakt zwischen Eltern und Kind ist äußerst wichtig (s. o.). In der Partnerschaft kommt eine andere Art von Körperkontakt als wichtiger Austausch von Seelenenergien hinzu: die liebevolle Sexualität. Wie steht es mit der Liebe, wenn diese ausgeklammert oder freudlos gestaltet wird? Kann man dann noch von einer Ehe reden, oder ist sie eher zu einer Wohngemeinschaft entartet (vgl. [19])?

Ein Problem hierbei ist, dass so wenig Menschen den Zusammenhang zwischen Sexualität und partnerschaftlicher Liebe verstehen. Die meisten Frauen werden durch Liebesäußerungen erregt und werden erst dadurch für die Sexualität bereit, aber viele Männer verstehen das nicht. Sie wollen gleich zur Aktion und halten diese für Liebe. Umgekehrt fühlen sie sich ungeliebt, wenn sie zu wenig

Sexualität bekommen. Der alte Spruch: »Der Weg zum Herzen des Mannes geht durch den Magen« stimmt so nicht, denn der wahre Weg geht ein gutes Stück weiter unten ... [20]. Die Psychologie der Sexualität kann verallgemeinert und vereinfacht wie folgt dargestellt werden:

Die Frau: »*Wenn du mich nicht liebst, kann ich mit dir nicht Sex haben*!«

Der Mann: »*Wenn du mit mir nicht Sex hast, kann ich dich nicht lieben*!«

Wie kommt man aus diesem Teufelskreis wieder heraus? Es gehören ja immer zwei dazu... Beide müssen sich hier zunächst auf halbem Wege begegnen. Der Mann muss seine Liebesfähigkeit entwickeln (die so weit nicht konkret mit Sex zu tun hat); die Frau muss erkennen, dass der Mann eine aktive sexuelle Zuwendung als Liebesbeweis erlebt. Jedoch: Wer will schon Sex mit einem Kühlschrank (s. o.) haben? Andererseits: Wie soll man die Kühlschranktür langsam öffnen können, zum Anfang wohl erst nur ein Stück?

Die Liebe hat eine besondere Eigenart: **Sie gedeiht nur im *Austausch*. Ist sie einseitig, verwelkt sie und stirbt ab.** Das bedeutet, dass die Liebe auch ihre eigene Ökonomie hat: ***Man bekommt nicht mehr Liebe, als man gibt!*** Wer keine geben (zeigen) will, kann keine erwarten. Es kann höchstens vorübergehend eine einseitige Liebe geben, aber in der Schlusssumme des Lebens gilt auf jeden Fall, dass man nur so viel bekam, wie man auch gab.

Es kann ausnahmsweise doch vorkommen, dass eine gezeigte Liebe nicht beantwortet wird. Die Enttäuschung darüber führt dann allzu leicht dazu, sich zu verschließen und Liebe nicht mehr zu zeigen. Dies ist aber ein Missverständnis. In so einem Fall ist die geliebte Person einfach nicht fähig, ihrerseits Liebe zu zeigen. Sie ist noch zu fest in eigenen Problemen verstrickt und ist nicht beziehungsreif. Wenn wir das verstehen, müssen wir uns nicht verschließen. Die gezeigte Liebe war auf jeden Fall nicht umsonst, denn die andere Person wird sie später verstehen und aus der Erfahrung vom Verpassten lernen. Unsere Liebe kommt dann woanders bald wieder an.

Sollten sich aber solche Erlebnisse wiederholen, müssen wir uns wohl fragen, ob es wirklich Liebe war, was wir zeigten. Vielleicht war doch noch etwas Egoistisches dabei – etwas Besitzergreifendes, zumindest unbewusste Bedingungen, und Ähnliches.

Viele sind gefühlsmäßig verkrüppelt und können mit Liebe nicht umgehen, besonders Männer. Sie haben dies oft von den Eltern geerbt. Man hält es für »Gefühlsduselei« und Schwäche, sanfte Gefühle zu zeigen. Darin entlarvt man aber seine wirkliche Schwäche! Die wahre Schwäche ist, sanfte und liebevolle Gefühle nicht zeigen zu wagen! Der wirklich starke Mensch kann auch seine sanften Gefühle zeigen und dazu stehen! Er geht aber vorsichtig mit »rauen« Gefühlen um. Darin zeigt sich die wahre Stärke! Der Macho ist kein echter Mann, sondern ein Gefühlskrüppel, der das Mannsein vorgaukelt …

Wenn es um die Liebe zum Mitmenschen geht, sind alle Menschen gleich: Wahre Liebe bedeutet: keine Diskriminierung! Wer anders ist (Religion, Hautfarbe, Kultur, Herkunft, Sprache) ist in keiner Weise weniger mein Geschwister in der Schöpfung! Dies ist ja ein Grundsatz des Christentums, an den sich sehr wenige Menschen halten. Viele, die sich für Christen halten, lieben eher nur die Mitglieder der eigenen Glaubensgemeinschaft und ihrer Familie, und das umso weniger, je größer der Abstand ist.

Damit ist man ein Scheinchrist oder Lippenbekenner! Ein Ego-Christ! Der wahre Christ zieht keine Grenzen und kennt keinen Unterschied. Der Türke, zum Beispiel, ist ihm genauso viel Mitmensch wie die eigenen Glaubensbrüder, und das ohne ihn bekehren zu wollen. Toleranz ist auch eine christliche Tugend!

Die Frage nach dem Tod

Wenn wir gestorben sind, müssen wir auf unser Leben zurückschauen. Wir werden kaum gefragt, aber es steigt in uns eine Frage auf. Diese lautet ganz bestimmt nicht: »Was hast du erreicht, was hast du erworben?« und auch nicht: »Wie oft bist du in die Kirche (in die Synagoge, in die Moschee) gegangen?« Nein, die Frage heißt: »Wie viel Liebe hast du gelebt und wo hast du in der Liebe versagt?«

Literatur und Anmerkungen

1. Devey, Janet und Rohan, Zina: »Stress and the Unborn«, in der Rundfunksendung *Bodytalk,* BBC 9.1.1987. Bericht über eine internationale Konferenz der *International Society for Prenatal and Perinatal Psychology.* Das Kind im Mutterleib wird seelisch verwundet durch Abtreibungsgedanken, Streit, Sorgen und Erwartung eines anderen Geschlechtes, als das Kind wirklich hat.
2. Fengier, Tobias: »Unerwünscht«, in: *Psychologie Heute,* Weinheim, Mai 1989, S. 34–39.
3. Fritsch, Sibylle: »Ohne Liebe bin ich futsch«, *Profil,* Wien, Nr. 18, April 1990, S. 68–69 und 71–73.
4. Lindencrona, Gösta: »Mammas pojke« (»Mutters Junge«), *Göteborg-Posten,* Göteborg (Schweden), 6.1.1991, S. 4. Über das

wachsende Bewusstsein der großen Wichtigkeit von Körperkontakt zwischen der Mutter und dem Kind sofort nach der Geburt. Bericht über eine psychologische Dissertation von Britt Wiberg in Umeå [5], der zufolge dieses Berührungserlebnis für Jungen noch wichtiger als für Mädchen wäre. In der ersten Stunde nach der Geburt wird das Kind in Bezug auf seine Beziehung zur Umwelt für das Leben geprägt, und es kommt hier auf den Hautkontakt an.

5. Britt Wiberg: *The First Hour of Life,* Umeå Printing Office, Umeå (Schweden), 1990.

6. Verny, Thomas: *Das Seelenleben des Ungeborenen,* Roger & Bernhard, München, 1981.

7. Tietze, Henry G.: *Botschaften aus dem Mutterleib,* Knaur TB, München, 1986.

8. Rutter, Michael: *Maternal Deprivation Reassessed,* Penguin, London, 2. Aufl. 1981. Der Autor weist auf viele bahnbrechende Arbeiten von John Bowley über Schäden durch Mütterlichkeitsentzug hin, wozu ich an erster Stelle die seelische Verarmung durch Mangel an Nähe, Zärtlichkeit und Körperkontakt rechne und viel weniger eine eventuell mangelhafte materielle Fürsorge, die nach meiner Erfahrung eine geringere Bedeutung hat, wenn nur Liebe und Nähe vorhanden sind. Das Materielle kann die Nähe nie ersetzen, Nähe und Liebe aber sehr gut das Materielle.

9. Ellneby, Ylva: *Om du inte rör vid mig så dör jag* (»Ich sterbe, wenn du mich nicht berührst«), Sveriges Utbildningsradio, Stockholm, 1994.

10. Verschiedene Artikel in: *The Journal of Regression Therapy,* APRT, Riverside CA, Vol. IV, Nr. 1, 1989.

11. Verbrugh, Hugo S.: *…wiederkommen,* Freies Geistesleben, Stuttgart, 1982.

12. Cabobianco, Flavio M.: *Ich komm' aus der Sonne,* siehe Kap. 15.

13. Der Versuch, auf diese Weise einen Partner an sich zu binden

(oder von einer Scheidung abzuhalten), schlägt fast immer fehl! Auch wenn es gelingt, den Partner hierdurch zur Ehe zu *zwingen*, wird diese in den seltensten Fällen glücklich! Im unbewussten Ich weiß ja der Partner genau über den Betrug Bescheid.

14. Jameison, Bryan und Boothby, Lee: *Abortion & Reincarnation*, Driftwood Publications, San Diego CA, 1990.

15. Griebl, Sarito G.: *Die Schwingen der Freiheit*, Selbstverlag, München, 1988.

16. Man fragt sich auch, weshalb es manche merkwürdige, mit Ausscheidungen verbundene Perversionen gibt. Könnte das zum Teil damit zu tun haben, dass viele nur als Kleinkinder und nur beim Wickeln angefasst wurden (da es dann der Mutter unvermeidlich war), aber sonst nicht? Entstand eine Verbindung Ausscheidung-Berührung? Heute haben Kleinkinder Kunststoffhöschen, früher hatten sie Gummihöschen. Hat das womöglich in ähnlicher Weise mit dem merkwürdigen Drang mancher Menschen zu tun, Latex-Unterwäsche zu tragen? Natürlich in dem Fall wieder in Verbindung mit Berührungsentzug außer beim An- und Ausziehen.

17. Ich machte einmal eine Rückführung mit einer Japanerin, die in der Kindheit unter extremer Berührungsarmut gelitten hatte. Das Kind wurde kaum angefasst. Sie sagte nachher, dass es so in Japan üblich sei. Es fiel mir ein, dass man wohl deshalb in den Sex-Shops im Flughafen Frankfurt auffallend viele Japaner sieht! Gibt es deshalb in Japan besondere Formen von Pornographie (zum Beispiel Porno-Mangas)?

18. Es ist interessant, dass die Mutter dem Vater dies in *französischer Sprache* sagte, damit die Tochter es nicht verstehen solle (es war in der deutschsprachigen Schweiz). Die Klientin versteht heute Französisch, erinnerte sich in der Rückführung an den *französischen* Wortlaut und *verstand den Sinn und damit die Rolle der Mutter erst jetzt*!

19. Meyer, Hermann und Eva-Maria: *Das Urprogramm der Partnerschaft*, Trigon, München, 2000.
20. Gray, John: *Mars, Venus und Eros. Männer lieben anders, Frauen auch*, Goldmann, München, 1999.

20 | Warum reinkarnieren wir? Vier »Faustregeln« der Wiedergeburt. Neues Karmagesetz?

Ich will hier ein Bild vom Phänomen der Reinkarnation skizzieren, wie es sich mir vor dem Hintergrund einer sehr großen Menge von Erfahrungsmaterial abzeichnet. Einige mir sehr oft gestellte Fragen werde ich in diesem Zusammenhang ebenfalls beantworten.

Seelenschule

Die wiederholten Erdenleben kann man wie die aufeinander folgenden Klassen einer Schule für die Seele auffassen. Wie in der wirklichen Schule, kann es auch hier sein, dass man eine Klasse wiederholen und eine ähnliche Erfahrung noch einmal durchmachen muss. Es ist auch möglich, erst einmal wieder zurückgestuft zu werden oder in außergewöhnlichen Fällen durch eine besonders rasche Entwicklung sozusagen eine Klasse überspringen zu dürfen.

Jede Inkarnation hat ihre eigene Erfahrungsthematik, die von einem Leben zum nächsten wechselt. Oft ist ein Lernthema nicht mit einer einzigen Inkarnation abgeschlossen und setzt sich dann vielleicht erst im dritt- oder viertnächsten Leben fort. Dazwischen liegen Leben mit Erfahrungen anderer Art. Die sich so abwechselnden Themen fließen im Laufe vieler Leben allmählich ineinander und eine entwickelte Wesenheit reift heran.

Dieser Themenwechsel von einem Leben zum nächsten erklärt, warum wir die Ursache eines Problems des heutigen Lebens (sofern sie überhaupt in einem früheren Leben liegt) meistens nicht im unmittelbar vorausgehenden Leben finden, sondern in einer Verkörperung, die oft drei oder vier »Schulklassen« zurückliegt. Damals hatte man schon mit einer Erfahrung ähnlicher Art wie heute zu tun, und jenes Leben wird einen größeren Einfluss auf unsere heutige Aufgabenstellung haben als die dazwischen liegenden.

Die Hauptlektion

Die wichtigste Lektion in dieser Seelenschule, die sich in verschiedenen Variationen wiederholt und wie ein roter Faden durch alle Erfahrungen geht, ist die, dass wir die uneingeschränkte, vorbehaltlose Liebe für alle unsere Mitmenschen erlernen müssen. Das Bewusstsein, dass wir alle Geschwister aus dem gleichen Göttlichen Licht sind, muss – durch viele Phasen der Verdunkelung durch Vorurteile, Grenzziehung und Hass hindurch – nach und nach in uns erwachen. Wir müssen lernen, diese Liebe zum Gesetz unseres Lebens zu machen und danach zu handeln. Nicht vom Kopf her, sondern aus dem Herzen, voll tiefen Verständnisses und Mitgefühls für den anderen und aus der inneren Erkenntnis seiner göttlichen Natur.

Wer allerdings aus purer Berechnung den »guten Menschen« mimt und sich ein gutes Karma einhandeln will – in einer Art von weiter vorausschauendem Egoismus –, der hat sich verrechnet. Die Lektion ist eigentlich nur dann wirklich gelernt, wenn sie in unsere Natur so integriert ist, dass wir gar nicht anders *können* als zu lieben. Wer auf den

Lohn für seine erbrachte »Liebesleistung« schielt, wird ihn nicht bekommen; dies widerfährt nur demjenigen, der nicht damit rechnet (vgl. [1]). Übrigens ist diese Art von »interdimensionalem Egoismus« keine seltene Erscheinung in der Esoterik-Szene. Doch wer wäre schon ganz frei davon und möchte den ersten Stein werfen?

»Wir sehen nur mit dem Herzen gut. Das Wesentliche ist für die Augen unsichtbar.«

(Antoine de Saint-Exupéry: *Der kleine Prinz*, XXI)

Wie sich diese Hauptlektion in Reinkarnationserfahrungen ausprägt, kann durch eine empirisch bestätigte, verallgemeinerte Faustregel ausgedrückt werden:

Faustregel 1
Zu jenen Menschen, die du am meisten verachtest, hasst, erniedrigst oder ausnutzt, wirst du selbst geboren werden!

Aufgrund derselben Gesetzmäßigkeit werden Weiße zu Schwarzen, ausbeuterische Reiche zu Bettlern, patriarchalische Männer zu Frauen, Männer hassende Emanzen zu Männern, Sklaventreiber zu Sklaven, leichtfertig Urteilende zu unschuldig Verurteilten ... Wie viele Deutsche werden wohl das nächste Mal als Türken und wie viele Schweizer als Tamilen geboren werden?*

Hierzu zwei Beispiele aus meinen Erfahrungen: Ein farbiger Schweizer – er hatte einen weißen Vater und eine schwarze Mutter – wollte wissen, weshalb er mit seiner Hautfarbe in der Schweiz leben und darunter leiden muss-

* Die negativen Gefühle mancher Deutscher für türkische Einwanderer und deren Nachkommen wird auch außerhalb Deutschlands bekannt sein, hingegen außerhalb der Schweiz nicht so sehr die dortige Diskriminierung tamilischer Flüchtlinge aus Sri Lanka.

te. Er erlebte bei der Rückführung, wie er in seinen drei letzten Leben Menschen diskriminierte. Im unmittelbar vorausgehenden Leben war er ein Amerikaner, der Schwarze verachtete. Diese Zusammenhänge wurden ihm selbst spontan in der Rückführung klar: »Jetzt verstehe ich! Ich muss heute das Gleiche an meiner eigenen Haut erleben.«

Eine Frau wurde im früheren Leben durch ein leidvolles Schicksal zu einer Prostituierten, da sie in ihrer Not keinen anderen Ausweg zum Überleben sah. Auf die Frage an den Helfer, warum sie das habe erleben müssen, antwortete dieser: »In einem Leben davor warst du ein mächtiger Mann, der Prostituierte rücksichtslos verurteilte und sie grausam bestrafen ließ. Du solltest lernen, dass solche Frauen auch Menschen sind!«

Die Reihe ähnlicher Beispiele ließe sich beliebig fortsetzen: Der Soldat, der an der Front im Kampf gegen den vermeintlichen Feind fällt, wird nicht selten auf der anderen Seite der Front wiedergeboren. So kann seine Seele lernen, dass es auf einer höheren Ebene keine Feinde gibt. Der Begriff »Feind« ist eine menschliche Erfindung, die es uns ermöglicht, uns in ungerechtfertigter Weise von Mitmenschen abzugrenzen. Die Seele lernt so, auch jene vormals verachteten Menschen zu lieben, da sie ja nun selbst einer von ihnen ist, *solche* Menschen als Eltern hat und einen *solchen* Menschen heiratet.

Ich führte im Mai 2000 einen Kurs durch und lernte dabei eine Reinkarnationstherapeutin kennen. Vor mehreren Jahrzehnten wurde das Volk ihres Landes verfolgt und Opfer eines umfassenden Völkermords. Sie erzählte, dass sie in ihrer Praxis einige junge Klienten gehabt habe, die in ihrem Vorleben zu den Verfolgern gehörten! Nun sind jene also selbst unter den Menschen geboren, die sie einmal verachtet und verfolgt haben. Hoffentlich muss dies keine leidvolle Erfahrung für sie sein, aber es ist in jedem Fall auf der Seelenebene eine lehrreiche: Wir sind alle Mitmenschen, und zwar über alle ethnologischen Grenzen hinaus! Die handgreiflichen Mörder in jenem Wahn werden allerdings kaum darunter sein, weil sie wahrscheinlich woanders ein weit schwereres Karma absolvieren müssen.

Bryan Jameison hat diese Faustregel einmal so formuliert: ***»Du wirst selbst das sein, was du heute hasst.«*** Man könnte es auch so formulieren: ***»Du wirst selbst einer jener Menschen sein, bei denen du in Liebe und Mitmenschlichkeit am meisten versagt hast.«***

Wenn wir kurzsichtig anderen Menschen etwas antun, müssen wir auch mit den Folgen rechnen. Wir besitzen zwar die Wahlfreiheit, wenn es um unser Handeln geht, aber diese Freiheit geht nicht so weit, dass wir auch die Folgen unserer Taten »abwählen« können. Wollen wir unser Fehlverhalten nicht einsehen, so werden wir die Tat in gleicher oder ähnlicher Form an uns selbst erleben müssen – nicht als »Strafe«, sondern als Lektion, um endlich begreifen zu lernen, was man vorher nicht verstehen wollte. Demnach können wir als weitere Faustregel formulieren:

Faustregel 2
Was du anderen tust, wird auch dir getan werden.

Damit dieses Gesetz erfüllt werden kann, muss es aber wiederum einen Täter geben, und auch dieser wird dann in der Folge wieder zum Opfer werden. Eine endlose Kette von Schuld und Leid? Es gibt nun einmal leider keinen Mangel an potenziellen Tätern in dieser Welt, die noch voll von unentwickelten Seelen ist. Da dies so ist, scheint das Schicksal sehr geschickt darin zu sein, diesen Personen mit

Disposition für die Täterrolle dann solche Seelen als Opfer zuzuspielen, die jene Erfahrung brauchen.

Das, was ich hier »Schicksal« genannt habe, ist unser eigenes unbewusstes Ich, das sich, um die erforderliche Lektion erteilt zu bekommen, den passenden »Lehrmeister« selbst aussucht. Wie anders sollte man zu der Erfahrung kommen, die im Leben ganz oben auf der Liste der »Ausbildungsinhalte« steht? Wie schon erwähnt gibt es als Alternative allerdings noch die Möglichkeit, sich selbst etwas anzutun, also Opfer und eigener Täter zugleich zu sein, oder auch Opfer von Umständen zu werden.

Es scheint sogar, als ob wir in unserem unbewussten Ich in vielen Fällen eine Art Sehnsucht danach verspüren, selbst zu erfahren, was damals in unserem Opfer vorging. Ein sonderbares Beispiel aus dem Erfahrungsschatz von Bryan Jameison sei dazu angeführt:

Ein Mann liebte als Freizeitaktivität das Fallschirmspringen. Er brachte sich dabei immer mehr an die Grenze des Gefährlichen und löste, wie unter einem geheimnisvollen Zwang, den Fallschirm immer später aus. Er begriff irgendwann, dass dieser offenbar unwiderstehliche Trieb ihn in Todesgefahr bringen konnte, und suchte Hilfe. In einem früheren Leben, so stellte sich nun heraus, war er Bergsteiger gewesen. Mit der damaligen primitiven Ausrüstung bestiegen er und ein Freund mit einem Seil aneinander gebunden einen Berg. Der Freund rutschte aus, blieb im Seil hängen, und der Mann konnte sich gerade noch an einen Felsen klammern. Seine Kräfte ließen allmählich nach, und er sah ein, dass sie bald beide abstürzen müssten. Der Freund würde auf jeden Fall fallen. Es gab keine Chance, ihn zu retten. Was er allein noch tun konnte, war, sich selbst zu retten. So schnitt er mit sehr großen Schuldgefühlen das Seil durch und sah mit Entsetzen den Freund fallen. In ihm hallte die Frage nach, was der Freund wohl jetzt fühlte.

Im jetzigen Leben suchte der Mann durch das späte Auslösen seines Fallschirms die Antwort auf diese Frage.

Lernen wir wirklich aus solchen Erfahrungen?

Manche fragen, wie solche Erfahrungen überhaupt lehrreich sein können, wenn man nicht weiß, warum man sie haben soll, und sie im nächsten Leben wieder vergessen hat. Im unbewussten Ich wissen wir aber, weshalb wir diese Lektion brauchen. Wir tragen nachher auch die Erfahrung als unbewusste Erinnerung mit uns. Es ist nur das bewusste Ich, das dies alles nicht weiß. So wie ein traumatisches Erlebnis im früheren Leben heute Angstreaktionen hervorrufen kann (wer zum Beispiel damals von Wölfen getötet wurde, kann heute eine panische Angst vor Hunden haben), führen lehrreiche, entwickelnde und positive Erfahrungen, die wir in uns als verborgene Erinnerungen tragen, zum Heranreifen eines besseren Charakters.

Nicht selten verbinden sich beide Arten des Nachwirkens miteinander. Das traumatische Erlebnis war eine Lektion, aus der meine Seele zwar im positiven Sinne gelernt hat, die aber auch mit unangenehmen Nebenwirkungen verbunden war, die bis heute andauern.

Jemand nahm zum Beispiel an Pogromen teil und brachte Juden um. Später war er selbst Jude und erlebte das Verfolgtsein am eigenen Leib. Sein Leben endete im Feuer, als man sein Haus anzündete. Heute hat er in sich ein Gefühl, das ihm sagt, dass Menschen anderen Glaubens und anderer Kulturen gleichwertig sind und dass ihre Verfolgung eine große Ungerechtigkeit darstellt; es ist ihm aber auch eine panische Angst vor dem Feuer geblieben.

In der Rückführung helfen wir ihm nicht nur, seine Feuerangst loszulassen, sondern geben ihm auch die Möglichkeit, sich den eigentlichen Sinn jener Lektion bewusst zu machen.

Was ist eigentlich das Gewissen? Sicher nicht nur das, was uns durch Erziehung und Schule gelehrt wird, sondern vielmehr das ***ge***sammelte ***Wissen*** aus allen Erfahrungen, die wir am eigenen Leib gemacht haben. Wir lernten damals auf oft schmerzliche Weise, dass man so mit Menschen nicht umgeht, und heute sagt uns das ein Gefühl in uns.

Lernen wir nur durch Leid?

Leid ist sicher nicht der einzige, aber offenbar der häufigste Weg für das Lernen zum Zweck der Seelenentwicklung. Dies funktioniert in etwa nach dem Prinzip: *»Wer nicht verstehen will, muss fühlen.«* Das Ego ist meist zu träge und unwillig, die wesentlichen Wahrheiten anzunehmen, um die es hier geht. Sie sind ihm zu unbequem, und so projiziert es lieber den eigenen Schattenanteil auf andere. In gleicher Weise neigt das Ego dazu, das Wesentliche des Lebens – zumindest vorübergehend – wegzudrängen und sich mit der materiellen Scheinwelt zu begnügen.

Es wählt somit den längeren Weg zum Ziel: Dass etwas falsch ist, lernt es, indem es das Falsche zuerst tatsächlich tut – und hinterher die Folgen dafür trägt. Es beruhigt sich zuerst damit, dass diese Folgen ja erst viel später oder vielleicht sogar überhaupt nicht eintreten müssten.

Diese Haltung lässt schließlich keine andere Möglichkeit offen als das Lernen durch schmerzhafte Opfererlebnisse. Wenn also die Mehrheit der Seelen am ehesten durch Leid lernt, kann man eigentlich sagen, dass sie dies so *gewollt* haben. Dies ist natürlich kein Grund dafür, ihnen jegliches Mitgefühl zu verwehren. Wären wir denn sonst besser als sie?

Zweck des Inkarnationsweges ist nicht das Leid an sich, sondern das Prinzip der Wandlung. Wie könnte man sich auch entwickeln, wenn man immer der Gleiche bliebe? Wer fähig ist, sich freiwillig zu wandeln, muss nicht leiden. Leid entsteht besonders aus dem Widerstreben gegen die Notwendigkeit, sich zu wandeln. Widerstand verursacht nur noch größeren Schmerz.

Ist leidvolles Karma nicht grausam?

Wir urteilen schnell, wenn es um die »Schuld« anderer geht, und sind sofort empört, wenn die weltliche Justiz einem Verbrecher eine »zu geringe Strafe« auferlegt. Mit der gleichen Vehemenz weisen wir jedoch Anschuldigungen zurück, wenn es um uns selbst geht, und sind empört über die Zumutung, für unser eigenes Fehlverhalten »bestraft« zu werden. Der Eindruck von Grausamkeit entspringt bei diesem Thema größtenteils unseren Ängsten angesichts der Möglichkeit, einmal selbst leiden zu müssen.

Nun gibt es unbestreitbar eine erschreckende Menge Leid in dieser Welt – aber wäre es nicht noch viel furchtbarer, wenn all dieses Leid grund- und sinnlos wäre?

Im Osten herrscht die Auffassung, dass das Karma unausweichlich sei. Den Folgen der eigenen Taten könne man niemals entgehen. Das Bild, das sich aus den Rückführungserlebnissen herauskristallisiert, ist aber ein anderes. Wer die eigene Verfehlung einsieht und bereut, muss keine entsprechenden Folgen erleiden. Er braucht doch keine Lektion mehr! Wer sich aber gegen diese Einsicht sträubt und nur Rechtfertigungen und Ausreden kennt, für den wird eine entsprechende Lektion allerdings unausweichlich sein. Es kommt allerdings vor, dass ein unbewusstes Schuldgefühl wegen vergangener Vergehen eine Lektion heranziehen will, obwohl sie nicht nötig wäre. Das ist auch wieder ein Grund, weshalb es wichtig ist, nicht mehr nötige Schuldgefühle loszulassen.

Sollen wir überhaupt helfen?

Wenn wir dem Leidenden helfen, verhindern wir dann nicht eine für ihn notwendige Erfahrung? Eine heikle Frage! Die in östlichen Ländern nicht ungewöhnliche Haltung, nicht in das Karma des anderen eingreifen zu wollen (sprich: ihn mit seinem Leid allein zu lassen), entspringt entweder einem Missverständnis oder einem egoistischen Missbrauch der Lehre.

Dazu ist Folgendes zu sagen: Erstens: Wenn ich helfen kann und es nicht tue, habe ich selbst in der mitmenschlichen Liebe versagt und mir durch diese Unterlassungstat mit hoher Wahrscheinlichkeit ein späteres Opfererlebnis eingehandelt. Zweitens: Für den Leidenden kann die Lektion nur noch vertieft werden, wenn er dabei hilfreiche, lindernde oder vielleicht sogar rettende Liebe erfährt. Seiner Seele wird dann ein lehrreiches positives Beispiel vorgeführt.

Nach allem, was bisher angesprochen wurde, dürfte auch die dritte Regel keine Überraschung mehr sein:

Faustregel 3
Opfer und Täter kommen wieder zusammen.

Opfer und Täter begegnen sich wieder. Der Täter, weil er dem Opfer etwas antat und seine Seele es nötig hat, dass *ihr verziehen* wird; das Opfer, weil es den Täter dafür hasste (oder sonst negative Gefühle für ihn hatte) und deshalb lernen muss *zu verzeihen.*

Liebe ist zwar die stärkste Kraft im Universum, aber wenn es um die Beziehung zwischen zwei Seelen geht, bindet Hass sie in einem gewissen Sinne noch stärker aneinander. Hass ist wie eine pervertierte Art, sich an die andere Seele zu klammern. Demjenigen, den wir lieben, *dürfen* wir wieder einmal begegnen, aber demjenigen, den wir hassen, *müssen* wir wieder begegnen. Wir hängen wie mit Stahlseilen angebunden an einer Seele, von der wir frei sein möchten. Es gibt aber nur einen einzigen Weg, um frei zu werden: das Verzeihen! Erst wenn der Täter und seine Tat unser Denken und Fühlen nicht mehr vereinnahmen, sind wir wirklich frei.

Hass verschließt das Herzchakra, Liebe öffnet es. Verzeihen ist ein notwendiger Schritt zum Öffnen des Herzchakras.

Bei einem Vortrag fragte eine Frau: »Wenn ich meinem Mann verziehen habe, muss ich ihn dann nie wieder sehen?« Nun, wenn man das Verzeihen *so* falsch versteht, wird man mit Sicherheit wieder einmal zusammenkommen müssen! Echtes Verzeihen bedeutet ja per definitionem, dass man sich auf eine Wiederbegegnung sogar freut! Andernfalls handelt es sich ja nur um ein scheinbares Verzeihen, das dem taktischen Zweck dient, jemanden loszuwerden.

Begegnet man denn keinen »verflossenen Lieben« wieder?

Natürlich begegnen wir auch Seelen, die wir früher lieb hatten. Es scheint aber eine höhere Priorität zu haben, dass wir *erst* die unangenehmen Aufgaben mit anderen Seelen hinter uns bringen. Danach ist die Wiederbegegnung mit alten Freunden und Lieben umso ungetrübter.

Faustregel 4
Was du genommen hast, musst du wieder zurückgeben.

Diese Faustregel mag sich zunächst einmal auf materielle Aspekte beziehen, weil auch dies mit Fehlverhalten und seelischer Verletzung zu tun hat. Hat man jemanden ausgebeutet, so kann es sein, dass man ihn in einem anderen Leben unterstützen muss.

Aber in erster Linie geht es hier um andere Werte: Wer jemandem das körperliche Leben nimmt, wird es ihm oft wieder zurückgeben müssen – das damalige Opfer wird nicht selten zum Kind des ehemaligen Täters. Wer jemandem die Freiheit genommen hat, wird sich vielleicht später, wenn die Seelen wieder zusammen sind, für dessen Freiheit einsetzen müssen. Geraubte Gelegenheiten werden wieder zurückgegeben.

Warum sind dazu Verkörperungen nötig?

Wenn in einer Verkörperung Übles getan wurde und deshalb entsprechende Folgen erlebt werden sollen, müssen diese Folgen meistens auch in einer Verkörperung erlebt werden. Im körperlosen Seelenzustand gibt es nämlich die Art von Erfahrung nicht, welche zur benötigten weiterentwickelnden und heranreifenden Lektion werden soll. Es gibt keinen Hunger, keine Armut, keine Krankheit, keine Behinderung, keine Eifersucht, keine Demütigung, keinen Streit, keine Rassenkonflikte, keine Glaubenskonflikte, keine sexuellen Konflikte, keine Machtkonflikte, keine Besitzansprüche, keine Freiheitsberaubung, keine physischen Schmerzen, keine Feindschaft, keine Gier ... man kann nicht getötet, geschlagen, betrogen, gequält, eingesperrt, unterdrückt, ausgenutzt, diskriminiert ... werden. Solche Erfahrungen sind dort einfach nicht möglich. Es gibt dort keine Täter. Im Zustand der Seele zwischen zwei Inkarnationen hört die Trennung zwischen dem egohaften bewussten und dem unbewussten Ich auf. Es gibt deshalb kein unbewusstes Ich, da es nicht mehr unbewusst ist. Das Ego muss sich unserem eigentlichen Selbst, der Seele – oder besser: unserem Höheren Selbst – unterordnen. In der Verkörperung hingegen hat das Ego die größere Macht über uns und die Seele ist vergessen. Die Folgen von dem, was wir getan haben, müssen auf jener Ebene erlebt werden, auf der es getan wurde.

Was können wir dann tun?

Wir wissen wohl alle, wie schwer es ist, dem Ego zuwiderzuhandeln. Wer von uns kann schon das Gegenteil behaupten? Obwohl ich in meinem Inneren weiß, wie ich hätte handeln sollen, mache ich immer wieder Fehler. Wer meint, keine Fehler zu machen, sieht sie nur nicht. Keiner kann sich von heute auf morgen ändern, aber jeder kann sein Bestes tun.

Voraussetzung ist allerdings, unsere Fehler auch einzusehen, denn hätten wir sie nicht, wären wir wohl gar nicht inkarniert!

Es werden von uns keine Wunder erwartet. Wer könnte denn auch mehr als sein Bestes tun? Ist wenigstens die Absicht wahrhaftig gut gewesen, wird uns kaum zur Last gelegt werden, wenn wir die Situation falsch einschätzten. Es sei denn, wir würden uns selbst betrügen, Ausreden gebrauchen und unsere Motive beschönigen.

Was zählt, ist, wie gut ich es mit *anderen* meinte, nicht mit mir selbst. Um ein etwas extremes Beispiel anzuführen (das allerdings auf tatsächlichen Erfahrungen in Rückführungen beruht): Es ist richtig zu töten, wenn man *nur* auf diese Weise *andere* retten kann, aber es ist besser, sich töten zu lassen, wenn es lediglich um das eigene Leben geht.

»Wer immer strebend sich bemüht, den können wir erlösen!«
(Johann Wolfgang von Goethe: *Faust*, 2. Teil, 5. Akt)

Sollte die Welt nicht besser sein?

Wenn wir alle im Laufe vieler Erdenleben unsere Lektionen haben, warum ist dann die Welt, wie sie ist? Auf den ersten Blick scheint es, als ob wir keinen moralischen und ethischen Fortschritt gemacht hätten. Ich denke aber doch, dass wir das haben. Das Bewusstsein für soziale Fragen, Weltpolitik und Frieden ist – so sehr es auch noch immer von Gier, Selbstsucht, Machtwahn und nationalem Egoismus überschattet wird – doch heute unvergleichlich entwickelter als noch vor hundert Jahren. Dafür haben die Menschen allerdings destruktive Gewalten entfesselt, die bisher unvorstellbar gewesen waren. Früher wurde ein Krieg von Mann zu Mann ausgefochten; heute genügt ein Knopfdruck von einem Schreibtisch aus, um Millionen von Menschen nuklear zu vernichten. Die wirtschaftliche Macht ist in den Händen weniger konzentriert, welche die Geschehnisse auf der Welt demzufolge umso mehr manipulieren können. Vor hundert Jahren, als es noch keine Konzerne und Großbanken gab, war sie in Handel und Handwerk meistens gerechter verteilt. So bewusst auch viele Menschen in den letzten Jahrzehnten geworden sind, diejenigen, die Politik und Wirtschaft beherrschen, verfügen über bisher noch nie da gewesene Mittel zur Ausübung von Kontrolle und Zwang. Die Methoden von Manipulation, Desinformation, Drohung und Terror sind massenwirksamer und daher zum Teil subtiler und hinterhältiger geworden.

Schauen wir uns den Irak-Krieg an! Saddam Hussein war ohne Zweifel ein grausamer Diktator. Jedoch: Der Krieg als Mittel entspricht einer primitiven Denkweise auf Steinzeit-Niveau! Massenhafte Demonstrationen in aller Welt zeigen, dass dies der Menschheit heute in großem Maße bewusst ist. (Auch wenn sie leider nichts genutzt haben, da die Machthaber zu den Ewiggestrigen gehören.) Wer hätte aber schon zum Beispiel gegen Napoleons Feldzüge oder den Dreißigjährigen Krieg demonstriert? Abgesehen davon, dass solche Meinungsäußerungen heute überhaupt möglich sind. In früheren Zeiten wären sie mit Todesgefahr verbunden gewesen.

Es scheint leider so zu sein, dass eher die unentwickelten Seelen nach Macht streben. Entwickelte Seelen interessieren sich dafür nicht, sind aber eher bereit, menschliche Verantwortung im persönlichen Bereich zu übernehmen.

Es gibt deshalb eine starke Tendenz dazu, dass in unserer heutigen Welt die Macht in falsche Hände gerät. Uns fehlt dann meistens der Mut, uns ihr zu widersetzen.

Vielleicht besteht eine wichtige derzeitige Lektion für die Menschheit darin, dass wir immer nach unserem Gewissen handeln sollen – auch wenn es uns das Leben kosten kann. Es gibt nun einmal keine ethisch glaubwürdige Entschuldigung dafür, Falsches mitzumachen, nur weil man Angst um Stellung, Arbeit und Leben hat. Das Ego bewertet das körperliche Dasein und den materiellen Wohlstand übermäßig hoch und vergisst dabei, dass die Seele unsterblich ist und irgendwann alles zurücklassen muss. Ob der Körper überlebt oder nicht, ist auf der Seelenebene vergleichsweise unbedeutend, ob man nach ethischen Kriterien richtig gehandelt hat aber nicht. Sicher bedeutet es auch eine Lektion der heutigen Zeit für die Menschheit, dass eine Gesellschaft, die Macht in diesem Ausmaß ermöglicht, am Ende daran scheitern muss. Mahatma Gandhi lehrte uns das Prinzip des Nichtmitmachens und besiegte ohne Waffen die englische Herrschaft über Indien. Dieses Prinzip »funktioniert« auch in unserer heutigen Gesellschaft, wenn es darum geht, Machtstrukturen zu überwinden. Es kostet aber womöglich noch mehr Mut als der letzten Endes fruchtlose Versuch, Macht mit Macht austreiben zu wollen. Die gleiche Macht in neuen Händen wird sich dann ebenso destruktiv auswirken.

»Sorget nicht für euer Leben, was ihr essen und trinken werdet. Auch nicht für euren Leib, was ihr anziehen werdet. Ist nicht das Leben mehr denn die Speise? Und der Leib mehr denn die Kleidung?«

(Jesus: *Bergpredigt*, Mt 6,25)

Für die heutige Welt mag dieses Bibelzitat wohl bedeuten: Ernähre und kleide dich und deine Familie nur so, wie es mit deinem Gewissen voll verantwortbar ist. Ein höherer Lebensstandard rechtfertigt niemals die Mitarbeit in Waffenexport oder in der Produktion von umweltschädigenden Chemieprodukten, um nur zwei Beispiele zu nennen.

Unser Karma mit der Erde

Die rücksichtslose Ausbeutung und Zerstörung der Natur, der wir uns im 20. Jahrhundert schuldig machten und noch machen, kann nicht ohne Folgen für die Menschheit bleiben. Jeder von uns ist daran beteiligt. Wir arbeiten mit in der Produktion all jenes nutzlosen und schädlichen Krams, der nie hätte hergestellt werden sollen. Wir konsumieren Erzeugnisse, die keiner wirklich braucht – auf Kosten der Natur. So werden wir wohl mancher vorausgesagten Katastrophe kaum entgehen können. Wir haben offenbar schon die Gelegenheit verpasst, rechtzeitig aus solchem Produktions- und Konsumverhalten auszusteigen. Die Natur wird sich gegen uns wehren müssen, damit sie – auch im Interesse künftiger Generationen – überleben kann, und wir werden es wahrscheinlich noch im Verlauf *dieser* Inkarnation erleben! Das ist eine unmittelbare Wirkung unseres Karmas mit der Erde. Haben wir deshalb den Rinderwahnsinn, AIDS und die Vogelgrippe?

Aber sollten wir diese Entwicklung ausschließlich negativ bewerten? Wenn wir unser destruktives Verhalten nicht ändern wollen (die verhältnismäßig wenigen, die es wollen, haben leider dort keinen Einfluss, wo die Entscheidungen getroffen werden) und deshalb etwas Höheres eingreifen muss, um die nötige Veränderung zu erzwingen, bevor es zu spät ist: Ist dies dann nicht die *Rettung der Erde*?

Mögliche kommende Krisen erscheinen uns nur deshalb katastrophal, weil wir uns gegen unsere eigene Rettung wehren. Die Rettung der Erde ist auch die Rettung der Menschheit, die sich nur dann weiterhin auf dieser Erde inkarnieren kann. Dass das Rettende auf *diese* Weise kommen muss, geschieht deshalb, weil wir es nicht anders gewollt haben. Unser Tanz um das goldene Kalb ist zum Totentanz der Menschheit geworden.

Die prophezeiten Ereignisse werden nicht zwingend eintreten, aber einige wohl mit mehr oder weniger großer Wahrscheinlichkeit. Wir hatten die Chance, unser Leben und Verhalten zu ändern, und wir nutzten sie nicht. So steht deshalb vielleicht eine besonders große Lektion von globalem Ausmaß bevor. Wenn wir aber wissen, dass nur der Körper sterben kann, nie jedoch die Seele, sollten wir eine solche Lektion eigentlich den Umständen entsprechend »gelassen« annehmen können. Was demnächst bevorstehen mag, ist nicht nur der Tod eines in die Sackgasse geratenen alten Zeitalters, sondern auch die Geburt eines neuen. Es kann nach Abschluss der Geburtswehen nur noch besser werden!

Die Reinkarnation im neuen Zeitalter

Ich glaube, dass die Reinkarnation im kommenden neuen Zeitalter eine verwandelte Gestalt annehmen wird. Wir werden immer noch wiederverkörpert werden, aber das Karmaprinzip wird sich sicher ändern. Man kommt nicht um die Erkenntnis herum, dass die bisherige Praxis des Karmavollzugs einen bitteren Nachgeschmack von Vergeltung hat, auch wenn es sich in Wirklichkeit dann um eine selbst gewählte Vergeltung handelt. Wie bei manchen zweifelhaften schulmedizinischen Medikamenten treten dabei starke Nebenwirkungen auf. Jeder Rückführungstherapeut kann ein Lied davon singen, denn seine Aufgabe ist es ja, jene Schatten karmischer Belastungen aus der Seele seiner Klienten zu verscheuchen.

Es scheint, als ob im Laufe der Zeit das Gewicht jener Nebenwirkungen – im Vergleich zu den eigentlich beabsichtigten Wirkungen (den angestrebten Lerneffekten) – immer mehr zugenommen hätte. Das Karmaprinzip in seiner bisherigen Wirkungsweise häuft ein Ausmaß an Leid innerhalb der Menschheit an, das immer weniger in einem sinnvollen Verhältnis zur Lektion steht, die dadurch gelernt werden soll (auch wenn nie wirklich ohne Grund gelitten wird). Kurz gesagt: Das Karmaprinzip fängt an, kontraproduktiv zu wirken. Es tendiert teilweise gewissermaßen zu einem Teufelskreis. Leid kann auch verbittern und »verbösen« und schon daher zu neuen schlechten Taten führen.

Im neuen Zeitalter wird die Menschheit vom Christusbewusstsein durchdrungen sein. Wer bis dahin dieses Bewusstsein nicht angenommen haben wird, dürfte wohl an einem anderen Ort (also nicht auf dieser Erde) einen Reinkarnationszyklus nach dem alten Karmaprinzip durchlaufen müssen. In einer vom Christusbewusstsein durchdrungenen Menschheit wird sich dieses Prinzip aber aus naheliegenden Gründen wahrscheinlich fundamental ändern müssen. Christusbewusstsein bedeutet, nach dem Gesetz der *Liebe zum Mitmenschen* zu leben. Man muss nicht als Christ aufgewachsen sein, um dies zu verstehen. Auch der Muslim, Hindu, Buddhist, Jude, Atheist, oder wer auch immer zu dieser Liebe findet, hat das Wesentliche daran ebenso erfasst. Er wird dafür nur nicht die gleichen Begriffe verwenden, die bei uns geläufig sind. Gandhi war ein besonderes Beispiel dafür (und bekam daher mit Recht den Titel eines Mahatma, einer »großen Seele« verliehen).

Michael Newton hat zu diesem Thema eine interessante Bemerkung [2]: »Mehrere meiner mehr fortgeschrittenen Hypnotisanden sagten aus, dass es in der geistigen Welt eine wachsende Bewegung gäbe, um ›die Spielregeln auf der Erde‹ zu ändern. Diese Personen sagen, dass ihre Seelen in früheren Kulturen weniger über das Selbst und das Zwischenleben vergessen hatten. Es sieht so aus, wie wenn in den letzten Jahrtausenden unsere unsterbliche Erinnerungen auf der bewussten Ebene fester blockiert waren. Dies hat zum Verlust des Glaubens in unserer Fähigkeit zur Selbsttranszendenz beigetragen. Die Erde ist voll von Menschen, die dem Leben gegenüber eine leere Hoffnungslosigkeit fühlen. Der Mangel an Verbindung mit unserer Unsterblichkeit und der Zugang zu bewusstseinsverändernden Drogen sowie die Überbevölkerung haben dort oben zu Beunruhigung geführt. Es wurde mir gesagt, dass eine größere Anzahl von Seelen, die in den letzten Jahrhunderten mehrere Inkarnationen auf der Erde hatten, bei Gelegenheit lieber die Chance nutzen, um in weniger stressigen Welten weiterzumachen.«

Demnach würde sich das Menschheitsbewusstsein ändern, was auch aus anderen Quellen vorausgesagt wird. Es wäre in einer Zeit, die noch kommen wird, keine Seltenheit mehr, dass man sich von selbst aus an frühere Existenzen erinnere, sondern es würde immer gewöhnlicher. Deshalb würden die Menschen ihre Schicksale auch besser verstehen. Man kann darum sehr wohl postulieren, dass die Entdeckung und Ausarbeitung der Rückführung im 20. Jahrhundert dazu ein göttlich gewollter Vorläufer ist.

Auf jeden Fall: Eine Änderung »der Spielregeln« dürfte überfällig sein …

Christliche Grundwerte

Die oben angegebenen Faustregeln stimmen auffallend mit den Grundprinzipien der christlichen Lehre überein, so wie Jesus sie uns gab (was heute in der Praxis daraus gemacht worden ist, steht auf einem anderen Blatt). Die erste und zweite Faustregel drückt die Bibel wie folgt aus: *»Alles, was ihr wollt, dass euch die Menschen tun sollen, das sollt ihr ihnen tun«* (Mt 7,12; Lk 6,31). Daraus folgt: Was ihr *nicht* wollt, dass euch die Menschen tun, das sollt ihr ihnen auch nicht tun. Mit einem anderen Bibelwort ausgedrückt: *»Wahrlich, ich sage euch, was ihr einem unter diesen geringsten meiner Brüder getan habt, das habt ihr mir getan«* (Mt 25,40) und *»… was ihr nicht einem unter diesen Geringsten getan habt, das habt ihr auch mir nicht getan«* (Mt 25,45).

Christus ist in jedem von uns. Was wir dem Mitmenschen antun, tun wir *Ihm an*! Mit dem Flüchtling und Asylsuchenden weisen wir Christus aus dem Lande – und wählen uns unbewusst ein ähnliches Schicksal für ein zukünftiges Leben. Durch unsere Taten an unseren Mitmenschen wird Er seit 2000 Jahren unaufhörlich weiter gekreuzigt!

Die dritte Faustregel lässt uns an folgende Stelle aus der Bibel denken: »*Niemand wird hier herauskommen, solange er den letzten Pfennig nicht bezahlt hat.*«

Mit der vierten Regel mögen wir das folgende Christuswort vergleichen: »*Denn wer da hat*« (wer damit zufrieden ist), »*dem wird gegeben, und wer nicht hat*« (wer nicht genug hat, wer nicht zufrieden ist mit dem, was er hat und deshalb von anderen nimmt), »*dem wird man auch das nehmen, was er hat*« (Mk 4,25; Mt 13,12; 25,29; Lk 8,18; 19,26).

Urteile nicht …

»*Richtet nicht, auf dass ihr nicht gerichtet werdet*« (Mt 7,1–2) und »*Richtet nicht, so werdet auch ihr nicht gerichtet, verdammt nicht, so werdet auch ihr nicht verdammt. Vergebet, so wird euch vergeben*« (Lk 6,37).

Was bedeutet dies für unser Leben? Es steht uns nicht zu, einen Leidenden so zu behandeln, als ob er vom Schicksal nur bekäme, was er verdiene. So handelt nur das Ego, nicht aber das Herz. Wenn wir andere verurteilen, verurteilen wir eigentlich uns selbst. Es sollte selbstverständlich sein, dass wir für den Mitmenschen tun, was wir tun können. Was der Leidende am meisten braucht, ist Liebe. Keine Liebe zu bekommen ist das größte Leid.

Warum fällt es uns eigentlich so schwer, Liebe zu geben? Erstens wehrt sich unser Ego dagegen. Zweitens haben wir selbst so wenig davon bekommen! Die meisten von uns haben nie gelernt zu lieben. So geben wir unsere Liebesunfähigkeit an unsere Kinder weiter und schenken ihnen lieber Geld, Spielzeug und Ausbildung statt Zärtlichkeit,

Nähe und Berührung. So wird die »Erbkrankheit Lieblosigkeit« weitergegeben, von Generation zu Generation. Jeder will sich von seinen Verpflichtungen für die nächste Generation durch materielle Gaben freikaufen, weil er davor zurückschreckt, sich seelisch »etwas zu vergeben«.

Aus dieser Lieblosigkeitsspirale müssen wir ausbrechen! Es ist von ungeheuer großer Bedeutung, hier unsere anerzogene Liebesangst zu überwinden, sodass sich eine neue Generation von liebesfähigen Menschen entwickeln kann. Man begegnet in Rückführungen immer wieder diesem Liebesverrat an den eigenen Kindern und seinen Folgen (vgl. Kapitel 19).

… sondern verzeihe

»Urteile nicht …« – geht das überhaupt? Nun, *be*urteilen müssen wir oft, aber wir dürfen niemals *ver*urteilen. Wir kennen niemals alle biografischen Hintergründe und äußeren Umstände, die zu einer Tat, die wir als negativ erleben, geführt haben. Wie leicht wir uns dabei vom äußeren Augenschein irreführen lassen, mag das folgende authentische Beispiel zeigen:

Eine Frau hatte eine furchtbare Ehe hinter sich. Ihr Mann hatte sie täglich misshandelt. In der Rückführung erlebte sie sich dann als sein Folterknecht! Er (ihr Mann) sollte unter der Folter etwas verraten und starb qualvoll unter ihren Händen. Wie wollen wir nun urteilen? Hier wurde im heutigen Leben zur unbewussten Rache, was hätte Versöhnung werden sollen.

Ist es gut, sich in der Rückführung mit seiner Vergangenheit auseinander zu setzen? Manche glauben, es wäre nicht gut, sich alter, unangenehmer oder gar schmerzlicher Erlebnisse wieder bewusst zu werden. Das ist ein Selbstbetrug. Man sieht es nicht sehr selten an Beispielen in diesem Leben. Eltern verheimlichen ihrem Kind ein Trauma. Vielleicht wurde es unehelich geboren, die Mutter gab es gleich in ein Heim und holte es erst ein Jahr später zu sich. Der Sohn weiß später nichts mehr davon, hat aber große emotionale Schwierigkeiten, verbunden mit Ängsten und Misstrauen. Er ist, wie man sagt, ein »schwieriges Kind«. In der Jugend spitzt sich das Problem zu. Die Mutter denkt weiterhin, es sei besser, dass er nichts weiß … Oder die Tochter wurde als kleines Mädchen einmal von einem Fremden sexuell missbraucht. In der Jugend hat sie Beziehungsprobleme, kommt mit Jungen nicht zurecht und ist unglücklich. Die Eltern meinen, es sei besser, dass sie nichts wisse, und entlassen sie so ins Leben und wahrscheinlich in eine unglückliche Ehe. Es ist immer ein unbewusster Schatten aus der Vergangenheit da, der ein erfülltes Eheleben verhindert. Es endet mit Streit, Schmerz und Scheidung.

Der übliche Glaube, es sei besser, nichts davon zu wissen, stellt einen Verrat am Kind dar. Die Wahrheit kann nie schaden, aber die Verheimlichung tut es immer. Wird die Wahrheit in *falscher* Weise geäußert, kann sie zwar zunächst schockieren und verletzen; dies ist aber nie der Fall, wenn sie *richtig erzählt* wird. Hat die Mutter aus dem ersten Beispiel einmal Streit mit dem Sohn und sagt darauf: »Ich hätte dich im Kinderheim lassen sollen!«, so ist dies sicher nicht die sensibelste Art, um ihn zum ersten Mal mit dieser Tatsache zu konfrontieren.

Nehmen wir aber einmal an, der Mutter gelingt es, sich zu überwinden. Sie setzt sich zu ihm, als wieder einmal ein Problem auftaucht, und sagt: »Du, ich möchte dir etwas erzählen, das wohl mit deinen Schwierigkeiten zu tun hat …« In diesem Fall kann sie ihm eigentlich nur helfen. Dies erfordert jedoch mehr Mut, als die meisten Eltern aufbringen wollen.

Wie soll einem Menschen auch verziehen werden, wenn das Opfer nicht mehr weiß, was überhaupt geschehen ist? Welches Kind weiß zum Beispiel, dass es nicht erwünscht war? Welche Mutter gibt das dem Kind gegenüber zu? Und doch erleben etwa die Hälfte aller Klienten in Rückführungen Enttäuschung oder Ablehnung am Anfang der Schwangerschaft vor ihrer Geburt.

So, wie wir es oft mit unseren Kindern machen, machen wir es auch mit uns selbst. Es ist bequem zu glauben, es sei besser, über die eigene Vergangenheit nichts zu wissen. Wir glauben, dass wir uns dann nicht damit auseinander setzen müssten und sie weiter verdrängen könnten, obwohl die heute bestehenden Probleme eine ganz andere Sprache sprechen.

Es ist zwar wahr, dass wir eher vorwärts schauen und nicht zu sehr an unserer Vergangenheit haften sollen. Was uns aber aus der Vergangenheit negativ beeinflusst oder gar verfolgt, daran haften wir umso mehr. Verdrängen ist nur eine besondere Form von Daranhaften. Die Flucht vor dem eigenen Schatten gelingt nie – er holt uns immer wieder ein.

Warum vergessen wir dann überhaupt die früheren Inkarnationen? Es ist eine Art von Geburtsschock, der uns diese vergessen lässt. Im Mutterleib verfügen wir immer noch über ein erweitertes Bewusstsein – zumindest mit Ahnungen davon, woher wir kommen, sowie mit einem begrenzten Vorauswissen darüber, was im neuen Leben zu erwarten ist. Darin ist es wie in einem »Samadhi-Tank« – es gibt kaum Empfindungen der Sinnesorgane, und man ist sich noch einigermaßen dessen bewusst, was man eigentlich ist: eine Seele, die sich mit dem Körper verbunden hat.

Sofort nach der Geburt werden wir aber von Sinneseindrücken aller Art überflutet, die danach nie mehr aufhören. Diese ziehen unsere Aufmerksamkeit derart nach außen, dass wir bald vergessen, wer wir eigentlich sind. Wir fangen schon bald an, uns mit dem Körper und dem neu entstehenden bewussten Ich zu identifizieren. Die Erinnerung schwindet aber nicht sofort. Kleine Kinder können oft auf Erinnerungsreste zurückgreifen und erzählen Geschichten, die von Erwachsenen leider meistens nicht ernst genommen werden. Wie die Erfahrung zeigt, handelt es sich – wenn man so etwas einmal ernst nimmt und die Geschichte daraufhin nachprüft – oft um etwas, was das Kind wirklich einmal erlebt hat.

Es mag manchmal zutreffen, dass eine Person, die sich einer Reinkarnationstherapie unterzieht, für gewisse Erkenntnisse noch nicht reif ist. Die entsprechenden Erlebnisse kommen dann auch nicht in einer nicht-hypnotischen Rückführung hoch, denn das unbewusste Ich des Klienten weiß ja, was kommen soll und was nicht. Man kann also auch auf diese Weise nichts erzwingen.

Niemand wird krank, weil er die Wahrheit erfährt, für die er reif ist. Viele sind aber deshalb krank, weil sie die eigene Wahrheit nicht kennen – erst recht dann, wenn sie diese nicht wissen wollen!

Es dürfte zwar wahr sein, dass das Vergessen der Vergangenheit bei der Geburt einen bestimmten Sinn hat. Wäre sie uns im gegenwärtigen Leben stets präsent, so wüssten wir auch, welche Lektionen uns in dieser »Schulklasse« erwarten. Wir hätten dann gewisse Möglichkeiten, den Unterricht zu »schwänzen« oder ihn weniger ernst zu nehmen. Solche Lektionen haben eine viel größere Wirkung, wenn sie erst ohne die Möglichkeit der inneren Distanzierung durchlebt werden und man nachher (bisher geschieht dies meistens erst nach dem Sterben) die Zusammenhänge erkennt. Aber bedeutet dies, dass Menschen ein für alle Mal von einem tieferen Wissen über ihre Vergangenheit und ihre Bestimmung – und zwar noch während des verkörperten Lebens! – ausgeschlossen bleiben? Zweifellos befinden wir uns mitten in einem Entwicklungsprozess – auch als Gesamtheit der Seelen. Nun ist die Zeit für die Menschheit gekommen, um diese Wahrheiten zu erfahren und sich ihrer bewusst zu werden. Wir stehen auf der Schwelle zu einem neuen Zeitalter, in dem die Reinkarnation kein Geheimnis mehr sein wird. Deshalb dürfte es kein Zufall sein, dass sich in der heutigen Zeit so viele damit befassen – trotz aller Widerstände der »Ewiggestrigen«. Gott hat es so gewollt!

Zum Abschluss

In den vorangegangenen Abschnitten habe ich einige Leitprinzipien skizziert, die sich in mir als Folge meiner umfangreichen Arbeit als Reinkarnationstherapeut herauskristallisiert haben. Diese Prinzipien zu lehren ist nicht schwer, sie zu befolgen aber sehr. Die wenigen Menschen, die das ohne Schwierigkeiten können, dürften die wesentlichen Lektionen ihrer früheren Inkarnationen schon hinter sich haben. Vielleicht befinden sie sich ja auch nun in einer ihrer letzten Inkarnationen. Ich selbst gehöre wohl noch nicht zu dieser »Spitzengruppe«, denn ich ertappe mich immer wieder bei Taten und Gedanken, die meiner in der Theorie so weit entwickelten »spirituellen Reife« zuwiderlaufen. (Aber so geht es wohl den meisten von uns.)

Hier gilt es auch, nicht zu urteilen, sondern uns selbst verzeihen zu können. Schuldgefühle sind nur als erster Schritt für solche Menschen sinnvoll, die ihre Verfehlung partout nicht einsehen wollen. Erkennt man die Verfehlung, und ist man zur Wandlung bereit, so sind Schuldgefühle nicht nur überflüssig, sondern sogar eher hinderlich, denn sie haben sich durch Erfüllung ihres Zwecks selbst überlebt.

Man spricht oft über »gefallene Engel«, und dieser Begriff spiegelt sich auch in dem »Märchen« am Anfang des Buches wider. Vielleicht können wir aber auch von »durchgefallenen Engeln« sprechen (so als wären wir in Gottes Bewertung »durchgefallen«). Gott sah in einigen seiner Geschöpfe ihre Unvollkommenheit, die sie selbst nicht erkennen konnten. So versenkte er sie in dunkle und unerlöste Bewusstseinszustände, in denen sie an ihren Taten ihre Unvollkommenheit erkennen konnten – nicht mit dem abgespaltenen bewussten Ich, sondern mit der Seele.

Wir sollen erkennen lernen, wie unvollkommen wir sind, und daran wachsen, bis wir genügend vollkommen geworden sind, um wieder ins göttliche Licht zurückkehren zu können.

Wie erkennt man übrigens einen Menschen, der sich in seiner letzten Inkarnation befindet? Es gibt Menschen, die zu wissen meinen, jetzt das letzte Mal inkarniert zu sein. Gerade diese werden es aber wohl nicht sein. Denn wer wirklich so weit ist und das auch weiß, spricht nicht davon. Denn er wird sich darüber im Klaren sein, dass er bis zum letzten Atemzug noch zurückfallen kann. Eine bestimmte Handlung, eine Äußerung oder vielleicht auch nur der Umstand, dass man über jemanden schlechte oder negative Gedanken hat, kann immer noch weitere Leben vorprogrammieren. Sich als jemand aufzuspielen, der so viel »weiter« ist als der unentwickelte Rest der Menschheit, zeugt nicht gerade von jener Bescheidenheit und Demut, die für den »Sprung« in eine andere Welt jenseits der Reinkarnationszyklen Voraussetzung ist.

Literatur

1. *Bhagavad-Gītā* II. 47.

2. Newton, Michael: *Journey of souls,* Llewellyn, St. Paul MN, 1997, letzte Seite.

Zwei Wege zur Wandlung

Der allzu gewöhnliche Weg

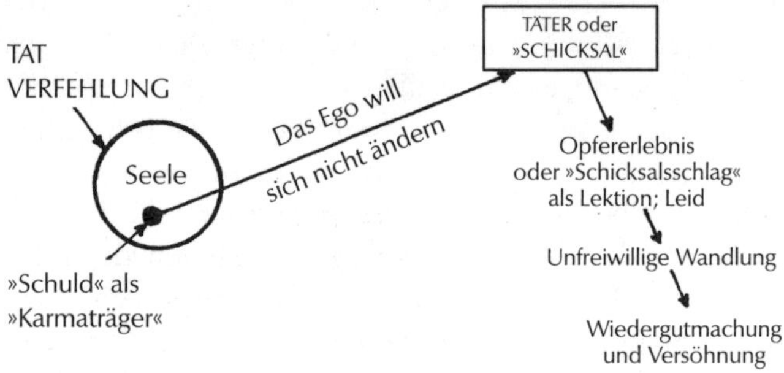

Wenn das Ego nicht lernen will, zieht die Seele die betreffende Lektion von außen her an. Leid entsteht durch den Widerstand des Ego.

Der bessere aber seltenere Weg

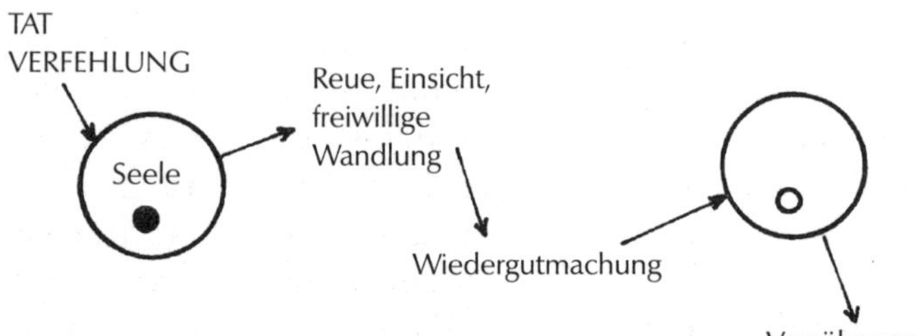

Ein Opfererlebnis ist in desem Fall prinzipiell überflüssig.

21 | Täter und Opfer – der »Stafettenlauf« der Schuld

Schuld ist Selbstanklage auf einer höheren Ebene unseres Wesens, auf der wir unser Versagen bezüglich der mitmenschlichen Liebe einsehen. Auf dieser Ebene sieht man auch das Bedürfnis nach einer ergänzenden und belehrenden Erfahrung ein, und die Seele sucht sich ein Opfererlebnis. Sie findet einen Täter, der ihr dieses Erlebnis ermöglicht. Da der Täter jedoch aus rein egoistischen Motiven handelt und nicht, um jener Seele bei deren Entwicklung zu helfen, wird er dadurch keineswegs entlastet. Vielmehr entsteht nun in ihm, auf einer höheren Ebene seines Selbst, das, was wir in diesem Zusammenhang Schuld nennen. Man könnte es in gewisser Weise so sehen, als ob der Täter vom Opfer Schuld übernimmt, ohne es zu wissen.

Diese Gedanken sollen die Zusammenhänge lediglich anschaulich machen. Ob es Schuld im eigentlichen Sinne überhaupt gibt, ist eine philosophische Frage. Es gibt jedenfalls *Schuldgefühle.* Es gibt keine Rückführungserfahrungen, die darauf hinweisen, dass wir nach dem Sterben von bestimmten »Richter-Wesenheiten« verurteilt und für schuldig erklärt werden; diese richterliche Funktion übernehmen wir offenbar für uns selbst. Dies kann im Zusammenhang mit einer zunächst neutralen Aufforderung geschehen, auf unser Leben zurückzuschauen, oder wir werden uns einfach selbst der guten und schlechten Taten deutlich bewusst und können die Letzteren nicht mehr verdrängen. Wir kommen nicht herum, obwohl wir dabei natürlich auch unsere guten Taten sehen können, besonders unsere Aufmerksamkeit auf das Falsche und Schändliche in unserem Leben zu richten. Wir vereinbaren auch auf der Ebene des Höheren Selbst mit einer anderen Seele, dass wir uns gegenseitig versöhnen, das heißt den Konflikt auf der Ego-Ebene lösen wollen.

Rache vermehrt die Schuld, denn auf jener höheren Ebene des Selbst erkennt der »Rächer« nach seiner Tat, dass er es immer noch nicht begriffen hat. Nur Liebe, Verzeihung und Versöhnung lösen Schuld auf.

Schuld und Schuldgefühl verhalten sich zueinander in etwa wie Verletzung und Schmerz. Man kann Schmerz empfinden, ohne wirklich verletzt worden zu sein, erleidet aber kaum eine Verletzung ohne Schmerz. Analog kann man zwar ein Schuldgefühl ohne Schuld haben, aber kaum Schuld ohne Schuldgefühl (auch wenn das Letztere ins Unbewusste verdrängt wurde).

Man könnte sagen, dass »Schuldenergie« vom Opfer zum Täter weiterfließt. Der Täter wird später selbst zum Opfer und bekommt, wenn er aus seiner Lektion gelernt hat, wiederum »Schuldenergie« von seinem Täter abgenommen. Es ist wie ein Stafettenlauf! Das Opfer sucht sich den Täter. Komplementär zum Entschluss des Täters, etwas »Böses« zu tun, findet eine Seele zu ihm, die dadurch zu einem für ihre Entwicklung nötigen Opfererlebnis kommt. Dieser Vorgang ist beiden unbewusst. Das Opfer kann unter Umständen den Täter unbewusst provozieren. Es gibt ihm dann eine Gelegenheit, die er dann auch – ebenso unbewusst – ergreift.

Es mag sein, dass sich der Täter auf der Ebene seines Höheren Selbst in vielen Fällen dem Opfer für die »Schurkenrolle« in dessen unbewusstem karmischen »Drama« zur Verfügung stellt; dies kann aber nur dann geschehen, wenn in seinem Ego die Täterbereitschaft als charakterliche Disposition vorhanden ist. Sein Höheres Selbst sieht dann auch die Notwendigkeit, das, was latent in ihm ist, zu wandeln und zu heilen. *Ein* Weg dorthin besteht darin, diese latente Veranlagung zu aktualisieren, wodurch die Tat und ihre Folgen ausgelöst werden. In der Folge vollzieht sich eine positive Wandlung: von weniger Liebe zu mehr, von geringerem Verständnis zu höherem. Dieser Weg hat natürlich nur einen Sinn, solange es auch Seelen gibt, die eines Opfererlebnisses bedürfen, und daran mangelt es leider auf diesem Planeten ebenfalls nicht. Auch dies wird sich gewiss im neuen Zeitalter ändern.

Schuld fließt also, wo Verbrechen und Übergriffe geschehen, vom Opfer zum Täter weiter. Wo aber Liebe und Versöhnung zum Tragen kommen, wird Schuld aufgelöst. Schuld fließt auch von einem Land zu einem anderen oder von einem Volk zum nächsten, wobei die Zusammenhänge sehr komplex sind.

Wo Fremdenhass gedeiht, Rassismus (also nationaler und ethnischer Egoismus) sein Unwesen treibt und Asylsuchende dorthin zurückgeschickt werden, wo vielleicht Folter und Tod auf sie warten, fließt viel Schuld zu jenen Seelen, die im Tätervolk inkarniert sind. Die Situation der Einwanderer, Flüchtlinge und Asylanten in Westeuropa ist eine große Prüfung in Sachen Liebe und Mitmenschlichkeit. Eine Lektion, die uns lehren könnte, Wohlstand und Sicherheit mit unseren Mitmenschen zu teilen – und in der wir reihenweise »durchfallen«. Neonazis und Rechtsextreme gehören zu den neuen, unwissenden Schuldträgern. Wir können dieser Prüfung nicht ausweichen, indem wir Verantwortung und Mitmenschlichkeit verweigern.

Die europäische Menschheit könnte vor der großen Lektion des Teilens mit ihren Mitmenschen stehen. Wenn wir dies freiwillig tun, können wir Schuldenergie in dieser Welt auflösen, wenn wir es nicht tun, laden wir sie auf unsere Seelen. Der »Spieß« dreht sich immer um, sofern er nicht gebrochen oder aus der Hand gelegt wird: Wer nicht teilt, dem wird gegen seinen Willen genommen werden.

Schuld hat auch mit Ungleichheit zu tun. Überall, wo jemand erheblich mehr besitzt als andere (an Geld, Macht, weltlichem Recht, Hoffnung, Freiheit), ist Schuld schon latent vorhanden.

Gibt es nun ein Volkskarma, ein Länderkarma? Das ist aus Rückführungserlebnissen nur schwer zu beurteilen, da es darin immer um individuelle Schicksale geht. Hinter dem vordergründigen Geschehen der individuellen Schicksale scheint aber noch etwas zu liegen, das uns noch unklar ist. Es wird noch viel Zeit brauchen, bis sich durch das Zusammentragen individueller Fälle aus Rückführungen hiervon ein Bild abzeichnen wird. Dies wäre eine Forschungsaufgabe für die Zukunft, die bisher wenig beachtet wurde.

Die Illustration zu diesem Kapitel gibt eine Übersicht über Täter/Opfer-Verhältnisse.

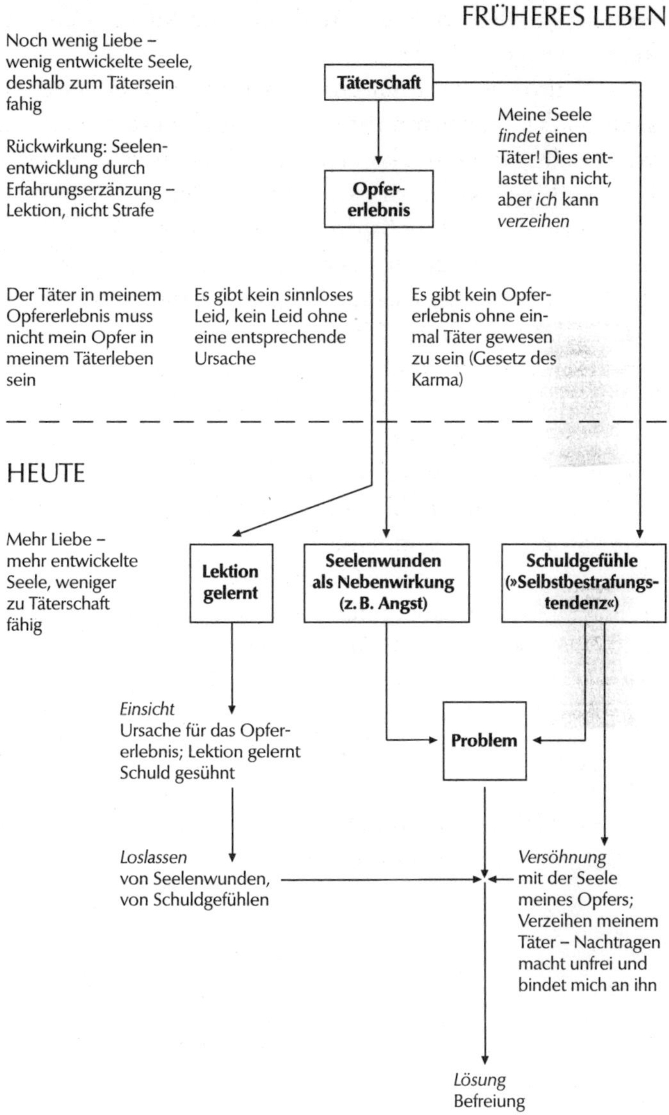
FRÜHERES LEBEN
Noch wenig Liebe – wenig entwickelte Seele, deshalb zum Tätersein fahig
Rückwirkung: Seelenentwicklung durch Erfahrungserzänzung – Lektion, nicht Strafe
Täterschaft
Opfererlebnis
Meine Seele *findet* einen Täter! Dies entlastet ihn nicht, aber *ich* kann *verzeihen*
Der Täter in meinem Opfererlebnis muss nicht mein Opfer in meinem Täterleben sein
Es gibt kein sinnloses Leid, kein Leid ohne eine entsprechende Ursache
Es gibt kein Opfererlebnis ohne einmal Täter gewesen zu sein (Gesetz des Karma)
HEUTE
Mehr Liebe – mehr entwickelte Seele, weniger zu Täterschaft fähig
Lektion gelernt
Seelenwunden als Nebenwirkung (z. B. Angst)
Schuldgefühle (»Selbstbestrafungstendenz«)
Einsicht
Ursache für das Opfererlebnis; Lektion gelernt Schuld gesühnt
Problem
Loslassen
von Seelenwunden, von Schuldgefühlen
Versöhnung
mit der Seele meines Opfers; Verzeihen meinem Täter – Nachtragen macht unfrei und bindet mich an ihn
Lösung
Befreiung

22 | Ein Märchen vom Sterben

Das erste Kapitel fing mit einer Geschichte an, und so will ich dieses Buch nun auch mit einer kurzen Geschichte schließen [1].

Der Tod eines weißen Mannes

Das Zimmer, in dem er lag, verschwamm vor seinem Blick. Er fühlte den Schmerz nicht mehr, konnte aber für eine Weile nichts mehr erkennen. Dann erschien ihm langsam ein Licht: diffus, unklar. Er fühlte, dass er dem Licht nun ganz nahe war, obwohl er noch vor einigen Minuten schwer atmend im Bett gelegen war.

Das Licht nahm langsam Gestalt an. Noch undeutlich sah er eine strahlende Gestalt vor sich: freundlich, eine Art von Wärme um sich verbreitend. Er hätte meinen können, die Gestalt sei ein Engel, aber sie hatte keine Flügel. Er wusste nicht, ob die Erscheinung männlich oder weiblich war – oder keines von beiden.

»Komm mit mir«, sagte sie. Er folgte ihr. Nach einer Weile kamen sie irgendwohin, wo seinem Gefühl nach ein heller, weiter Raum sein musste, aber er sah nicht viel davon. Für seine Augen war es, als ob alles, was weiter weg war, von einem sanften Nebel bedeckt wäre.

»Bist du gläubig?«, fragte die Erscheinung.

»Ich glaube … an Christus«, sagte der Mann zögernd.

»Du wirst Ihm jetzt begegnen!«, sagte die Erscheinung. »Neige deinen Kopf und warte!«

Bald sah er den Saum eines weißen und strahlenden Gewandes. Er konnte die Füße nicht sehen, denn sie befanden sich darunter.

»Schau hoch!«, sagte die Erscheinung. Er hob langsam den Blick. Die Hände waren in dem strahlenden Gewand verborgen, sodass er auch diese nicht sehen konnte.

Dann traf sein Blick das Gesicht der Gestalt… Noch nie war er so erschrocken wie in diesem Augenblick: Das Gesicht war *schwarz*! Die schönsten und liebevollsten Augen blickten ihn aus einem Haupt an, das eine schwarze Haut und gekräuselte schwarze Haare hatte.

»Das kann nicht Christus sein!«, rief er aus.

»Ich bin es«, sagte der vor ihm Stehende sanft. »Kannst du mir sagen, was das Wichtigste meines Evangeliums ist?«

»Ah… Dich zu lieben…!«

»Und damit meinen Vater. Aber *wie* würdest du mich lieben?«

»Ah … mit meinem Herzen …«

»Ich will es dir sagen. Dadurch, dass du meine Brüder und Schwestern liebst. Ich bin in allen, und sie sind alle in mir. Hast du diese Worte vergessen: ›Was du auch dem Geringsten meiner Geschwister tust, tust du mir!‹?«

»Also … ich habe versucht …«, presste er heraus und fühlte sich sehr beklommen.

»Mit wem hast du es versucht? Auch mit deinen schwarzen Brüdern und Schwestern?«

»Ja … das heißt, … sie gehören ja nicht zu uns …«, sagte er und versuchte ein Schuldgefühl hinunterzuschlucken, das in ihm aufsteigen wollte.

»Es gibt kein einziges menschliches Wesen, das nicht mein Bruder oder meine Schwester ist! Für dich bin ich deshalb schwarz. Anderen mag ich braun, gelb, rot oder weiß erscheinen. Deshalb siehst du mich als einen jener Brüder, die du wirklich als die Geringsten behandelt hast. Geh zurück und ernte, was du gesät hast!«

Die Gestalt vor ihm schwand langsam aus seinem Blickfeld, und die andere Erscheinung führte ihn weg. Sie weinten beide. Einige Jahre danach wurde ein kleines schwarzes Kind geboren …

Anmerkung

1. Diese Geschichte »kam mir«, als ich vor langer Zeit einmal in einem Autobus in England saß und mich daran erinnerte, wie zwei »Bobbies« in London mit einem Schwarzen umgingen. Dieses Märchen hat sehr viele Variationen. Christus kann uns ebenso gut wie ein Türke, ein Tamile, ein *pieds noires* usw. erscheinen, den wir einmal besonders schlecht behandelten. Die Geschichte wurde ohne den letzten Hinweis auf die Reinkarnation an eine kirchliche und an eine freireligiöse Zeitschrift gesandt. Keine wollte sie abdrucken.

Dank

Margarete Sennekamp möchte ich für die Durchsicht des Manuskripts zur 1. Ausgabe im Eigenverlag herzlich danken, ebenso Gisela Sigdell, die es sprachlich bearbeitet hat. Mein Dank gilt darüber hinaus Dr. Helga D. Gisler-Frank, die durch eine gründliche Überarbeitung des Manuskripts für die 2. Ausgabe wertvolle Hilfe geleistet hat, sowie Wulfing von Rohr, der vor der stilistischen Überarbeitung durch das Lektorat das Manuskript für die 2. Ausgabe im Scherz Verlag behutsam lektorierte.

Ich danke auch den unsichtbaren Lichtwesen, die mich auf diesem Wege führen, sowie den vielen Klienten, ohne die diese Erfahrungen und Entwicklungen unmöglich gewesen wären.

Andenken

Diese 3. Ausgabe meines Buches wird im Andenken an meinen Lehrer Bryan Jameison (USA) veröffentlicht, der am 4. Dezember 2002 in San Diego starb.

Über den Autor

Jan Erik Sigdell wurde 1938 in Schweden geboren. Nach dem Studium der Elektronik und seiner Promotion in Medizintechnik arbeitete er v. a. im Bereich der Dialyse und hat hierzu wichtige Beiträge geleistet (u. a. ein mathematisches Berechnungsverfahren für Hohlfaserdialysatoren und die Konstruktion neuer Dialysatortypen sowie Methoden ihrer Herstellungsverfahren).

Schon zu Schulzeiten beschäftigte ihn das Thema »Reinkarnation«. Auslöser hierfür war das Buch über den berühmten Fall Bridey Murphy. 1968 kam er in die Schweiz, wo er fast 30 Jahre in Basel lebte und in lebhaftem Kontakt mit mehreren esoterischen und metaphysischen Kreisen stand. Seine erste Rückführung führte Dr. Sigdell mit einer Kollegin durch. Er versetzte sie in Hypnose und führte sie in ein früheres Leben zurück. Das Experiment war viel erfolgreicher als erwartet. Dadurch ermutigt führte er während der Siebzigerjahre weitere experimentelle hypnotische Rückführungen durch.

1979 machte sich Jan Erik Sigdell als Berater für Dialysetechnik (eigene Einmann-Firma *Mediconsult*) selbstständig. Der erste Auftrag führte ihn nach Littleton, Colorado. In Denver lernte er Bryan Jameison kennen, der eine nichthypnotische Technik der Rückführung entwickelt hatte. Jameison willigte ein, ihm diese Technik zu lehren. Daraus entwickelte sich ab 1980 Sigdells Tätigkeit als Rückführungstherapeut und Kursleiter. 1997 ließ er sich mit seiner Frau in ihrer Heimat Slowenien nieder.

Seit den Siebzigerjahren hat Jan Erik Sigdell mehrere tausend Rückführungen durchgeführt, deren Techniken er entscheidend weiterentwickeln und durch neue Methoden ergänzen konnte. Er gilt als einer der international renommiertesten Experten für Reinkarnationstherapie.

Adresse des Autors:
Dr. Jan Erik Sigdell
Dutovlje 105
SI-6221 DUTOVLJE
Slowenien

Website: www.christliche-reinkarnation.com
Tel.: (0 03 86–5) 7 64 04 67
E-Mail: sigdell@siol.net

Anhang 1
Reinkarnation und Christentum

Zu diesem Thema habe ich ein Buch geschrieben [1] und möchte hier nur als Ergänzung einige weitere Informationen und Bibelstellen hinzufügen. Das Thema wurde auch in einem neuen Buch [2] sehr ausführlich behandelt.

In [1] werden natürlich die in diesem Zusammenhang »klassischen« Bibelstellen, meistens mit neuen Betrachtungsweisen und Argumenten, besprochen – wie die Aussage Jesu, dass Elias als Johannes der Täufer wiedergekommen sei und die Heilung des Blindgeborenen, aber es werden auch neue Einsichten u. a. in das Nikodemusgespräch dargestellt. Das letztere mag als besonderes Beispiel hier wiederholt werden.

Jesus sagte: »Wenn nicht jemand von neuem geboren wird, kann er das Reich Gottes nicht sehen« (Joh 3,3). Moderne Bibelübersetzungen haben hier »von oben her geboren« und dies wird in der Theologie damit begründet, dass das griechische Wort *anōthen* zweideutig sei. Es könne beides bedeuten. Jesus habe »von oben« gemeint, Nikodemus habe »von neuem« verstanden. Das ist ein besonderes Beispiel dafür, wie man mit unlauteren Mittel versucht, die Dinge in der Übersetzung nach dem Dogma »zurechtzudrehen«. Sie sprachen nämlich nicht Griechisch, sondern Aramäisch, und die aramäische Sprache hat kein doppeldeutiges Wort, sondern ein eindeutiges für »von oben« und ein anderes ebenfalls eindeutiges für »von neuem«.

Von einem Missverständnis des Nikodemus kann deshalb keine Rede sein!

Etwas später im Bibeltext kommt die merkwürdige, unbegreifliche Aussage Jesu: »Der Wind weht, wie er will, und du hörst wohl ein Sausen, aber du weißt nicht, woher er kommt, noch wohin er fährt. So ist es mit jedem der aus Geist geboren ist« (Joh 3,8). Hier wurde das griechische Wort *pneuma* auf zweierlei Weise übersetzt! Erst als »Wind«, dann als »Geist«. Eine dritte Bedeutung, die im theologischen Zusammenhang die übliche ist, ist aber *»Seele«* – als »Lebenshauch«, als das, was den Körper lebendig macht. Damit kommen wir zur folgenden sprachlich richtigen Übersetzung: »Die Seele geht, wie sie will, und du hörst wohl [in dir] ihr Flüstern, aber du weißt nicht, woher sie kommt, noch wohin sie [danach] geht. So ist es mit jedem, der mit einer Seele geboren ist.« Nun wird diese Bibelstelle erst verständlich. Jesus spricht von der Vorexistenz der Seele vor der Geburt, denn sie kommt ja dann von irgendwo her. Und er spricht davon, dass sich nach dem Tod Seele und Körper trennen, und die Seele geht ohne den Körper weiter. Ein Gräuel für das Dogma …

Im Buch [1] werden außerdem das Theodizee-Problem wie auch religionsgeschichtliche Fakten besprochen, mit Auswertung vieler alter Texte, u. a. der Schriften des Origenes.

Ergänzend mögen die folgenden darüber hinaus neu hinzugekommenen Bibelzitate aufgeführt werden.

Bibelverse, die auf Vorexistenz, Reinkarnation und Karma hinweisen

Verse, die auf Vorexistenz hinweisen

- Pred 6,10 »Was da ist, ist längst mit Namen genannt, und bestimmt ist, was ein Mensch sein wird.« Das dürfte auf das hinweisen, was der Mensch vor seiner Geburt war.
- Jer 1,4–5: »Und des HERRN Wort geschah zu mir: Ich kannte dich, ehe ich dich im Mutterleibe bereitete, und sonderte dich aus, ehe du von der Mutter geboren wurdest …«
- Röm 9,11–13: »Ehe die Kinder geboren waren … ›Jakob habe ich geliebt, aber Esau habe ich gehasst.‹«. Wie könnte Gott Esau schon vor seiner Geburt hassen, wenn nicht wegen etwas, das vor seiner Zeugung lag?
- Eph 1,4: »Denn in ihm hat er uns erwählt, ehe der Welt Grund gelegt war.«
- Salomos Weisheit 8:19–20 (heute eine apokryphe Schrift, früher in der Bibel enthalten): »Denn ich war ein Kind guter Art und habe eine feine Seele bekommen. Da ich wohl erzogen war, wuchs ich mit einem unbefleckten Leibe auf.«
- Thomas-Evangelium Log. 19 (apokryph): »Selig ist, wer war, bevor er wurde.«
- Philip-Evangelium II,3,64,10–12 (apokryph): »Der Herr sagte: ›Selig ist, wer war, bevor er wurde. Denn wer ist, war und wird sein.‹«

Verse, die auf Reinkarnation hinweisen

- Psalmen 90,3 (andere Zählung: 89,3): »Der du die Menschen lässest sterben und sprichst: Kommt wieder, Menschenkinder!« Wieder zu Gott? Dann weist es auf die

Vorexistenz hin. Wieder zur Erde? Dann auf die Reinkarnation.

- Mt 18,3: »Wahrlich, ich sage euch: Wenn ihr nicht umkehrt und werdet wie die Kinder, so werdet ihr nicht ins Himmelreich kommen.« Bauer [3] erklärt, dass das »umkehren« vom aramäischen Wort *tub* käme, das »zurückkommen« bedeutet. Wie(der) Kinder werden kann als eine Wiedergeburt im Fleische verstanden werden. Schon Clemens von Alexandrien erklärte diesen Vers im gleichen Sinne (*Mahnrede*, IX,82,4,7): »Denn wenn ihr nicht wieder wie Kinder werdet und wiedergeboren werdet, wie die Schrift sagt (Mt 18,3, Joh 3,5), dann werdet ihr euren wahren Vater nicht erlangen und niemals in das Himmelreich eingehen« [3]. Der griechische Text hat *strafēte kaì génēsthe hōs tà paidía,* d. h.: »kehret um und werdet wie Kinder« oder gar »...werdet als Kinder *geboren* (*génēsthe*).«

Die übliche Interpretation ist, dass man so unschuldig wie ein Kind werden solle. Welcher Kirchenmann kann das für sich beanspruchen? Weil kaum ein Christ sich nach dieser Interpretation verhält, *macht die andere mehr Sinn* ...

- Offb 3,12: »Wer überwindet, den will ich machen zum Pfeiler in dem Tempel meines Gottes, und er soll nicht mehr hinausgehen.« Er soll nicht mehr inkarnieren?
- Salomos Weisheit (siehe oben) 1,16–2,22: »Sondern die Gottlosen ringen danach, sowohl mit Worten wie auch in Taten ... Denn es sind rohe Leute und sagen ... Unser Zeit fährt wie ein Schatten dahin, und wenn wir weg sind, gibt es keine Wiederkehr ... So stellen sie es sich vor und verfehlen. Ihre Bosheit hat sie verblendet, sodass sie Gottes heimliches Gericht nicht erkennen.« An was für eine Wiederkehr glauben sie nicht – die Wiedergeburt im Fleische?

Verse, die auf Karma hinweisen

- 1 Mos 9,6: »Wer Menschenblut vergießt, dessen Blut soll auch durch Menschen vergossen werden.«
- 4 Mos 14,18 (vgl. 5 Mos. 5,9): »Der HERR ist geduldig und von großer Barmherzigkeit und vergibt Missetat und Übertretung, aber er lässt niemand ungestraft, sondern sucht heim die Missetat der Väter an den Kindern bis ins dritte und vierte Glied.« Die Gnostiker verstanden hier »Glied« als Inkarnation und nicht als Generation. Die erstere Interpretation wird von 5. Mos. 24,16 gestützt: »Die Väter sollen nicht für die Kinder noch die Kinder für die Väter sterben, sondern ein jeder soll für seine Sünde sterben.« Das widerspricht einer Interpretation als stellvertretendes Leid!
- Ijob 4,8: »Wohl aber habe ich gesehen: Die da Frevel pflügten und Unheil säten, ernteten es auch ein.«
- Sprüche 22,8: »Wer Unrecht sät, der wird Unglück ernten.«
- Hos 10,12–13: »Säet Gerechtigkeit und erntet nach dem Maße der Liebe! Pflüget ein Neues, solange es Zeit ist … Ihr aber pflügt Böses und erntet Übeltat und esset Lügenfrüchte.«
- Obd 15: »Wie du getan hast, soll dir wieder geschehen, und wie du verdient hast, so soll es auf deinen Kopf kommen.«
- Mt 5,7: »Selig sind die Barmherzigen; denn sie werden Barmherzigkeit erlangen.«
- Mt 6,14–15: »Denn wenn ihr den Menschen ihre Verfehlungen vergebt, so wird euch euer himmlischer Vater auch vergeben. Wenn ihr aber den Menschen nicht vergebt, so wird euch euer Vater eure Verfehlungen auch nicht vergeben.«

- Mt 7,1–2: »Richtet nicht, damit ihr nicht gerichtet werdet. Denn nach welchem Recht ihr richtet, werdet ihr gerichtet werden; und mit welchem Maß ihr messt, wird euch zugemessen werden.«
- Mt 7,17–18: »So bringt jeder gute Baum gute Früchte; aber ein fauler Baum bringt schlechte Früchte. Ein guter Baum kann nicht schlechte Früchte bringen, und ein fauler Baum kann nicht gute Früchte bringen.«
- Mt 23,12 (vgl. Lk. 14,11 und 18,14): »Denn wer sich selbst erhöht, der wird erniedrigt; und wer sich selbst erniedrigt, der wird erhöht.«
- Mt 26,52: »Denn wer das Schwert nimmt, der soll durchs Schwert umkommen.«
- Lk 6,37–38: »Und richtet nicht, so werdet ihr auch nicht gerichtet. Verdammt nicht, so werdet ihr nicht verdammt. Vergebt, so wird euch vergeben. Gebt, so wird euch gegeben. Ein volles, gedrücktes, gerütteltes und überfließendes Maß wird man in euren Schoß geben; denn eben mit dem Maß, mit dem ihr messt, wird man euch wieder messen.«
- Joh 5,14: »…sündige hinfort nicht mehr, dass dir nicht etwas Schlimmeres widerfahre.«
- Röm 7,9–10: »Ich lebte einst ohne Gesetz; als aber das Gebot kam, wurde die Sünde lebendig, ich aber starb. Und so fand sich's, dass das Gebot mir den Tod brachte, das doch zum Leben gegeben war.« Die Gnostiker verstanden dies als Hinweis auf die Reinkarnation [4]. Dass die Sünde »lebendig« wurde, könnte nach ihnen so verstanden werden, dass alte Taten durch das Karma in einer neuen Inkarnation »wiederbelebt« würden. Das »Gebot« wäre das Karma.

- 2 Kor 9,6: »Wer da kärglich sät, der wird auch kärglich ernten; und wer da sät im Segen, der wird auch ernten im Segen.«
- Gal 6,7: »Denn was der Mensch sät, das wird er ernten.«
- Offb 14,13: »...denn ihre Werke folgen ihnen nach«.

Auf die meisten dieser Verse weisen Orbe [4] und Kirkegaard [5] hin. Die übliche Beurteilung der Gnostischen Christen durch die Kirche ist, dass sie Häretiker und unchristlich gewesen seien. Man will ihren Ursprung in einer *vorchristlichen* Gnosis sehen, besonders in der deutschen Forschung. Dem wird durch die neueste religionsgeschichtliche Forschung widersprochen! Die bahnbrechenden Arbeiten von Carsten Colpe [6] haben dieses Bild verändert. In der angelsächsischen und französischen Forschung ist man hingegen schon lange der Ansicht, dass keiner der überlieferten gnostischen Texte auf eine vorchristliche Gnosis zurückzuführen sei. Es gibt keine Beweise für einen Ursprung in einer noch älteren jüdischen Gnosis.

Der Gnostizismus muss deshalb als eine frühe Form des Christentums gesehen werden (nach [7]) – als eine Form, die Jesus zeitlich und sogar örtlich viel näher stand als das Kirchendogma. Das Letztere entstand als Grundlage der heutigen Kirche erst mit dem Konzil in Nicaea 325. Die noch vorhandenen Konzilsunterlagen [8] sind heute leider unvollständig. Es ist jedoch bekannt, dass Konstantin die Gnostiker nicht zur Sprache kommen ließ. Er ließ sie ihre Anliegen nicht vortragen und übergab ihre Anträge und Bittschriften ungeöffnet dem Feuer. So setzte er in selbstherrlicher Weise sein eigentliches Vorhaben durch, das nur das eine gewesen sein könnte: die durch ihn gestaltete Kirche zum Werkzeug seiner Macht zu machen.

Das von der dogmatischen Geschichtsanschauung als »Wunder« dargestellte Ereignis, dass ihm in einer Version das Christussymbol erschienen sein soll mit der Aufforderung: »In diesem Zeichen wirst du siegen!«, wird entweder eine Erfindung sein oder sonst eher von einer *antichristlichen* Quelle stammen! Denn es reimt ja in keiner Weise mit Jesu Lehre! Er lehrte uns doch den Frieden, nicht zu töten und unsere Feinde zu lieben! Er lehrte auch, dass wer zum Schwert greift durch das Schwert umkommen werde! Man kann es dann höchstens so sehen, dass Konstantin die Vision grob missverstanden habe: Sollte die Geschichte stimmen, war die Vision nicht eine Aufforderung dazu, mit dem Christussymbol auf den Schildern zu kämpfen, sondern eine Aufforderung zum Frieden und zur Versöhnung mit dem Konkurrenten um die Macht über das Römische Reich. So hätte er wahrhaftig siegen können. Konstantin wollte in dem Fall dies nicht wahrhaben oder hat die Botschaft bewusst verraten. Das Römische Reich war damals in drei Teile mit drei Kaisern geteilt. Die anderen zwei Teile hat Konstantin mit blutigem Kampf und Verrat an sich gerissen. Dann wollte er das Römische Reich unter seiner Herrschaft mithilfe seiner Kirche vereinen. Das war aber ein höchst weltlicher und kein geistiger »Sieg« …

Damit gewann das Kirchentum die Macht und der Gnostizismus fing an, unterzugehen.

In meiner Arbeit mit Reinkarnationstherapie hat sich das gnostische Weltbild in der Praxis bestätigt! Jedenfalls viel besser, als das des kirchlichen Dogmas. Dies bedeutet sicher nicht, dass wir damit ein endgültiges Weltbild haben, sondern eins, das einer uns Menschen noch nicht bekannten und wohl auch noch eher unfassbaren Wahrheit am nächsten kommt.

Literatur

1. Sigdell, Jan Erik: *Reinkarnation, Christentum und das kirchliche Dogma*, Ibera, Wien, 2001.
2. Mohr, Till A.: *Kehret zurück, ihr Menschenkinder! Die Grundlegung der christlichen Reinkarnationslehre*, Aquamarin, Grafing, 2004. (648 Seiten!)
3. Bauer, Hermann: *Wiedergeburt – oder auf ewig verdammt?*, Frick, Pforzheim, 1993.
4. Orbe, Antonio: »Textos y pasajes de la Escritura interesados en la teoría de la Reincorporación« (»Texte und Stellen der Schrift, die in der Theorie der Wiederverkörperung von Interesse sind«), in: *Estudios Eclesiásticos* 33, Madrid, 1959, S. 77–91. Eine umfassende und besonders wertvolle Sammlung von Bibelversen aus der Argumentation der Gnostiker.
5. Karl Aage Kirkegaard: *Reinkarnation er forenelig med kristendom* (»Reinkarnation ist mit dem Christentum vereinbar«), Sankt Ansgars Forlag, Kopenhagen, 1999.
6. Colpe, Carsten: »Gnosis II (Gnostizismus)«, in: *Reallexikon für Antike und Christentum*, Bd. XI, Anton Hirsemann, Stuttgart, 1981, Spalten 537–659.
7. *TRE – Theologische Realenzyklopädie*, hrsg. von Gerhard Müller, Bd. XIII, Walter de Gruyter, Berlin, 1984, S. 519–550.
8. Hefele, Charles Joseph: *Histoire des Conciles d'après les Documents Originaux*, Band 1, 2. Teil, Letouzey et Ané, Paris, 1907. Ein Mitverfasser ist hier anonym und wird nur als ein »religiöser Benediktiner« angegeben. Er dürfte aber der in späteren Bänden des Werkes genannte H. Leclercq sein.

Anhang 2
Die Krankheit fängt in der Seele an

Die schematische Übersicht zu diesem Anhang stellt die Zusammenhänge und Entwicklungsphasen bei einer Krankheit dar. Sie basiert auf dem *Āyurveda*, der vielleicht 3 000 Jahre alten indischen Medizinphilosophie [1], und ist hier ganz in westliche Begriffe übertragen. Man kann den linken und mittleren Teil der Übersicht als eine starke Vereinfachung der āyurvedischen Theorie der Krankheitsentwicklung in sechs Stufen, die sechs *kriyākālas*, betrachten. Eine Ergänzung meinerseits ist das Hinzufügen eines seelischen Ursprungs der Störung von Lebensprozessen. Der Āyurveda geht in den uns überlieferten Schriften meistens davon aus, dass die Störung von Lebensprozessen und deren Gleichgewicht der Anfang einer Krankheit sei, berührt aber indirekt seelische Ursachen in der Einteilung der Leiden (*duḥkhas*). Ich nehme an, dass hier ein wichtiger Aspekt in der Überlieferung verloren gegangen ist, der vermutlich in nicht mehr vorhandenen alten Schriften erwähnt wurde.

Ich möchte behaupten [2], dass ***die Ur-Ursache einer jeden Krankheit in einem KONFLIKT liegt.*** In einem Konflikt

1. mit der Umwelt

a. *mit Mitmenschen* (zum Beispiel Egoismus, Überheblichkeit, Gewalt, Diskriminierung)

b. *mit der Natur* (zum Beispiel Materialismus, Gier, Raubbau, Zerstörung)

2. mit sich selbst

a. *innere Zerrissenheit* (innerer psychischer Konflikt; zum Beispiel zwischen dem bewussten und dem unbewussten Ich, oder wenn der eine Teil von uns das eine und ein anderer Teil das andere will)

b. *mit der eigenen Vergangenheit* (Karma; hierzu gehören auch angeborene und erbliche Leiden)

3. mit der geistigen Wirklichkeit

a. *mit dem Göttlichen* (Atheismus, Materialismus)

b. *mit dem* (unsichtbaren) *Wesenhaften der Umwelt* (Ignoranz).

Dies ist eigentlich die Konsequenz der āyurvedischen Einteilung der Leiden nach verschiedenen Ursachen.

Nun fragt jemand, wie die Krankheit in der Seele anfangen kann, wenn »eindeutig« eine Ansteckung, ein Unfall oder eine Vergiftung vorliegt. Aber warum reagieren einige sehr stark darauf, während andere nicht krank werden? Darin zeigt sich die *seelische Prädisposition,* die hier mit einer äußeren Ursache zusammentrifft! Die Schulmedizin sagt dann, dass der sich rasch Erholende eine bessere Konstitution – zum Beispiel eine bessere Abwehr – hätte als der sensibler Reagierende. Das ist aber nur die halbe Wahrheit, nämlich die körperliche Manifestation der seelischen Prädisposition. Auch die Schulpsychologie weiß, dass es sich zum Beispiel bei Unfällen nicht nur um Unfälle handeln muss! Sie sind ihrer Meinung nach manchmal (meiner Meinung nach meistens) unbewusst herbeigeführt oder provoziert. Zieht man die Erfahrungen aus Rückführungen in Betracht, glaubt man bei wichtigen Ereignissen kaum noch an Zufälle …

Was ist dann mit angeborenen bzw. erblichen Leiden?

Da liegt die seelische Ursache vor der Geburt. Entwickelt sich ein angeborenes Leiden im Laufe der Schwangerschaft, ist die seelische Prädisposition mitgebracht. Bei einem durch Erbanlagen von vornherein leidhaften Zustand hat die Seele (auf der Ebene ihres Höheren Selbst) sich dafür entschieden, diesen Körper zu wählen, um zur entsprechenden Erfahrung zu kommen. Das Karma – der Person selbst, aber auch ihrer Eltern – hat es so verlangt.

In der Übersicht ist auch in Form von *Beispielen* der stufenweise Weg zurück zur Gesundheit in westlichen Begriffen angedeutet. Die Betrachtungsweise macht klar, dass zum Beispiel eine nur medikamentöse Behandlung nicht genügt! Der Heilungsprozess ist *erst dann* vollständig, wenn auch die seelische Ursache geheilt worden ist.

Dies gilt meiner Meinung nach auch beim geistigen Heilen. Man beobachtet hierbei immer wieder Folgendes:

- Einige Patienten werden geheilt und bleiben gesund.
- Andere Patienten werden geheilt und erkranken später wieder, und zwar an der gleichen oder einer anderen Krankheit.

Wo liegt der Unterschied? Die Antwort hing an der Wand einer philippinischen Heilerin: »Nun, nachdem du geheilt worden bist: Überlege dir, weshalb du krank warst und was du in deinem Leben ändern solltest.« Das dürfte das Geheimnis sein. Wer sein Leben (Denken, Verhalten) ändert, bleibt gesund. Wer wie vorher weiterlebt, wird nach einer ungenutzten Gnadenfrist wieder krank …

Es gibt fähige und unfähige Heiler. Es gibt auch fähige und unfähige Patienten. Wer sich nicht ändern will, gehört zu den jeweils Letztgenannten.

Zur Übersicht sei noch bemerkt, dass im Āyurveda in der Theorie der Krankheitsentwicklung in sechs Stufen die seelische Ebene nicht mit enthalten ist. Diese Theorie fängt mit der Störung der Lebensprozesse (*vāta*, *pitta* und *kapha*) an, wodurch sie außer Gleichgewicht geraten. Die Entwicklung dieser Störung wird je nach fortschreitendem Grad in drei Stufen unterteilt. Darauf folgt die Einwirkung dieser Störung auf die Körperstrukturen (deren Grundprinzipien die sieben *dhātus* sind) und als fünfte Stufe die volle Manifestation der Krankheit in Geweben und Organen. Die sechste Stufe ist der Ausgang (Genesung, Folgekrankheit, chronischer Zustand oder Tod).

Referenzen

1. Sigdell, Jan Erik: »Āyurveda – die traditionelle Medizin Indiens«, *Naturheilpraxis,* München, 36. Jg., Nr. 8, August 1983, S. 1006–1012, 1014 und 1016–1018.

2. Sigdell, Jan Erik: »Second thoughts on Āyurveda«, *Ancient Science of Life,* Coimbatore, Indien, Bd. X, No. 4, April 1991, S. 214–222.

Die Krankheit fängt in der Seele an

EBENE	Krankheitsentwicklung		Heilmassnahme (Beispiele)
	Gesundes Wesen ↓		Heiler Zustand ↑
SEELE	Ursache in Denken, Tun und Verhalten (inkl. Vergangenheit) ↓	Bewusste Ebene →	Verhaltensänderung, Umdenken, Meditation, RÜCKFÜHRUNG*
		Unbewusste Ebene →	Psychoanalyse, RÜCKFÜHRUNG*, Gebet, Bachblüten ↑
LEBENS-PROZESSE	Störungen in: Lebensprozessen, Informationsaustausch, Steuerung, Koordination und Prozesskontrolle im Körper ↓	→	Heilen, Homöopathie, besondere Medikamente, Arbeit am Körper ↑
KÖRPER-STRUKTUREN	Veränderungen in physischen Strukturen und Organen ↓	→	Mehrzahl der Medikamente, Operationen, Training, Massage ↑
FUNKTION	Reversibler Krankheitszustand ↓	→	
	Irreversibler Krankheitszustand	→	Kompensation, Ersatz, Lebenshilfe ↑

Bei Teiltherapie (die die oberen Stufen auslässt) ist ein »Teufelskreis« möglich (Rückfälle, neue Krankheiten)

* Die Hervorhebung der Rückführung hier ist auf Grund der Thematik dieses Buches.

Anhang 3
Mathematische Überlegungen zur Absurdität der Parallel-Welt-Theorie

Es existiert eine Theorie [1], dass unser Universum aus sehr vielen parallelen Universen bestehe und dass es uns – Teile von uns – auch in den parallelen Welten gäbe. In der modernen Physik ist diese Theorie im Zusammenhang mit den Theorien von Quarks und Quanten vorgelegt worden [2]. In Esoterik und Metaphysik wird sie von manchen als Meinung vertreten. Nach dieser Auffassung würden in jedem Moment, wenn jemand eine wesentliche Entscheidung zu treffen hat, neue Welten entstehen. Hat die Person die Wahl zwischen zwei Alternativen, entstünde demnach eine Welt, in der sie das eine wählt, und parallel dazu eine andere Welt, in der sie das andere wählt. Damit würden sich in den zwei neuen Welten *beide* Alternativen verwirklichen. Hierdurch wollen die Vertreter der Parallel-Welt-Theorie in der modernen Physik gewisse Zeitparadoxen erklären. Das gesamte Universum erscheine demnach wie ein Baum mit immer mehr Verzweigungen in jedem Moment einer wesentlichen Entscheidung irgendwo in der Menschheit. Die Theorie geht dabei so weit, dass sie sich auf die für den weiteren Lebenslauf wichtigen Entscheidungen jedes einzelnen Menschen bezieht und nicht etwa nur auf solche, die den Lauf der Geschichte beeinflussen. Ähnliche Ideen sind auch im Zusammenhang mit der Reinkarnation geäußert worden, mit der Behauptung, wir wären gleichzeitig in anderen, parallelen Welten inkarniert. Es wird dann weiter behauptet, dass zwischen jenen Teilen von uns eine Verbindung bestehen könne oder dass gewissermaßen dieses und frühere Leben sich in verschiedenen Zeiten und doch parallel abspielen würden [1, 3]. Man scheint sich nicht die zahlenmäßigen Konsequenzen dieser Theorie überlegt zu haben, die sie tatsächlich *ad absurdum* führen! Wir wollen dies hier nachholen.

N sei die Anzahl paralleler Welten zu einem gegebenen Zeitpunkt t. Mit n bezeichnen wir die durchschnittliche Anzahl Alternativen bei den vielen Wahlen und Entscheidungen, die in der Welt getroffen werden, und mit τ die durchschnittliche Zeitperiode zwischen zwei wesentlichen Entscheidungen irgendwo in der Menschheit, die nach dieser Theorie zu Weltverzweigungen führen würden. In der Zeitperiode vom aktuellen Zeitpunkt t zum Zeitpunkt $t + \tau$ würde also *eine* Wahl zwischen n Alternativen getroffen und die neue Zahl der Welten wäre dann, durchschnittlich,

$$N(t + \tau) = nN(t).$$

In einer Zeitperiode T hätten wir, im Durchschnitt,

$$N(t + T) = N(t)\, n^{T/\tau}.$$

Diese Beziehung kann auch wie folgt geschrieben werden:

$$N(t + T) = N(t)\, e^{\frac{T}{\tau} \ln n}.$$

Da in der Mehrheit der Fälle n den Wert 2 haben wird, aber in einigen Fällen 3 oder 4, und nur selten mehr, können wir für diesen Fall annähernd schreiben:

$$\ln n \approx 1.$$

Messen wir außerdem die Zeit in der Zeiteinheit τ (statt z. B. in Minuten), wird die vorletzte Formel noch mehr vereinfacht:

$$N(t + T) \approx N(t)\, e^{T}.$$

Wie groß kann nun die Zeiteinheit τ, d. h. die mittlere Zeit zwischen zwei wesentlichen Entscheidungen *irgendwo in der ganzen Menschheit* sein? Wir können sicher annehmen, dass jeder Mensch öfter als alle zehn Jahre eine Entscheidung trifft, die für das weitere Leben eine Weiche darstellt. Zehn Jahre sind 5,256 Millionen Minuten und 315,36 Millionen Sekunden – Zahlengrößen, die sehr viel geringer als die Anzahl Menschen auf der Erde sind. Sicher ist die Zeiteinheit τ deshalb höchstens in der Größenordnung von einer Minute, eher ist sie viel geringer als die einer Sekunde!

Die Menschheit war wahrscheinlich in den letzten 100 000 Jahren schon auf der Erde. Der Ursprung der Menschheit wird wohl noch weiter zurückliegen, aber wir hatten jedenfalls – auch wenn dies von der Schulwissenschaft nicht geglaubt wird – mindestens zwei vorhistorische Hochkulturen: die lemurische vor ungefähr 50 000 Jahren und die atlantische vor ungefähr 15 000 Jahren. Bei der Annahme, dass τ etwa eine Sekunde beträgt, hätte sich die Zahl paralleler Welten in diesen 100 000 Jahren um

$$e^{3{,}15 \times 10^{12}} \approx 10^{1{,}37 \times 10^{12}}$$

vervielfacht! Nehmen wir hingegen die sehr vorsichtige Schätzung an, dass τ in der Größenordnung von einer Minute liegen würde, beträgt die Vervielfachung

$$e^{5{,}25 \times 10^{10}} \approx 10^{2{,}28 \times 10^{10}}.$$

Wie auch immer, *N* wäre derart enorm und unfassbar astronomisch hoch, dass die Parallel-Welt-Theorie hiermit *ad absurdum* geführt wird – jedenfalls in der Form, wie sie einleitend beschrieben ist – und deshalb als unmöglich erscheinen muss. Die letzte Zahl oben ist nämlich ungefähr eine Eins mit 23 Milliarden Nullen dahinter!! Die zweitletzte und viel wahrscheinlichere Zahl (unter der Annahme, dass τ etwa eine Sekunde wäre) ist sogar eine Eins mit mehr als einer Billion Nullen …

Noch unmöglicher erscheint diese Theorie, wenn wir bedenken, dass es im Universum mit Sicherheit (vgl. Kapitel 12) Tausende von Zivilisationen auf verschiedenen Planeten geben *muss*, in denen ebenfalls Entscheidungen getroffen werden. Man müsste auch diese mit einbeziehen. Damit erschiene – praktisch gesehen – die Anzahl »Parallel-Welten« als wahrhaft *unendlich* hoch!

Hiermit halte ich es für hinreichend erwiesen, dass diese Theorie unzutreffend ist – *quod erat demonstrandum*.

Sie kann nur als eine Art von »Anschauungsmodell« dienen. Die Persönlichkeiten, die wir in früheren Leben waren, können nämlich immer noch in uns weiterleben, wie »parallele« Unterpersönlichkeiten, die uns mit beeinflussen – gewissermaßen, als wären sie irgendwo in uns heute noch da. Auch wird sich ein unterschwelliger Teil von uns nach einer Entscheidung oft mit der anderen Alternative befassen, im Sinne von »Wie wäre es gewesen, wenn …« Eine unbewusste Spekulation, die uns auch mit beeinflussen kann.

Ergänzungshalber muss man anmerken, dass die Bevölkerungszahl der Erde während Jahrtausenden enorm stark angestiegen ist, sodass ihre Variation eigentlich in dieser Überlegung hätte mit berücksichtigt werden müssen. Eine solche Berücksichtigung wird aber nichts daran ändern, dass wir zu wahrhaft superastronomischen Zahlen von parallelen Welten kommen. Ein paar Größenordnungen weniger machen da keinen wesentlichen Unterschied. Auch mit einem Tag als mittlere »Zeiteinheit« käme man an eine derart unvorstellbar hohe Zahl von Welten, dass die Schlussfolgerung die gleiche bliebe.

Auch könnte zur Diskussion oben eingewandt werden, dass die Person vielleicht nicht in allen Universen vor der gleichen Entscheidung stehen würde. Schätzungsweise jedoch in einer Größenordnung von der Hälfte der aktuellen Zahl von Universen. Es würden sich damit die enormen Zahlen oben im Wesentlichen ungefähr nur so viel verändern, dass die Anzahl Nullen etwa halbiert würde. (Statt die genannten Zahlen hätte man ungefähr die Quadratwurzel davon.) Sie würden damit nicht weniger enorm bleiben …

Mir scheint die allgemeine Einstellung dieser Theorie gegenüber vergleichbar mit der bekannten Geschichte vom Bauer, der vom König seinen Lohn verlangte. Er wollte ein Reiskorn für das erste Quadrat eines Schachbrettes, zwei für das zweite und jeweils doppelt so viel für jedes weitere Quadrat. Der König hatte es auch nicht zahlenmäßig überlegt, als er zustimmte …

Referenzen

1. Baumbach, Emily: *Parallel Universes*, Michael Educational Foundation, Orinda CA, 1992.
2. Deutsch, David und Lockwood, Michael: »The Quantum Physics of Time Travel«, in: *Scientific American*, März 1994, S. 50–56. Deutsche Übersetzung in: *Spektrum der Wissenschaft*, November 1994, S. 50–57.
3. Sutphen, Dick: *Past Lives, Future Loves*, Pocket Books, New York, 1978.

Anhang 4
Literatur

Literatur über Rückführungsmethoden

Einige Bücher behandeln die Techniken nur am Rande, andere beschreiben nur Rückführungen in die Kindheit oder in den Mutterleib, ohne auf frühere Leben einzugehen.

Bücher in anderen Sprachen werden nicht wiederholt aufgeführt, wenn es eine mir bekannte Ausgabe in Deutsch oder Englisch gibt.

Bücher in Deutsch

Clow, Barbara Hand: *Das Auge des Zentauren*, Goldmann, München, 1987 (in der Einleitung).

Dethlefsen, Thorwald: *Das Erlebnis der Wiedergeburt*, Goldmann TB, München, 1981.

Hardo, Trutz (= Tom Hockemeyer): *Entdecke Deine früheren Leben*, Peter Erd, München, 1991.

Hardo, Trutz (= Tom Hockemeyer): *Das große Handbuch der Reinkarnation. Heilen durch Rückführung*, Peter Erd, München, 1998.

Koch, Werner: *Reinkarnation. Heilung aus der Vergangenheit*, Windpferd, Aitrang, 1992.

Moody, Raymond A.: *Leben vor dem Leben*, Rowohlt, Reinbeck, 1991.

Netherton, Morris, und Shiffrin, Nancy: *Bericht vom Leben vor dem Leben*, Heyne TB, München, 1981.

Powers, Rhea: *Reinkarnation*, Ch. Falk, Planegg, 1989.
Quigley, David: *Alchemistische Hypnotherapie*, Mario Schwenninger, Berlin, 1988.
Scharl, Hubert: *Handbuch der Regressions- und Reinkarnationstherapie*, Biologisch-Medizinische Verlagsgesellschaft, Schorndorf, 1981.
Vallieres, Ingrid: *Praxis der Reinkarnationstherapie*, Hannemann, Steimbke, 1987.
Vinmann, Ulrike: *Reinkarnationstherapie zur Heilung der Seele*, Aquamarin, Grafing, 2004.
Wambach, Helen: *Leben vor dem Leben*, Heyne TB, München, ²1980.
Wiesendanger, Harald: *Zurück in frühere Leben*, Kösel, München, 1991.
Wendel, Mathias, und York, Ute: *Maskenball der Seele*, Knaur TB, 1993.
Whitton, Joel L., und Fisher, Joe: *Das Leben zwischen den Leben*, Goldmann, München, 1990.
Woolger, Roger J.: *Die Leben der Seele*, Hugendubel, München, 1992.

*Bücher in Englisch**
Andrews, Ted: *How to Uncover your Past Lives*, Llewellyn, St. Paul MN 1993 (vermutete Übersetzung: *Das Tor zum früheren Leben*, Schirner, Darmstadt, 2004).
Anonym: *How to Remember your Past Lives*, Text und Kassetten, Association for Research and Enlightenment, Virginia Beach VA, 1984.
Baldwin, William J.: *Spirit Releasement Therapy*, Human Potential Foundation Press, Falls Church VA, ²1993

* US-Staaten werden durch ihre Postkennzeichen angegeben.

(1991 und 1992 als *Regression Therapy. Spirit Releasement Therapy* bei Bethel Press, Enterprise FL, erschienen). [Ein sehr wertvolles Buch!]
Bennet, Colin: *Practical Time Travel. How to reach back to the past by occult means,* Aquarian Press, Wellingborough, ²1980.
Binder, Bettye B.: *Past Life Regression Guidebook,* Reincarnation Books, Culver City CA, 1985.
Bolduc, Henry Leo: *The Journey Within. Past-Life Regression and Channeling,* Adventures Into Time, Independence VA, ³1993. (Eine spätere Version von diesem Buch, dat. 1997, und ein paar weitere Bücher von ihm können nunmehr von seinen Webseiten im Internet gratis heruntergeladen werden: www.creativespirit.net/henrybolduc und www.henrybolduc.com; davon am interessantesten in diesem Zusammenhang ist *Life Patterns, Soul Lessons and Forgiveness,* 1994.)
Brennan, J. H.: *Understanding Reincarnation,* Aquarian, Wellingborough, 1990 (1981 als *Reincarnation. Five Keys to Past Lives* im gleichen Verlag erschienen).
–: *Discover Reincarnation,* Aquarian, London, 1992 (1989 als *Reincarnation Workbook* im gleichen Verlag erschienen).
Chadwick, Gloria: *Discovering Your Past Lives,* Contemporary Books, Chicago IL, 1988.
Daunter, Teri: *The Spiritual Dance of Life. Where Two Worlds Meet,* Mobius, Petoskey MI, 1995.
Fisher, Joe: *The Case for Reincarnation,* Bantam, Toronto, 1985 (vermutete Übersetzung: *Die ewige Wiederkehr,* Goldmann, München, 1990).
Fiore, Edith: *You have been Here Before,* Ballantine, New York, 1978.

Gabriel, Michael und Marie: *Voices from the Womb,* Asian, Lower Lake CA, 1992.

Givens, Alice M.: *The Process of Healing,* Libra, San Diego CA, 1991.

Glaskin, Gerald M.: *Windows of the Mind,* Prism, Bridport (Dorset), 1986.

Gordon, Marilyn: *Healing is Remembering Who You Are,* Wise Word, Oakland CA, 1991.

–: *Manual for Transformational Healing with Hypnotherapy,* Wise Word, Oakland CA, 1992.

Greene, Richard A.: *The Magic of Past-Life Therapy,* Next Step, Nashua NH, 1992.

Hansen, Paul A. (Hrsg.): *Past-Life Training Manual,* The Association for Past-life Research and Therapies, Riverside CA, o. J.

Hewitt, William W.: *Daydream your Way to Success,* Llewellyn, St. Paul MN, 1986.

Hickman, Irene: *Mind Probe – Hypnosis,* Hickman Systems, Kirksville MO 1983 (Selbstverlag, Adresse: 4 Woodland Lane, Kirksville MO 63501, USA).

Hoffman, Enid: *Develop your Psychic Skills,* Schiffer, Atglen PA, 1981.

Holbeche, Soozi: *Journeys through Time. A Guide to Reincarnation and your Immortal Soul,* Piatkus, London, 1995.

Jameison, Bryan: *Explore your Past Lives,* Astro-Analytics, Van Nuys CA, 1976.

Jenson, Jean C.: *Reclaiming your Life,* Button Signet (div. of Penguin USA), 1995 (über Rückführungen in die Kindheit).

Linn, Denise: *Past Lives, Present Dreams,* Piatkus, London, 1994. (Eine stark erweiterte Ausgabe vom Buch mit

demselben Titel bei Pythagorean Press, Alexandria NSW [Australien], ²1989.)
Loe, Gerald M.: *The »Gift« of Healing: How to Receive and Use your Natural Healing Powers (Includes Healing Past Lives)*, Top of the Mountain, Largo FL, 1990.
Lucas, Winafred Blake u. a.: *Regression Therapy. A Handbook for Professionals*, Bd. I: *Past-Life Therapy*, Deep Forest, Crest Park CA, 1993 (mit Beiträgen von 12 Therapeuten, die ihr Vorgehen kurz darstellen).
–: *Regression Therapy. A Handbook for Professionals*, Bd. II: *Special Instances of Altered State Work* (mit Beiträgen von vielen Verfassern), Deep Forest, Crest Park CA, 1993.
Lynn Clark, Rabia: *Past Life Therapy: The State of the Art*, APRT, Riverside CA, 1995.
Markham, Ursula: *Regression Therapy using Hypnosis: How reliving Early Experiences can Improve your Life*, Piatkus, London, 1995 (Titel einer früheren Ausgabe: *Hypnosis Regression Therapy: How Reliving Early Experience can Improve your Life)*.
Moore, Marcia: *Hypersentience*, Crown, New York, 1976.
Oppenheim, Garrett: *Who Were You before You Were You?* Carlton, New York, 1990.
Rossetti, Francesca: *Psycho-Regression. A New System for Heeling & Personal Growth*, Samuel Weiser, York Beach ME, 1992 (auch: Piatkus, London).
Sagan, Samuel: *Regression. Past-Life Therapy for Here and Now Freedom*, Clairvison, Roseville NSW (Australien), 1996.
Schlotterbeck, Karl: *Living your Past Lives*, Ballantine, New York, 1987.
Schubot, Errol D.: *Exploring Your Past Lives as a Pathway*

to Healing. An Introduction to Past Life Therapy, The Association for Past-Life Research and Therapies, Riverside CA, 1990.

Smith, Robert: *Edgar Cayce. You can remember your past lives,* Warner, New York, 1989.

Steiger, Francie und Brad: *Discover your Past Lives,* Whitford, West Chester PA, 1987 (1981 als *Discover your own Past Lives* bei Dell, New York, erschienen).

Steiger, Brad: *Returning from the Light,* Signet/Penguin, New York, 1996.

Stockwell, Shelley Lessin: *Time Travel. The Do-It-Yourself Past Life Journey Handbook,* Creativity Unlimited Press, Rancho Palos Verdes CA, 1993.

Sutphen, Dick: *Past Lives, Future Loves,* Pocket Books, New York, 1978.

–: *Unseen Influences,* Pocket Books, New York, 1982.

–: *Earthly Purpose,* Pocket Books, New York, 1990.

–: *Finding your Answers Within,* Pocket Books, New York, 1989.

– und Taylor, Lauren Leigh: *Past-Life Therapy in Action,* Valley of the Sun, Malibu CA, [2]1987.

Talbot, Michael: *Your Past Lives,* Fawcett, New York, [4]1992 (mögliche Übersetzung: *Seelenpfade. Reinkarnation aus neuer Sicht,* Heyne, München, 1990).

Ten Dam, Hans: *Exploring Reincarnation,* Rider, London, 2003 (umfassende Überarbeitung der 1. Ausgabe bei Arkana, London 1990).[Ein wichtiges Buch!]

–: *Deep Healing A Practical Guide to Past Life Therapy,* Tasso Publishing, Amsterdam, 1996. [Ein sehr wertvolles Buch!]

Wagner McClain, Florence: *Past Life Regression,* Llewellyn, St. Paul MN, 1987.

Wambach, Helen S., und Lee, Leona R.: *The Wambach Method. A Manual for Past Life Recall,* Association for Past-Life Research and Therapy, Riverside CA, 1978.

Weiss, Brian L.: *Many Lives; Many Masters,* Fireside, New York, 1988.

–: *Through Time into Healing,* Simon & Schuster, New York, 1992.

Williston, Glenn, und Johnstone, Judith: *Discovering your Past Lives,* Aquarian, London 1988 (1983 als *Soul Search* im gleichen Verlag erschienen).

Young, Robert und Loy: *Past Lives,* Draco, Honolulu, 1985.

Verschiedene Artikel, die auch Therapietechniken behandeln, erscheinen ab 1986 regelmäßig in der Zeitschrift *The Journal of Regression Therapy,* APRT (Association for Past-Life Research and Therapy), P. O. Box 20151, Riverside, CA 92516 (USA). Diese erscheint nach 1998 nicht mehr in gedruckter Form, sondern als Webzeitschrift, die nur von Mitgliedern (mit einem Codewort) heruntergeladen werden kann. Die Organisation heißt nun mehr IARRT (International Association for Regression Research and Therapies) mit der gleichen Adresse und der Webseite www.iarrt.org. Eine britische Zeitschrift erschien ab Januar 1994, in der nur wenig über Techniken geschrieben wurde: *Reincarnation International* (später *Life and Soul*), P. O. Box 26, London WC2H 9LP (England) – später: Karma Publishing Ltd., P. O. Box 119, Chipping Norton 0X7 6GR. Diese erschien mit Heft Nr. 20 in Dezember 2001 zum letzten Mal.

Bücher in Französisch

Bernard, Jeanlouis, und Duboy, Bernard: *Les autres vies et la réincarnation*, Éditions du Rocher, Monaco, 1992.

Crolard, Jean-Francis: *Explorer nos vies antérieures*, F. Lanore, Paris, 1989.

Drouot, Patrick: *Nous sommes tous immortels*, Éditions du Rocher, Monaco, 1989 (1987 als *Nous sommes immortels*, Garancière, Paris, erschienen).

–: *Des vies antérieures aux vies futures*, Éditions du Rocher, Monaco, 1989.

Dubuc, Pierre: *Vies passées heureuses*, Louise Courteau, Saint-Zenon, Québec, 1994.

Raquin, Bernard: *Retrouvez vous-même vos vies antérieures*, L'Age du Verseau, Paris, 1990, sowie J'ai lu, Paris, 1992.

Bücher in Niederländisch

de Vidal de St. Germain, Henri: *Dimensies achter regressie en reïncarnatie*, Ankh-Hermes, Deventer, 1998.

Hisschemöller, Bart: *Terugkijken*, Ankh-Hermes, Deventer, 1988.

Langedijk, Pieter: *Reïncarnatie, psychotherapie en innerlijke groei*, Ankh-Hermes, Deventer, 1992 (Überarbeitung von *Reïncarnatie, psychotherapie en opvoeding*, Ankh-Hermes, Deventer, 1980).

Bücher in skandinavischen Sprachen

Jarl, Bo: Reinkarnationen. *En guide til regression*, Bogan, Lynge (DK), 1991.

Stephensen, Birgit: *Født igen og igen. Om reinkarnation og følelseforløsende terapi*, Strubes, København, 1994.

Wennergren, Kristina: *Inre resor*, Regnbågsterapier, Göteborg (S), 1989.

Wretman, Johan: *Kommer vi tillbaka?*, Sunnansjö (S), 1981. (Privatvertrieb: Johan Wretman, ›Bonntildas‹, Pl. 326, S-770 12 Sunnansjö, Schweden). (Dieses Buch ist anders als das später in einem Verlag erschienene – vom gleichen Verfasser und mit dem gleichen Titel –, das aber keine Techniken beschreibt.)

Buch in Spanisch

Gonzales, Eliseo Nuevo: *Vivimos de nuevo,* Edicomunicaciones, Barcelona, 1991.

Literatur über psychosomatische Zusammenhänge

Hier sind einige Bücher über seelische Ursachen von Krankheiten aufgelistet, ohne Wertung und Anspruch auf Vollständigkeit. Allerdings halte ich die Werke von Dethlefsen und Dahlke für die besten.

Dahlke, Rüdiger: *Gewichtsprobleme,* Knaur TB, München, 1989.

–: *Herz(ens)-Probleme,* Knaur TB, München, 1990.

–: *Krankheit als Sprache der Seele,* Bertelsmann, München, 1992.

– und Dahlke, Margrit: *Die Psychologie des blauen Dunstes,* Knaur TB, München, 1989.

– und Hößl, Robert: *Verdauungsprobleme,* Knaur TB, München, 1990.

Dethlefsen, Thorwald, und Dahlke, Rüdiger: *Krankheit als Weg,* Bertelsmann, München ^{9}1983 und Goldmann TB, München, 1990.

Hamer, Ryke Geerd: *Kurzfassung der Neuen Medizin,* Amici di Dirk, Köln, 1994

–: *Vermächtnis einer Neuen Medizin*, Band I, Amici di Dirk, Köln, [3]1991.
Hay, Louise L.: *Gesundheit für Körper und Seele,* Heyne TB, München, 1993 (Original: *You can Heal your Life,* Hay House, Sta. Monica CA, 1984).
–: *Heile Deinen Körper*, Lüchow, Stuttgart, 1989 (Original: *Heal Your Body*, Hay House, Carlsbad CA, 1988).
Klaka-Lampert, Rosemarie: *Liebesgeflüster mit deiner Seele,* Selbstverlag, Basel o. J. (Auslieferung: Buchhandlung Ambaji, Basel)
Leibold, Gerhard: *Gesunde Seele – gesunder Körper,* Econ TB, Düsseldorf, 1988.
Tepperwein, Kurt: *Die Botschaft Deines Körpers,* mvgTB (Moderne Verlagsges.), Landsberg, o. J.